COMENTÁRIOS À REVISÃO DO CÓDIGO DO PROCEDIMENTO ADMINISTRATIVO

Fausto de Quadros
José Manuel Sérvulo Correia
Rui Chancerelle de Machete
José Carlos Vieira de Andrade
Maria da Glória Dias Garcia
Mário Aroso de Almeida
António Políbio Henriques
José Miguel Sardinha

com a colaboração de Tiago Macieirinha

COMENTÁRIOS À REVISÃO DO CÓDIGO DO PROCEDIMENTO ADMINISTRATIVO

ALMEDINA

2016

COMENTÁRIOS À REVISÃO DO CÓDIGO DO PROCEDIMENTO ADMINISTRATIVO

AUTORES
Fausto de Quadros
José Manuel Sérvulo Correia
Rui Chancerelle de Machete
José Carlos Vieira de Andrade
Maria da Glória Dias Garcia
Mário Aroso de Almeida
António Polībio Henriques
José Miguel Sardinha
com a colaboração de Tiago Macieirinha

EDITOR
EDIÇÕES ALMEDINA, S.A.
Rua Fernandes Tomás, n.os 76, 78 e 80
3000-167 Coimbra
Tel.: 239 851 904 · Fax: 239 851 901
www.almedina.net · editora@almedina.net

DESIGN DE CAPA
FBA.

PAGINAÇÃO
EDIÇÕES ALMEDINA, S.A.

IMPRESSÃO E ACABAMENTO
PAPELMUNDE

Maio, 2016
DEPÓSITO LEGAL
410567/16

ALMEDINA | GRUPOALMEDINA

BIBLIOTECA NACIONAL DE PORTUGAL – CATALOGAÇÃO NA PUBLICAÇÃO

COMENTÁRIOS À REVISÃO DO CÓDIGO DO PROCEDIMENTO ADMINISTRATIVO

Comentários à revisão do Código do Procedimento Administrativo / Fausto de Quadros ... [et al.]
ISBN 978-972-40-6573-1

I – QUADROS, Fausto de,

CDU 342

NOTA PRÉVIA

O Decreto-Lei n.º 4/2015, de 7 de Janeiro, a coberto da Lei de autorização legislativa n.º 42/2014, de 11 de Julho, aprovou o novo Código do Procedimento Administrativo (CPA). Embora o Código de 1991 tenha sido objeto de uma primeira revisão em 1996, esta foi a primeira grande revisão a que ele foi submetido e foi uma revisão profunda. As razões que levaram a que esta revisão tivesse tido uma tão grande amplitude encontram-se referidas no preâmbulo daquele Decreto-Lei. Nesse preâmbulo, e com base nessa grande amplitude da revisão do Código anterior, o Governo deixou dito de modo enfático que estamos verdadeiramente perante um Código novo. Dentro das razões que levaram a que a revisão tivesse tido um tão grande alcance destacam-se a necessidade de atualizar o CPA em função do simples decurso de quase vinte e cinco anos sobre a sua entrada em vigor, em função das inovações sugeridas pelo Direito Comparado (sobretudo por consideração pelos Direitos alemão e italiano), em função dos contributos da doutrina e da jurisprudência administrativas, bem como do Direito da União Europeia, e em função também da necessidade, geralmente sentida, de se tornar a Administração Pública mais eficiente, mais célere e mais transparente, sem prejuízo da ponderação adequada dos direitos dos administrados, como, aliás, é imposto pelo artigo 266.º, n.º 1, da Constituição.

A revisão baseou-se num Anteprojeto elaborado por uma Comissão que foi designada para o efeito pela Ministra da Justiça e que foi composta pelos autores deste livro e pela Procuradora Adjunta Dra. Teresa Naia, tendo cabido a Fausto de Quadros a presidência daquela Comissão. Como se refere no preâmbulo do Decreto-Lei que aprovou o Código, esse Anteprojeto foi depois submetido a um amplo e demorado debate público, no qual tiveram participação ativa representações de todas as profissões jurídicas, como Faculdades de Direito, a Ordem dos Advogados e associações representativas das diversas magistraturas e dos funcionários de justiça, além de diversos departamentos da Administração direta e indireta do Estado, autoridades administrativas independentes, autarquias locais, associações patronais e sindicais, entidades privadas de diferente natureza e o público em geral. Na sequência desse debate, a Comissão incorporou muitos dos seus contributos na versão final do Projeto que submeteu ao Governo e que serviu de base à proposta de lei que este apresentou ao Parlamento. Note-se que a Comissão trabalhou com pleno respeito pela sua colegialidade, pelo que o seu Projeto exprimiu posições que nela mereceram consenso da parte dos seus membros.

Os autores deste livro entenderam que seria útil darem a conhecer aos leitores, entre os quais se incluirão titulares de órgãos e agentes da Administração Pública que serão chamados a interpretar e a aplicar o Código, os elementos que foram levados em consideração nas inovações que foram introduzidas no Código. Foi esse o intuito que presidiu à elaboração deste livro. Por isso, ele só se ocupa dos preceitos que são novos ou que foram modificados por confronto com a sua versão anterior, sem pretender ser um Comentário ao CPA no seu conjunto.

O método utilizado é, pois, o seguinte. Quanto a cada artigo que sofreu modificações, é feito um comentário sobre as razões e o alcance dessas modificações. Cada comentário é assinado, por abreviatura, pelo respetivo autor. Salvo exceções pontuais, os comentários são breves e não incluem referências bibliográficas e jurisprudenciais, com o propósito de não sobrecarregar a exposição. Quando o texto final do Código se afastou do Projeto aprovado pela Comissão (o que aconteceu muito raramente), pensaram os autores que seria vantajoso para o intérprete comparar a redação final do Código com o que haviam sido as propostas da Comissão que se continham no seu Projeto. Com isso ganhará a própria interpretação dos preceitos modificados. Por conseguinte, quando o texto final de um artigo não coincide com a redação que para ele havia sido proposta no Projeto da

Comissão, optou-se por acompanhar o comentário da transcrição da proposta da Comissão, com a explicação dos fundamentos desta. Por sua vez, quando isso é considerado útil, inclui-se, no início de uma Parte, de um Título, de um Capítulo ou de uma Secção, uma breve referência geral ao sentido das inovações ou das modificações introduzidas.

Os comentários de Maria da Glória Dias Garcia foram escritos em co-autoria com Tiago Macierinha, Mestre em Direito e Assistente da Faculdade de Direito da Universidade Católica Portuguesa, que não integrou a Comissão de revisão.

Dentro do espírito acima referido, espera-se que este livro seja útil à aplicação efetiva e atenta do novo Código.

Lisboa, Março de 2016

Os autores

PARTE I

PRINCÍPIOS GERAIS

CAPÍTULO I

DISPOSIÇÕES PRELIMINARES

ARTIGO 1.º

Definição

1 – Entende-se por procedimento administrativo a sucessão ordenada de atos e formalidades relativos à formação, manifestação e execução da vontade dos órgãos da Administração Pública.

2 – Entende-se por processo administrativo o conjunto de documentos devidamente ordenados em que se traduzem os atos e formalidades que integram o procedimento administrativo.

ORIGEM DO TEXTO:

Corresponde ao anterior artigo 1.º.

O teor do artigo é diferente do que constava do projeto final da comissão de revisão, que era o seguinte:

ARTIGO 1.º

Definições

1 – Entende-se por procedimento administrativo a sucessão ordenada de atos e formalidades relativos:

a) *À organização interna de entidades administrativas;*
b) *À obtenção de dados e informações de carácter geral necessários às finalidades prosseguidas pela Administração;*
c) *À formação e manifestação da vontade dos órgãos de Administração Pública.*

2 – Entende-se por processo administrativo o conjunto de documentos em que se traduzem os atos e formalidades que integram o procedimento administrativo.

COMENTÁRIO:

1 – O presente artigo define o procedimento administrativo no seu n.º 1 e o processo administrativo no seu n.º 2. Os conceitos de "procedimento" e de "processo administrativo" não apresentam novidades em relação à versão revista em 1996 do Código de 1991.

2 – No que concerne ao procedimento, o adjectivo administrativo exclui que o diploma abranja no seu âmbito de aplicação, quer os procedimentos legislativos, quer os de direito privado.

Os procedimentos internos embora, pelo menos parcialmente, considerados na parte II do Código, são muito menorizados em comparação com os procedimentos cujo acto principal final produz efeitos externos. É o que pode deduzir-se dos dois modelos de procedimento considerados na actividade administrativa: o regulamento, artigo 135.º, e o acto administrativo, artigo 148.º. Há também autonomização do tipo de procedimento executivo do acto administrativo, disciplinado no CPA no artigo 175.º e segs.. Não são, deste modo, objecto de atenção autónoma os procedimentos de aquisição de conhecimentos, tratados apenas como fase instrutória dos tipos de procedimentos regulamentar e do acto administrativo. publico.

À Administração cabe o papel de "potentior persona" face ao particular, na elaboração do regulamento ou do acto administrativo, que aplica a lei ao caso concreto em prossecução do interesse publico.

A função instrumental (*dienende Funktion*) do procedimento está, na disciplina do Código actual, mais aberta à ponderação prévia anterior à decisão final. É, designadamente, o que pode resultar do uso da conferência procedimental no desenvolvimento das relações multipolares. Tal constitui um importante progresso, mas há ainda caminho a percorrer até a uma maior adequação às relações procedimentais multipolares.

A maior flexibilidade do procedimento que lhe permitirá, v.g., exercer funções de repartição de bens, ou de certificação de qualidades de produtos, ou de apreciação de riscos, poderá ser desenvolvida através da utilização de novos actos e formalidades procedimentais melhor adequadas a uma maior multiplicidade de participantes.

3 – O n.º 2 do artigo 1.º do CPA reporta-se aos documentos que exteriorizam, sob forma sequencial, os actos e formalidades que compõem o procedimento administrativo. O processo administrativo constitui, deste modo, o conjunto ordenado que consubstancia fisicamente o procedimento, servindo-lhe de suporte.

4 – No Projeto final elaborado pela Comissão de Revisão, as diversas alíneas do n.º 1 enunciavam os demais procedimentos abrangidos pela definição definição de procedimento: os procedimentos internos, embora limitados aos aspectos organizatórios; os procedimentos tendo por objecto a aquisição de dados e informação em geral; e os procedimentos tendo por finalidade a pratica de atos administrativos em sentido amplo (regulamentos e actos administrativos propriamente ditos). O n.º 2 proposto era igual ao n.º 2 que veio a ser consagrado.

RM

Artigo 2.º

Âmbito de aplicação

1 – As disposições do presente Código respeitantes aos princípios gerais, ao procedimento e à atividade administrativa são aplicáveis à conduta de quaisquer entidades, independentemente da sua natureza, adotada no exercício de poderes públicos ou regulada de modo específico por disposições de direito administrativo.

2 – A parte II do presente Código é aplicável ao funcionamento dos órgãos da Administração Pública.

3 – Os princípios gerais da atividade administrativa e as disposições do presente Código que concretizam preceitos constitucionais são aplicáveis a toda e qualquer atuação da Administração Pública, ainda que meramente técnica ou de gestão privada.

4 – Para efeitos do disposto no presente Código, integram a Administração Pública:

a) **Os órgãos do Estado e das regiões autónomas que exercem funções administrativas a título principal;**
b) **As autarquias locais e suas associações e federações de direito público;**
c) **As entidades administrativas independentes;**
d) **Os institutos públicos e as associações públicas.**

5 – As disposições do presente Código, designadamente as garantias nele reconhecidas aos particulares, aplicam-se subsidiariamente aos procedimentos administrativos especiais.

ORIGEM DO TEXTO:

Corresponde ao anterior artigo 2.º.
Reproduz sem alterações o projeto final da comissão de revisão.

COMENTÁRIO:

1 – Resulta do n.º 1 do artigo 1.º do CPA, e com a maior clareza deste artigo 2.º, que o diploma disciplina matérias da Parte Geral do Direito Administrativo e utiliza muitas vezes noções de alto grau de abstracção. É, designadamente, o que se passa com os conceitos de Administração Pública (AP), de Direito Administrativo (DA) e de Princípios Gerais de Direito Administrativo (PGDA). Tal facto, inevitável num preceito definitório do domínio de aplicação de um código de natureza tão geral, torna a sua interpretação difícil e, aqui e além, não isenta de dúvidas.

Trata-se, assim, de algo normal face à natureza de uma lei que, ao determinar o seu campo de aplicação, pretende regular o agir dos órgãos de toda a AP e, também, estabelecer fronteiras entre as pessoas colectivas regidas pelo Direito Público e as que, embora exerçam funções administrativas, são regidas pelo Direito Privado (DP).

As dificuldades com que deparamos reflectem, por um lado, as próprias hesitações da ciência do DA na estruturação conceptual do seu objecto e, por outro, as limitações metodológicas de uma lógica formal aristotélica que procura sempre reduzir a identificação dos conceitos que maneja a um "genus proximum" e a uma "differentia specifica".

2 – O legislador teve em particular atenção o esforço feito na redação primitiva do artigo 2.º e foi sensível à evolução registada no conteúdo de certos conceitos síntese e, ao mesmo tempo, ordenadores de todo o sistema administrativo, como são os de AP e de DA.

3 – O CPA divide-se em quatro partes: Parte I, de "Disposições gerais"; Parte II, "Dos órgãos da AP"; Parte III, "Do procedimento administrativo" e, finalmente, a Parte IV, "Da actividade administrativa".

Para além da Parte II, cujas normas em razão da matéria têm como destinatários directos os órgãos das pessoas colectivas aí indicados, há conjuntos normativos – os sobre o procedimento e a actividade administrativos – que não são aplicáveis à atuação da Administração (A) meramente técnica ou de gestão privada. É o que, por exclusão, se retira do n.º 3 do artigo 2.º do CPA. Os preceitos sobre os princípios gerais, o procedimento e a actividade administrativa são, de resto, aplicáveis a todo o agir de quaisquer entidades, sejam elas públicas ou privadas, que exerçam poderes públicos, ou sejam reguladas de modo específico por disposições de DA. São ainda aplicáveis à actuação meramente técnica ou de gestão privada.

Para se alcançar o significado pleno dos n.os 1 e 3 do artigo 2.º do CPA, importa fixar o conteúdo de todas aquelas expressões.

Antes disso, importa apurar como deve entender-se a expressão "AP", empregue já no artigo 1.º do CPA, na definição de "procedimento administrativo", e depois nos n.os 2, 3 e 4 deste artigo 2.º.

4 – Sem nenhuma pretensão de um tratamento aprofundado do tema AP, incompatível com os propósitos de um comentário sintético como o presente, limitar-nos-emos às considerações estritamente indispensáveis.

Partindo da divisão entre Estado e Sociedade, é do lado da organização e actividades do primeiro, orientadas pela prossecução necessária dos interesses públicos, que se situa a realidade administrativa e o conceito que a traduz. Este é simultaneamente ordenador das matérias e síntese dos diversos aspectos ou dimensões da AP. Existem mesmo diversos conceitos de AP que têm um núcleo duro comum a todos, mas que especificam as diversas ópticas por que é encarada.

Existe uma AP como organização do Estado e das pessoas colectivas, em que se desdobra, cuja definição, negativa e residual face aos poderes legislativo e judicial, se reveste de óbvia utilidade e que tem a sua origem no Estado liberal de Direito. Há, outrossim, uma definição funcional em que a atividade específica desenvolvida pelo sujeito AP se vai progressivamente autonomizando e objectivando até que a função administrativa e a sua especificidade jurídica assumem o papel central da noção. Com a fuga para o DP, e o ingresso de sujeitos privados na organização administrativa, em graus de integração diversos, o critério material definitório da AP ganha particular relevo.

Se volvermos a nossa atenção para o texto legal, facilmente se detecta que a AP, como organização no seu sentido mais estrito de conjunto de pessoas colectivas públicas, é conceito utilizado nos n.os 2 e 4 do artigo 2.º, e que o seu conceito funcional é empregue no n.º 3 e é também a realidade a que se refere o adjetivo administrativo do n.º 1. Na verdade, o legislador, no n.º 1, refere-se a aspetos de extensão vária da função pública ou da sua disciplina jurídica, desenvolvidos pelo sujeito AP.

5 – Nos princípios gerais da actividade administrativa (PGAA) contam-se, desde logo, os enunciados no capítulo II da parte I do CPA. Estes são enunciados normativos de valores que devem nortear o agir da AP. Na maioria dos casos, seguindo a conhecida concepção de Alexy, os princípios são ordens ou imperativos de optimização que podem ser cumpridos em grau maior ou menor, enquanto as regras são normas que, ou são cumpridas, ou são desobedecidas, não havendo meio termo: R. Alexy, *Theorie der Grundrechte*, Suhrkamp, 1994, págs. 71 e segs.

Nem todos os enunciados normativos constantes do capítulo II são princípios no sentido de Alexy. O princípio da legalidade, por exemplo, é uma norma de aplicação geral que ultrapassa o campo dos direitos fundamentais e, na colisão com outras normas, não se comporta como um 'Optimierungsgebot'. Ou é cumprido ou é violado. O mesmo já não acontece com as consequências da invalidade que podem ser mais ou menos graves, consoante acarretem a nulidade ou a anulabilidade.

Nos princípios gerais incluem-se, também, as normas consignadas no direito positivo material ou procedimental elevadas, por indução, a um grau de generalidade e de abstração mais alto. Resultam do labor da jurisprudência ou da doutrina, não estando as mais das vezes canonizados no direito escrito. Daí o seu interesse para a interpretação das leis e para a integração das lacunas do ordenamento jurídico.

É difícil de entender o que sejam, para o CPA, disposições que concretizam preceitos constitucionais autonomizados dos PGAA pois que, justamente, se forem objecto de concretização como, por exemplo, a participação dos cidadãos na formação das decisões ou deliberações que lhes disserem respeito – CRP, artigo 267.º n.º 5 –, não são em rigor princípios, mas regras.

6 – No n.º 1 deste artigo 2.º, diz-se que os princípios gerais são aplicáveis à conduta de quaisquer entidades, independentemente da sua natureza – sejam elas públicas ou privadas –, adoptada no exercício de poderes públicos ou regulada de modo específico por disposições do DA.

O que sejam poderes públicos não constitui questão pacífica. O CPA usa o conceito de poder em termos relacionais entre a AP e os particulares, como se deduz dos actos principais do procedimento administrativo: – o regulamento, artigo 135.º, e, sobretudo, o acto administrativo, artigo 148.º – entendendo-os como posições de superioridade da AP. São, assim, no CPA, poderes administrativos de autoridade.

Os poderes de autoridade da AP constituem posições jurídicas caracterizadas pela capacidade de, unilateralmente, produzirem efeitos na esfera jurídica de outros sujeitos contra, ou independentemente da vontade destes.

Acompanhamos deste modo os desenvolvimentos que Pedro Gonçalves dedica aos poderes públicos de autoridade em *Entidades Privadas com Poderes Públicos*, Coimbra, 2008, págs. 591/649. O conceito, como o Código o entende, é, para além das pessoas colectivas publicas, também aplicável às pessoas privadas que, com a devida "habilitação" (v.g. por delegação), exerçam uma função pública, como no caso, por exemplo, das concessionárias de construção de obras públicas e de serviços públicos.

Quer no exercício de funções públicas por entidades públicas, quer quando esse exercício seja feito por entidades privadas, o Código será aplicado desde que estejamos perante um procedimento administrativo, nos termos do artigo 1.º, n.º 1 do CPA.

O CPA é assim aplicável a entidades privadas que integrem a AP por força de um título habilitante, e que exerçam a sua actividade como função pública, isto é, orientada para a promoção de um interesse público e disciplinada no seu 'facere' por normas de DA.

O exercício de poderes públicos ou a regulação de modo específico da actividade de pessoas colectivas por disposições do DA são aqui expressões equivalentes.

7 – Mencionámos há pouco a situação de pessoas privadas a que, por exercerem poderes administrativos de autoridade, é aplicável o CPA. Existem, porém, também casos em que as pessoas colectivas públicas serão, na maioria da sua actividade, regidas pelo DP. O exemplo, porventura mais importante, é o das empresas públicas, incluindo as entidades públicas empresariais, actualmente disciplinadas pelo Decreto-Lei n.º 133/2013, de 30 de outubro.

As empresas públicas, definidas no artigo 5.º do citado Decreto-Lei, desenvolvem a sua actividade nas mesmas condições e termos aplicáveis a qualquer empresa privada e estão sujeitas às regras gerais da concorrência – artigo 15.º, n.º 1. Mas o Decreto-Lei admite que, quando as empresas públicas possam exercer poderes e prerrogativas de autoridade sejam, neste âmbito, equiparadas a entidades administrativas – arts. 22.º e 23.º, n.º 1.

8 – Os PGAA são ainda aplicáveis a toda e qualquer actuação da AP, ainda que meramente técnica ou de gestão privada – CPA, artigo 2.º, n.º 3.

A actuação meramente técnica caracteriza-se por as suas operações não consistirem na aplicação de normas jurídicas mas de leis científicas ou de técnicas resultantes da experiência. Normas jurídicas, neste caso, são as que permitem a imputação dessas actuações a determinados sujeitos de direito, ou a imputação das consequências jurídicas daquelas mesmas actuações, designadamente em matéria da responsabilidade administrativa ou penal.

Por actividade de gestão privada deve entender-se a regida pelo DP, ou seja, a que não se traduza pelo exercício de poderes de autoridade ou, recorrendo à tradicional expressão francesa, pelo não uso da "puissance publique".

9 – O n.º 5 do artigo 2.º do CPA, reforçando as preocupações garantísticas e de defesa do particular, ordena que as garantias reconhecidas a estes se aplicam sempre aos procedimentos administrativos especiais, isto é, aos que não estejam regulados no CPA ou não obedeçam exatamente ao estatuído nas Partes III e IV do Código.

RM

10 – O confronto do n.º 5 com o anterior n.º 7 revela uma interessante estatuição que não pode passar despercebida.

Com efeito, enquanto o n.º 7 do anterior artigo 2.º determinava a aplicação supletiva das suas disposições aos procedimentos administrativos especiais mas desde que tal aplicação não envolvesse a diminuição das garantias dos particulares, o presente preceito estatui que as garantias reconhecidas no CPA aos particulares aplicam-se subsidiariamente aos procedimentos administrativos especiais.

Quer isto dizer que o actual Código, contrariamente ao Código anterior, não partiu de uma posição de menoridade em matéria de garantias dos particulares, antes assumindo que as mesmas, porque constituindo o núcleo fundamental na defesa das posições dos particulares no procedimento administrativo, nunca envolverão, se aplicadas supletivamente, a diminuição das garantias dos particulares nos procedimentos administrativos especiais.

Esta estatuição é bem demonstrativa de que a sede jurídico-administrativa das garantias dos particulares no seu relacionamento com a Administração encontra-se, efetivamente, no CPA.

JMS

Capítulo II

PRINCÍPIOS GERAIS DA ATIVIDADE ADMINISTRATIVA

I. No Código anterior, este Capítulo tinha por epígrafe "Princípios gerais". Ao ter alterado essa epígrafe para "Princípios gerais da atividade administrativa", o novo Código quis dar-lhe uma maior precisão, e, ao referir-se nela à atividade administrativa, quis deixar claro que os princípios aí tratados dizem respeito sobretudo à atividade administrativa. Mas a atividade administrativa dá-se aqui um sentido amplo, porque, se é certo que esses princípios se referem sobretudo à atividade administrativa propriamente dita, eles aplicam-se também à organização administrativa e ao procedimento administrativo, de que o Código também se ocupa, como se vê pelo seu artigo 2.º. Um bom exemplo do que acabámos de dizer encontramo-lo no artigo 56.º, que atribui um papel importante àqueles princípios na estruturação do procedimento administrativo.

Por seu lado, a expressão "Princípios gerais" quer aqui dizer que muitos deles constituem emanação e expressão dos princípios gerais de Direito Administrativo, vistos como fonte importante do Direito Administrativo, e que, por sua vez, nos surgem como uma espécie dentro da categoria genérica dos princípios gerais de Direito. É o caso, seguramente, dos princípios referidos nos artigos 3.º a 13.º e 15.º a 18.º. Os outros dois, os previstos nos artigos 14.º e 19.º, não podem ser vistos como emanando dos princípios gerais de Direito porque são princípios operativos de Direito Administrativo em matéria de procedimento.

Quanto aos primeiros, não é pacífica na doutrina da Ciência do Direito a questão de saber qual é o lugar dos princípios gerais na hierarquia das fontes de Direito e, portanto, também na hierarquia das fontes de Direito Administrativo. Mas, no nosso caso, este problema perde importância porque, em primeiro lugar, muitos dos princípios aos quais nos vamos aqui referir se encontram acolhidos por normas escritas, por força quer dos Direitos Administrativos nacionais, quer do Direito Administrativo de fonte transnacional, e, depois, porque muitos deles são Direito Constitucional concretizado, ou seja, como é o caso entre nós, são impostos ao Direito Administrativo português pela Constituição. Além disso, quase todos eles nos surgem como concretização do Direito formado em torno da Convenção Europeia dos Direitos do Homem (CEDH), tanto através do texto dessa Convenção, incluindo os seus Protocolos, como através da jurisprudência do Tribunal Europeu dos Direitos do Homem (TEDH), ou como concretização do Direito Administrativo da União Europeia, isto é, do Direito Administrativo elaborado pelo sistema jurídico da União Europeia através do texto dos Tratados e da Carta de Direitos Fundamentais da União Europeia (CDF), ou, ainda mais intensamente, por via da jurisprudência do Tribunal de Justiça da União Europeia (TJUE). Recordamos que Portugal é parte na CEDH, é membro da União Europeia e se encontra vinculado à CDF.

II. Os princípios gerais de Direito Administrativo, incluindo os relativos à atividade administrativa, têm uma quádrupla função.

Em primeiro lugar, eles exprimem os valores fundamentais, os pilares jurídicos do sistema administrativo, no nosso caso, do sistema administrativo português.

Depois, eles constituem a referência para a interpretação conforme do demais Direito Administrativo, visto este em globo, e, quando for o caso, do demais Direito que com ele tenha ligação.

De seguida, servem de instrumento importante para a integração de lacunas em Direito Administrativo.

Por fim, eles servem de elemento aglutinador importante para a unidade e a coerência sistemática e dogmática do Direito Administrativo.

Com esse sentido e com esse alcance, são suscetíveis de controlo tanto quanto ao seu mérito como à sua legalidade e, designadamente, têm de ser utilizados como importantes instrumentos para a jurisprudência no julgamento de casos concretos.

III. Sobre a matéria deste Capítulo, veja-se também, de modo mais desenvolvido, Fausto de Quadros, "Os princípios gerais da atividade administrativa no Código do Procedimento Administrativo depois da sua revisão", in *Estudos em homenagem a Rui Machete*, Coimbra, 2015, págs. 263 e segs..

FQ

ARTIGO 3.º

Princípio da legalidade

1 – Os órgãos da Administração Pública devem atuar em obediência à lei e ao direito, dentro dos limites dos poderes que lhes forem conferidos e em conformidade com os respetivos fins.

2 – Os atos administrativos praticados em estado de necessidade, com preterição das regras estabelecidas no presente Código, são válidos, desde que os seus resultados não pudessem ter sido alcançados de outro modo, mas os lesados têm o direito de ser indemnizados nos termos gerais da responsabilidade da Administração.

ORIGEM DO TEXTO:

Corresponde ao anterior artigo 3.º.
Reproduz sem alterações o projeto final da comissão de revisão.

COMENTÁRIO:

Este artigo, que concretiza o artigo 266.º, n.º 2, 1.ª parte, da Constituição, apresenta alterações meramente formais em relação ao anterior artigo 3.º, que foram propostas pela Comissão de revisão. Por isso, não há nada a referir de novo.

Todavia, aproveita-se a oportunidade para sublinhar que a redação do n.º 1 deve ser entendida, para além de tudo o mais, como incluindo no "bloco de legalidade" que obriga a Administração Pública todas as fontes do Direito Administrativo português, escritas e não escritas, e quer internas, quer externas. Quanto às fontes externas, é necessário destacar o facto de, a coberto deste preceito, terem vindo a ganhar cada vez maior importância as fontes transnacionais do Direito Administrativo. A participação crescente e cada vez mais intensa do Estado Português na Comunidade Internacional e na União Europeia e o incremento galopante das relações económicas internacionais em que Portugal e os seus cidadãos se têm visto envolvidos têm feito aumentar imenso o impacto de fontes de origem externa no Direito Administrativo português.

Assim, no plano do Direito Internacional, a Administração Pública tem vindo progressivamente a cumprir e a aplicar atos unilaterais de Organizações Internacionais de que Portugal é membro ou tratados internacionais concluídos sob a sua égide, sobretudo no domínio comercial, económico e financeiro, como é o caso da Organização Mundial do Comércio, do Fundo Monetário Internacional e do Banco Mundial. Por sua vez, o Estado Português tem vindo a celebrar, de modo cada vez mais frequente, tratados de cooperação com outros Estados, nas mais diversas matérias, com influência direta no Direito Administrativo. De entre eles, têm ganho especial importância tratados bilaterais (quase sempre sob a forma de *executive agreements* ou acordos em forma simplificada) de proteção do investimento estrangeiro em Portugal, à sombra dos quais têm sido celebrados muitos contratos administrativos de investimento com investidores estrangeiros. São os chamados tratados bilaterais de investimento.

Por sua vez, no plano do Direito da União Europeia, a nossa Administração Pública é chamada quotidianamente a executar, não apenas os Tratados, como também atos de Direito derivado que são obrigatórios para os Estados, especialmente, regulamentos e diretivas. Quanto a estas últimas, embora em Portugal, por força da Constituição, elas só possam ser transpostas para a ordem interna por atos legislativos, cabe à Administração Pública um papel muito relevante, não só na garantia de efeito direto às diretivas que dele gozem, como também na aplicação, em conformidade com as diretivas, dos atos que as transpõem. Como a prática administrativa em Portugal tem demonstrado, especial importância tem assumido a aplicação por autoridades administrativas de atos do Banco Central Europeu.

A ampla abertura da nossa Constituição ao Direito Internacional, através do artigo 8.º, n.ºs 1 e 2, e do artigo 16.º, n.ºs 1 e 2, e ao Direito da União Europeia, através dos artigos 7.º, n.º 6, e 8.º, n.ºs 3 e 4, obriga também a Administração Pública e o Direito Administrativo.

FQ

Artigo 4.º

Princípio da prossecução do interesse público e da proteção dos direitos e interesses dos cidadãos

Compete aos órgãos da Administração Pública prosseguir o interesse público, no respeito pelos direitos e interesses legalmente protegidos dos cidadãos.

ORIGEM DO TEXTO:

Corresponde sem alterações ao anterior artigo 4.º.

Artigo 5.º

Princípio da boa administração

1 – A Administração Pública deve pautar-se por critérios de eficiência, economicidade e celeridade.

2 – Para efeitos do disposto no número anterior, a Administração Pública deve ser organizada de modo a aproximar os serviços das populações e de forma não burocratizada.

ORIGEM DO TEXTO:

Corresponde parcialmente ao anterior artigo 10.º.
Reproduz sem alterações o projeto final da comissão de revisão.

COMENTÁRIO:

1 – Estamos perante uma grande inovação em sede de princípios gerais da atividade administrativa.

O princípio da boa administração nasceu no Direito Administrativo italiano em meados do século passado com a designação de "bom andamento da Administração" ("*buon andamento della pubblica amministrazione*"). Ficou dessa forma consagrado na Constituição da Itália de 1947, no artigo 97.º. Mais ou menos pela mesma época, alguns Estados do Norte da Europa vieram desenvolver, nos seus Direitos, aquele conceito sob a designação, traduzida para inglês, de "*good governance*" ou "*good administration*". No caso da Suécia, foi o *Ombudsman* quem começou a apelar para a "boa administração". E na Grécia, o Conselho de Estado, também por essa altura, passou a socorrer-se da ideia de boa administração para controlar o exercício do poder discricionário. Mais tarde, vários documentos oficiais, inclusive Declarações da OCDE e do Conselho da Europa, incorporaram a ideia da boa administração.

Hoje, a fórmula mais avançada na matéria é a da Carta de Direitos Fundamentais da União Europeia (CDF), de 2000. Em 2007, a Conferência Intergovernamental que preparou o Tratado de Lisboa, e que foi presidida por Portugal, não incorporou formalmente a Carta nos Tratados, mas veio conceder-lhe valor jurídico igual ao dos Tratados. O artigo 41.º da Carta confere aos cidadãos europeus um "direito a uma boa administração" da parte da Administração da União. Porque a União Europeia não possui ainda um CPA próprio, esse direito inclui muitos dos princípios contantes deste Capítulo do CPA português e outros princípios ou regras do procedimento administrativo que os Estados membros, incluindo Portugal através do CPA, regulam como princípios e regras autónomos, e que, sobretudo desde os anos 80 do século passado, vinham sendo elaborados e exigidos pela jurisprudência do TJUE (ver os comentários a esse artigo 41.º nas "Anotações relativas à Carta dos Direitos Fundamentais", que se encontram anexas à Carta). É o caso, por exemplo, da audiência prévia, do acesso ao procedimento, do direito à fundamentação dos atos administrativos e da responsabilidade da Administração (cfr. E. Chevalier, *Bonne administration et Union européenne*, Bruxelas, 2014). Ora, não se podia cair na incoerência de os cidadãos portugueses, enquanto cidadãos europeus, terem passado a ter um direito à boa administração por parte da Administração da União, mas de não terem a possibilidade de fazerem exigência análoga em relação à sua Administração nacional. Raciocínio similar tem vindo a ser feito pelo legislador e pela doutrina de muitos outros Estados membros da União Europeia.

A natureza e o valor do princípio da boa administração têm dividido a doutrina do Direito Administrativo. Para uns, a boa administração será um princípio geral de Direito Administrativo, sem se precisar de ver nela um direito dos cidadãos ou um dever da Administração. Para outros, haverá um dever de boa administração da parte da Administração Pública. Dentro desses, alguns vêm naquele dever um corolário do dever da Administração de prosseguir o interesse publico, imposto pela lei ou pelas Constituições estaduais. Assim, por exemplo, quando entre nós a Constituição estabelece, no seu artigo 266.º, n.º 1, que a Administração Pública prossegue o interesse público, ela está a exigir que a Administração satisfaça *bem,* isto é, *o melhor possível,* esse interesse, o que significa boa administração.

Por fim, para outros ainda, há um verdadeiro direito fundamental à boa administração. Esta orientação recebeu forte apoio do artigo 41.º da CDF, que, como dissemos, concebe dessa forma a boa administração. A jurisprudência do TJUE formada à sombra daquele artigo tem-se pronunciado no sentido de ele conferir aos cidadãos europeus um verdadeiro direito fundamental (ver os Acórdãos de 11-7-2013, caso *Ziegler*, Processo n.º C-439/11, ponto 155, e 8-5-2014, *H.N.*, Proc.º C-604/12, ponto 49). Com base nessa construção do Direito Administrativo Europeu, a doutrina administrativa mais recente dos Estados membros, sobretudo da Alemanha e da Itália, passou a referir-se nas respetivas Ordens Jurídicas internas a um "direito à boa administração".

A Comissão de revisão do CPA entendeu que era prudente ver na boa administração um princípio geral, sem se comprometer com a tese do direito fundamental. Cabe agora à jurisprudência administrativa a tarefa de dizer qual é o valor jurídico desse princípio, e, concretamente, se há ou não em Portugal um direito fundamental dos cidadãos à boa administração, com todas as consequências jurídicas que daí advirão. Convém, todavia, deixar claro que, independentemente do resultado a que ela venha a chegar sobre essa matéria, ou mesmo antes de a ele chegar, a jurisprudência está obrigada a conceder plena vigência a este princípio, respeitando integralmente o vasto conteúdo que lhe é definido por este artigo. Sublinhe-se que, no amplo debate público do Anteprojeto de revisão apresentado pela Comissão, houve muito bom acolhimento à referência, neste momento, no Código, ao princípio da boa administração e ao conteúdo que aqui lhe foi atribuído.

Convém salientar que a boa administração começa na "boa legislação". Administrar bem pressupõe, para começar, legislar bem. Por outras palavras, a boa administração depende muito do Poder Legislativo. De facto, para que haja boa administração, é necessário, antes de mais, que a lei seja clara na definição das atribuições das pessoas coletivas da Administração e na atribuição de competência aos seus órgãos e agentes, de tal modo que não haja conflitos positivos ou negativos de atribuições ou de competência. Logo depois, será preciso que a lei ou, na sua aplicação, o regulamento administrativo discipline com rigor cada um dos procedimentos especiais, de tal forma que a atividade administrativa não se veja prejudicada na sua eficiência quotidiana por força de vícios substantivos ou procedimentais gerados por errada ou insuficiente previsão da lei ou do regulamento. Mas isso não isenta a Administração da obrigação de, no seu âmbito, procurar a boa administração, como lhe é imposto por este artigo do Código.

2 – Diz o artigo que a boa administração se afere pelos critérios da eficiência, da economicidade e da celeridade. O que se deve entender por estas três noções?

A eficiência administrativa é, de há muito, uma noção muito cara à doutrina alemã e italiana, sobretudo na sua relação de proporcionalidade com os direitos dos administrados, como pode ser visto pelas obras básicas sobre a matéria, na Alemanha, de Götz e Hofmann, *Verwaltungsverfahren zwischen Verwaltungseffizienz und Rechtsschutzauftrag*, Berlim, 1983, e Eidenmüller, *Effizienz als Rechtsprinzip*, 3.ª ed., Tubinga, 2005, e, na Itália, de Calandra, «Efficienza e buon andamento della pubblica amministrazione», in *Enciclopedia Giuridica Trecanni*, vol. XII, 1989.

Para que, em Portugal, uma medida administrativa seja considerada eficiente, para o efeito de poder ser qualificada como medida de boa administração, é necessário que ela preencha alguns requisitos. Ela deve prosseguir o interesse público e no respeito pelos direitos e interesses legalmente protegidos dos administrados (de harmonia com o citado artigo 266.º, n.º 1, da Constituição); ela deve ser eficaz para alcançar os objetivos que a Constituição e o demais Direito impõem à Administração no quadro do princípio da legalidade, e, mais especificamente, ela deve ser a mais eficaz e a mais adequada para se alcançar o fim de interesse público que, de harmonia com a lei aplicável, a medida pretende alcançar em cada caso concreto; ela deve estar sujeita apenas ao mínimo necessário de burocracia (como impõe o n.º 2 deste artigo); e ela deve ser proporcional para a prossecução dos fins que visa alcançar, no sentido postulado pelo princípio da proporcionalidade, que se encontra consagrado no artigo 7.º deste Código, isto é, ela deve ser necessária, adequada, razoável e não excessiva. Alguns outros princípios podem ter de ser levados em conta para se aferir da eficiência de uma medida administrativa: é o caso dos princípios da boa-fé, da justiça, da igualdade, da isenção e da imparcialidade na atuação da Administração e da aproximação às populações por via da desconcentração e da descentralização. Esses princípios estão consagrados na Constituição, no artigo 266.º, n.º 2, e no CPA, nos artigos 6.º, 8.º, 9.º e 10.º, bem como no n.º 2 deste artigo 5.º.

Ou seja, desde logo pelo critério da eficiência, ficam afastados pelo princípio da boa administração, para começar, todos os trâmites, todas as medidas e todas as decisões administrativas, quaisquer que elas sejam, que se mostrem desrazoáveis, inadequadas ou impertinentes, ou para o procedimento, ele próprio, ou para o concreto fim público prosseguido no caso concreto. Especificamente quanto à impertinência, o Código vem exigir que, na condução do procedimento, a Administração se paute pelo critério da eficácia e da diligência, recusando e evitando trâmites impertinentes, inúteis e dilatórios. Fá-lo dentro da reformulação do "dever de celeridade" na condução do procedimento, previsto agora no artigo 59.º (ex-artigo 57.º). Saliente-se que, nessa matéria, se exige aos administrados que colaborem, como resulta do artigo 60.º.

A economicidade quer dizer que a Administração Pública deve gerir bem os dinheiros públicos, não podendo gastar mais do que tem, e aproveitando o melhor possível, inclusive da forma mais produtiva possível para o interesse público visado no caso concreto, os recursos de que dispõe. A Administração deve dar aos administrados o exemplo de boa gestão dos seus dinheiros. Isso significa que ela deve fundamentar a sua decisão do ponto de vista económico. Uma concretização desta exigência no Código, encontramo-la agora no artigo 99.º, que passa a impor, para a aprovação de um regulamento, que o seu projeto seja acompanhado de uma demonstração dos custos e dos benefícios da sua execução. Também aos administrados é exigido que cooperem no sentido da "economia de meios" no procedimento, como dispõe o artigo 60.º, n.º 2, o que tem de se entender que engloba também o que a propósito deste artigo 5.º se entende por economicidade.

A celeridade é mais objetiva. E o Código é muito exigente nessa matéria. Ele começa por, no artigo 59.º, consagrar um "dever de celeridade" na condução do procedimento. Depois, no artigo 128.º, ele fixa o prazo para a decisão do procedimento de iniciativa particular (no n.º 1) e do procedimento de iniciativa oficiosa passível de conduzir à emissão de uma decisão com efeitos desfavoráveis para os interessados (no n.º 2). E o artigo 129.º dispõe que o incumprimento dos prazos de decisão gera responsabilidade para a Administração, determinável, com certeza, com base na Lei n.º 67/2007, de 31 de Dezembro, sobre a Responsabilidade Civil Extracontratual do Estado e Demais Entidades Públicas, mas também em outras fontes de Direito Administrativo português (incluindo o Direito Europeu e o Direito Internacional), para além de, pelo que nos interessa neste lugar, configurar sempre uma infração ao princípio da boa administração.

Ao longo do Código, faz-se apelo, a propósito de várias matérias nele reguladas, ao conjunto destes três critérios. Por exemplo, no artigo 56.º, enuncia-se, como princípio básico do procedimento administrativo, o princípio da adequação procedimental, e, dentro dele, prescreve-se que a condução do procedimento se deve orientar, entre outros fatores, pela eficiência, pela economicidade e pela celeridade.

Por outro lado, é necessário também levar em conta que muitas das inovações do Código permitem obter, de modo intenso, uma melhor administração, pelo preenchimento destes três critérios. Porventura, os casos mais relevantes nesse sentido serão os do auxílio administrativo e das conferências procedimentais, que estão disciplinados, respetivamente, nos artigos 66.º e 77.º a 81.º, e que constituem outras grandes novidades do novo Código. Um e outras vêm permitir ganhos muito sensíveis de eficiência, economicidade e celeridade no procedimento.

3 – Há que ter consciência da relatividade deste conjunto de três critérios. Dito de outra forma, é preciso perceber que uma medida administrativa nem sempre poderá ser, na prática, e ao mesmo tempo, a mais eficiente, a mais económica e a mais célere para que se dê por respeitado este artigo. Pode acontecer, por exemplo, que ela, para ser a mais eficiente, não possa ser a mais económica ou a mais célere. Mas também se diga que esta dificuldade de conjugar os três critérios não deve dispensar que tudo seja feito para que eles sejam observados em simultâneo. É indispensável que uma rotunda, projetada para se fazer fluir o tráfego numa via pública, seja necessária, eficaz e eficiente para se atingir esse fim público. Mas não basta: é indispensável que essa rotunda, com as suas caraterísticas concretas, constitua o meio mais económico para se alcançar esse fim de interesse público, ou que, havendo outro meio mais económico, mesmo assim seja essa rotunda, em função da eficiência, o meio escolhido para o efeito. E tudo isso deverá ser fundamentado. Terá que ser a Administração, quando aplica uma medida administrativa, a verificar, em função das particularidades de cada caso concreto, se, *feito o balanço global desses três critérios*, tais como os definimos atrás, ela respeita, de facto, o princípio da boa administração.

4 – O princípio da boa administração é passível de controlo, nos termos gerais do Direito Administrativo, inclusive para o efeito da definição da responsabilidade pelo seu desrespeito. No que toca especificamente à legalidade, parece não suscitar dúvidas nem dificuldades de maior o controlo da celeridade e da economicidade. Como se mostrou, o critério da celeridade concretiza-se em exigências objetivadas na lei. Portanto, os tribunais competentes poderão fiscalizar a legalidade de procedimentos em função dessas exigências. Quanto à economicidade, é sabido que já hoje entidades habilitadas para o efeito por lei, como a Inspeção-Geral de Finanças, o Tribunal de Contas e as entidades reguladoras, têm competência para controlar a economicidade do procedimento.

No que diz respeito à eficiência, não se ignora que ela tem um conteúdo que não é aferível apenas à luz do Direito. Mas isso não deverá impedir a interpretação e a fiscalização e, portanto, também o controlo da eficiência pelo Direito, especialmente em situações de ineficiência manifesta, para o que dará uma grande ajuda a fundamentação da medida. Desse modo será respeitada a componente jurídica do requisito da eficiência, que acima demonstrámos, inclusive com recurso à Constituição e a outros preceitos deste Código.

5 – Para um maior desenvolvimento deste princípio, veja-se o nosso estudo que citámos acima, na Introdução a este Capítulo do Código, *Os princípios gerais da atividade administrativa*, págs. 269 e segs., e bibliografia que aí referimos, merecendo destaque dentro dela, na doutrina portuguesa, o estudo muito elaborado sobre a boa administração, inclusive sobre as suas origens históricas, de Mário Aroso de Almeida, "O Provedor de Justiça como garante da boa administração", in *Provedor de Justiça – Estudos*, Lisboa, 2007, págs. 13 e segs.

FQ

6 – O controlo jurisdicional de atos administrativos por violação do princípio da boa administração está condicionado pelo princípio da separação de poderes. Por força deste princípio (artigos 2.º e 111.º, n.º 1, da Constituição da República e artigo 3.º do CPTA), os tribunais administrativos não podem administrar em lugar da Administração nem podem julgar da conveniência ou da oportunidade da atuação administrativa quando ela for discricionária. Como já decidiu o STA (Acórdão de 22/5/14, Proc. N.º 01412), "por força do princípio da separação de poderes, a intervenção condenatória do juiz administrativo depara-se com um limite fundamental, não podendo substituir-se à Administração ou violar o núcleo essencial da sua autonomia, no âmbito da escolha discricionária dos interesses ou valorações técnicas que lhes são reservadas por lei".

JMS

Artigo 6.º

Princípio da igualdade

Nas suas relações com os particulares, a Administração Pública deve reger-se pelo princípio da igualdade, não podendo privilegiar, beneficiar, prejudicar, privar de qualquer direito ou isentar de qualquer dever ninguém em razão de ascendência, sexo, raça, língua, território de origem, religião, convicções políticas ou ideológicas, instrução, situação económica, condição social ou orientação sexual.

ORIGEM DO TEXTO:

Corresponde ao n.º 1 do anterior artigo 5.º.
Reproduz sem alterações o projeto final da comissão de revisão.

COMENTÁRIO:

Este princípio estava anteriormente regulado no artigo 5.º, em complementaridade com o princípio da proporcionalidade. Foi decidido separar os dois princípios e tratá-los com autonomia. É certo que existe uma estreita conexão entre os princípios da igualdade e da proporcionalidade mas, tanto na sua origem como no seu fundamento jurídico, são dois princípios diferentes. Por isso, tratá-los com autonomia significa maior rigor e também significa dar maior importância a ambos.

O princípio da igualdade encontra-se disciplinado agora neste novo artigo 6.º. Ele está previsto na Constituição, nos artigos 13.º e 266.º, n.º 2. O primeiro trata-o como princípio de Direito Constitucional, o segundo como princípio só de Direito Administrativo. Em relação ao que o CPA anteriormente dispunha sobre a igualdade, há que fazer ressaltar que se acrescentou agora a proibição da discriminação também em função da orientação sexual, a fim de se colocar este preceito em sintonia com o artigo 13.º, n.º 2, da Constituição, depois da revisão de 2004.

O princípio da igualdade, que também pode ser chamado de não-discriminação, não pode ser interpretado de forma absoluta e abstrata. Isso tem levado, por vezes, a que não se perceba que ele, no seu fundamento jurídico, tanto impõe o tratamento igual de situações jurídidas que são iguais como *impõe* (e não apenas permite) o tratamento desigual de situações jurídicas que entre si são desiguais. Por seu lado, a discriminação tanto pode ser negativa como positiva.

No Direito Administrativo alemão e francês ganhou especial importância a variante do princípio da igualdade traduzida na igualdade dos cidadãos na repartição dos encargos públicos. Na Alemanha, ela surgiu na distinção clássica do pós-2.ª Guerra entre "*Eingriffsverwaltung*" e "*Leistungsverwaltung*" ("*Administração de autoridade*" e "*Administração prestadora*"), como elemento estruturante da *Eingriffsverwaltung* [ver Maunz e Dürig, *Grundgesetz Kommentar*, Munique, 2015, anotações 414 e segs. ao artigo 3.º da Lei Fundamental de Bona, e Kirchhof, *Der allgemeine Gleichheitssatz*, in Isensee e Kirchhof (eds.), Handbuch des StaatsRechts, tomo V, 3.ª ed., Haidelberga, 1992, págs. 839 e segs.]. Na França, encontramos os primeiros afloramentos dessa orientação na Escola de Bordéus (principalmente, em Duguit e Jèze). Contudo, foi o Conselho de Estado que lhe deu corpo em sede da teoria da responsabilidade da Administração por atos lícitos, com base em importantes contributos doutrinários, dentro dos quais se destaca a monografia pioneira de Delvolvé, *Le principe d'égalité devant les charges publiques*, Paris, 1969. Essa corrente chegou depois à jurisprudência do Tribunal Europeu dos Direitos do Homem (TEDH).

Em Portugal, essa formulação do princípio da igualdade já foi acolhida pelo Tribunal Constitucional, como se pode ver, por exemplo, pelos seus Acórdãos nos Proc.ºs n.ºs 243/2001, 11/2008 e 599/2015. Na doutrina, ela mereceu, há muitos anos, aceitação, no quadro da responsabilidade da Administração por atos lícitos, no *Manual de Direito Administrativo* de Marcelo Caetano e Freitas do Amaral, 9.ª ed., reimpressão, Coimbra, 1994, págs. 1238-1239, e na dissertação de Gomes Canotilho, *O problema da responsabilidade do Estado por actos* lícitos, Coimbra, 1974, págs. 122 e segs..

Esta vertente do princípio da igualdade reveste-se da maior utilidade para se apurar da conformidade com a Constituição do sentido e da dimensão das restrições trazidas aos direitos fundamentais em nome do interesse público, bem como do conteúdo e do alcance da sua reparação. Tal como se retira da jurisprudência do Conselho de Estado francês e do TEDH e dos citados arestos do nosso Tribunal Constitucional, esse problema coloca-se com particular acuidade em relação às expropriações por utilidade pública e a outras onerações de Direito público impostas, com invocação do interesse público, a direitos patrimoniais. Ver, sobre isso, *infra*, os comentários 5.1 e 5.2 ao artigo 167.º.

FQ

Artigo 7.º

Princípio da proporcionalidade

1 – Na prossecução do interesse público, a Administração Pública deve adotar os comportamentos adequados aos fins prosseguidos.

2 – As decisões da Administração que colidam com direitos subjetivos ou interesses legalmente protegidos dos particulares só podem afetar essas posições na medida do necessário e em termos proporcionais aos objetivos a realizar.

ORIGEM DO TEXTO:

O n.º 2 corresponde ao n.º 2 do anterior artigo 5.º.

Reproduz sem alterações o projeto final da comissão de revisão.

COMENTÁRIO:

O princípio da proporcionalidade está hoje tratado neste artigo com autonomia, como foi dito no comentário ao artigo 6.º. No texto anterior do CPA, era regulado no artigo 5.º, n.º 2.

Este princípio tem sido muito desenvolvido sobretudo no Direito Constitucional alemão do pós-2.ª Guerra, com vista a conter o poder público perante os direitos fundamentais dos cidadãos (a obra básica nesse sentido é a de Peter Lerche, *Übermass und Verfassungsrecht*,

Colónia, 1961). Todavia, esse princípio não consta de preceito expresso da Lei Fundamental de Bona, porque esta entendeu, como tem vindo a entender também a jurisprudência do Tribunal Constitucional federal, que ele decorre implicitamente do princípio do Estado de Direito, consagrado no artigo 20.º, n.º 3, da Lei Fundamental e da construção constitucional dos direitos fundamentais (*Grundrechte*). Assim entendido, o princípio da proporcionalidade começou por ser colocado, para começar, em relação ao exercício do Poder Legislativo. Depressa passou para o Direito Administrativo do pós-guerra, primeiro da Alemanha e da França, depois de outros Estados europeus, vindo a ser também muito desenvolvido pela jurisprudência do Tribunal Europeu dos Direitos do Homem e do Tribunal de Justiça da União Europeia. No nosso País, encontra-se consagrado como princípio de Direito Constitucional no artigo 18.º, n.º 2, 2.ª parte, e, depois, concretizado para o Direito Administrativo no artigo 266.º, n.º 2, da Constituição. O nosso Tribunal Constitucional tem feito uso deste princípio com frequência, e com relação não apenas ao Direito Administrativo.

No artigo 5.º, n.º 2, do Código anterior, a proporcionalidade só abrangia a adequação e a proporcionalidade propriamente dita.

Este novo artigo 7.º dá-lhe uma maior abrangência. A partir de agora, podemos dizer que o princípio da proporcionalidade passa a revestir no Direito Administrativo positivo em Portugal as seguintes variantes, que, diga-se desde já, se completam, se conjugam e se interpenetram entre si:

- a *necessidade* da medida administrativa. Ou seja, é preciso que a Administração demonstre, na fundamentação da medida, que ela é indispensável para a prossecução do concreto objetivo de interesse público que a medida visa alcançar, e, complementarmente, que não há outra medida permitida pelo Direito que seja mais eficaz para o efeito. A necessidade da medida prende-se também com a sua adequação, da qual falaremos a seguir, pelo que ela deve-se também considerar incluída na exigência pelo CPA da adequação da medida;

- a *adequação* da medida à satisfação dos fins por ela prosseguidos. É o que de modo expresso exige o n.º 1 deste novo artigo 7.º. Por aqui, a medida tem de ser idónea, e a mais idónea, para se alcançar o fim público por ela visado. O que exige que se demonstre que ela é necessária nesse caso concreto;
- a *razoabilidade* da medida, que também nos aparece por vezes tratada como proporcionalidade em sentido estrito, ou proporcionalidade propriamente dita. A razoabilidade foi introduzida no Código no artigo 8.º, onde se entendeu que ficava melhor, relacionada com o princípio da justiça. Mas ela não deixa de ser também uma variante da proporcionalidade;
- a *proibição de excesso* (tradução de *"Übermassverbot"*, do Direito alemão). Passa agora a estar consagrada expressamente no n.º 2 deste artigo. Foi criada e desenvolvida pela jurisprudência do Tribunal Constitucional federal alemão e, mais tarde, também do Conselho de Estado francês. Quer dizer que a medida é desproporcionada se houver à disposição da Administração, para a prossecução do interesse público visado no caso concreto, uma outra medida que seja menos gravosa para os direitos do particular. É assim que deve ser interpretada a 2.ª parte do artigo 18.º, n.º 2, da Constituição. A proibição de excesso tem sido muito utilizada em Direito Comparado para se entender que viola o princípio da proporcionalidade a ablação de um direito, entendida como expropriação formal de um direito patrimonial (direito real, direito de crédito ou outro), sempre que se demonstre que o mesmo fim público prosseguido no caso concreto por aquela pode ser alcançado de modo igual por uma mera servidão, restrição, sujeição, ónus, encargo ou qualquer outra oneração ou limitação de Direito Público trazida ao direito sem a sua ablação formal da esfera jurídica do seu titular. Ver o comentário ao artigo 6.º.

FQ

Artigo 8.º

Princípios da justiça e da razoabilidade

A Administração Pública deve tratar de forma justa todos aqueles que com ela entrem em relação, e rejeitar as soluções manifestamente desrazoáveis ou incompatíveis com a ideia de Direito, nomeadamente em matéria de interpretação das normas jurídicas e das valorações próprias do exercício da função administrativa.

ORIGEM DO TEXTO:

Corresponde parcialmente ao anterior artigo 6.º.
Reproduz sem alterações o projeto final da comissão de revisão.

COMENTÁRIO:

O anterior artigo 6.º consagrava o princípio da justiça, na esteira do artigo 266.º, n.º 2, da Constituição. Esse tratamento era relacionado com o princípio da imparcialidade e traduzia-se numa referência muito sumária.

Com este novo artigo 8.º, o princípio da justiça aparece-nos robustecido, porque nos surge intimamente cruzado com duas ideias novas e complementares: em primeiro lugar, a ideia de razoabilidade, que, em bom rigor, constitui mais uma forma de proporcionalidade; em segundo lugar, a ideia de juridicidade, sob a forma de compatibilidade com a ideia de Direito. Neste último sentido, dá-se expressão ao primado do Direito numa sociedade democrática.

O facto de a justiça se encontrar prevista na Constituição, no citado artigo 266.º, n.º 2, como valor a ter em conta por parte da Administração, com autonomia em relação ao valor da legalidade, e de, na sequência disso, uma e outra serem objeto de princípios autónomos nos artigos 3.º e 8.º deste Código, leva a exigir que as decisões da Administração sejam, *em separado mas simultaneamente*, "legais e justas". Vejam-se, por exemplo, os artigos 58.º e 60.º, n.º 1.

FQ

Artigo 9.º

Princípio da imparcialidade

A Administração Pública deve tratar de forma imparcial aqueles que com ela entrem em relação, designadamente, considerando com objetividade todos e apenas os interesses relevantes no contexto decisório e adotando as soluções organizatórias e procedimentais indispensáveis à preservação da isenção administrativa e à confiança nessa isenção.

ORIGEM DO TEXTO:

Corresponde parcialmente ao anterior artigo 6.º.
Reproduz sem alterações o projeto final da comissão de revisão.

COMENTÁRIO:

1 – Este princípio encontra-se acolhido no artigo 266.º, n.º 2, da Constituição, e estava vertido no anterior artigo 6.º do CPA, conjuntamente com a justiça. O teor do anterior artigo 6.º sobre este princípio era muito simples. Agora, este novo artigo 9.º deu-lhe maior importância, o que se traduziu na autonomização da imparcialidade e no desenvolvimento do seu conteúdo. A imparcialidade passa agora a impor o tratamento objetivo de todos os interesses envolvidos na decisão administrativa, a isenção na conduta da Administração e a confiança que essa isenção tem de causar nos administrados.

Também se introduziram alterações nas garantias de imparcialidade, reguladas agora nos artigos 69.º e seguintes, em lugar dos anteriores artigos 44.º e seguintes. Todas essas alterações visaram reforçar a imparcialidade da Administração. Dessas alterações merecem destaque as constantes do novo n.º 3 do artigo 69.º, que alarga as situações de impedimento.

FQ

2 – Anteriormente, o princípio da imparcialidade era apenas invocado mas não enunciado.

Com a densificação operada em 2015, o princípio da imparcialidade, porque diretamente colocado no seio do procedimento e no contexto da decisão administrativa, assume agora uma nova dimensão e projecção.

Assim, tal dimensão e projecção revelam-se na:

1.º – Consideração, de forma objectiva, de todos os interesses levados para o procedimento pelos interessados, após o que apenas se considerarão os que forem relevantes para a decisão;

2.º – Adopção de modelos organizatórios e procedimentais que tornem transparente a actuação da Administração na condução do procedimento;

3.º – Distinção entre, por um lado, a preservação da isenção administrativa e, por outro lado, a confiança nessa decisão.

O aspecto assinalado revela-se, aliás, de fundamental importância para a compreensão da amplitude que o princípio da imparcialidade adquiriu com a revisão de 2015.

Com efeito, face ao disposto neste artigo 9.º e a sua conjugação com a matéria das garantias da imparcialidade – artigos 69.º a 76.º, muito em especial o n.º 4 do artigo 76.º, preceito este que não hesitamos em destacar como um preceito-chave na concretização do princípio da imparcialidade –, deve-se concluir que o princípio considera-se violado tanto no caso de uma actuação parcial, como no caso de existir um perigo para essa isenção.

Em matéria de contratação pública, o STA já tinha tido este mesmo entendimento ao decidir no seu Acórdão de 1/10/2003, Pleno da Secção, Proc. n.º 048035, que "em conformidade com o princípio da transparência, que constitui uma garantia preventiva da imparcialidade, os órgãos da Administração devem actuar por forma a darem de si mesma uma imagem de objectividade, isenção e equidistância dos interesses em presença, de modo a projectar para o exterior um sentimento de confiança".

Assim, considerando ser ilegal uma adjudicação de uma empreitada para construção de uma barragem cuja proposta incluía um projecto-base da autoria da empresa que realizou para o dono de obra os estudos de preparação do próprio concurso, o STA decidiu que "nessas circunstâncias, releva o simples perigo ou risco de um comportamento de favor, não sendo necessária demonstração de que se verificou, em concreto, uma actuação parcial com reflexos no acto de adjudicação."

JMS

Artigo 10.º

Princípio da boa-fé

1 – No exercício da atividade administrativa e em todas as suas formas e fases, a Administração Pública e os particulares devem agir e relacionar-se segundo as regras da boa-fé.

2 – No cumprimento do disposto no número anterior, devem ponderar-se os valores fundamentais do Direito relevantes em face das situações consideradas, e, em especial, a confiança suscitada na contraparte pela atuação em causa e o objetivo a alcançar com a atuação empreendida.

ORIGEM DO TEXTO:

Corresponde ao anterior artigo 6.º-A.
Reproduz sem alterações o projeto final da comissão de revisão.

COMENTÁRIO:

Embora com alterações de índole formal no seu n.º 2, este artigo reproduz o conteúdo do anterior artigo 6.º-A, que tinha sido introduzido pela revisão de 1996.

Note-se que agora nos surgem ao longo do Código novas invocações expressas deste princípio, como, por exemplo, é o caso dos artigos 60.º, 162.º, n.º 3, e 167.º, n.º 5.

Sublinhe-se que este preceito, na sua redação, concebe a boa-fé como dever recíproco na relação entre a Administração e os particulares.

FQ

Artigo 11.º

Princípio da colaboração com os particulares

1 – Os órgãos da Administração Pública devem atuar em estreita colaboração com os particulares, cumprindo-lhes, designadamente, prestar aos particulares as informações e os esclarecimentos de que careçam, apoiar e estimular as suas iniciativas e receber as suas sugestões e informações.

2 – A Administração Pública é responsável pelas informações prestadas por escrito aos particulares, ainda que não obrigatórias.

ORIGEM DO TEXTO:

Corresponde ao anterior artigo 7.º.
Reproduz sem alterações o projeto final da comissão de revisão.

COMENTÁRIO:

Este artigo reproduz o conteúdo do anterior artigo 7.º, ainda que com alterações de índole formal no seu n.º 1. Ver uma concretização deste princípio no artigo 60.º.

FQ

Artigo 12.º

Princípio da participação

Os órgãos da Administração Pública devem assegurar a participação dos particulares, bem como das associações que tenham por objeto a defesa dos seus interesses, na formação das decisões que lhes digam respeito, designadamente através da respetiva audiência nos termos do presente Código.

ORIGEM DO TEXTO:

Corresponde sem alterações ao anterior artigo 8.º.

ARTIGO 13.º
Princípio da decisão

1 – Os órgãos da Administração Pública têm o dever de se pronunciar sobre todos os assuntos da sua competência que lhes sejam apresentados e, nomeadamente, sobre os assuntos que aos interessados digam diretamente respeito, bem como sobre quaisquer petições, representações, reclamações ou queixas formuladas em defesa da Constituição, das leis ou do interesse público.

2 – Não existe o dever de decisão quando, há menos de dois anos, contados da data da apresentação do requerimento, o órgão competente tenha praticado um ato administrativo sobre o mesmo pedido, formulado pelo mesmo particular com os mesmos fundamentos.

3 – Os órgãos da Administração Pública podem decidir sobre coisa diferente ou mais ampla do que a pedida, quando o interesse público assim o exija.

ORIGEM DO TEXTO:

Corresponde ao anterior artigo 9.º.
Reproduz sem alterações o projeto final da comissão de revisão.

COMENTÁRIO:

O n.º 1 foi objeto de alterações meramente formais, o n.º 2 manteve-se como estava e o n.º 3 é novo, embora o seu conteúdo provenha do anterior 56.º, por se ter entendido ser esta a localização sistemática que melhor lhe correspondia. O preceito mantém, assim, a solução de conceder um amplo poder de decisão à Administração, permitindo que ela decida de modo diferente do que lhe foi pedido, e até sobre coisa diferente, sempre que o interesse público o imponha.

FQ

Artigo 14.º

Princípios aplicáveis à administração eletrónica

1 – Os órgãos e serviços da Administração Pública devem utilizar meios eletrónicos no desempenho da sua atividade, de modo a promover a eficiência e a transparência administrativas e a proximidade com os interessados.

2 – Os meios eletrónicos utilizados devem garantir a disponibilidade, o acesso, a integridade, a autenticidade, a confidencialidade, a conservação e a segurança da informação.

3 – A utilização de meios eletrónicos, dentro dos limites estabelecidos na Constituição e na lei, está sujeita às garantias previstas no presente Código e aos princípios gerais da atividade administrativa.

4 – Os serviços administrativos devem disponibilizar meios eletrónicos de relacionamento com a Administração Pública e divulgá-los de forma adequada, de modo a que os interessados os possam utilizar no exercício dos seus direitos e interesses legalmente protegidos, designadamente para formular as suas pretensões, obter e prestar informações, realizar consultas, apresentar alegações, efetuar pagamentos e impugnar atos administrativos.

5 – Os interessados têm direito à igualdade no acesso aos serviços da Administração, não podendo, em caso algum, o uso de meios eletrónicos implicar restrições ou discriminações não previstas para os que se relacionem com a Administração por meios não eletrónicos.

6 – O disposto no número anterior não prejudica a adoção de medidas de diferenciação positiva para a utilização, pelos interessados, de meios eletrónicos no relacionamento com a Administração Pública.

ORIGEM DO TEXTO:

Não tem correspondência na anterior versão do Código.
Reproduz sem alterações o projeto final da comissão de revisão.

COMENTÁRIO:

A previsão do acesso, no procedimento administrativo, a meios eletrónicos constitui uma inovação muito importante do Código. Estes eram desconhecidos na versão inicial do Código, de 1991. Portugal não tem, ao contrário do que fez, por exemplo, a vizinha Espanha, uma Lei especial sobre a Administração eletrónica e, por isso, a utilização de meios eletrónicos no procedimento administrativo tinha de estar disciplinada no CPA.

Este artigo ocupa-se da matéria em sede de regulamentação geral. A ideia-motriz deste preceito é a de ele abrir as portas a um acesso amplo aos meios eletrónicos ao longo do procedimento administrativo, isto é, entre os órgãos e serviços da Administração Pública e entre estes e os particulares. Nesse sentido, e como ponto de partida, aqueles órgãos e serviços devem utilizar meios eletrónicos no exercício da sua atividade. É o que resulta do n.º 1. Todavia, do confronto deste artigo com o artigo 63.º resulta que, nas relações entre a Administração e os particulares, o uso de meios eletrónicos, assim como o uso do telefax e do telefone, depende de prévio consentimento escrito da parte destes, nos termos regulados nesse artigo 63.º. Entendeu-se que era excessivo obrigar os particulares a ter acesso a esses meios, dado que há alguns que ainda terão dificuldade em dispor deles. Fica, contudo, ressalvado o disposto nos n.os 2 e 3 desse artigo 63.º. A utilização de meios eletrónicos deve visar os objetivos da 2.ª parte do n.º 1, deve permitir aos interessados alcançar os resultados referidos na 2.ª parte do n.º 4, e o seu uso terá que respeitar as garantias indicadas nos n.os 2, 3, 5 e 6, inclusive as conferidas por outros princípios constantes do Código e particularmente neste Capítulo, designadamente, os da igualdade e da não discriminação, da proporcionalidade e da proteção dos dados pessoais.

FQ

ARTIGO 15.º

Princípio da gratuitidade

1 – O procedimento administrativo é tendencialmente gratuito, na medida em que leis especiais não imponham o pagamento de taxas por despesas, encargos ou outros custos suportados pela Administração.

2 – Em caso de insuficiência económica, a Administração isenta, total ou parcialmente, o interessado do pagamento das taxas ou das despesas referidas no número anterior.

3 – A insuficiência económica deve ser provada nos termos da lei sobre apoio judiciário, com as devidas adaptações.

ORIGEM DO TEXTO:

Corresponde ao anterior artigo 11.º.
Reproduz sem alterações o projeto final da comissão de revisão.

COMENTÁRIO:

Este artigo deixa de exigir que, à partida, o procedimento administrativo seja gratuito, como dispunha o anterior artigo 11.º, para se contentar com que ele seja tendencialmente gratuito. Não bolem com esse princípio os pagamentos referidos no n.º 1. Todavia, que fique claro que esses pagamentos devem ser contidos pelo princípio da proporcionalidade, nomeadamente, eles devem ser de montante razoável, especialmente quanto aos meios de instrução que sejam indispensáveis para os administrados fazerem valer os seus direitos. Isso não acontecerá, por exemplo, quando os pagamentos a efetuar a entidades públicas, por fotocópias, certidões, certificados, atestados, ou outros atos análogos, forem manifestamente desproporcionados por comparação com os custos que a Administração, de facto, suporte com eles. Os montantes exigidos para esses pagamentos não podem ser de modo a dissuadir os particulares de beneficiarem desses atos. Os n.os 2 e 3 dispõem no mesmo sentido que o anterior n.º 2. Desse modo, continua-se a estabelecer que a insuficiência económica, desde que devidamente provada, não poderá impedir o administrado de aceder ao procedimento administrativo.

FQ

Artigo 16.º
Princípio da responsabilidade

A Administração Pública responde, nos termos da lei, pelos danos causados no exercício da sua atividade.

ORIGEM DO TEXTO:

Não tem correspondência na versão anterior do Código.
Reproduz sem alterações o projeto final da comissão de revisão.

COMENTÁRIO:

1 – É um princípio que não constava anteriormente do Código. Entendeu-se agora que devia ser recordado neste Código que a Administração responde por todos os danos que decorram da sua atividade, de harmonia com o Direito aplicável, isto é, nos termos do Direito nacional, concretamente, nos termos da Lei n.º 67/2007, de 31 de Dezembro, que aprovou o Regime da Responsabilidade Civil Extracontratual do Estado e Demais Entidades Públicas, assim como no termos do Direito Internacional Público e do Direito da União Europeia, no modo como estes obrigam o Estado Português.

FQ

2 – O princípio da responsabilidade da Administração aqui previsto não esgota outras fontes de obrigação de indemnização por parte da Administração Pública.

Assim, para além da clássica *obrigação de indemnização em matéria de responsabilidade civil extracontratual pelo exercício da função administrativa,* na modalidade de responsabilidade por facto ilícito ou pelo risco – artigos 7.º e 11.º do "Regime da responsabilidade civil extracontratual do Estado e demais entidades públicas", aprovado pela Lei n.º 67/2007, de 31 de dezembro, há também que considerar a (1) *obrigação de indemnização pelo sacrifício,* prevista no artigo 16.º do referido regime, a (2) *obrigação de (justa) indemnização por expropriação por utilidade pública* – artigo 62.º, n.º 2, da Constituição, a (3) *obrigação de indemnização por expropriação de sacrifício*, hoje claramente consagrada na nossa ordem jurídica com a aprovação da "Lei de bases da política pública de solos, de ordenamento do território e urbanismo" – artigos 4.º, n.º 3 e 17.º, n.º 3, da Lei n.º 31/2014 de 30 de maio e a (4) *obrigação de indemnização por constituição de servidão administrativa ou restrição de utilidade pública que afecte o conteúdo essencial dos direitos dos particulares ou que afecte as condições do seu exercício* – artigos 4.º, n.º 3 e 33.º, n.º 6, da Lei n.º 31/2014, de 30 de Maio, e artigo 8.º do Código das Expropriações.

JMS

ARTIGO 17.º

Princípio da administração aberta

1 – Todas as pessoas têm o direito de acesso aos arquivos e registos administrativos, mesmo quando nenhum procedimento que lhes diga diretamente respeito esteja em curso, sem prejuízo do disposto na lei em matérias relativas à segurança interna e externa, à investigação criminal, ao sigilo fiscal e à privacidade das pessoas.

2 – O acesso aos arquivos e registos administrativos é regulado por lei.

ORIGEM DO TEXTO:

Corresponde ao anterior artigo 65.º.
Reproduz sem alterações o projeto final da comissão de revisão.

COMENTÁRIO:

Este princípio já constava do Código anterior, onde se encontrava no artigo 65.º. Este preceito dá execução ao artigo 268.º, n.º 2, da Constituição, remetendo para lei própria, que, atualmente, é a Lei n.º 46/2007, de 24 de Agosto.

FQ

Artigo 18.º

Princípio da proteção dos dados pessoais

Os particulares têm direito à proteção dos seus dados pessoais e à segurança e integridade dos suportes, sistemas e aplicações utilizados para o efeito, nos termos da lei.

ORIGEM DO TEXTO:

Não tem correspondência na versão anterior do Código.
Reproduz sem alterações o projeto final da comissão de revisão.

COMENTÁRIO:

Este é um artigo novo. Esta matéria tinha que ser disciplinada num Código do Procedimento Administrativo, não apenas pela importância que a matéria da proteção dos dados pessoais ganhou no Direito, portanto, também no Direito Administrativo, como também para se ir ao encontro do artigo 35.º da Constituição, na sua redação atual, e ao Direito ordinário que se produziu na matéria, nomeadamente, para se transporem as Diretivas da União Europeia que vieram disciplinar a proteção dos dados pessoais. Dentro do Direito ordinário, merecem destaque a Lei n.º 67/98, de 26 de Outubro, alterada pela Lei n.º 103/2015, de 24 de Agosto, a Lei n.º 69/98, de 29 de Outubro, a Lei n.º 41/2004, de 18 de Agosto, alterada e republicada pela Lei n.º 42/2012, de 29 de Agosto, bem como a Lei n.º 32/2008, de 17 de Julho.

Por outro lado, este Código estimula a utilização da eletrónica pela Administração Pública e nas relações entre ela e os administrados, como se pode ver, desde logo, pelo artigo 14.º, o que reforça a necessidade de ele se preocupar com a proteção dos dados pessoais.

FQ

Artigo 19.º

Princípio da cooperação leal com a União Europeia

1 – Sempre que o direito da União Europeia imponha à Administração Pública a obrigação de prestar informações, apresentar propostas ou de, por alguma outra forma, colaborar com a Administração Pública de outros Estados-membros, essa obrigação deve ser cumprida no prazo para tal estabelecido.

2 – Na ausência de prazo específico, a obrigação referida no número anterior é cumprida no quadro da cooperação leal que deve existir entre a Administração Pública e a União Europeia.

ORIGEM DO TEXTO:

Não tem correspondência na versão anterior do Código.

O teor do artigo é diferente do que constava do projeto final da comissão de revisão, que era o seguinte:

Artigo 19.º

Princípio da cooperação leal com a União Europeia

1 – Sempre que o Direito da União Europeia imponha à Administração Pública a obrigação de prestar informações, apresentar propostas ou de, por alguma outra forma, participar no processo de decisão da União, essa obrigação deve ser cumprida no prazo para tal estabelecido.

2 – Na ausência de prazo específico, a obrigação referida no número anterior é cumprida no quadro da cooperação leal que deve existir entre a Administração Pública e a União Europeia.

COMENTÁRIO:

1 – Na redação proposta pela Comissão de revisão, este artigo era semelhante a preceitos análogos que entretanto foram incluídos em muitas Leis homólogas de outros Estados membros da União Europeia. Ele partia do facto de a Administração Pública daqueles Estados ser chamada, cada vez mais frequentemente, pelo Direito da União Europeia, a participar no processo de decisão (isto é, no processo legislativo e no procedimento administrativo) da União e impunha, nessa situação, à Administração Publica portuguesa a obrigação de o fazer num quadro de cooperação leal, tanto no que respeita ao prazo (n.os 1 e 2) como no que concerne a outros aspetos dessa cooperação (n.º 2).

A redação final que acabou por ser dada ao artigo quebrou a coerência que a Comissão de revisão lhe concedera porque, embora mantendo a epígrafe proposta, o artigo veio disciplinar, no seu n.º 1, matéria que nada tem a ver com a cooperação com a União Europeia. De facto, a cooperação da Administração Pública portuguesa com a Administração Pública de outros Estados membros, que veio a ficar prevista no n.º 1, não é matéria de Direito da União Europeia, é antes matéria de mera cooperação horizontal intergovernamental, portanto, matéria clássica de Direito Internacional Público, que, nesses termos, não suscita dúvidas ou problemas. Por outro lado, a falta de coerência que imputamos à redação final do artigo resulta, também, do facto de o n.º 2 se ocupar, diferentemente do n.º 1, da matéria verdadeiramente da cooperação da Administração Pública portuguesa com a União Europeia.

Salva-se, contudo, a intenção do artigo. Pela leitura do n.º 2, percebe-se que ele pretende alcançar o intuito que ficou expresso na epígrafe do artigo. De qualquer modo, e mesmo sem este artigo, a cooperação leal entre a Administração Pública portuguesa e a União

Europeia já resultava do artigo 4.º, n.º 3, parágrafo 2, do Tratado da União Europeia (TUE), que impõe a cooperação leal recíproca entre a União e os Estados membros para o efeito do cumprimento dos Tratados e, por essa via, do cumprimento do conjunto global da Ordem Jurídica da União Europeia. O n.º 2 deste artigo 19.º vem executar esse artigo do TUE no que diz respeito à Administração Pública.

O Tribunal de Justiça da União Europeia tem sido muito exigente quanto ao cumprimento deste princípio pelos Estados membros, especialmente quanto ao respeito pela Administração Pública nacional da sua obrigação de prestar à Comissão Europeia as informações que esta lhe solicita ou que aquela lhe deve prestar por sua iniciativa. Vejam-se, por exemplo, os Acórdãos daquele Tribunal de 22-3-94, *Comissão c. Espanha*, Proc. C-375/92, e de 24-3-94, *Comissão c. Reino Unido*, Proc. C-40/92. Um estudo moderno dessa corrente jurisprudencial encontramo-lo em Lang, "The development by the Court of Justice of the duties of cooperation of national authorities and Community institutions under Article 10 EC", in *Fordham International Law Journal*, 2007-2008, págs. 148 e segs..

Se, como se disse, o dever de cooperação leal da Administração Pública portuguesa para com a União Europeia já resulta diretamente dos Tratados, não sendo, portanto, necessário, para tal, que norma de Direito interno o prescreva, pode-se questionar a necessidade deste preceito neste Código. A resposta é simples. O Código entendeu que, por razões pedagógicas, era conveniente recordar em normas expressas de Direito positivo interno algumas das obrigações que resultam diretamente do Direito da União Europeia para o Direito Administrativo português. E ele procedeu assim em relação a várias matérias. Também aqui o comportamento do legislador português encontra paralelo com o que tem sido o comportamento, de um modo geral, do legislador estrangeiro.

Sobre este princípio e sobre as obrigações que dele derivam também para a Administração Pública, ver Fausto de Quadros, *Direito da União Europeia*, 3.ª ed., Coimbra, 2013, pág. 129.

FQ

PARTE II

DOS ÓRGÃOS DA ADMINISTRAÇÃO PÚBLICA

Chama-se a atenção para as alterações de conteúdo e estrutura de que foram objeto a Parte II e a Parte III do Código, as quais decorrem de uma conceção renovada do procedimento administrativo como objeto de uma espécie de relação jurídica administrativa: a *relação jurídica procedimental*. Esta desenvolve-se com base na relação jurídica administrativa substantiva, cuja conformação se prepara ao longo do procedimento. O decurso do procedimento sequencia toda uma série de situações jurídicas que posicionam os sujeitos públicos e privados envolvidos perante os atos e formalidades que naquele se sucedem.

A compreensão do procedimento como relação jurídica de desenvolvimento sequenciado e instrumental de uma relação jurídica administrativa substantiva (ou de um feixe delas) suscitou a necessidade da introdução de um novo Capítulo II no Título I da Parte III (dedicado ao regime comum do procedimento administrativo), capítulo esse que tem precisamente por epígrafe "*Da relação jurídica procedimental*".

Simultaneamente, houve que repensar a estrutura da Parte II. Anteriormente, ela intitulava-se "*Dos sujeitos*" e dividia-se em dois capítulos epigrafados "*Dos órgãos administrativos*" e "*Dos interessados*". Havia, porém, algum artificialismo na junção destes capítulos numa mesma parte porque, ao passo que o Capítulo II (*Dos interes-*

sados) regia a capacidade e a legitimidade de intervenção no procedimento dos titulares ou defensores de interesses através deste regulados, as primeiras cinco secções do Capítulo I (*Dos órgãos administrativos*) não respeitavam propriamente à participação na dinâmica procedimental, mas ao regime geral, predominantemente extra-procedimental, dos órgãos da Administração Pública, da competência e dos respetivos conflitos e da delegação de poderes e da suplência (incorretamente apelidada de substituição).

Ao contrário do que sucede em outras leis nacionais de procedimento administrativo, o legislador português seguiu desde o início a orientação de versar o regime geral dos órgãos e do poder público de agir no Código. Tal solução justifica-se dada a complementaridade (em muitos casos, mas não em todos) dos regimes gerais organizatório e procedimental. Mas já se afigurava questionável a epígrafe "*Dos sujeitos*", escolhida para a Parte II, uma vez que órgãos e competência se encontram regulados sob uma perspetiva quase totalmente alheia à da participação no procedimento. A única exceção era constituída pela Secção VI daquele Capítulo I da anterior Parte II, dedicada às *garantias de imparcialidade*. Essa, sim, respeita à capacidade de intervenção no procedimento por parte de titulares dos órgãos ou agentes da Administração Pública.

Assim sendo, na nova estruturação do Código, começou-se por epigrafar a Parte II "*Dos órgãos da Administração Pública*", deixando clara a natureza extra-procedimental da matéria organizatória ali versada.

Em segundo lugar, aquilo que fora o Capítulo II da anterior Parte II deu lugar, no atual Código, à Secção II (*Dos interessados no procedimento*) do Capítulo II (*Da rela*ção jurídica procedimental) do Título I (*Regime Comum*) da Parte III (*Do procedimento administrativo*). Esta nova Secção II, sobre os interessados no procedimento, é formada pelos artigos 67.º e 68.º, que regem a capacidade procedimental dos particulares e a legitimidade procedimental, matérias estas que eram tratadas nos artigos 52.º e 53.º do anterior Código, respeitantes à intervenção no procedimento administrativo e à legitimidade.

Uma terceira atualização estrutural, ainda derivada do peso agora reconhecido ao instituto da relação jurídica procedimental, consistiu na transposição do regime das garantias de imparcialidade para o Capítulo II, sobre relação jurídica procedimental, do Título I da Parte III. Com efeito, o impedimento e a suspeição não são propriamente aspetos do regime jurídico dos órgãos da Administração Pública, consistindo sobretudo no tratamento da capacidade dos titulares de órgãos e agentes da Administração e de quaisquer outras entidades no exercício de poderes públicos de intervir em certos procedimentos (incluindo os atos e contratos conclusivos) quando sejam interessados na decisão ou quando ocorra circunstância pela qual se possa com razoabilidade duvidar seriamente da imparcialidade da conduta ou decisão.

SC

Capítulo I

NATUREZA E REGIME DOS ÓRGÃOS

Artigo 20.º

Órgãos

1 – São órgãos da Administração Pública os centros institucionalizados titulares de poderes e deveres para efeitos da prática de atos jurídicos imputáveis à pessoa coletiva.

2 – Os órgãos são, nos termos das normas que os instituem ou preveem a sua instituição, singulares ou colegiais e permanentes ou temporários.

3 – Os órgãos colegiais podem adotar o seu regimento no quadro das normas legais e estatutárias aplicáveis.

ORIGEM DO TEXTO:

Corresponde ao anterior artigo 13.º.
Reproduz sem alterações o projeto final da comissão de revisão.

COMENTÁRIO:

1 – Ao contrário do anterior artigo 13.º (Órgãos da Administração Pública), o presente artigo deixa de remeter para o artigo 2.º, embora precise de ser lido em conjunto com este para o efeito da determinação daquelas estruturas cujo funcionamento como órgãos é regido pela Parte II do presente Código.

De todo o modo, tal remissão já não seria possível porque o n.º 4 do atual artigo 2.º não circunscreve a órgãos o elenco de estruturas que, para os efeitos do Código, integram a Administração Pública.

2 – No sistema do Código, os órgãos da Administração Pública são as estruturas que, possuindo a natureza definida pelo n.º 1 do artigo 20.º, correspondam a alguma das figuras elencadas na alínea a) do n.º 4 do artigo 2.º, ou pertençam aos tipos de pessoas coletivas referidas nas alíneas b), c) e d) do mesmo preceito. Quanto à alínea c), cumpre lembrar que algumas entidades administrativas independentes são pessoas coletivas públicas, ao passo que outras têm a mera natureza de órgãos (v. artigo 3.º da LeiQuadro das Entidades Reguladoras, aprovada pela Lei n.º 67/2013, de 28 de agosto, e o artigo 25.º, n.º1, da Lei n.º 46/2007, de 24 de agosto [LADAR]).

3 – No n.º 1 do artigo 20.º, o legislador congrega três elementos necessários para que um dado elemento estrutural mereça a qualificação de órgão: a existência de um centro titular de poderes e deveres para efeito da prática de atos jurídicos, a natureza institucionalizada desse centro, ou seja, a sua estruturação através de normas jurídicas ou no respetivo quadro, e a imputabilidade à pessoa coletiva em que se integra dos atos jurídicos por ele praticados.

Com esta definição, preenche-se o anterior vazio legislativo quanto aos contornos concetuais do órgão. A qualificação como órgão da Administração Pública não se obtem em rigor com a mera subsunção de uma realidade organizatória na previsão do n.º 1 do artigo 20.º, mas com a subsunção de uma realidade que reúna esses elementos essenciais no âmbito de alguma das categorias do n.º 4 do artigo 2.º.

Fica assim claro que a Parte II do Código se não aplica aos órgãos de quaisquer entidades não abrangidas no n.º 4 do artigo 2.º, ainda quando exerçam poderes públicos ou desenvolvam condutas reguladas de modo específico por disposições de direito administrativo.

4 – Na redação anterior, não constavam classificações dos órgãos. Como não poderia deixar de ser, o Código incluía no entanto já diversas estatuições respeitantes ao funcionamento dos órgãos colegiais. Explicita-se agora aquilo que já advinha implicitamente de tais referências, que é a existência, também, de órgãos singulares. Se as particularidades do regime dos órgãos colegiais justificam a existência de um capítulo próprio da Parte II (o Capítulo II, que tem por epígrafe "Dos órgãos colegiais"), os restantes capítulos dessa Parte (Capítulo III – "Da competência" –, Capítulo IV – "Da delegação de poderes" – e Capítulo V – "Dos conflitos de atribuições e de competência") aplicam-se tanto a órgãos colegiais como a órgãos singulares.

5 – Uma outra classificação introduzida pelo Código é a que respeita à distinção entre órgãos permanentes e órgãos temporários.

Com esta classificação, o legislador deixa claro que, desde que haja institucionalização, não será a forma intermitente ou esporádica do funcionamento do órgão, a variabilidade da sua composição ou o seu objeto único que afastarão a aplicabilidade do regime da Parte II. É o caso dos júris de procedimentos concursais ou de provas académicas.

6 – O n.º 3 do artigo 20.º inova ao dispor que os órgãos colegiais possam adotar o seu regimento no quadro das normas legais e estatutárias aplicáveis.

A figura jurídica do regimento é conhecida do Direito Público português. No artigo 119.º, n.º 1, alínea f), e n.º 2, a Constituição impõe, sob pena de ineficácia jurídica, a publicação no *Diário da República* dos regimentos da Assembleia da República, do Conselho de Estado, e das Assembleias Legislativas das regiões autónomas. No artigo 175.º, alínea a), confere-se à Assembleia da República a competência para elaborar e aprovar o seu Regimento. De outros preceitos constitucionais, depreende-se a obrigatoriedade do exercício de tal competência, pois que do Regimento depende o funcionamento do órgão em matérias vitais (o número máximo de faltas que a cada deputado é permitido – artigo 160.º, n.º 1, alínea b) –, a identificação das comissões – artigo 178.º, n.º 1 –, a escala de prioridades na inclusão das matérias na ordem do dia – artigo 176.º, n.ºs 1 e 3 – ou a participação de membros do Governo nos trabalhos – artigo 177.º, n.ºs 1 e 2).

O artigo 26.º, n.º 1, alínea a), do regime jurídico das autarquias locais, aprovado pela Lei n.º 75/2013, de 12 de setembro, dá por seu turno competência às assembleias municipais para elaborar e aprovar os respetivos regimentos.

Dada a ampla variedade dos órgãos colegiais sobre os quais incide o n.º 3 do artigo 20.º do Código, não surpreende a prudência do legislador ao prever a adoção de regimento como uma faculdade e não como vinculação. A competência para tal adoção resulta diretamente deste preceito, pelo que a ressalva da observância das normas legais e estatutárias aplicáveis significa apenas que estas não poderão ser contrariadas pelas disposições regimentais. Tais disposições deverão funcionar como adjuvantes das regras legais e estatutárias aplicáveis, designadamente as respeitantes à competência, composição e reuniões do órgão. Com todas as adaptações necessárias e em espírito de simplificação, o Regimento da Assembleia da República poderá desempenhar um papel paradigmático.

SC

Capítulo II
DOS ÓRGÃOS COLEGIAIS

Artigo 21.º
Presidente e secretário

1 – Sempre que a lei não disponha de forma diferente, cada órgão colegial da Administração Pública tem um presidente e um secretário, a eleger pelos membros que o compõem.

2 – Cabe ao presidente do órgão colegial, além de outras funções que lhe sejam atribuídas, abrir e encerrar as reuniões, dirigir os trabalhos e assegurar o cumprimento das leis e a regularidade das deliberações.

3 – O presidente pode, ainda, suspender ou encerrar antecipadamente as reuniões, quando circunstâncias excecionais o justifiquem, mediante decisão fundamentada, a incluir na ata da reunião, podendo a decisão ser revogada em recurso imediatamente interposto e votado favoravelmente, de forma não tumultuosa, por maioria de dois terços dos membros com direito a voto.

4 – O presidente, ou quem o substituir, pode reagir judicialmente contra deliberações tomadas pelo órgão a que preside quando as considere ilegais, impugnando atos administrativos ou normas regulamentares ou pedindo a declaração de ilegalidade por omissão de normas, bem como requerer as providências cautelares adequadas.

ORIGEM DO TEXTO:

Corresponde ao anterior artigo 14.º.
Reproduz sem alterações o projeto final da comissão de revisão.

COMENTÁRIO:

1 – O n.º 1 não é inovatório no que respeita ao conteúdo. Apenas quanto à terminologia, se substituiu a expressão "órgão administrativo" pela de "órgão da Administração Pública", alinhada com a redação do n.º 2 do artigo 2.º

2 – Na segunda parte do n.º 3, consigna-se inovatoriamente a possibilidade de reapreciação, pelo órgão colegial, da decisão de suspensão ou encerramento da reunião tomada pelo presidente. Esta é uma das manifestações de uma orientação de fundo consistindo na atenuação da inspiração presidencialista no regime dos órgãos colegiais, pois que a acentuação da feição democrática do respetivo funcionamento se mostra mais conforme com o aprofundamento da democracia participativa, para o qual aponta o artigo 2.º da Constituição.

3 – O n.º 4 atualiza a disposição do n.º 4 do anterior artigo 14.º, em harmonia com a ampliação do leque de meios processuais no Direito do Contencioso Administrativo. Assim, onde se reconhecia ao presidente do órgão colegial, na sua qualidade de garante da regularidade e legalidade das deliberações colegiais, o poder de interpor recurso contencioso e pedir a suspensão jurisdicional da eficácia das deliberações tomadas pelo órgão colegial, enuncia-se agora, a título principal, a competência para a impugnação dos atos administrativos e das normas regulamentares e para deduzir o pedido de declaração de ilegalidade por omissão de normas. No plano da tutela cautelar, a menção feita apenas ao pedido de suspensão jurisdicional de eficácia é substituída pela previsão mais larga do requerimento das providências cautelares adequadas, assim se acompanhando a opção do legislador do processo administrativo pela admissibilidade das providências cautelares atípicas.

Porquanto se trata de reagir contra deliberações tomadas pelo órgão colegial, é de entender que o pedido, pelo presidente ou quem o substituir, de declaração de ilegalidade por omissão de normas tem por pressuposto uma prévia deliberação negativa quanto à aprovação de normas cuja adoção seja devida, não bastando uma omissão puramente passiva.

SC

ARTIGO 22.º

Suplência do presidente e do secretário

1 – Salvo disposição legal, estatutária ou regimental em contrário, intervêm como suplentes do presidente e do secretário de qualquer órgão colegial, quando ocorra a sua ausência ou impedimento, respetivamente, o vogal mais antigo e o vogal mais moderno.

2 – No caso de os vogais possuírem a mesma antiguidade reportada ao momento da assunção do cargo, intervêm como suplentes, respetivamente, o vogal de mais idade e o vogal mais jovem.

3 – Em caso de conflito entre o presidente e o órgão quanto aos pressupostos de intervenção de um seu suplente, prevalece a vontade colegial quando não caiba a outro órgão a competência para o dirimir.

ORIGEM DO TEXTO:

Corresponde ao anterior artigo 15.º.

Reproduz sem alterações o projeto final da comissão de revisão.

COMENTÁRIO:

1 – Na epígrafe do presente artigo e nos seus n.º 1 e n.º 2, o emprego do termo *suplência,* em vez de substituição, corresponde ao aperfeiçoamento dogmático que deu origem aos novos artigos 42.º e 43.º.

Como destes resulta, em caso de *substituição*, um órgão, habilitado por lei para tal efeito, exerce, temporária ou pontualmente, como competência própria, a competência que normalmente pertence a outro órgão. Pelo contrário, em caso de ausência, falta ou impedimento do titular do órgão ou agente, o *suplente* designado na lei, nos estatutos ou no regimento, age no exercício da competência do órgão ou agente normalmente competente.

Compreende-se assim que, nos termos do n.º 1, a competência exercida pelo suplente do presidente ou do secretário é a competência própria destes titulares do órgão colegial.

2 – No n.º 1, especificam-se as três possíveis fontes formais de habilitação especial do suplente: a lei, os estatutos ou o regimento. Os estatutos da pessoa coletiva em que, nos termos do artigo 2.º, n.os 2 e 4, se integra o órgão colegial serão aprovados por ato legislativo, pelo que a previsão da derrogação por essa via da regra geral contida no n.º 1 do artigo 22.º não traz consigo qualquer novidade. Em contrapartida, parece que a referência a uma disposição regimental em contrário confere à regra do n.º 1 caráter supletivo relativamente aos preceitos regimentais.

3 – O n.º 2 precisa o critério de antiguidade, especificando que esta é aquela que se reporta ao momento da assunção do cargo. Anteriormente, o Código deixava a pairar dúvidas sobre se a antiguidade se contaria como agora se determina ou pelo tempo de exercício efetivo de funções. Este outro método de contagem seria fonte de dificuldades de ordem prática.

O critério da idade dos vogais continua a aplicar-se, mas apenas para determinar quais os que devam intervir como suplentes quando vários possuam a mesma antiguidade.

4 – O n.º 3 tem caráter inovatório, preceituando que, em caso de conflito entre o órgão e o presidente quanto aos pressupostos de intervenção de um suplente deste, prevalece a vontade colegial a menos que caiba a outro órgão a competência para o dirimir.

Esta é uma das passagens do Capítulo II da Parte II em que, em consonância com o princípio da democracia administrativa, se resguarda, em caso de discrepância, a prevalência da vontade colegial sobre a vontade do presidente do órgão.

Por natureza, o órgão colegial necessita de um presidente que prepare e conduza as reuniões. Se bem que, no tocante à garantia de legalidade e regularidade das deliberações, o Código estabeleça uma reserva de competência a favor do presidente, quanto às suas restantes competências, a diretriz perfilhada é a de deixar ao colégio o poder de, em caso de dissenso, deliberar a final. De outro modo, pairaria o risco de que o resultado dos trabalhos do órgão pudesse ser manipulado contra a vontade da maioria através do modo da respetiva preparação e direção (neste sentido, Thomas Gross, *Das Kollegialprinzip in der Verwaltungsorganisation*, Tübingen, 1999, págs. 284 e 285).

SC

Artigo 23.º
Reuniões ordinárias

1 – Na falta de determinação legal, estatutária ou regimental ou de deliberação do órgão, cabe ao presidente a fixação dos dias e horas das reuniões ordinárias.

2 – Quaisquer alterações ao dia e hora fixados para as reuniões devem ser comunicadas a todos os membros do órgão, de forma a garantir o seu conhecimento seguro e oportuno.

ORIGEM DO TEXTO:

Corresponde ao anterior artigo 16.º.
Reproduz sem alterações o projeto final da comissão de revisão.

COMENTÁRIO:

À semelhança do que, para outros efeitos, sucede agora em diversas passagens do Capítulo II da Parte II, o n.º 1 do presente artigo prevê as vias estatutária e regimental, a par da legal, como instrumentos adequados para a disciplina normativa do funcionamento do órgão. No âmbito do n.º 1, o objeto da regulação é a fixação dos dias e horas das reuniões ordinárias.

Como já sucedia com o anterior artigo 16.º, n.º 1, a fixação pelo presidente em caso de ausência de determinação normativa também só tem lugar na falta de deliberação do órgão.

SC

Artigo 24.º

Reuniões extraordinárias

1 – As reuniões extraordinárias têm lugar mediante convocação do presidente, salvo disposição especial.

2 – O presidente é obrigado a proceder à convocação sempre que pelo menos um terço dos vogais lho solicitem por escrito, indicando o assunto que desejam ver tratado.

3 – A convocatória da reunião deve ser feita para um dos 15 dias seguintes à apresentação do pedido, mas sempre com uma antecedência mínima de 48 horas sobre a data da reunião extraordinária.

4 – Da convocatória devem constar, de forma expressa e especificada, os assuntos a tratar na reunião.

5 – Se o presidente não proceder à convocação requerida nos termos do n.º 2, podem os requerentes efetuá-la diretamente, com invocação dessa circunstância, expedindo a convocatória para os endereços eletrónicos de todos os membros do órgão, quando aqueles se encontrem registados nos termos estatutários ou regimentais, ou publicitando-a mediante publicação num jornal de circulação nacional ou local e nos locais de estilo usados para a notificação edital.

6 – A convocatória efetuada de acordo com o disposto no número anterior deve ser feita com a antecedência mínima de 48 horas.

ORIGEM DO TEXTO:

Corresponde ao anterior artigo 17.º.
Reproduz sem alterações o projeto final da comissão de revisão.

COMENTÁRIO:

1 – O n.º 5 vem prever inovatoriamente a faculdade de convocação substitutiva da reunião extraordinária por aqueles que, inicialmente, hajam requerido a respetiva convocação ao presidente do órgão colegial, quando este a ela não haja procedido nos termos do n.º 2.

A convocação assim efetuada deve ser fundamentada mediante invocação da recusa ou conduta omissiva do presidente e da verificação de pressupostos do dever de convocar por parte daquele.

O n.º 5 também estabelece o modo da notificação da convocatória a todos os membros do órgão, quando os endereços eletrónicos destes se encontrem registados nos termos estatutários ou regimentais, ou a maneira como, em alternativa, lhe será dada publicidade. Para este último fim, bastará qualquer uma de três formalidades: a publicação da convocatória em jornal de circulação nacional, a publicação em jornal de circulação local ou a sua afixação nos locais de estilo usados para a notificação edital.

2 – O n.º 6 deixa clara a aplicação às convocatórias efetuadas de acordo com o disposto no n.º 5 da antecedência mínima de 48 horas, estabelecida pelo n.º 3 para as convocatórias de reuniões extraordinárias pelo presidente do órgão colegial.

SC

Artigo 25.º
Ordem do dia

1 – A ordem do dia de cada reunião é estabelecida pelo presidente, e, salvo disposição especial em contrário, deve incluir os assuntos que para esse fim lhe forem indicados por qualquer vogal, desde que sejam da competência do órgão e o pedido seja apresentado por escrito com uma antecedência mínima de cinco dias sobre a data da reunião.

2 – A ordem do dia deve ser entregue a todos os membros com a antecedência de, pelo menos, 48 horas sobre a data da reunião.

3 – No caso previsto no n.º 5 do artigo anterior, a competência conferida no n.º 1 ao presidente é devolvida aos vogais que convoquem a reunião.

ORIGEM DO TEXTO:

Corresponde ao anterior artigo 18.º.
Reproduz sem alterações o projeto final da comissão de revisão.

COMENTÁRIO:

A única disposição inovatória do presente artigo é a do n.º 3, que, em complemento do preceituado no n.º 5 do artigo 24.º, determina que a competência conferida em regra ao presidente a respeito do estabelecimento da ordem do dia se devolve aos vogais que convoquem a reunião extraordinária.

SC

Artigo 26.º

Objeto das deliberações

1 – Só podem ser tomadas deliberações cujo objeto se inclua na ordem do dia da reunião.

2 – Excetuam-se do disposto no número anterior os casos em que, numa reunião ordinária, pelo menos dois terços dos membros do órgão reconheçam a urgência de deliberação imediata sobre assunto não incluído na ordem do dia.

ORIGEM DO TEXTO:

Corresponde ao anterior artigo 19.º.
Reproduz sem alterações o projeto final da comissão de revisão.

COMENTÁRIO:

1 – O conteúdo do presente artigo não se afasta do do anterior artigo 19.º. Introduziram-se no entanto melhorias na redação.

O artigo passou a dividir-se em dois números. O n.º 1 enuncia a regra geral de que a tomada de deliberações depende da inclusão do respetivo objeto na ordem do dia da reunião. Esta regra geral constava da primeira parte do anterior artigo 19.º. Ganha-se no entanto rigor técnico ao prever diretamente a inclusão do próprio objeto das deliberações na ordem do dia.

2 – No n.º 2, abre-se uma exceção à regra geral, apenas respeitante às reuniões ordinárias. Nestas, pode-se, por maioria não inferior a dois terços dos membros do órgão, reconhecer a urgência de deliberação imediata cujo objeto não esteja incluído na ordem do dia.

A declaração de urgência na tomada de deliberação sobre objeto não incluído na ordem do dia da reunião deve ter lugar previamente à deliberação quanto ao fundo. E esse juízo de urgência terá de ser fundamentado com base num imperativo de imediatividade à luz das circunstâncias do caso concreto. A exigência de fundamentação assegura a observância do princípio da transparência administrativa e é instrumental quanto ao controlo jurisdicional da legalidade administrativa.

3 – Seria desrazoável e, portanto, desconforme com o princípio formulado no artigo 8.º do Código, uma interpretação do n.º 2 deste artigo 26.º que se bastasse com uma fundamentação da votação a favor da deliberação imediata sobre objeto não incluído na ordem do dia mediante a invocação abstrata da urgência. Não é, por outras palavras, dispensável a especificação das circunstâncias e dos interesses públicos ou particulares legalmente protegidos que materializem a necessidade de deliberação imediata. Os imperativos da transparência e da responsabilidade democrática (*accountability*) da administração evidenciam a desrazoabilidade da fundamentação através do simples emprego de uma "fórmula *passe-partout*".

4 – A falta de fundamentação da urgência, ou a obscuridade, contradição ou insuficiência da concretização dos respetivos motivos, implicará a invalidade da deliberação tomada sobre objeto não incluído na ordem do dia (cfr. Mário Esteves de Oliveira/Pedro Costa Gonçalves/João Pacheco de Amorim, *Código do Procedimento Administrativo*, 2.ª ed., Coimbra, 1997, pág. 163).

Além do mais, as observações que antecedem resultam da aplicação analógica dos artigos 152.º, n.º 1, alínea d), e 153.º, n.º 2, do Código.

SC

Artigo 27.º

Reuniões públicas

1 – As reuniões dos órgãos da Administração Pública não são públicas, salvo disposição legal em contrário.

2 – Quando as reuniões hajam de ser públicas, deve ser dada publicidade aos dias, horas e locais da sua realização, de forma a garantir o conhecimento dos interessados com uma antecedência de, pelo menos, 48 horas sobre a data da reunião.

3 – Quando a lei o determinar ou o órgão tiver deliberado nesse sentido, podem os assistentes às reuniões públicas intervir para comunicar ou pedir informações, ou expressar opiniões, sobre assuntos relevantes da competência daquele.

ORIGEM DO TEXTO:

Corresponde ao anterior artigo 20.º.
Reproduz sem alterações o projeto final da comissão de revisão.

COMENTÁRIO:

1 – Os números 1 e 2 correspondem à redação do anterior artigo 20.º, n.ºs 1 e 2. O n.º 3 é, porém, novo e concretiza o objeto e o conteúdo da faculdade de intervenção dos assistentes às reuniões públicas. O anterior silêncio do Código quanto ao papel destes deixava espaço ao entendimento da aplicabilidade, na ausência de lei especial, da máxima – da gíria do xadrez – de que "os mirones são de gesso" (cfr. Mário Esteves de Oliveira/Pedro Costa Gonçalves/ João Pacheco de Amorim, *Código do Procedimento Administrativo*, cit., pág. 165). Poderia no entanto objetar-se que uma interpretação conforme à Constituição das normas que prevejam o caráter público de certas reuniões conduziria, à luz do princípio fundamental da democracia participativa, ao reconhecimento do imperativo de possibilitar a intervenção dos assistentes às reuniões públicas, ainda que proporcionada com as exigências de eficiência no funcionamento do órgão colegial e de respeito pelo estatuto dos respetivos membros (veja-se um raciocínio idêntico quanto ao reconhecimento da natureza pública das reuniões dos órgãos colegiais da Administração Pública sempre que a lei não disponha noutro sentido, em Thomas Gross, *Das Kollegialprinzip in der Verwaltungsorganisation*, cit., págs. 303 a 308). Entre nós, a legislação sobre o regime jurídico das autarquias locais já vinha prescrevendo que, para as sessões ou reuniões públicas dos respetivos órgãos colegiais, se fixasse "um período para intervenção e esclarecimento ao público" (atualmente, o artigo 49.º, n.ºs 1 e 2, da Lei n.º 75/2013, de 12 de setembro).

No âmbito do regime geral do procedimento administrativo, fica agora a questão resolvida pelo n.º 3 do artigo 27.º.

2 – A realização de reuniões públicas pelos órgãos colegiais representa um modo de efetivação do princípio da *responsabilidade democrática (accountability) da Administra*ção. Este constitui por seu turno uma dimensão do princípio da *democracia participativa*, visto que o acompanhamento do exercício do poder administrativo pelos cidadãos pressupõe a disponibilidade de meios adequados. Se o acesso à informação administrativa é em si mesmo um fator de vitalidade do ambiente cívico, ele só adquire pleno significado na medida em que se mostrar instrumento mediato do exercício de influência pelos cidadãos sobre o exercício do poder administrativo. Não basta para tanto a participação nos atos eleitorais, requerendo-se a intervenção de cidadãos informados num processo contínuo de prestação de informações e exposição de pontos de vista, escrutínio, discussão, proposta de soluções e aceitação ou discordância das efetivamente adotadas.

Para tanto, a Administração tem de sujeitar-se a um certo grau de acompanhamento pelos cidadãos e assumir o dever de "dar contas".

A responsabilidade democrática da Administração (*accountability*), significa, em síntese, enquanto instituto de direito administrativo, a sujeição, através da transparência, ao escrutínio dos cidadãos e, a par desta, a colaboração ativa com tal escrutínio, fazendo o razoavelmente exigível para o possibilitar (cfr. Sérvulo Correia, "Contencioso Administrativo e Responsabilidade Democrática da Administração", in: Paulo Otero/Fernando Araújo/João Taborda da Gama (org.), *Estudos em Memória do Prof. Doutor J.L. Saldanha Sanches*, I, Coimbra, págs. 596 e segs.).

Faz assim todo o sentido que, em seguimento à previsão da realização de reuniões públicas dos órgãos da Administração Pública, o Código dê um novo passo em frente, admitindo, ainda que com cautela, que, em vez de simples presença passiva, possa o órgão colegial que nos termos da lei realize reuniões públicas deliberar que haja lugar à intervenção dos assistentes em tais reuniões.

3 – O equilíbrio da solução reside na circunstância de o n.º 3 não estabelecer diretamente qualquer direito de intervenção dos assistentes nas reuniões públicas. Assim como, nos termos do n.º 1, a realização de reuniões públicas depende da sua previsão em regra especial, de acordo com o n.º 3, a intervenção dos assistentes nas reuniões públicas só terá lugar também por força de lei que assim determine ou, então, quando o órgão delibere nesse sentido. Dada a extrema variedade de órgãos colegiais e das matérias sobre as quais deliberam, compatibiliza-se deste modo a orientação democratizante com as cautelas requeridas pela natureza do órgão e a matéria da sua competência. Tratando-se da avaliação de qualidades de pessoas, não faria sentido, por exemplo, que fosse pública a reunião de um júri de doutoramento ou de agregação e, supondo que uma radical evolução de conceções e práticas académicas conduzisse a prazo à respetiva admissibilidade, seria ainda assim absurdo que pudessem os assistentes de algum modo intervir nas deliberações…

4 – O n.º 3 dispõe sobre o objeto e o conteúdo das intervenções dos assistentes.

O objeto da intervenção terá de quadrar-se na competência do órgão. Esta delimitação não é inútil porque confere ao presidente o poder de retirar a palavra ao interveniente que dela usar para expressar opiniões sobre matérias que se não prendam com deliberações tomadas pelo órgão ou que possam vir a sê-lo.

O conteúdo das intervenções pode ser de dois tipos. Elas podem, por um lado, inscrever-se no campo da prestação e do recebimento de informações pela Administração. Mas, independentemente disso, pode a intervenção servir para que aquele que a faz exerça o direito fundamental de participação na vida pública, expressando a sua opinião sobre assuntos relevantes da competência do órgão (CRP, artigo 48.º, n.º 1). O *princípio participativo* conhece múltiplas expressões e não apenas aquelas que se traduzem no exercício de funções como titular de órgãos do Estado em sentido lato (cfr. Gomes Canotilho/Vital Moreira, *Constituição da República Portuguesa Anotada*, I, 4.ª ed., Coimbra, págs. 664 e 665).

5 – Embora essa matéria caiba na competência do presidente de dirigir os trabalhos do órgão (artigo 21.º, n.º2), será preferível, por razões que vão da certeza e segurança jurídica à igualdade de tratamento, que, quando esteja determinada a intervenção dos assistentes nas reuniões públicas, seja o regimento do órgão colegial a estabelecer os respetivos termos, designadamente quanto à inscrição e identificação dos intervenientes, ordem e duração máxima das suas intervenções.

SC

Artigo 28.º

Inobservância das disposições sobre convocação de reuniões

A ilegalidade resultante da inobservância das disposições contidas nos artigos 23.º e 24.º e dos prazos estabelecidos no artigo 25.º só se considera sanada quando todos os membros do órgão compareçam à reunião e nenhum suscite logo de início oposição à sua realização.

ORIGEM DO TEXTO:

Corresponde ao anterior artigo 21.º.
Reproduz sem alterações o projeto final da comissão de revisão.

COMENTÁRIO:

De acordo com o anterior artigo 21.º, bastava, para que a ilegalidade na convocação se considerasse sanada, a comparência de todos os membros do órgão à reunião e que não suscitassem oposição à sua realização. O presente artigo 28.º acrescenta que a oposição à realização da reunião deve ser suscitada logo de início. Assim se evita que a invocação da ilegalidade seja feita no decurso dos trabalhos como modo de neutralizar uma posição maioritária quanto a algum objeto de deliberação. A boa-fé impõe, em observância do disposto pelo artigo 10.º, n.º 2, que, estando presente a totalidade dos membros, a hipótese da realização imediata da reunião não obstante a inobservância de preceitos relativos à convocação seja considerada em face da situação, ou seja, da oportunidade da tomada imediata de deliberação ou deliberações em vista dos interesses em jogo e de, perante as circunstâncias, os membros se considerarem, ou não, suficientemente preparados para tomar posição quanto ao objeto da deliberação (v. Mário Esteves de Oliveira/Pedro Costa Gonçalves/João Pacheco de Amorim, *Código do Procedimento Administrativo*, cit., pág. 167).

SC

ARTIGO 29.º

Quórum

1 – Os órgãos colegiais só podem, em regra, deliberar quando esteja presente a maioria do número legal dos seus membros com direito a voto.

2 – Quando se não verifique na primeira convocação o quórum previsto no número anterior, deve ser convocada nova reunião com um intervalo mínimo de 24 horas.

3 – Sempre que se não disponha de forma diferente, os órgãos colegiais reunidos em segunda convocatória podem deliberar desde que esteja presente um terço dos seus membros com direito a voto.

4 – Nos órgãos colegiais compostos por três membros, é de dois o quórum necessário para deliberar, mesmo em segunda convocatória.

ORIGEM DO TEXTO:

Corresponde ao anterior artigo 22.º.
Reproduz sem alterações o projeto final da comissão de revisão.

COMENTÁRIO:

1 – Nos números 2, 3 e 4, dispõe-se separadamente sobre aspetos da situação gerada pela falta de quórum em reunião a efetuar em primeira convocação. Anteriormente, tais aspetos eram regulados num só preceito, o n.º 2 do artigo 22.º, com prejuízo da clareza da estatuição.

No n.º 3, estabelece-se, a título de regra geral para os órgãos colegiais reunidos sob nova convocatória por falta de quórum na reunião anterior, que o quórum deliberativo é, em tal situação, constituído pela presença de um terço dos membros com direito a voto.

Mas não se mantem a reserva, constante do anterior preceito, segundo a qual seria de três o número mínimo de presenças. Essa matéria é agora regida em termos distintos pelo n.º 4.

2 – O n.º 4 é inovatório e contempla o caso, frequente na realidade mas até aqui ignorado pelo Código, em que seja de três o número de membros do órgão colegial. A natureza colegial do órgão impõe que, quando assim for, seja de dois o quórum para deliberar. O estabelecimento desse quórum também para as reuniões em primeira convocação corresponde à regra do n.º 1, que é a da maioria do número legal dos membros com direito a voto.

SC

Artigo 30.º

Proibição da abstenção

No silêncio da lei, é proibida a abstenção aos membros dos órgãos consultivos e aos dos órgãos deliberativos, quando no exercício de funções consultivas.

ORIGEM DO TEXTO:

Corresponde ao anterior artigo 23.º.
Reproduz sem alterações o projeto final da comissão de revisão.

COMENTÁRIO:

Mantem-se a proibição, que já constava do anterior artigo 23.º, de abstenção aos membros dos órgãos consultivos, a menos que regra especial disponha de outro modo. Mas estende-se expressamente tal proibição aos membros dos órgãos deliberativos quando no exercício de funções consultivas.

Aquilo que justifica a proibição de abstenção é a natureza consultiva da função exercida através de certa votação e não a circunstância de o órgão também possuir competências decisórias.

Apesar da proximidade entre o parecer vinculativo e o ato decisório, o legislador considerou que deveria prevalecer também em relação àquele o entendimento de que, ao participar no exercício de uma função consultiva, o titular do órgão colegial é chamado à prestação de um auxílio de ordem técnica (seja ela técnica jurídica ou outra) à formação de uma decisão de outro órgão, ao qual se não pode furtar por força do dever de colocar os seus conhecimentos e experiência ao serviço da qualidade da atividade administrativa.

SC

Artigo 31.º

Formas de votação

1 – As deliberações são antecedidas de discussão das respetivas propostas sempre que qualquer membro do órgão colegial nisso mostre interesse e, salvo disposição legal em contrário, são tomadas por votação nominal, devendo votar primeiramente os vogais e, por fim, o presidente.

2 – As deliberações que envolvam um juízo de valor sobre comportamentos ou qualidades de pessoas são tomadas por escrutínio secreto, devendo o presidente, em caso de dúvida fundada, determinar que seja essa a forma para a votação.

3 – Quando exigida, a fundamentação das deliberações tomadas por escrutínio secreto é feita pelo presidente do órgão colegial após a votação, tendo presente a discussão que a tiver precedido.

4 – Não podem estar presentes no momento da discussão nem da votação os membros do órgão que se encontrem ou se considerem impedidos.

ORIGEM DO TEXTO:

Corresponde ao anterior artigo 24.º.
Reproduz sem alterações o projeto final da comissão de revisão.

COMENTÁRIO:

1 – No n.º 1, acrescenta-se ao teor do n.º 1 do anterior artigo 24.º a determinação de que as deliberações sejam antecedidas da discussão das respetivas propostas sempre que qualquer membro do órgão colegial nisso mostre interesse.

Esta salvaguarda da possibilidade de discussão prévia corresponde à razão de ser da colegialidade como método organizatório. O Código estabelece uma estrutura básica de procedimento intra-administrativo de formação, adoção e registo das deliberações dos órgãos colegiais. Tal procedimento visa, em primeiro lugar, a igual faculdade de participação plena dos membros do colégio. E, como não poderia deixar de ser, procura-se simultaneamente reunir, no que toca à formação da decisão administrativa, as melhores condições para a sua qualidade. Tal procedimento tem como momentos basilares a convocatória da reunião, a respetiva abertura, a discussão, a votação e a aprovação da ata. No regime de cada um deles, refletem-se as mencionadas finalidades.

O poder que assiste a cada um dos suportes do órgão de requerer que a deliberação seja antecedida de discussão constitui desde logo um requisito da plenitude da sua participação na formação do ato, visto que assim lhe assistirá a possibilidade de influenciar a votação dos restantes membros através das razões expostas.

A antecedência de uma discussão assegurará também, em muitos casos, o melhor conhecimento, na altura da votação, dos pressupostos de facto e de direito e reduzirá o risco de défice de ponderação ou avaliação quando a alguma destas haja lugar.

Por fim, a discussão contribui para a transparência da conduta colegial da Administração pois que, como comprova a solução perfilhada no n.º 3, a fundamentação da deliberação não poderá deixar de refletir em alguma medida a argumentação desenvolvida no debate que a antecedeu.

2 – Uma primeira inovação trazida pelo n.º 2 consiste em precisar melhor aquilo que, no n.º 2 do anterior artigo 24.º, se referia como "a apreciação de comportamentos ou das qualidades de qualquer pessoa". O novo n.º 2 especifica que é a formulação de *um juízo de valor* sob comportamentos ou qualidades de pessoas que impõe a deliberação por escrutínio secreto. A apreciação pode resumir-se em alguns casos ao tratamento de informação respeitante a dados objetivos e, portanto, a um raciocínio puramente subsuntivo de correspondência com uma previsão normativa de textura fechada. Pelo contrário, o juízo de valor envolve o exercício de uma margem de livre avaliação.

3 – O n.º 2 introduz uma segunda inovação, ao estatuir que, em caso de dúvida *fundada* (e não, portanto, qualquer dúvida suscitada no decurso dos trabalhos, mas uma dúvida razoavelmente motivada por circunstâncias do caso concreto), compete ao presidente determinar que a votação se faça por escrutínio secreto. A solução do n.º 2 do anterior artigo 24.º, consistindo em deixar ao órgão colegial a deliberação sobre a forma de votação, tinha o inconveniente de permitir entrever, por parte daqueles que votassem pelo caráter secreto da deliberação, uma pré-compreensão desconforme com uma avaliação tão favorável como aquela que o interessado poderia pretender ou esperar (cfr. Mário Esteves de Oliveira/Pedro Costa Gonçalves/João Pacheco de Amorim, *Código do Procedimento Administrativo*, cit., pág. 176).

SC

Artigo 32.º

Maioria exigível nas deliberações

1 – As deliberações são tomadas por maioria absoluta de votos dos membros presentes à reunião, salvo nos casos em que, por disposição legal ou estatutária, se exija maioria qualificada ou seja suficiente maioria relativa.

2 – Quando seja exigível maioria absoluta e esta não se forme, nem se verifique empate, procede-se imediatamente a nova votação e, se aquela situação se mantiver, adia-se a deliberação para a reunião seguinte, na qual a maioria relativa é suficiente.

ORIGEM DO TEXTO:

Corresponde ao anterior artigo 25.º.
Reproduz sem alterações o projeto final da comissão de revisão.

COMENTÁRIO:

No n.º 1, passou a prever-se que as regras excecionais sobre maioria qualificada ou maioria relativa possam constar não apenas de disposição legal, mas também de disposição estatutária.

SC

Artigo 33.º

Empate na votação

1 – Em caso de empate na votação, o presidente tem voto de qualidade, ou, sendo caso disso, de desempate, salvo se a votação se tiver efetuado por escrutínio secreto.

2 – Havendo empate em votação por escrutínio secreto, procede-se imediatamente a nova votação e, se o empate se mantiver, adia-se a deliberação para a reunião seguinte.

3 – Se, na primeira votação da reunião seguinte, se mantiver o empate, procede-se a votação nominal, na qual a maioria relativa é suficiente.

ORIGEM DO TEXTO:

Corresponde ao anterior artigo 26.º.
Reproduz sem alterações o projeto final da comissão de revisão.

COMENTÁRIO:

1 – No n.º 1, distingue-se agora entre o voto de qualidade do presidente, que é a regra geral, e, "sendo caso disso", o voto de desempate.

Justifica-se que, em princípio, o voto do presidente valha, em caso de empate, como voto de qualidade porque a regra geral é, nos termos do artigo 31.º, n.º 1, a de que o presidente também toma parte nas votações.

O voto do presidente terá a função de voto de desempate quando, por força de regra especial, o presidente não vote em princípio. Em tais situações, cumpre-lhe ainda assim votar como modo de resolver os empates.

2 – O n.º 3 inova ao acrescentar que será suficiente a maioria relativa na votação nominal que se seguir a novo empate na primeira votação efetuada na reunião seguinte àquela em que tiver ocorrido empate em duas votações sucessivas por escrutínio secreto. É uma solução paralela à perfilhada na parte final do n.º 2 do artigo 32.º.

SC

Artigo 34.º

Ata da reunião

1 – De cada reunião é lavrada ata, que contém um resumo de tudo o que nela tenha ocorrido e seja relevante para o conhecimento e a apreciação da legalidade das deliberações tomadas, designadamente a data e o local da reunião, a ordem do dia, os membros presentes, os assuntos apreciados, as deliberações tomadas, a forma e o resultado das respetivas votações e as decisões do presidente.

2 – As atas são lavradas pelo secretário e submetidas à aprovação dos membros no final da respetiva reunião ou no início da reunião seguinte, sendo assinadas, após a aprovação, pelo presidente e pelo secretário.

3 – Não participam na aprovação da ata os membros que não tenham estado presentes na reunião a que ela respeita.

4 – Nos casos em que o órgão assim o delibere, a ata é aprovada, logo na reunião a que diga respeito, em minuta sintética, devendo ser depois transcrita com maior concretização e novamente submetida a aprovação.

5 – O conjunto das atas é autuado e paginado de modo a facilitar a sucessiva inclusão das novas atas e a impedir o seu extravio.

6 – As deliberações dos órgãos colegiais só se tornam eficazes depois de aprovadas as respetivas atas ou depois de assinadas as minutas e a eficácia das deliberações constantes da minuta cessa se a ata da mesma reunião não as reproduzir.

ORIGEM DO TEXTO:

Corresponde ao anterior artigo 27.º.
Reproduz sem alterações o projeto final da comissão de revisão.

COMENTÁRIO:

1 – No n.º 1, antes de se enlencarem a título exemplificativo pontos que devem ser especificamente relatados na ata, estabelece-se um critério geral da relevância para tal efeito: é relevante tudo aquilo que permita o conhecimento e a apreciação da legalidade das deliberações tomadas.

2 – A par dos tópicos de menção obrigatória na ata que já constavam do n.º 1 do anterior artigo 27.º, o n.º 1 do atual artigo 34.º inclui mais dois: a ordem do dia e as decisões do presidente. Trata-se de momentos do procedimento intraorgânico em que a inobservância das regras aplicáveis pode causar a ilegalidade da deliberação.

3 – Ao preceituar que não participam na aprovação da ata os membros que não tenham estado presentes na reunião a que ela respeita, o n.º 3 afasta quaisquer dúvidas que pudessem resultar do anterior silêncio do Código.

4 – O n.º 4 precisa agora que a aprovação da ata em minuta, logo na reunião a que a mesma respeite, em virtude de o órgão assim haver deliberado, se faz em minuta *sintética.* Deixa-se assim claro o caráter resumido de uma ata aprovada em tais condições. E complementa-se, determinando que deva ela ser depois transcrita com maior concretização e novamente submetida a aprovação.

5 – O n.º 5 inova ao exigir que o conjunto das atas do órgão colegial seja autuado e paginado. Com isto – como o preceito acrescenta para deixar claras as finalidades de tais operações – pretende-se impedir o extravio de atas sem obviar à inclusão das novas atas.

6 – O n.º 6 acrescenta ao correspondente n.º 4 do anterior artigo 27.º que a eficácia das deliberações constantes de uma minuta cessa quando a ata novamente submetida a aprovação as não reproduzir. Passa-se assim para a letra da lei aquilo que já constituía o objeto de entendimento doutrinário (cfr. Mário Esteves de Oliveira/Pedro Costa Gonçalves/João Pacheco de Amorim, *Código do Procedimento Administrativo*, cit., pág. 188).

SC

Artigo 35.º

Registo na ata do voto de vencido

1 – Os membros do órgão colegial podem fazer constar da ata o seu voto de vencido, enunciando as razões que o justifiquem.

2 – Aqueles que ficarem vencidos na deliberação tomada e fizerem registo da respetiva declaração de voto na ata ficam isentos da responsabilidade que daquela eventualmente resulte.

3 – Quando se trate de pareceres a dar a outros órgãos administrativos, as deliberações são sempre acompanhadas das declarações de voto apresentadas.

ORIGEM DO TEXTO:

Corresponde ao anterior artigo 28.º.

Reproduz sem alterações o projeto final da comissão de revisão.

COMENTÁRIO:

Introduziu-se uma pequena alteração na redação do n.º 1, passando a distinguir-se com maior clareza a faculdade de fazer constar da ata o voto de vencido a par do dever de enunciar, em tal caso, as razões que o justifiquem.

SC

CAPÍTULO III

DA COMPETÊNCIA

ARTIGO 36.º

Irrenunciabilidade e inalienabilidade

1 – A competência é definida por lei ou por regulamento e é irrenunciável e inalienável, sem prejuízo do disposto quanto à delegação de poderes, à suplência e à substituição.

2 – É nulo todo o ato ou contrato que tenha por objeto a renúncia à titularidade ou ao exercício da competência conferida aos órgãos administrativos, sem prejuízo da delegação de poderes e figuras afins legalmente previstas.

ORIGEM DO TEXTO:

Corresponde ao anterior artigo 29.º.
Reproduz sem alterações o projeto final da comissão de revisão.

COMENTÁRIO:

No n.º 1, aditou-se a menção à suplência, a par da que já se fazia à delegação de poderes e à substituição. Trata-se de uma menção necessária, em consonância com a distinção, operada nos artigos 42.º e 43.º, entre as figuras da suplência e da substituição.

Aditou-se, na parte final do n.º 2, a especificação de que as figuras afins da delegação de poderes suscetíveis de habilitar à renúncia à titularidade ou ao exercício da competência são apenas as legalmente previstas. Representando o princípio da competência uma das concretizações mais importantes do princípio da legalidade administrativa, afirmado no artigo 266.º, n.º 2, da Constituição e compreendido no princípio do Estado de direito democrático (artigo 2.º da Constituição), a disponibilidade da competência só poderia ter lugar dentro de um quadro normativamente definido.

SC

ARTIGO 37.º

Fixação da competência

1 – A competência fixa-se no momento em que se inicia o procedimento, sendo irrelevantes as modificações de facto que ocorram posteriormente.

2 – São igualmente irrelevantes as modificações de direito, exceto se o órgão a que o procedimento estava afeto for extinto ou deixar de ser competente ou se lhe for atribuída a competência de que inicialmente carecesse.

3 – Quando o órgão competente passar a ser outro, deve o processo ser-lhe remetido oficiosamente.

ORIGEM DO TEXTO:

Corresponde sem alterações ao anterior artigo 30.º.

ARTIGO 38.º

Questões prejudiciais

1 – Se a decisão final depender da decisão de uma questão que tenha de constituir objeto de procedimento próprio ou específico ou que seja da competência de outro órgão administrativo ou dos tribunais, deve o órgão competente para a decisão final suspender o procedimento administrativo, com explicitação dos fundamentos, até que tenha havido pronúncia sobre a questão prejudicial, salvo se da não resolução imediata do assunto resultarem graves prejuízos para interesses públicos ou privados.

2 – A suspensão cessa:

a) **Quando a decisão da questão prejudicial depender da apresentação de pedido pelo interessado e este não o apresentar perante o órgão administrativo ou o tribunal competente nos 30 dias seguintes à notificação da suspensão;**

b) **Quando o procedimento ou o processo instaurado para conhecimento da questão prejudicial estiver parado, por culpa do interessado, por mais de 30 dias;**

c) **Quando, por circunstâncias supervenientes, a falta de resolução imediata do assunto causar graves prejuízos para interesses públicos ou privados.**

3 – Se não for declarada a suspensão ou esta cessar, o órgão administrativo conhece das questões prejudiciais, mas a respetiva decisão não produz quaisquer efeitos fora do procedimento em que for proferida.

ORIGEM DO TEXTO:

Corresponde ao anterior artigo 31.º.
Reproduz sem alterações o projeto final da comissão de revisão.

COMENTÁRIO:

1 – No n.º 1, aditou-se aos pressupostos da decisão de suspensão do procedimento para efeito de pronúncia sobre questão prejudicial a hipótese de a decisão condicionante dever constituir objeto de procedimento próprio ou específico, ainda que sem autoria de outro órgão administrativo ou dos tribunais.

Ajustou-se desta forma o regime das questões prejudiciais às figuras dos *procedimentos de procedimentos* (cfr. Marta Portocarrero, *Modelos de Simplificação Administrativa*, Porto, 2002, pág. 44) e dos *procedimentos acessórios da organização administrativa* (Cfr. Schmidt-Assman, *Verwaltungsrechtliche Dogmatik*, Tübingen, 2013, pág. 173).

2 – Também se aditou ao n.º 1 a exigência da fundamentação da suspensão do procedimento administrativo. A fundamentação consistirá naturalmente na explicitação da relação de prejudicialidade entre a decisão final e uma decisão prévia, que deva ser tomada em procedimento próprio ou específico ou que seja da competência de outro decisor administrativo ou jurisdicional.

3 – A parte final do n.º 1 enuncia uma exceção ao dever de suspensão do procedimento administrativo para dar lugar a pronúncia sobre questão prejudicial, determinando que ela não tenha lugar quando da não resolução imediata do assunto resultem graves prejuízos. Mas, ao passo que, na versão anterior do Código, nada se explicitava quanto à incidência de tais graves prejuízos, fica agora claro que tanto relevam aqueles que afetem interesses públicos como interesses privados. Conformando-se com a diretiva constitucional de que a prossecução do interesse público se faça no respeito pelos direitos e interesses legalmente protegidos dos cidadãos (Constituição, artigo 266.º, n.º 1), o Código adota assim uma posição mais equitativa, estendendo aos interesses privados (naturalmente, desde que legítimos ou legalmente protegidos) o âmbito de soluções e medidas destinadas a atenuar o risco de desproporção nas consequências da cega aplicação das normas procedimentais ou processuais. Veja-se a este propósito, também, a delimitação, no artigo 89.º, n.º 1, do Código, do âmbito subjetivo das medidas provisórias por forma a abarcar a prevenção de facto consumado e de produção de prejuízos de difícil reparação tanto para interesses públicos como privados.

4 – As mesmas razões ditaram – na alínea c) do n.º 2 –, também a consideração dos graves prejuízos para interesses privados, e não só para interesses públicos, pela falta de resolução imediata do assunto, como causa da cessação da suspensão do procedimento administrativo para efeito de prévia solução de questão prejudicial.

SC

Artigo 39.º

Conflitos de competência territorial

Em caso de dúvidas sérias de entendimento ou de aplicação das normas de competência territorial, deve ser utilizado, como critério interpretativo, o da localização mais adequada do órgão decisor para a eficiente resolução do assunto.

ORIGEM DO TEXTO:

Corresponde ao anterior artigo 32.º.
Reproduz sem alterações o projeto final da comissão de revisão.

COMENTÁRIO:

1 – Ao passo que, no anterior artigo 32.º, se partia simplesmente da previsão de um "caso de dúvida sobre a competência territorial", qualificam-se agora como "sérias" as dúvidas que devam relevar para dar lugar à aplicação do critério da localização mais adequada do órgão decisor para a eficiente resolução do assunto.

2 – Por outro lado, clarifica-se a natureza das dúvidas. Em vez de se falar apenas, como sucedia anteriormente, em "dúvida sobre a competência territorial", explicita-se que se tratará das dúvidas surgidas quanto ao entendimento ou à aplicação das normas de competência territorial.

As dúvidas legítimas são, pois, as que se prenderem com a observância das normas de competência e não as que se pusessem quanto à escolha de soluções alternativas à luz de meros juízos de conveniência. A solução terá de ser encontrada através de uma metodologia hermenêutica. Se, em vez de critério interpretativo, como agora se afirma, a localização do órgão decisor mais adequada à eficiência da decisão constituísse base de exercício de livre avaliação do órgão competente para dirimir o conflito (como parecia resultar do anterior artigo 32.º), haveria inconstitucionalidade por ofensa do princípio da legalidade, que cinge às fontes normativas a atribuição de competência.

SC

Artigo 40.º

Controlo da competência

1 – Antes de qualquer decisão, o órgão da Administração Pública deve certificar-se de que é competente para conhecer da questão.

2 – A incompetência deve ser suscitada oficiosamente pelo órgão e pode ser arguida pelos interessados.

ORIGEM DO TEXTO:

Corresponde ao anterior artigo 33.º.
Reproduz sem alterações o projeto final da comissão de revisão.

COMENTÁRIO:

1 – No n.º 1, procedeu-se apenas a uma atualização da terminologia, empregando-se a expressão "órgão da Administração Pública" que, nos termos do artigo 2.º, n.º 2, delimita o âmbito de incidência subjetiva da parte II do Código.

2 – No n.º 2, simplificou-se a redação ao mencionar apenas o "órgão", uma vez que este preceito completa o n.º 1, no qual se refere o "órgão da Administração Pública". É evidente o nexo de complementaridade entre os dois números deste artigo 40.º, pois que, ao resultado negativo da verificação preliminar obrigatória da respetiva competência pelo "órgão da Administração Pública", se segue a suscitação oficiosa da incompetência.

SC

ARTIGO 41.º

Apresentação de requerimento a órgão incompetente

1 – Quando seja apresentado requerimento, petição, reclamação ou recurso a órgão incompetente, o documento recebido é enviado oficiosamente ao órgão titular da competência, disso se notificando o particular.

2 – Nos casos previstos nos números anteriores, vale a data da apresentação inicial do requerimento para efeitos da sua tempestividade.

ORIGEM DO TEXTO:

Corresponde ao anterior artigo 34.º.

O teor do artigo é diferente do que constava do projeto final da comissão de revisão, que era o seguinte:

ARTIGO 41.º

Apresentação de requerimento a órgão incompetente

1 – Quando seja apresentado requerimento, petição, reclamação ou recurso a órgão incompetente, mas o órgão competente pertencer ao mesmo ministério ou à mesma pessoa coletiva, o documento recebido é enviado oficiosamente ao órgão titular da competência, disso se notificando o particular.

2 – Quando seja apresentado requerimento, petição, reclamação ou recurso a órgão não pertencente ao ministério ou pessoa coletiva onde se situa o órgão competente, pode o particular, no prazo de 30 dias a contar da notificação da declaração de incompetência do órgão ao qual se dirigiu, requerer a remessa do processo ao órgão competente, com expressa indicação do mesmo.

3 – Nos casos previstos nos números anteriores, vale a data da apresentação inicial do requerimento para efeitos da sua tempestividade. "

COMENTÁRIO:

1 – No n.º 1, unificou-se, em relação ao que antes sucedia, o tratamento da remessa, ao órgão titular da competência, de requerimento, petição, reclamação ou recurso inicialmente apresentado a órgão incompetente. Quer o órgão titular da competência se insira, quer não, no mesmo ministério ou pessoa coletiva, o documento recebido é-lhe enviado oficiosamente pelo órgão recipiente desprovido de competência.

Esta solução (que não era a perfilhada pela Comissão de revisão, que mantivera a dicotomia estabelecida no anterior artigo 34.º) é sem dúvida mais expedita. Mas tem o inconveniente de desresponsabilizar totalmente os particulares, que poderão servir-se sem quaisquer consequências de qualquer órgão da Administração Pública como veículo de transmissão de requerimentos, petições, reclamações ou recursos para quaisquer outros órgãos, por maior que seja a diferença de natureza entre as respetivas implantações institucionais e sem sequer curarem de saber qual o órgão competente após terem sido notificados da declaração de incompetência do órgão recipiente.

No Projeto final da Comissão de revisão, havia-se já abolido a ressalva, formulada no anterior artigo 34.º, que condicionava a aplicabilidade do regime de reposição da competência ao caráter desculpável do erro de particular quanto à competência do órgão ao qual a pretensão fora inicialmente dirigida. O texto aprovado em Conselho de Ministros para o artigo 41.º segue a mesma orientação. Mas opta pela solução simplificada de nivelar a imposição a todos os órgãos da Administração Pública de remeter oficiosamente a qualquer outro órgão da Administração Pública, ainda que implantado em setor organizatório completamente distinto, os requerimentos, petições, reclamações ou recursos indevidamente apresentados aos primeiros por serem da competência dos segundos. No texto da Comissão, tinha-se procurado uma solução mais proporcionada entre o encargo imposto à Administração com origem num erro do particular e o ónus deste de se interessar pela solução correta no tocante à competência do órgão a quem se dirige. Ao passo que, no anterior artigo 34.º, o requerimento era devolvido ao autor, acompanhado da indicação do ministério ou da pessoa coletiva a quem deveria ser dirigido, no texto da

Comissão de revisão, previa-se que, no prazo de 30 dias após a notificação da declaração de incompetência absoluta do órgão recipiente, pudesse o particular requerer a esse órgão a remessa do processo ao órgão competente, com expressa indicação do mesmo.

No texto aprovado do n.º 1 do artigo 41.º, nem se manteve a solução anterior, consistindo na devolução do requerimento a fim de o seu autor o remeter ao órgão competente de outro ministério ou pessoa coletiva, nem se acolheu a sugestão da Comissão no sentido de dar ao particular a faculdade de, sob sua responsabilidade na segunda escolha de um órgão destinatário, requerer a remessa a este por parte do órgão recipiente. Tratava-se de uma solução paralela à perfilhada no artigo 14.º, n.º 2, do CPTA, para os casos em que a petição seja dirigida a tribunal incompetente, sem que o tribunal competente pertença à jurisdição administrativa e fiscal.

A solução preconizada pela Comissão de revisão seria porventura a mais equilibrada depois de se ter deixado de responsabilizar o particular por "erro indesculpável" na apresentação a órgão incompetente, por se tratar de um conceito demasiadamente indeterminado para efeito de uma aplicação eficiente. Mas o legislador preferiu simplificar, fazendo recair sempre sobre a Administração toda a responsabilidade pela correção oficiosa do erro do particular.

2 – O n.º 2 do anterior artigo 34.º determinava que, no caso de devolução do requerimento, petição, reclamação ou recurso ao seu autor para que este o dirigisse ao órgão competente inserido em outro ministério ou pessoa coletiva, começasse a correr de novo o prazo próprio de tal iniciativa procedimental. Já, porém, no texto da Comissão de revisão se uniformizava o regime do efeito da primeira apresentação, prevendo que, independentemente da remessa oficiosa ou da notificação da declaração de incompetência, a fim de poder o particular requerer, no prazo de 30 dias, a remessa ao órgão competente, valesse sempre a data da apresentação inicial para a determinação da sua tempestividade.

No atual n.º 2 do artigo 41.º, adota-se também a solução de conferir relevância à data da apresentação inicial – ainda que junto de órgão incompetente – para efeito da sua tempestividade. Não poderia ser de outro modo, aliás, em face da opção pela remessa oficiosa tanto em caso de incompetência relativa como absoluta do órgão recipiente.

3 – No n.º 2, um erro de escrita, consistindo na referência aos "números anteriores", reflete a desatenção do legislador quanto às consequências da fusão num n.º 1, por ele efetuada, dos n.os 1 e 2 do projeto final da Comissão de revisão.

4 – Em nenhum dos textos referidos – ou seja, nem no anterior artigo 34.º, nem no projeto final da Comissão de revisão, nem no artigo 41.º da versão aprovada em Conselho de Ministros – se dispõe sobre a solução a adotar quando o órgão a quem for remetido um requerimento, petição, reclamação ou recurso por um outro órgão ao qual aquele tenha sido primeiramente apresentado se considere por seu turno incompetente para a respetiva apreciação.

Quando o segundo órgão considerar que a competência cabe na realidade ao primeiro órgão, estar-se-á, consoante os casos, perante um conflito de atribuições ou de competência, a dirimir nos termos dos artigos 51.º e 52.º.

Se o segundo órgão for do entendimento de que a competência cabe na realidade a um terceiro órgão, tudo indica que se deverá aplicar com as necessárias adaptações o regime do artigo 41.º quanto a um envio oficioso a esse terceiro órgão.

SC

Artigo 42.º

Suplência

1 – Nos casos de ausência, falta ou impedimento do titular do órgão ou do agente, cabe ao suplente designado na lei, nos estatutos ou no regimento, agir no exercício da competência desse órgão ou agente.

2 – Na falta de designação, a suplência cabe ao inferior hierárquico imediato e, em caso de igualdade de posições, ao mais antigo.

3 – O exercício de funções em suplência abrange os poderes delegados ou subdelegados no órgão ou no agente.

ORIGEM DO TEXTO:

Os artigos 42.º e 43.º são artigos novos, que surgem na sequência da eliminação do anterior artigo 41.º, que confundia as figuras da suplência e da substituição e, pela sua inserção sistemática, as colocava a par da delegação de poderes, da qual nem a suplência nem a substituição constituem figuras próximas.

Reproduz sem alterações o projeto final da comissão de revisão.

COMENTÁRIO:

1 – No n.º 1, a *suplência* é caraterizada como um modo jurídico de exercício da competência de um titular de um órgão ou de um agente nos casos de ausência, falta ou impedimento do mesmo. Verificado qualquer destes pressupostos, o suplente exerce na íntegra a competência do titular do órgão ou agente suprido, incluindo, como se precisa no n.º 3, os poderes neste delegados ou subdelegados.

2 – O n.º 1 remete para a lei, para os estatutos ou para o regimento a designação do suplente. Mas, na ausência de regra especial com qualquer daquelas naturezas, intervém a regra supletiva do n.º 2, segundo a qual, sempre que faltar uma designação por qualquer daquelas vias, a suplência cabe ao inferior hierárquico imediato do titular do órgão ou do agente e, em caso de igualdade de posições, ao mais antigo. No artigo 22.º, encontramos outra regra supletiva quanto à suplência do presidente e do secretário dos órgãos colegiais. No que toca aos restantes membros dos órgãos colegiais, na ausência de norma específica, como observa Paulo Otero, "... a pluralidade de membros de um colégio impede, salvo em situações extremas, que a ausência ou o impedimento de um dos seus membros inviabilize a tomada de decisões. Por isso mesmo, em situações de impedimento de um membro do órgão colegial, a lei não impõe a sua substituição ...: se não houver ou não puder ser designado substituto, o órgão funcionará sem o membro impedido" (cfr. *O Poder De Substituição*

Em Direito Administrativo – Enquadramento Dogmático – Constitucional, vol. II, Lisboa, 1995, págs. 475 e 476). Daqui resulta que, enquanto instrumento da continuidade do serviço público, a suplência assuma particular relevo no domínio dos órgãos singulares.

SC

Artigo 43.º

Substituição de órgãos

Nos casos em que a lei habilita um órgão a suceder, temporária ou pontualmente, no exercício da competência que normalmente pertence a outro órgão, o órgão substituto exerce como competência própria e exclusiva os poderes do órgão substituído, suspendendo-se a aplicação da norma atributiva da competência deste último.

ORIGEM DO TEXTO:

Os artigos 42.º e 43.º são artigos novos, que surgem na sequência da eliminação do anterior artigo 41.º, que confundia as figuras da suplência e da substituição e, pela sua inserção sistemática, as colocava a par da delegação de poderes, da qual nem a suplência nem a substituição constituem figuras próximas.

Reproduz sem alterações o projeto final da comissão de revisão.

COMENTÁRIO:

Este artigo carateriza a substituição como um tipo de relação jurídica administrativa interorgânica.

Em primeiro lugar, e porque a substituição envolve a atribuição de competência ao órgão substituto, ela depende de lei habilitante.

A isto, o artigo acrescenta que a competência do órgão substituto que, nessa qualidade, absorve a competência que normalmente pertence ao órgão substituído, é por natureza temporária ou pontual.

Mas, em contrapartida, essa competência, que normalmente pertence a outro órgão (o órgão substituído), transforma-se em competência própria e exclusiva do órgão substituto. Isto é possível porque, como se especifica na parte final do artigo, enquanto perdura a situação de substituição, se suspende a aplicação da norma atributiva da competência do órgão substituído.

SC

Capítulo IV

DA DELEGAÇÃO DE PODERES

Artigo 44.º

Delegação de poderes

1 – Os órgãos administrativos normalmente competentes para decidir em determinada matéria podem, sempre que para tal estejam habilitados por lei, permitir, através de um ato de delegação de poderes, que outro órgão ou agente da mesma pessoa coletiva ou outro órgão de diferente pessoa coletiva pratique atos administrativos sobre a mesma matéria.

2 – Para efeitos do disposto no número anterior, considera-se agente aquele que, a qualquer título, exerça funções públicas ao serviço da pessoa coletiva, em regime de subordinação jurídica.

3 – Mediante um ato de delegação de poderes, os órgãos competentes para decidir em determinada matéria podem sempre permitir que o seu imediato inferior hierárquico, adjunto ou substituto pratiquem atos de administração ordinária nessa matéria.

4 – O disposto no número anterior vale igualmente para a delegação de poderes dos órgãos colegiais nos respetivos presidentes, salvo havendo lei de habilitação específica que estabeleça uma particular repartição de competências entre os diversos órgãos.

5 – Os atos praticados ao abrigo de delegação ou subdelegação de poderes valem como se tivessem sido praticados pelo delegante ou subdelegante.

ORIGEM DO TEXTO:

Corresponde ao anterior artigo 35.º.

O n.º 2 não constava do projeto final da comissão de revisão. Os n.os 1, 3, 4 e 5 reproduzem sem alterações os n.os 1, 2, 3 e 4 daquele projeto final.

COMENTÁRIO:

1 – Ao contrário do que sucedia com o anterior artigo 35.º, o n.º 1 do artigo 44.º determina expressamente que a delegação de poderes tenha por destinatário quer outro órgão ou agente da mesma pessoa coletiva, quer outro órgão de diferente pessoa coletiva. Em face do aumento do recurso a essa solução organizatória na legislação avulsa, pareceu preferível conferir âmbito geral expresso à delegação de poderes em órgão de diferente pessoa coletiva. A circunstância de se tratar de uma delegação no âmbito de relações intersubjetivas, em vez de meramente interorgânicas, não gera perigo para os esquemas organizatórios queridos pelo legislador, uma vez que é sempre indispensável a habilitação por lei.

Ao passo que a delegação no âmbito da mesma pessoa coletiva tanto pode ter por destinatário um outro órgão como um agente, a delegação destinada a produzir efeitos na esfera jurídica de diferente pessoa coletiva só pode ser dirigida a um órgão. Esta diferença explica-se pelo propósito de evitar que a relação entre delegante e delegado pudesse colidir com o desenvolvimento normal da relação hierárquica no âmbito da segunda pessoa coletiva.

Ao passo que a delegação de poderes no âmbito de relações meramente interorgânicas constitui um modo de desconcentração de poderes, a delegação no âmbito de relações intersubjetivas representa um instrumento de descentralização de poderes, pelo menos quando o órgão destinatário da delegação se insere em uma pessoa coletiva pública territorial (cfr. Marcelo Rebelo de Sousa/André

Salgado de Matos, *Direito Administrativo Geral*, I, Lisboa, 2004, pág. 145).

2 – O n.º 2, que o legislador aditou ao texto elaborado pela Comissão de revisão, veio definir *agente* para efeito da aplicação do conceito de delegação de poderes formulado no n.º 1. O intuito clarificador pode ficar prejudicado pela indefinição do conceito de "funções públicas", que não integra a matriz conceptual estruturada no artigo 2.º.

3 – O n.º 5 é inovatório, deixando clara a identidade de natureza do ato de delegado (ou subdelegado) com a do mesmo ato se praticado pelo delegante (ou subdelegante). A asserção de que os atos praticados ao abrigo de delegação ou subdelegação de poderes valem como se tivessem sido praticados pelo delegante ou subdelegante corresponde a jurisprudência consolidada do Supremo Tribunal Administrativo (v., entre outros, os Acórdãos do Supremo Tribunal Administrativo, 1.ª Secção, de 25-09-2003 (Proc. n.º 120/03); de 13-05-2004 (Proc. n.º 48.143); de 5-04-2005, Proc. n.º 4/05-12; de 14-07-2005, Proc. n.º 238/05-12, recenseados por Fernando Brandão Ferreira Pinto, *Código do Procedimento Administrativo Anotado*, 2.ª ed., Lisboa, 2012, págs. 98-100).

SC

Artigo 45.º

Poderes indelegáveis

Não podem ser objeto de delegação, designadamente:

***a*) A globalidade dos poderes do delegante;**
***b*) Os poderes suscetíveis de serem exercidos sobre o próprio delegado;**
***c*) Poderes a exercer pelo delegado fora do âmbito da respetiva competência territorial.**

ORIGEM DO TEXTO:

Não tem correspondência na versão anterior do Código.
Reproduz sem alterações o projeto final da comissão de revisão.

COMENTÁRIO:

1 – Este artigo elenca situações nas quais a natureza das coisas contra-indica a delegação de poderes. Ressalva-se expressamente o caráter não taxativo do elenco, visto nada impedir que se configurem outros casos típicos em que a função do instituto, ou a própria lógica contrariem a delegação. Por vezes é, aliás, a própria lei que, como já lembrava Marcello Caetano, excetua certos poderes do âmbito da delegação, considerando-os indelegáveis (Cfr. *Manual de Direito Administrativo*, I, 10.ª ed., Coimbra, 1973, pág. 227).

A razão de ser deste novo artigo não parece ser precludida pela circunstância de o poder de delegação sempre depender de norma de habilitação, em teoria capaz de abarcar matérias vedadas por aquele, visto não possuir o Código valor de lei reforçada. Na verdade, qualquer outro artigo do Código que não concretize preceitos constitucionais poderá ver o seu âmbito de incidência restringido por legislação avulsa. Como, a propósito da mesma questão, escrevem Kopp/Ramsauer, os preceitos valem, no âmbito da Lei de Procedimento Administrativo (VwVfG), sempre sob reserva de disposições contrárias em outros diplomas legislativos (Cfr. *VwVfG, Verwaltungsverfahrensgesetz-Kommentar*, 15.ª ed., Munique, 2014, pág. 336). Se a hipótese da presença de normas excecionais no ordenamento procedimental recomendasse a não-inclusão das correspondentes normas gerais no Código, este diluir-se-ia no éter de tais congeminações.

Não se crê, por outro lado, que a anterior identificação, doutrinária ou jurisprudencial, como inibitórias por natureza da delegação de poderes, das situações tipificadas nas alíneas do artigo 45.º retire toda a utilidade ao seu assentamento legislativo. Não sem uma viva polémica doutrinária, aliás das mais brilhantes da história da doutrina administrativa portuguesa (cfr. Rogério Ehrhardt Soares, *A Propósito de um Projeto Legislativo: O Chamado Código do Processo Administrativo Gracioso*, RLJ, 1982), o CPA surgiu entre nós precisamente com o propósito de conferir veste legislativa a toda uma série de tópicos e postulados que, dispersos pela doutrina e pelos precedentes jurisprudenciais, davam um corpo ténue a um Direito Administrativo geral feito de princípios sem forma de lei, a par de preceitos dispersos, carecidos de integração sistemática. Nada, pois, de mais fiel à génese deste matricial diploma do que prosseguir, ao longo da sua reformulação no tempo, essa faina inicial de sorver do horizonte jurídico os dados que, entretanto, venham avultando pela sua idoneidade para integrar as bases gerais do Direito Administrativo.

2 – Ao prescrever a *indelegabilidade da globalidade dos poderes do delegante*, a alínea a) introduz no Código uma asserção que se encontra com frequência na doutrina de diversas latitudes. Como já escrevia Fazio, em 1964, mesmo quando a norma que permite ao delegante utilizar a delegação não lhe estabeleça limites quantitativos ou qualitativos, certo é que não pode aquele despojar-se por completo do exercício de todas as suas competências, para que não esvazie de conteúdo a sua própria posição jurídica em face da pessoa coletiva à qual pertence (cfr. *La Delega Amministrativa E I Rapporti Di Delegazione*, Milão, 1964, pág. 88). A admissibilidade da delegação de todos os poderes do delegante não suscitaria apenas, porém, comprometimento radical do papel concebido pelo legislador para um certo órgão, justificativo da sua existência, pois que, dado o posicionamento recíproco das competências dos órgãos da Administração Pública, seria a ordem de competências a ser também ela perturbada através da total substituição de um órgão por outro. E, no tocante ao exercício da competência subvertida que lhes dissesse respeito, veriam os particulares frustrada a garantia materializada nos poderes de intervenção do delegante sobre a competência delegada. Na verdade, é pelo menos duvidoso que, sendo a delegação total, ela se revelasse compatível com os poderes de orientação, avocação, substituição e revogação por parte do delegante (cfr. Vedel/Delvolvé, *Droit Administratif*, I, 12.ª ed., Paris, 1992, págs. 278 e 279).

Estas considerações justificam a solução, adotada inovatoriamente na alínea a), de se vedar que a globalidade dos poderes do delegante possa constituir objeto de delegação. Mas suscita-se agora a questão de saber se tal inovação legislativa não confunde a competência enquanto complexo compreensivo de poderes funcionais (*Kompetenz*) e as competências enquanto poderes funcionais individualizados (*Zuständigkeit*). E pergunta-se também se a nova solução legislativa não esquece que, por definição, a delegação tem por objeto poderes funcionais individualizados, como resulta do artigo 47.º, n.º 1, quando exige que, no ato de delegação, o órgão delegante especifique os poderes que são delegados ou os atos que o delegante pode praticar (Cfr. André Salgado de Matos, "A Delegação de Poderes", in: Carla Amado Gomes/Ana Fernanda Neves/Tiago Serrão, *Comentário ao Novo Código do Procedimento Administrativo*, Lisboa, 2015, págs. 218 e 219).

Não se contesta que, pelas razões alinhavadas, a par, eventualmente, de outras, uma delegação da globalidade dos poderes do delegante constituísse uma solução organizatória abnorme, que desvirtuaria a natureza do órgão delegante, subverteria o sistema de competências e debilitaria garantias procedimentais dos particulares. Daí, naturalmente, a formalização da sua proibição na alínea a) deste artigo 45.º.

Não parece que tal formalização fosse desnecessária e redundante. Com exceção da alusão à delegação intersubjetiva, não se quis tocar na definição clássica de delegação de poderes – agora localizada no artigo 44.º, n.º 1 – aquela que figurava no anterior artigo 35.º, n.º 1. Ora, a letra deste preceito não exclui uma delegação global, pois que para tanto não bastam nem a exigência de lei de habilitação, nem a imposição da prática de um ato de delegação. Por mais anómalo que isso se afigure sob uma visão sistémica, poderá uma norma habilitante autorizar a delegação em termos tão genéricos que não excluam a globalidade dos poderes do órgão delegante. E, para efeito da especificação no ato de delegação, tal como a exige o artigo 47.º, n.º 1, não é a letra deste preceito que parece excluir um seu entendimento em sentido amplo, de acordo com o qual a identificação dos poderes delegados também pudesse consistir numa referência à globalidade dos poderes do delegante.

Dir-se-ia a este propósito que, quando uma lei especial permitisse uma tal delegação, não seria a alínea a) do artigo 45.º a impedi-

-la, visto a norma geral ceder perante a norma especial. Mas essa objeção nada acrescentaria de novo à problemática da relação entre os preceitos do Código e as normas procedimentais especiais. Cumpre reconhecer no entanto que, no quadro do instituto da delegação de poderes, a questão não se resume assim, dada a necessidade da existência de uma norma adicional específica: a norma habilitante. Se, noutros domínios, apenas importa averiguar a inexistência de uma norma especial contrária à norma aplicável do Código, a delegação põe, em todos os casos, a necessidade de uma norma adicional: a norma habilitante, que constitui o centro normativo da delegabilidade concreta. Pelo que, segundo os adeptos da posição crítica referida, será do teor da norma habilitante – e não de elementos do regime geral da delegação – que dependerá a admissibilidade da delegação global: de nada valeria assim a proibição enunciada na alínea a) do artigo 45.º.

À inclusão da alínea a) do artigo 45.º subjaz, porém, a crença na respetiva utilidade a, pelo menos, três títulos.

Em primeiro lugar, ela constitui um indicador, deixado em benefício do legislador interessado na qualidade das soluções legislativas, da anormalidade de uma eventual habilitação para a delegação da globalidade dos poderes do delegante.

Em segundo lugar, perante habilitações de teor impreciso, a alínea a) intervirá como diretiva interpretativa.

Em terceiro lugar, e se se partir da tese de que o princípio da legalidade da competência não obsta a que a competência seja definida por regulamento (cfr. André Salgado de Matos, «A Natureza Jurídica Da Delegação De Poderes: Uma Reapreciação», in: *Estudos em Homenagem ao Prof. Doutor Sérvulo Correia*, II, 2010, pág. 134), a proibição constante do Código prevalecerá perante uma habilitação constante de tal fonte e abarcando a totalidade dos poderes do delegante. Assim se evita a infirmação, no plano regulamentar, de postulados essenciais à harmonia sistémica dos regimes de competência.

3 – Nos termos da alínea b), não podem, por outro lado, ser objeto de delegação os *poderes suscetíveis de serem exercidos sobre* *o próprio delegado*. Trata-se, desde logo, dos poderes do delegante inerentes à relação de delegação de poderes, elencados no artigo 49.º: orientação, avocação, anulação, revogação e substituição. Mas relevam também poderes exercidos sobre o delegado com um fundamento alheio à delegação: basicamente o poder disciplinar, quando exista.

Esta causa de indelegabilidade tem sido identificada pela doutrina (cfr. Marcelo Rebelo de Sousa, *Lições de Direito Administrativo*, I, Lisboa, 1999, pág. 199; André Salgado de Matos, *A Natureza Jurídica da Delegação de Poderes...*, cit., pág. 145, e *A delegação de poderes...*, cit., págs. 219 e 220). Trata-se de uma indelegabilidade por natureza, visto que a delegação de poderes se estrutura relacionalmente e nenhum órgão administrativo mantém relações jurídicas consigo próprio. Enquanto se mantem a delegação, a identidade do delegante distinguir-se-á da do delegado.

Não se crê que proceda a crítica segundo a qual a redação da alínea b) deste artigo 45.º pareça revelar a ignorância da possibilidade de os poderes suscetíveis de serem exercidos sobre o próprio delegado formarem o objeto de norma de habilitação que permita tal delegação num terceiro órgão ou agente. A referência ao *próprio* delegado, aliada à razão de ser da inibição, bem evidencia que aquilo que se encontra em causa é a delegação a favor do delegado e não de um terceiro.

4 – A inibição, na alínea c), da delegação de *poderes a exercer pelo delegado fora do âmbito da respetiva competência territorial* explica-se pela circunstância de não poder a relação jurídica administrativa entre delegante e delegado afetar a competência em razão de território de um terceiro órgão ou agente (cfr. Mário Esteves de Oliveira/Pedro Costa Gonçalves/João Pacheco de Amorim, Código do Procedimento Administrativo, 2.ª ed., cit., pág. 220).

SC

Artigo 46.º

Subdelegação de poderes

1 – Salvo disposição legal em contrário, o delegante pode autorizar o delegado a subdelegar.

2 – O subdelegado pode subdelegar as competências que lhe tenham sido subdelegadas, salvo disposição legal em contrário ou reserva expressa do delegante ou subdelegante.

ORIGEM DO TEXTO:

Corresponde sem alterações ao anterior artigo 36.º.

Artigo 47.º

Requisitos do ato de delegação

1 – No ato de delegação ou subdelegação, deve o órgão delegante ou subdelegante especificar os poderes que são delegados ou subdelegados ou os atos que o delegado ou subdelegado pode praticar, bem como mencionar a norma atributiva do poder delegado e aquela que habilita o órgão a delegar.

2 – Os atos de delegação ou subdelegação de poderes estão sujeitos a publicação, nos termos do artigo 159.º.

ORIGEM DO TEXTO:

Corresponde ao anterior artigo 37.º.
Reproduz sem alterações o projeto final da comissão de revisão.

COMENTÁRIO:

1 – Na parte final do n.º 1, aditou-se a determinação de que, no ato de delegação ou subdelegação, se mencione a norma atributiva do poder delegado e aquela que habilita o órgão a delegar. Trata-se de uma fundamentação de direito do ato de delegação ou subdelegação, destinada a deixar clara a sua dupla fundação normativa. Com efeito, para haver delegação de poderes, é necessário que o órgão delegante seja titular da competência delegada e tal titularidade depende de uma norma que a confira (artigo 36.º, n.º 1). E, além disso, a delegação requer que uma norma jurídica habilite o delegante a praticar o ato que a tem por conteúdo (artigo 44.º, n.º 1).

A exigência desta dupla fundamentação de direito do ato de delegação constitui uma concretização do princípio da transparência administrativa o qual, por seu turno, traduz uma vertente do princípio do Estado de Direito Democrático. Graças à sujeição do ato de delegação a publicação (artigo 47.º, n.º 2), tal fundamentação informa o público em geral sobre os pressupostos de legalidade de uma decisão que interfere na repartição dos poderes administrativos, assim se dando satisfação a uma exigência de "*accountability*". E, além disso, a fundamentação em causa reforça a garantia dos legítimos interesses dos particulares que venham a ser afetados por atos praticados no âmbito da delegação ou subdelegação.

2 – Note-se que, no n.º 1, com a sua nova redação, apenas se impõe a menção, no ato de delegação ou subdelegação, da norma atributiva do poder delegado e daquela que habilita o órgão a delegar. Significa isto que, quanto ao ato de subdelegação, aquilo que se exige é a referência da dupla matriz normativa do ato de delegação, mas nada de paralelo quanto às origens normativas do poder subdelegado e do poder de subdelegação. Esta disparidade explica-se porque, ao contrário da multiplicidade de normas habilitantes de delegação, a habilitação para a subdelegação consta genericamente do artigo 46.º. E, em caso de subdelegação, a identificação da norma atributiva da competência material terá de ser encontrada no ato de delegação do poder subsequentemente subdelegado.

3 – No n.º 2, remete-se a publicação dos atos de delegação ou subdelegação de poderes para os termos da publicação obrigatória dos atos administrativos, constantes do artigo 159.º. Evitou-se assim a disparidade de termos de publicação, como aquela que se verificava entre os anteriores artigos 37.º, n.º 2, e 131.º.

SC

Artigo 48.º

Menção da qualidade de delegado ou subdelegado

1 – O órgão delegado ou subdelegado deve mencionar essa qualidade no uso da delegação ou subdelegação.

2 – A falta de menção da delegação ou subdelegação no ato praticado ao seu abrigo, ou a menção incorreta da sua existência e do seu conteúdo, não afeta a validade do ato, mas os interessados não podem ser prejudicados no exercício dos seus direitos pelo desconhecimento da existência da delegação ou subdelegação.

ORIGEM DO TEXTO:

Corresponde ao anterior artigo 38.º.
Reproduz sem alterações o projeto final da comissão de revisão.

COMENTÁRIO:

1 – O n.º 1 corresponde, sem alterações, ao texto integral do anterior artigo 38.º.

2 – No anterior artigo 38.º, não se explicitavam as consequências de não se mencionar a qualidade de delegado ou subdelegado no ato praticado ao abrigo de delegação ou de subdelegação, ou de fazer aí menção incorreta da existência ou do conteúdo da delegação ou da subdelegação. O n.º 2 deste artigo 48.º elimina essa lacuna, preceituando que tal preterição ou incorreção não afeta a validade do ato em que têm lugar. Em contrapartida, o desconhecimento assim causado da existência ou do conteúdo da delegação ou subdelegação não poderão prejudicar o exercício dos seus direitos pelos interessados. Por outras palavras, a delegação ou a subdelegação não mencionadas ou incorretamente mencionadas no ato praticado ao seu abrigo tornam-se inoponíveis aos interessados. Sem prejuízo de outras raízes axiológicas, trata-se de uma concretização do princípio da boa-fé, enunciado no artigo 10.º, n.º 1.

SC

ARTIGO 49.º

Poderes do delegante ou subdelegante

1 – O órgão delegante ou subdelegante pode emitir diretivas ou instruções vinculativas para o delegado ou subdelegado sobre o modo como devem ser exercidos os poderes delegados ou subdelegados.

2 – O órgão delegante ou subdelegante tem o poder de avocar, bem como o de anular, revogar ou substituir o ato praticado pelo delegado ou subdelegado ao abrigo da delegação ou subdelegação.

ORIGEM DO TEXTO:

Corresponde ao anterior artigo 39.º.
Reproduz sem alterações o projeto final da comissão de revisão.

COMENTÁRIO:

1 – Ao passo que, no n.º 2 do anterior artigo 39.º, se referia, a par do poder de avocar, o poder do delegante ou subdelegante revogar os atos praticados pelo delegado ou subdelegado, o n.º 2 deste artigo 49.º menciona os poderes de revogação, anulação administrativa e substituição de tais atos. A menção dos poderes de *revogação* e *anulação administrativa* corresponde ao modo como, no artigo 165.º, se distingue entre tais atos.

Na senda do anterior artigo 147.º, o artigo 173.º preceitua, no n.º 1, que, salvo disposição especial, são aplicáveis à *substituição* dos atos administrativos as normas reguladoras da revogação.

2 – O n.º 2 atribui ao órgão delegante ou subdelegante o poder de substituir o ato praticado pelo delegado ou subdelegado, mas não assim o de o alterar, o que não pode em princípio deixar de ter significado porquanto as figuras da alteração e da substituição dos atos administrativos surgem tratadas simultaneamente no artigo 173.º, n.º 1.

É possível encontrar uma explicação para a omissão da referência à *alteração* dos atos praticados pelo delegado ou subdelegado entre os poderes do delegante e do subdelegante na circunstância de a alteração manter o ato originário, limitando-se a reformular algum ou alguns dos seus elementos, ao passo que, como o nome diz, a substituição consiste na prática de um novo ato. Deste modo, a alteração pelo delegante ou subdelegante envolveria o exercício conjunto de competência dispositiva com o delegado ou subdelegado. Mas, enquanto se não dê a avocação, o exercício da competência de primeira conformação da situação administrativa abrangida pela delegação ou subdelegação cabe exclusivamente ao delegado ou ao subdelegado.

Quanto à *substituição*, ela pressupõe uma anulação ou revogação, explícita ou implícita, do ato que se substitui. O poder de revogar ou anular os atos praticados pelo delegado ou subdelegado inscreve-se, por força do disposto no artigo 169.º, n.º 4, na competência do órgão delegante ou subdelegante. Trata-se de uma competência de controlo tradicionalmente reconhecida como consequência do poder/dever do delegante ou subdelegante de vigiar o uso dos poderes delegados ou subdelegados "sem o que a delegação implicaria a alienação dos poderes e até poderia criar a subversão das situações" (cfr. Marcello Caetano, *Manual de Direito Administrativo*, I, 10.ª ed., (reimpressão), Coimbra, 1980, pág. 550). Portanto, a substituição que integra a figura compósita da revogação ou anulação substitutiva não acarreta um co-exercício da competência do delegado ou subdelegado – como sucederia com a alteração do ato deste – mas uma competência dispositiva própria do delegante ou subdelegante. A decisão tomada em primeiro grau pelo delegado ou subdelegado foi eliminada graças ao exercício de uma competência de supervisão pertencente a outrem. E é no exercício desta última que, como complemento lógico, intervém a constituição de uma nova disciplina para a situação em apreço. Trata-se aí, já não do exercício da competência delegada ou subdelegada de primeira regulação de certo tipo de situação jurídica administrativa, mas do exercício da competência dispositiva substitutiva do delegante ou subdelegante que, como transparece até da letra do n.º 2 deste artigo 47.º, é, por assim dizer, um apêndice funcional da competência anulatória ou revogatória. Não estamos, portanto, perante uma substituição da intervenção de primeiro grau do delegado ou subdelegado, como sucede graças à avocação, mas de uma intervenção de segundo grau, corretiva da ilegalidade ou do demérito de uma decisão do delegado ou subdelegado.

SC

Artigo 50.º
Extinção da delegação ou subdelegação

A delegação e a subdelegação de poderes extinguem-se:

***a*) Por anulação ou revogação do ato de delegação ou subdelegação;**
***b*) Por caducidade, resultante de se terem esgotado os seus efeitos ou da mudança dos titulares dos órgãos delegante ou delegado, subdelegante ou subdelegado.**

ORIGEM DO TEXTO:

Corresponde ao anterior artigo 40.º.
Reproduz sem alterações o projeto final da comissão de revisão.

COMENTÁRIO:

A única alteração relativamente ao texto anterior consistiu no aditamento da referência à anulação do ato de delegação ou subdelegação, a par da revogação. Corresponde-se assim ao modo como, no artigo 165.º, n.os 1 e 2, se passou a fazer distinção entre revogação e anulação administrativa.

SC

Capítulo V

DOS CONFLITOS DE ATRIBUIÇÕES E DE COMPETÊNCIA

Artigo 51.º

Competência para a resolução de conflitos

1 – Os conflitos de atribuições são resolvidos:

a) Pelos tribunais administrativos, mediante processo de conflito entre órgãos administrativos, quando envolvam órgãos de pessoas coletivas diferentes ou no caso de conflitos entre autoridades administrativas independentes;
b) Pelo Primeiro-Ministro, quando envolvam órgãos de ministérios diferentes;
c) Pelo ministro, quando envolvam pessoas coletivas dotadas de autonomia, sujeitas ao seu poder de superintendência;
d) Pelo Presidente do Governo Regional, quando envolvam órgãos de secretarias regionais diferentes;
e) Pelo secretário regional, quando envolvam pessoas coletivas dotadas de autonomia sujeitas, ao seu poder de superintendência.

2 – Os conflitos de competência são resolvidos pelo órgão de menor categoria hierárquica que exerça poderes de supervisão sobre os órgãos envolvidos.

ORIGEM DO TEXTO:

Corresponde ao anterior artigo 42.º.
Reproduz sem alterações o projeto final da comissão de revisão.

COMENTÁRIO:

1 – Deste artigo 51.º, desapareceu o n.º 1 do anterior artigo 42.º, que prescrevia que os conflitos de jurisdição são resolvidos pelo Tribunal de Conflitos, nos termos da legislação respetiva. Em face da prevalência das decisões jurisdicionais (Constituição, artigo 205.º, n.º 2), não são mais concebíveis conflitos de jurisdição entre tribunais e órgãos da Administração Pública.

2 – A alínea a) do n.º 1 corresponde à alínea a) do n.º 2 do anterior artigo 42.º, que confiava aos tribunais administrativos a resolução, mediante recurso contencioso, dos conflitos de atribuições entre órgãos de pessoas coletivas diferentes.

O meio processual referido é, agora, o processo de conflito entre órgãos administrativos. De acordo com o artigo 135.º, n.º 1, do CPTA, os processos de conflito entre órgãos administrativos regem-se pelos preceitos próprios da ação administrativa, com as especialidades ali enunciadas, aplicando-se, quanto ao mais, com as necessárias adaptações, o disposto na lei processual civil.

Por outro lado, ao passo que, na alínea a) do n.º 2 do anterior artigo 42.º, os conflitos de atribuições da competência dos tribunais administrativos eram os surgidos entre órgãos de pessoas coletivas diferentes, a alínea a) do n.º 1 deste artigo 51.º considera para aquele efeito não apenas os conflitos que envolvam órgãos de pessoas coletivas diferentes, mas também os conflitos entre autoridades administrativas independentes. Como é sabido, nem todas estas autoridades têm personalidade jurídica. Têm, no entanto personalidade judiciária, para efeito da dirimição deste tipo de conflitos.

3 – A alínea c) do n.º 2 do anterior artigo 42.º deferia ao ministro a competência para resolver os conflitos de atribuições entre "órgãos do mesmo ministério ou pessoas coletivas dotadas de autonomia sujeitas ao seu poder de superintendência". Na alínea c) do n.º 1 do presente artigo 51.º, deixou de mencionar-se os conflitos entre órgãos do mesmo ministério. Com efeito, a não ser nos casos em que, excecionalmente, tais órgãos sejam dotados de personalidade jurídica, os conflitos entre órgãos do mesmo ministério são conflitos de competência e não conflitos de atribuições.

4 – O anterior artigo 42.º não tinha presentes as especificidades organizatórias autonómicas. São, por isso, inovatórias as alíneas d) e e) do n.º 1 deste artigo 51.º, que, respetivamente, deferem ao Presidente do Governo Regional a competência para resolver conflitos de atribuições entre órgãos de secretarias regionais diferentes e ao secretário regional aqueles que envolvam pessoas coletivas dotadas de autonomia sujeitas ao seu poder de superintendência.

5 – O n.º 2 corresponde ao n.º 3 do anterior artigo 42.º, com meras alterações de estilo.

SC

Artigo 52.º

Resolução administrativa dos conflitos

1 – A resolução dos conflitos de atribuições entre ministérios ou entre secretarias regionais diferentes, bem como dos conflitos de competência, pode ser solicitada por qualquer interessado, mediante requerimento fundamentado dirigido à entidade competente para a decisão do procedimento, e deve ser oficiosamente suscitada pelos órgãos em conflito logo que dele tenham conhecimento.

2 – O órgão competente para a resolução deve ouvir os órgãos em conflito, se estes ainda se não tiverem pronunciado, e proferir a decisão no prazo de 30 dias.

ORIGEM DO TEXTO:

Corresponde ao anterior artigo 43.º.
Reproduz sem alterações o projeto final da comissão de revisão.

COMENTÁRIO:

Um único aditamento, referente aos conflitos de atribuições entre secretarias regionais, marca a diferença entre o n.º 1 deste artigo 52.º e o n.º 1 do anterior artigo 43.º. Quanto ao mais, notam-se apenas pequenas correções de estilo.

O n.º 2 reproduz integralmente o n.º 2 do anterior artigo 43.º.

SC

PARTE III

DO PROCEDIMENTO ADMINISTRATIVO

TÍTULO I

REGIME COMUM

CAPÍTULO I

DISPOSIÇÕES GERAIS

ARTIGO 53.º

Iniciativa

O procedimento administrativo inicia-se oficiosamente ou a solicitação dos interessados.

ORIGEM DO TEXTO:

Corresponde ao anterior artigo 54.º.
Reproduz sem alterações o projeto final da comissão de revisão.

COMENTÁRIO:

O procedimento administrativo pode ter início por iniciativa pública ou particular. No anterior artigo 54.º, dizia-se que a iniciativa particular se traduzia na apresentação de requerimento, formulação agora substituída por "solicitação dos interessados". A fórmula é mais abrangente e pretende incluir outros escritos apresentados pelos interessados à Administração (cf., a este propósito, o artigo 107.º), que podem igualmente traduzir a intenção de abertura de um procedimento administrativo.

MGG/TM

Artigo 54.º

Língua do procedimento

A língua do procedimento é a língua portuguesa.

ORIGEM DO TEXTO:

Não tem correspondência na versão anterior do Código.
Reproduz sem alterações o projeto final da comissão de revisão.

COMENTÁRIO:

1 – A norma é inovadora, embora o seu sentido já decorresse do disposto no artigo 11.º, n.º 3, da CRP, nos termos do qual o Português é a língua oficial da República. Com efeito, os atos do Estado e todos os processos e procedimentos a eles tendentes (incluindo, naturalmente, os de natureza administrativa) devem ser produzidos em língua portuguesa.

MGG/TM

2 – Este artigo não constava do Anteprojeto da Comissão porque se entendia ser óbvio o que nele se dispõe. Todavia, depois do debate público daquele Anteprojeto, pareceu à Comissão que ele devia constar do Código porque, entretanto, a Comissão teve conhecimento de que, sobretudo em procedimentos administrativos relativos a matérias de relações económicas externas, se verificavam, por vezes, tentativas no sentido de, no procedimento administrativo em Portugal, a língua portuguesa ser substituída por outros idiomas.

Dada a natureza e a função do procedimento administrativo, faz sentido que ele corra apenas na língua nacional. Isto significa que, por exemplo, documentos a ele juntos em língua estrangeira deverão ser acompanhados da respetiva tradução em português, devidamente certificada. O mesmo vale para os trâmites orais do procedimento. A circunstância de hoje se ter generalizado o conhecimento de línguas estrangeiras, sobretudo do inglês, tanto por parte dos agentes da Administração como por parte dos particulares e dos seus representantes, não significa que exista qualquer obrigação, da parte de uns ou de outros, de dominarem idiomas estrangeiros para poderem ter intervenção num procedimento administrativo. O melhor que aí se pode permitir é que, em condições previamente definidas por lei ou, na sua ausência, pelo responsável pelo procedimento, se recorra a intérprete, nos termos definidos no artigo 133.º, n.ºs 2 e 3, do CPC.

FQ

Artigo 55.º

Responsável pela direção do procedimento

1 – A direção do procedimento cabe ao órgão competente para a decisão final, sem prejuízo do disposto nos números seguintes.

2 – O órgão competente para a decisão final delega em inferior hierárquico seu, o poder de direção do procedimento, salvo disposição legal, regulamentar ou estatutária em contrário ou quando a isso obviarem as condições de serviço ou outras razões ponderosas, invocadas fundamentadamente no procedimento concreto ou em diretiva interna respeitante a certos procedimentos.

3 – O responsável pela direção do procedimento pode encarregar inferior hierárquico seu da realização de diligências instrutórias específicas.

4 – No órgão colegial, a delegação prevista no n.º 2 é conferida a membro do órgão ou a agente dele dependente.

5 – A identidade do responsável pela direção do procedimento é notificada aos participantes e comunicada a quaisquer outras pessoas que, demonstrando interesse legítimo, requeiram essa informação.

ORIGEM DO TEXTO:

Corresponde parcialmente ao anterior artigo 86.º.
Reproduz sem alterações o projeto final da comissão de revisão.

COMENTÁRIO:

1 – A noção do exercício de uma função diretiva no procedimento tinha, até aqui, um escopo mais limitado, pois respeitava apenas à direção da instrução (cfr. anterior artigo 86.º), enquanto, agora, abrange a condução do procedimento na sua globalidade.

A função designada por *responsabilidade pela direção do procedimento* surge no presente Código com uma vitalidade denotada por cerca de uma vintena de referências que lhe são feitas ao longo da Parte III.

De acordo com o n.º 1 do artigo 55.º, a direção do procedimento cabe, como competência primária, ao órgão competente para a decisão final. Mas logo acrescenta o n.º 2 que, com ressalva das situações ali identificadas ainda que com alguma elasticidade, aquele poder de direção será delegado em um subalterno hierárquico. No n.º 4, a delegação é ajustada ao caráter colegial do órgão competente para a decisão final, ao passo que, no n.º 3, se diferencia a delegação do poder de direção do procedimento das simples ordens dadas a inferior hierárquico de realização de diligências instrutórias específicas. E, porque o poder de direção do procedimento poderá caber, no procedimento concreto, a outrem que não o órgão competente para a decisão final, torna-se imprescindível a notificação da identidade do responsável pela direção do procedimento aos participantes e a sua comunicação a quaisquer outras pessoas que, demonstrando interesse legítimo, requeiram essa informação (n.º 5).

Na sua maioria, os preceitos, dispersos pela Parte III, que regulam poderes funcionais do responsável pela direção do procedimento abrangem na sua estatuição, tanto as situações em que a direção seja exercida pelo órgão competente para a decisão final, como aquelas em que aquela haja sido delegada ao abrigo do n.º 2 do artigo 55.º. São exemplos dessa omniabrangência o artigo 58.º – que, em concretização do princípio do inquisitório, confere ao responsável pela direção do procedimento o poder de proceder a quaisquer diligências instrutórias que se revelem adequadas e necessárias à preparação de uma decisão legal e justa –, ou o artigo 122.º, n.º 1, sobre o poder de escolha da forma escrita ou oral da audiência dos interessados. Noutros preceitos, porém, o responsável pela direção do procedimento é colocado em relação com o órgão competente para a decisão final. Prevê-se assim, por exemplo, no artigo 66.º, n.º 1, que o responsável pela direção do procedimento proponha ao órgão competente para a decisão final a solicitação de auxílio administrativo. Outro exemplo é-nos dado por um preceito crucial – o artigo 126.º – em cujos termos, quando o responsável pela direção do procedimento não for o órgão competente para a decisão final, ele deverá elaborar um relatório no qual, designadamente, formule uma proposta de decisão.

2 – Sem prejuízo de alguma omissão, apontam-se os seguintes preceitos, nos quais, após o artigo 55.º, se regula a intervenção do responsável pela direção do procedimento:

(a) Em complemento da estipulação – no n.º 5 do artigo 55.º – do dever de notificação ou comunicação da identidade do responsável pela direção do procedimento, o n.º 2 do artigo 61.º regula a indicação do responsável pela direção do procedimento e do órgão competente para a decisão nas aplicações e sistemas informáticos sempre que, na instrução do procedimento, se utilizem meios eletrónicos. Por seu turno, também em concretização do preceituado pelo n.º 5 do artigo 55.º, dispõe o n.º 1, alínea e), do artigo 62.º que, sempre que um procedimento administrativo se possa iniciar e desenvolver através de um balcão eletrónico, deverá este proporcionar o endereço e o contato da entidade administrativa com competência para a direção do procedimento administrativo em causa.

(b) No artigo 56.º, reconhece-se ao responsável pela direção do procedimento discricionariedade para a estruturação do procedimento nas áreas não cobertas por normas injuntivas.

(c) Ao materializar o princípio do inquisitório, o artigo 58.º atribui ao responsável pela direção do procedimento (a par dos outros órgãos que participem na instrução) o poder de proceder a quaisquer diligências que considere adequadas e necessárias à preparação de uma decisão legal e justa. Este princípio é concretizado, no tocante à instrução do procedimento, pelo artigo 115.º, n.os 1 e 3.

(d) O artigo 59.º imputa ao responsável pela direção do procedimento (e também aos outros órgãos intervenientes na respetiva tramitação) o dever de providenciar por um andamento rápido e eficaz e pela promoção de tudo o que seja necessário a um seguimento diligente e à tomada de uma decisão dentro de um prazo razoável.

(e) O artigo 64.º, n.º 3, obriga o responsável pela direção do procedimento a rubricar todas as folhas do processo administrativo em suporte papel, a fim de se assegurar a respetiva integridade.

(f) De acordo com o artigo 66.º, n.º 1, embora seja ao órgão competente para a decisão final que caiba a solicitação de auxílio administrativo, ele poderá, designadamente, fazê-lo sob proposta do responsável pela direção do procedimento.

(g) O artigo 69, n.º 1, estende a incidência das situações de impedimento a, designadamente, todas as entidades que intervenham em procedimento administrativo no exercício de poderes públicos. É esse, manifestamente, o caso do responsável pela direção do procedimento.

(h) Nos termos do artigo 82.º, n.º 1, é ao responsável pela direção do procedimento que cabe satisfazer o direito dos interessados à informação procedimental.

(i) O artigo 92.º, n.º 2, concretiza, no tocante à solicitação dos pareceres a que haja lugar, o dever de celeridade imposto pelo artigo 59.º ao responsável pela direção do procedimento, preceituando que este os peça sempre que possível em simultâneo logo que, perante a marcha do procedimento, estejam reunidos os pressupostos para tanto.

(j) Nos termos do artigo 100.º, n.º 3, é ao responsável pela direção do procedimento de regulamento administrativo que cabe dispensar a audiência dos interessados quando se verifique algum dos pressupostos ali enunciados.

(k) De acordo com o artigo 110.º, n.º 3, a notificação do início do procedimento deve indicar o órgão responsável pela respetiva direção.

(l) Segundo o n.º 2 do artigo 111.º, é ao responsável pela direção do procedimento de ato administrativo que os interessados e os seus mandatários devem comunicar quaisquer alterações nos respetivos domicílios na pendência do procedimento.

(m) Segundo o artigo 117.º, n.º 1, cabe ao responsável pela direção do procedimento o poder (limitado nos termos do n.º 2) de determinar aos interessados a prestação de informações, a apresentação de documentos ou coisas, a sujeição a inspeções e a colaboração noutros meios de prova.

(n) Nos termos do artigo 122.º, n.º 1, é ao responsável pela direção do procedimento que compete determinar, em cada caso, se a audiência dos interessados se processa por forma escrita e oral.

(o) Por seu turno, de acordo com o artigo 123.º, n.ºs 2 e 3, é também ao responsável pela direção do procedimento que, em caso de falta de comparência do interessado à audiência, compete decidir o respetivo adiamento quando tiver sido apresentada justificação da falta e, em tal hipótese, tentar chegar a acordo com o interessado sobre a nova data;

(p) O responsável pela direção do procedimento exerce ainda um outro poder muito relevante no domínio da audiência dos interessados, que respeita, nos termos do artigo 124.º, n.º 1, à dispensa da audiência decorrente de um juízo sobre qualquer dos pressupostos ali listados, alguns dos quais concedem margem de apreciação.

(q) O artigo 126.º regula um momento procedimental de extrema relevância para os casos em que o responsável pela direção do procedimento não for o órgão competente para a decisão final. Nos respetivos termos, em tal eventualidade, o responsável pela direção do procedimento elabora um relatório sobre os aspetos essenciais do procedimento, que culmina por uma proposta de decisão fundamentada dirigida ao órgão provido de competência decisória.

(r) O artigo 128.º concretiza algumas vertentes da especial incidência, nos termos do artigo 59.º, sobre o responsável pela direção do procedimento, do dever de imprimir um "andamento rápido e eficaz" ao procedimento por forma a que a respetiva marcha se caraterize por um "seguimento diligente" e a que a tomada de decisão tenha lugar dentro de um prazo razoável. De acordo com o n.º 1 do artigo 128.º, o responsável pela direção do procedimento pode prorrogar, por um ou mais períodos, até ao limite máximo de 90 dias, o prazo geral de 90 dias fixado para a tomada de decisão nos procedimentos de iniciativa particular. Dispõe o n.º 2 que cabe também ao mesmo responsável notificar a decisão de prorrogação ao interessado. E o n.º 5 do artigo 128.º sujeita a responsabilidade disciplinar a inobservância dos prazos. Esta incidirá por certo, segundo as circunstâncias de muitos dos casos, na pessoa do responsável pela direção do procedimento.

3 – O regime da responsabilidade pela direção do procedimento, sintetizado no artigo 55.º e desenvolvido ao longo dos preceitos referenciados na rubrica anterior, corresponde, em primeiro lugar, à finalidade de revigorar a natureza relacional da situação da Administração e dos interessados. A concentração de todas as decisões concernentes à condução do procedimento num titular de um órgão ou agente, cuja identidade é notificada aos participantes e comunicada a quaisquer outras pessoas que, demonstrando interesse legítimo, requeiram essa informação (artigo 55.º, n.º 5), confere um rosto à Administração parte da relação jurídica procedimental. Em vez de depararem com uma estrutura marcada pelo anonimato e pela diluição das incumbências, os interessados conhecem o seu "interlocutor privilegiado" por parte da Administração. A identificação encontra-se assente desde o início do procedimento (artigo 98.º) porquanto, enquanto a responsabilidade pela direção não for conferida a outrem, ela cabe ao órgão competente para a decisão final (artigo 55.º, n.º 1).

Os preceitos anteriormente citados concretizam manifestações da atividade de direção do procedimento não apenas na fase instrutória, mas também nas fases inicial, da audiência dos interessados e da tomada da decisão. Segue-se assim uma orientação já acolhida nos artigos 4 a 6 da Lei italiana n.º 241, de 7 de Agosto de 1990, sobre procedimento administrativo e direito de acesso aos documentos (sobre a centralidade da figura do responsável pelo procedimento no âmbito do Direito italiano, cfr. Scoca, *Diritto Amministrativo*, 2.ª ed., Turim, 2011, págs. 218 a 220. Este autor sublinha o papel decisivo do responsável pela direção na fase instrutória, mas sem ignorar esse papel na fase da decisão).

Os poderes-deveres e deveres que o CPA designa conjuntamente *responsabilidade pela direção do procedimento* tanto respeitam à prática de atos instrumentais como ao genérico asseguramento da boa administração no âmbito do procedimento, nomeadamente no tocante à completude da recolha de elementos relevantes para a preparação da decisão, à celeridade, à prestação da informação procedimental, à estruturação do exercício do direito de audiência. O termo *responsabilidade* é utilizado a estes propósitos no sentido amplo de subjetivação de poderes e deveres funcionais. Mas pode converter-se em responsabilidade em sentido estrito (de natureza disciplinar) quando haja inobservância do prazo para a conclusão do procedimento (artigo 128.º, n.º 5).

A *ratio* do artigo 55.º integra também uma segunda finalidade: a do *reforço de condi*ções de imparcialidade na tomada da decisão final graças à dissociação entre o respetivo autor e o responsável pela direção do procedimento.

A citada Lei italiana n.º 241, confia ao dirigente de cada unidade organizativa a opção entre assumir a direção do procedimento ou dela incumbir um subalterno hierárquico (artigo 5, n.º 1). Apenas vagamente transparece uma preferência pela segunda solução quando, no n.º 2 do artigo 5, se preceitua que, enquanto não se proceder à nomeação de outrem, se considera responsável do procedimento em concreto aquele dirigente. E a identidade do responsável é comunicada aos interessados (artigo 5, n.º 3).

Embora seja objeto de regras dispersas e não de um sistema uniforme, é em Direitos anglo-saxónicos, como o norte-americano e o inglês, que a separação das funções de preparar a decisão através da condução do procedimento e de decidir a final é assumida com uma mais clara fundamentação principiológica. Um procedimento equitativo (*fair procedure*) pressupõe a neutralidade do decisor. E, para isso, é necessário evitar que o sentido da decisão tenha sido assumido antes de tempo. O órgão ou serviço da Administração Pública poderá estar comprometido com certas linhas gerais de política administrativa. Mas não pode ter adotado uma pré-decisão (*prejudgment*) do caso concreto sem que todos os respetivos dados tenham sido analisados com objetividade. Ora, pelo menos em certos tipos de situações, é difícil evitar que quem dirija a instrução sob uma perspetiva inquisitória não alimente desde cedo uma pre-concepção quanto ao sentido desejável da decisão. E esta circunstância pode contribuir para enfraquecer o significado do exercício do direito de audiência como uma oportunidade de convencer a Administração a tomar uma decisão favorável ao interessado. Por isso, na "*landmark decision*" proferida no célebre caso *Goldberg v. Kelly*, o Supremo Tribunal Federal deu a entender que, em procedimentos da administração de prestação (*welfare setting*) o devido processo imporia a separação das funções instrutória e decisória (cfr. Pierce/Shapiro/Verkuil, *Administrative Law and Process*, Nova Iorque, 1999, págs. 455 a 459). Também a doutrina inglesa tem sublinhado a importância da colocação do decisor numa posição que evite a formação prematura de um entendimento quanto ao interesse que será satisfeito pela decisão. Para tanto, é importante na prática a separação dos decisores administrativos (*officials exercising adjudicative authority*) das estruturas a quem cabe preparar a decisão (*departamental structures*) (cfr. Galligan, *Due Process and Fair Procedures – A Study of Administrative Procedures*, Oxford, 1996, p. 243).

Entre nós, de há muito vem sendo sublinhada a necessidade de definir soluções legislativas que, contribuindo para implementar a confiança dos particulares no acerto das decisões administrativas, venham reduzir em alguma medida o excesso de ações impugnatórias que sobrecarregam os tribunais administrativos. A separação entre as funções de direção do procedimento (incluindo a instrução e a preparação de um projeto de decisão) e de tomada da decisão com autonomia relativamente à proposta, poderá desempenhar aí um papel positivo. Por um lado, contribuirá para a imparcialidade da decisão, ao evitar um "conflito de posições", e para a respetiva qualidade, graças à dualidade de intervenientes, pelo outro, poderá conduzir a um maior grau de aceitação das decisões pelos interessados.

A diversidade das estruturas organizatórias, dos graus de preparação dos agentes em cada serviço, das disponibilidades de recursos humanos, contraindicava no entanto a adoção rígida de uma solução uniforme. É por isso que, com cautela, o legislador institui, no n.º 2 do artigo 55.º, mecanismos de salvaguarda. Não só poderá ser a própria lei ou disposição regulamentar ou estatutária a dispor em contrário, como o órgão competente para a decisão final recebe competência para, ou casuisticamente num procedimento concreto, ou em diretiva interna respeitante a certos procedimentos, assumir ele próprio a direção do procedimento. Como seria natural, o preceito determina, porém, que, quando assim for, o órgão competente para a decisão final fundamente essa assunção da responsabilidade pela direção do procedimento, explicitando as condições de serviço ou outras razões ponderosas que assim o imponham.

4 – É ao órgão competente para a decisão final que cabe determinar o respetivo conteúdo. Ele não se encontra, portanto, vinculado pelo sentido da proposta recebida do responsável pela direção do procedimento nos termos do artigo 126.º. Mas a tomada de uma decisão em contrário da proposta obriga a fundamentar, dado o disposto no artigo 152.º, n.º 1, alínea c).

No Direito italiano, levantaram-se a certa altura dúvidas quanto ao grau de adstrição do órgão competente para a decisão final ao modo como se considera feita a prova no relatório do responsável pela direção do procedimento. Em consequência disso, na revisão de 2005 da citada Lei italiana n.º 241, acrescentou-se à alínea e) do artigo 6 uma passagem em que se dispõe que o órgão competente para a decisão final não pode afastar-se da matéria dada como provada no relatório do responsável pelo procedimento sem explicitar no ato final os motivos de tal discordância.

Nos termos do artigo 126.º do CPA, a proposta de decisão proveniente do responsável pela direção do procedimento deve sintetizar as razões de facto e de direito que a justificam. A discordância do decisor, sempre fundamentada, pode portanto respeitar a razões de facto. Mas deverá apoiar-se em matéria de prova recolhida no procedimento, a menos que se trate de factos notórios ou de que o decisor tenha conhecimento em virtude do exercício das suas funções. Tratando-se no entanto de factos com interesse para a decisão e que não constassem do procedimento no momento da audiência dos interessados, deverá esta ser repetida para que possam ser objeto de pronúncia dos interessados (artigo 121.º, n.º 2). Embora a condução dessa nova audiência caiba ao responsável pela direção do procedimento, ela deverá processar-se sobre um novo projeto de decisão de autoria do órgão competente para a decisão final.

SC

Artigo 56.º

Princípio da adequação procedimental

Na ausência de normas jurídicas injuntivas, o responsável pela direção do procedimento goza de discricionarieade na respetiva estruturação, que, no respeito pelos princípios gerais da atividade administrativa, deve ser orientada pelos interesses públicos da participação, da eficiência, da economicidade e da celeridade na preparação da decisão.

ORIGEM DO TEXTO:

Não tem correspondência na versão anterior do Código.

Reproduz sem alterações o projeto final da comissão de revisão.

COMENTÁRIO:

1 – Este novo preceito carreia para a letra da lei contributos relevantes da doutrina administrativa portuguesa e estrangeira. O procedimento administrativo é frequentemente apontado a justo título, a propósito da configuração das decisões finais, como metodologia de racionalização do exercício da discricionariedade administrativa e de garantia de direitos fundamentais e interesses legalmente protegidos dos titulares das esferas jurídicas discricionariamente conformadas. Paradoxalmente, porém, tem sido menor a atenção prestada à existência de discricionariedade na própria condução do procedimento administrativo e ao modo como os requisitos de validade próprios do poder discricionário se adaptam ao seu exercício na produção de efeitos jusprocedimentais.

O CPA não continha qualquer estatuição explicitamente dirigida à discricionariedade na estruturação do procedimento administrativo. Alguma doutrina via na dimensão formal ou ordenadora do princípio do inquisitório – que, no anterior artigo 56.º, o CPA densificava em termos não totalmente coincidentes com os do atual artigo 58.º – a atribuição de um poder da disposição ou ordenação oficiosa da sequência procedimental instrutória (cfr. Mário Esteves de Oliveira/Pedro Costa Gonçalves/João Pacheco de Amorim, *Código do Procedimento Administrativo*, cit., pág. 416). E essa leitura era ampliada de modo a entender *instrução* como sinónimo de *procedimento*, ou seja, com o sentido daquilo que antecede a conclusão e, portanto, de quaisquer condutas que possam ser formuladas no decurso procedimental (cfr. David Duarte, *A Norma De Legalidade Procedimental Administrativa*, Coimbra, 2006, págs. 413 e 919).

Sendo esses os esforços possíveis no quadro legislativo anterior, eles não bastavam para preencher um vazio normativo devido à ausência de uma norma de competência que constituísse a explícita sede de imputação da discricionariedade procedimental. Precarizava-se assim a fronteira entre discricionariedade procedimental e conduta informal da Administração. Ora, a atividade administrativa informal apenas é tolerável quando se não vise com ela a criação, modificação ou extinção de efeitos *válidos* de direito administrativo e, em particular, de efeitos jurídicos vinculativos (cfr. Bernardo Ayala, "Atividade Contratual E Negociações Informais Da Administração; Dois Modos Comuns De Atuação Administrativa Com Oscilações Na Tutela Jurisdicional Do Particular", in *Estudos em Homenagem ao Prof. Doutor Sérvulo Correia*, II, cit., pág. 269).

A discricionariedade procedimental tem, pois, necessidade de um fundamento jurídico próprio. E, porque a via informal não serve para a criação de efeitos válidos de direito administrativo (*idem*, p. 270), não parece que fosse a melhor solução legislativa a de seguir a opção do legislador alemão ao afirmar o princípio da informalidade do procedimento administrativo no § 10 da *VwVfG*. Aliás, se alguns autores vêem nesse preceito a habilitação para uma ampla discricionariedade procedimental (cfr. Kopp/Ramsauer, *VwVfG – Kommentar*, *cit.*, pág. 282), outros adotam uma posição mais matizada, afirmando que o § 10 não constitui em si mesmo a base de uma escolha optativa em termos de discricionariedade, servindo, isso sim, para estatuir que a discricionariedade procedimental não conhece limitações adicionais às do regime geral e para apontar os princípios que com ela se deverão prosseguir: simplicidade, eficiência e celeridade (cfr. Hoffmann-Riem, «Rechtsformen, Handlungsformen, Bewirkungsformen», in: Hoffmann-Riem/Schmidt Assmann/Vosskuhle, *Grundlagen des Verwaltungsrechts*, II, Munique, 2008, pág. 951).

Pareceu assim preferível ao legislador português a adoção de uma norma que conferisse diretamente ao responsável pela direção do procedimento discricionariedade na respetiva estruturação. A titularidade deste poder fica assim clara. E a sua amplitude também, pois que se trata de discricionariedade assumidamente intersticial: ela só existe nos espaços deixados pela ausência de normas injuntivas. Na medida em que o procedimento não esteja predeterminado legalmente, a Administração (na pessoa do responsável pela respetiva direção) tem poder para criar situações jurídicas subjetivas ativas e passivas para os participantes na relação jurídica procedimental, tendo por objeto atos e formalidades procedimentais.

O imperativo constitucional de determinação legislativa de procedimentalização da atividade administrativa, incluindo a criação de normas que assegurem a racionalização dos meios e garantam a participação dos cidadãos na formação das decisões ou deliberações que lhes disserem respeito (Constituição, artigo 267.º, n.º 5), impõe a existência de normas procedimentais para a globalidade do exercício da função administrativa (cfr. David Duarte, *A Norma De Legalidade Procedimental Administrativa*, cit., pág. 404). Não faria, pois, sentido que, salvas razões muito peculiares para alguns procedimentos especiais, o legislador não se ocupasse da maior parte do regime procedimental, deixando apenas áreas residuais para a estruturação discricionária. Mas isso não significa que tais áreas não sejam também elas inevitáveis, dada a impossibilidade de tudo prever no plano legislativo e de adequar certos atos e formalidades procedimentais à especificidade das situações conformadas.

2 – Em consequência da proibição de arbítrio inerente ao Estado de Direito, a concessão legislativa de poder discricionário há-de sempre visar, explícita ou, quando muito, implicitamente, a prossecução de um ou mais interesses públicos. Isso mesmo decorre outro tanto do disposto pelo artigo 266.º, n.º 1, da Constituição. É, aliás, tradicional na nossa doutrina jurídica o entendimento de que os órgãos da Administração não podem eleger as finalidades públicas ao serviço das quais lhes cabe exercer a sua competência subjetiva (cfr. Afonso Queiró, *Estudos De Direito Público*, Vol. II, Tomo I, Universidade de Coimbra, 2000, págs. 24 e 25; Sérvulo Correia, *Legalidade e Autonomia Contratual Nos Contratos Administrativos*, Coimbra, 1987, pág. 298).

Ao atribuir discricionariedade de estruturação do procedimento com uma latitude assaz genérica (porque suscetível de ser utilizada, na ausência de normas injuntivas perante qualquer tipo de situação procedimental), não podendo deixar de apontar-lhe finalidades de interesse público, o legislador tinha necessariamente de visar interesses cobertos por princípios centrais para a lógica do procedimento administrativo. Assim se compreende que se tenham erigido como fins os interesses públicos da participação, da eficiência, da economicidade e da celeridade. Trata-se, pela ordem da sua menção no artigo 56.º, de princípios enunciados no artigo 5.º, n.º 1 (critérios de boa administração) e no artigo 12.º. Ao estruturar discricionariamente certos segmentos do procedimento, o responsável pela direção do procedimento deverá, pois, escolher soluções que se mostrem adequadas pela sua funcionalidade relativamente àqueles interesses.

Por outro lado, o artigo 56.º manda que, na estruturação discricionária do procedimento, se respeitem os princípios gerais da atividade administrativa. Trata-se apenas de uma refração do disposto pelo artigo 2.º, n.º 3, o qual, por seu turno, concretiza, com a referência a estes princípios, o preceituado pelo artigo 266.º, n.º 2, da Constituição.

SC

Artigo 57.º

Acordos endoprocedimentais

1 – No âmbito da discricionariedade procedimental, o órgão competente para a decisão final e os interessados podem, por escrito, acordar termos do procedimento.

2 – Os acordos referidos no número anterior têm efeito vinculativo e o seu objeto pode, designadamente, consistir na organização de audiências orais para exercício do contraditório entre os interessados que pretendam uma certa decisão e aqueles que se lhe oponham.

3 – Durante o procedimento, o órgão competente para a decisão final e os interessados também podem celebrar contrato para determinar, no todo ou em parte, o conteúdo discricionário do ato administrativo a praticar no termo do procedimento.

ORIGEM DO TEXTO:

Não tem correspondência na versão anterior do Código.

Os primeiros dois números reproduzem sem alterações os do projeto final da comissão de revisão. No n.º 3, o legislador acrescentou a qualificação "discricionário" ao conteúdo do ato administrativo determinável através de contrato durante o procedimento.

COMENTÁRIO:

1 – A utilização do adjetivo *endoprocedimental* no *nomen iuris* só poderia causar estranheza a algum crítico menos esclarecido. O prefixo *endo* constitui um dos muitos afloramentos do grego clássico na língua portuguesa. Ele significa *no interior de*. Está presente em numerosos vocábulos, desde endógeno a endogamia, desde endocárdio a endocrinologia. A doutrina portuguesa vinha já utilizando a expressão *acordos endoprocedimentais* para significar pactos celebrados no decurso de um procedimento administrativo (cfr. Paulo Otero, *O Poder De Substituição Em Direito Administrativo*, I, cit., pág. 84; Mark Kirkby, *Contratos Sobre O Exercício De Poderes Públicos*, cit., pág. 280). Trata-se de um nome fácil de fixar, assim se contribuindo para a consolidação do instituto na teoria geral e na praxis do procedimento administrativo português.

2 – Ainda quanto à denominação, importam as razões pelas quais se acolheu o termo *acordos* na epigrafe deste artigo e nos seus primeiros dois números (no n.º 1, fala-se em acordar), ao passo que, no n.º 3, o legislador preferiu a expressão *celebrar contrato*.

A razão de ser desta disparidade reside na diferença entre as figuras pactícias versadas nos n.os 1 e 2, de um lado, e no n.º 3, do outro. Tal diferença é comentada adiante, mas importa reter que o negócio jurídico delineado no n.º 3 corresponde a uma figura expressamente tipificada como contrato administrativo no artigo 337.º, n.º 2, do CCP. Pelo contrário, a estipulação entre sujeitos do procedimento sobre a estruturação dos respetivos termos é uma figura que, embora já conhecida na praxis, só agora ganha sede legislativa. A natureza verdadeiramente contratual ou *a se* destes pactos não é objeto de consenso no Direito comparado. Compreende-se por isso que, embora tenha afirmado a sua natureza jurídica, traduzida no caráter vinculativo (no n.º 2 deste artigo), o legislador tenha deixado a classificação científica à doutrina. O autor do presente comentário é de opinião de que se trata de verdadeiros contratos pelas razões adiante enunciadas.

3 – Este artigo consagra duas modalidades de acordos a que, na epígrafe, dá a designação conjunta de *acordos endoprocedimentais*. Essa integração numa categoria comum referida à figura do procedimento administrativo tem por fundamento a circunstância de a respetiva celebração se dar no quadro de um tal procedimento.

Nos n.os 1 e 2, é delineada a categoria dos *acordos sobre termos do procedimento*, aos quais também se poderá chamar *acordos integrativos do procedimento* ou *acordos de trâmite procedimental* (cfr. Mark Kirkby, *Contratos Sobre O Exercício De Poderes Públicos*, cit., pág. 281). É em torno destes acordos que se estabelece uma íntima ligação entre os artigos 56.º e 57.º, porquanto eles constituem uma forma de exercício da discricionariedade de estruturação de procedimento, que o primeiro destes preceitos considera objeto do princípio da adequação procedimental. A possibilidade da sua celebração depende necessariamente da delimitação do círculo dos interessados no procedimento (artigo 65.º), pelo que estes acordos são *endoprocedimentais* por só terem lugar no decurso do procedimento.

No n.º 3, perfilam-se por seu turno os *contratos sobre o conteúdo (total ou parcial) do ato administrativo a praticar no termo do procedimento*. Destes, diz o próprio preceito que podem ser celebrados "durante o procedimento" e é deste enquadramento funcional que resulta a sua natureza procedimental.

Mas, se ambas as espécies são reconduzíveis ao género *acordos endoprocedimentais*, a verdade é que a espécie dos acordos sobre os termos do procedimento é mais procedimental do que a outra: estes acordos são duplamente procedimentais porque a sua matriz é o procedimento e o seu objeto é constituído por um segmento ou segmentos do procedimento. Quanto aos acordos sobre o conteúdo do ato administrativo final, eles são procedimentais quanto ao seu contexto necessário, mas não quanto ao objeto, que é constituído pela vinculação à futura conformação de uma situação jurídica administrativa substantiva.

Numa obra datada de 2011, Alexandra Leitão prefigurava o conteúdo do artigo 57.º, chamando "contratos procedimentais" a "uma vasta panóplia de contratos, que se integram no procedimento administrativo tendente à prática de um ato administrativo, regulando questões procedimentais ou condicionando o momento e o conteúdo do ato final..." (cfr. *Contratos Interadministrativos*, Coimbra, 2011, pág. 234).

4 – Como expressamente declara o n.º 1, os acordos sobre termos do procedimento são estabelecidos no âmbito da discricionariedade procedimental a qual, segundo o artigo 56.º, se localiza nos espaços deixados pela ausência de normas injuntivas disciplinadoras do procedimento.

O n.º 2 adianta um exemplo, constituído por acordos sobre a organização de audiências orais para exercício do contraditório entre os interessados que pretendam uma certa decisão e aqueles que se lhe oponham. Trata-se das situações multipolares ou poligonais com que, nos nossos dias, a atividade administrativa crescentemente se depara e que obrigam a decidir em face de pretensões antagónicas. O n.º 2, tanto vale para o procedimento do regulamento administrativo como para o do ato administrativo. O preceito está redigido em termos flexíveis, que tanto podem aplicar-se à organização da audiência dos interessados (artigos 100.º e 121.º e seguintes) como respeitar a um momento procedimental atípico, levado a cabo anteriormente à elaboração do projeto de regulamento ou projeto de decisão mais tarde dado a conhecer para efeito de audiência.

O artigo 98.º, n.º 2, fornece um outro exemplo, este no domínio do procedimento do regulamento administrativo. Segundo ele, o acordo endoprocedimental pode ser usado para estabelecer os termos do acompanhamento regular do procedimento pelas associações e fundações representativas dos interesses envolvidos ou pelas autarquias locais, em relação à proteção de interesses nas áreas das respetivas circunscrições.

Por seu turno, prevê o artigo 123.º, n.º 3, respeitante à audiência dos interessados em procedimento de ato administrativo, que, em caso de adiamento da audiência por falta de comparência justificada do interessado, deva o responsável pela direção do procedimento tentar chegar a acordo com aquele sobre a nova data da audiência. Embora se trate de um acordo com um objeto simples, ele cai sob a previsão do n.º 1 deste artigo, o que significa que deve ter forma escrita e que, dado o disposto no n.º 2, é vinculativo para ambas as partes.

5 – Revela alguma influência do Direito Administrativo anglo-saxónico contemporâneo a indicação, no n.º 2, a título de exemplo de objeto de acordo endoprocedimental sobre termos do procedimento, da organização de audiências orais para exercício do contraditório entre os interessados que pretendam uma certa decisão e aqueles que se lhe oponham.

Nos Estados Unidos, embora sem uma linearidade sistemática que o casuísmo jurisprudencial não permite, o Supremo Tribunal Federal tem-se por vezes inclinado no sentido de que, no tocante à proteção de certos interesses, especialmente os relativos a prestação sociais de asseguramento da subsistência, a extensão do princípio do *due process* ao procedimento administrativo justifica que a tomada da decisão seja precedida de uma audiência contraditória, tanto quanto o peso do interesse em causa e o risco de ele ser ilegalmente ofendido legitimem a compressão dos interesses públicos da economicidade e da eficiência.

Em Inglaterra, o princípio da *procedural fairness*, tendo por um dos pólos a clássica máxima do *audi alteram partem*, convertida no *right to a hearing*, pode em certos casos compreender o requisito de uma audiência oral com inquirição e instância de testemunhas (cfr. Sérvulo Correia, «Administrative Due or Fair Process: Different Paths in the Evolutionary Formation of a Global Principle and of a Global Right», in Anthony/Auby/Morison/Zwart, *Values In Global Administrative Law*, Oxford and Portland, 2011, págs. 332 a 342).

A solução consignada no n.º 2 manifesta a recetividade do legislador àquelas influências, mas sem prejuízo da prudência e da flexibilidade que a ponderação dos interesses em causa requer. O mecanismo da audiência com contraditório é sugerido apenas para os procedimentos com interessados e contrainteressados. É mantido no âmbito da discricionariedade procedimental. Dependerá ainda assim de um acordo, só após o qual a sua utilização se tornará vinculativa.

6 – Ao não chamar *contratos*, mas apenas *acordos*, à categoria de ato bilateral configurada nos n.os 1 e 2, o legislador parece ter querido deixar à doutrina e à jurisprudência a tarefa de precisar a respetiva natureza jurídica, nomeadamente para o efeito de saber se se trata de verdadeiros contratos e, em tal caso, qual a classificação que lhes compete. Para o autor do presente comentário, trata-se na verdade de uma modalidade da categoria de contratos administrativos denominada, no CCP, *contratos sobre o exercício de poderes públicos* (CCP, artigos 336.º e 337.º). Nada impede que se batize um contrato com o nome de *acordo* e, uma vez que foi esse o escolhido pelo legislador, várias hipóteses se oferecem para lhe atribuir um *nomen iuris* mais preciso: *acordos de adequação procedimental*, ou *acordos de exercício de discricionariedade procedimental*, ou *acordos integrativos do procedimento* ou, ainda, *acordos de trâmite procedimental*.

Em primeiro lugar, não pode merecer dúvida a juridicidade destes acordos, vincada pela expressa atribuição de efeito vinculativo, no n.º 2. Como já vem sendo reconhecido, lograram-se ganhos significativos no tocante à segurança e certeza jurídicas ao pôr termo às dúvidas por vezes manifestadas quanto à suscetibilidade de criação de situações jurídicas ativas e passivas através de uma tal pactuação (cfr. Joana Loureiro, in: Carla Amado Gomes/Ana Neves/Tiago Serrão, *Comentários Ao Novo Código Do Procedimento Administrativo*, *cit.*, pág. 265). Na verdade, antes do atual CPA, o silêncio legislativo levava uma parte da doutrina a considerar os acordos integrativos do procedimento como atividade administrativa informal, insuscetível de produzir efeitos de dever ser (cfr. David Duarte, *A Norma De Legalidade Procedimental Administrativa*, *cit.*, págs. 446 e 447), ou seja, desprovida de vinculatividade ou obrigatoriedade jurídica (cfr. Pedro Gonçalves, *O Contrato Administrativo – Uma instituição do direito administrativo do nosso tempo*, Coimbra, 2003, pág. 51).

É, portanto, agora indubitável que os acordos previstos nos n.os 1 e 2 deste artigo são relevantes no plano do direito e que as partes ficam juridicamente obrigadas a respeitar os compromissos neles expressos. Isso, porém, não basta para determinar perante qual nos encontramos de entre as formas de conduta constitutiva que integram o catálogo do Direito Administrativo geral. Não parece que o procedimento seja ele próprio, em si, um modo específico de decisão administrativa constitutiva de situações jurídicas ativas ou passivas na esfera jurídica dos particulares. Tal como definido no artigo 1.º, n.º 1, deste Código, o procedimento é o instrumento dinâmico e diacrónico através do qual se preparam, exprimem e executam decisões administrativas, mas não se confunde com estas (no mesmo sentido, em face da *VwVfG* alemã: Walter Schmidt, *Einführung in die Probleme des Verwaltungsrechts*, Munique, 1982, págs. 23 e 24). Sendo assim e uma vez que a forma de regulamento está afastada, visto os termos de um certo procedimento não se revestirem de generalidade e abstração, só restam, como formas de conduta administrativa geradoras de efeitos vinculativos externos e regidas pelo CPA, o ato administrativo e o contrato administrativo. Dado, porém, que nada nos n.os 1 e 2 deste artigo parece desmentir o caráter bilateral dos acordos neles versados, fica igualmente afastada a sua qualificação como atos administrativos, mesmo que atos administrativos carecidos de colaboração dos destinatários (sobre esta figura, cfr. Sérvulo Correia, *Legalidade E Autonomia Contratual Nos Contratos Administrativos*, cit., pág. 346).

Noutras ordens jurídicas nacionais, antepõem-se ao contrato outras figuras bilaterais, com as mais diversas denominações, também elas revestidas de algum grau de vinculatividade. Dada, porém, a amplitude do conceito de contrato implicitamente acolhido pelo Código Civil português, assente na contraposição de declarações negociais, integralmente concordantes entre si, das quais resulta uma unitária estipulação de efeitos jurídicos (cfr. Luís Menezes Leitão, *Direito Das Obrigações*, I, 5.ª ed., Coimbra, 2006, pág. 189), não se vê necessidade ou vantagem de operar entre nós tal tipo de distinções.

Assim sendo, parece de concluir que os acordos endoprocedimentais regidos pelos n.os 1 e 2 são verdadeiros contratos. Eles nascem de declarações negociais do órgão competente para a decisão final e dos interessados. Tais declarações contrapõem-se, visto que emanam de partes distintas com o fim de se conjugarem. Têm de ser totalmente concordantes para que delas resulte uma definição unitária de termos de procedimento. E trata-se aí de uma estipulação de efeitos jurídicos, visto que, uma vez acordados, tais termos se tornam vinculativos para as partes.

É de crer que, na totalidade dos casos, se esteja perante *contratos administrativos*. Para tal qualificação, são três os elementos essenciais, decorrentes do artigo 1.º, n.º 6, do CCP.

Os acordos endoprocedimentais são acordos de vontades.

E integram-se na categoria dos contratos sobre o exercício de poderes públicos, prevista na alínea b) do aludido n.º 6, visto que se trata de clausular o exercício de discricionariedade na estruturação do procedimento administrativo.

Um terceiro elemento a envolver maior complexidade respeita à vertente subjetiva da noção legal de contrato administrativo. Nos termos do artigo 1.º, n.º 6, do CCP, para ser administrativo, o contrato deve ter como uma das partes uma entidade com a natureza de *contraente público*. Se, para preencher este conceito, se atender às categorias relacionadas nos n.os 1 e 2 do artigo 2.º do CCP (por força das remissões das alíneas a) e b) do n.º 1 do respetivo artigo 3.º), verifica-se que elas não correspondem por défice ao âmbito de aplicação estabelecido pelo artigo 2.º, n.º 1, do CPA para as suas disposições respeitantes ao procedimento. E, entre estas figura o artigo 57.º, sobre acordos endoprocedimentais. Se estivessem em causa apenas os preceitos até agora referidos, poderia suceder, ainda que raramente, que algumas das entidades desenvolvendo, independentemente da sua natureza, condutas no exercício de poderes públicos ou reguladas de modo específico por disposições de direito administrativo (CPA, artigo 2.º, n.º 1) não quadrassem no conceito de contraente público. Em tal hipótese, os acordos endoprocedimentais de trâmite procedimental com elas estabelecidos não teriam natureza de contrato administrativo. Mas tal eventualidade parece ser afastada pelo artigo 3.º, n.º 2, do CCP, que acrescenta ao rol dos contraentes públicos "quaisquer entidades que, independentemente da sua natureza pública ou privada, celebrem contratos no exercício de funções materialmente administrativas". Tudo indica que esta categoria corresponda em abrangência à do artigo 2.º, n.º 1 do CPA.

Uma vez acertada a natureza de contrato administrativo dos acordos endoprocedimentais celebrados nos termos dos n.ºs 1 e 2 deste artigo 57.º, justifica-se uma breve observação quanto ao respetivo regime. Este será, em tudo aquilo a que o âmbito de aplicação confinado num só procedimento não imponha a adaptações, o dos contratos sobre o exercício de poderes públicos. Não caberia aqui a sua exposição (cfr. Mark Kirkby, *Contratos Sobre O Exercício De Poderes Públicos*, cit., págs. 297 ss.).

7 – Ao passo que os acordos de trâmite procedimental são endoprocedimentais a duplo título (o de serem celebrados como momento do decurso do procedimento e o de estruturarem aspetos dessa tramitação), os acordos configurados no n.º 3 do artigo 57.º apenas são endoprocedimentais por força da matriz da sua celebração. Em contrapartida, o seu objeto já se não prende com a estruturação do procedimento, consistindo antes na pré-determinação do ato administrativo conclusivo.

Observou-se já que se trata de verdadeiros contratos administrativos. Não só, nem principalmente, porque, no n.º 3, o legislador emprega a seu propósito a expressão "celebrar contrato", mas porque correspondem a uma modalidade dos contratos sobre o exercício de poderes públicos (CPA, artigos 336.º e 337.º) a que se refere o n.º 2 do artigo 337.º: *contratos pelos quais o contraente público se vincula a praticar, ou não praticar, um ato administrativo com certo conteúdo.*

Não parece abusivo usar como denominação destes negócios jurídicos públicos os termos *contrato-promessa endoprocedimental de ato administrativo* ou *acordo promessa endoprocedimental de ato administrativo.*

Cumpre notar que se trata de contratos obrigacionais e não de contratos decisórios. Não estamos perante os contratos substitutivos de ato administrativo, ou seja, os contratos com objeto passível de ato administrativo a que se refere o artigo 336.º, n.º 1, do CPA e se referia o artigo 185.º, n.º 3, alínea a), do anterior Código do Procedimento Administrativo. Não se pretende constituir os efeitos jurídicos próprios do ato administrativo final e nem sequer obrigar a Administração a decidir, praticando um ato administrativo de regulação de certa situação concreta, pois que já se encontra em marcha o procedimento que visa esse resultado. Trata-se apenas de vincular a Administração quanto ao conteúdo, no todo ou em parte, desse ato que praticará quando chegar a fase decisória do procedimento [sobre a distinção, inicialmente trabalhada pela doutrina germânica, entre contrato administrativo decisório (*Verfügungsvertrag*) e contrato administrativo obrigacional (*Verpflichtungsvertrag*), v. Sérvulo Correia, *Legalidade e Autonomia Contratual Nos Contratos Administrativos*, *cit.*, pág. 752; Mark Kirkby, *Contratos Sobre O Exercício De Poderes Públicos*, cit., pág. 289. Sobre a natureza dos *acordos-promessa endoprocedimentais de ato administrativo* como *contratos obrigacionais*: Joana Loureiro, *Os acordos endoprocedimentais no novo CPA*, cit., pág. 254].

Neste aspeto, é o CPA mais correto do ponto de vista da sistematização do que a Lei italiana n. 241, de 7 de Agosto de 1990, sobre procedimento administrativo, que mistura, no artigo 11, o tratamento daquilo a que chama com propriedade acordos integrativos e acordos substitutivos de ato administrativo. Ao passo que os primeiros são endoprocedimentais, os segundos não o são. E os respetivos objetos são muito distintos, visto que muita coisa varia entre uma concertação sobre o conteúdo de um futuro ato administrativo e a celebração de um contrato através do qual a Administração exerce uma competência que também se poderia ter materializado na prática de um ato administrativo. O contrato substitutivo é ele o ato final ou conclusivo de um procedimento administrativo. É essa a distância que, no CPA, vai do artigo 57.º, n.º 3, aos artigos 200.º a 202.º.

A promessa de emissão ou não emissão de ato administrativo pode também ela revestir forma unilateral. No Direito alemão, corresponde à figura da *Zusicherung*. No §38 da *VwVfG*, que a regula, não quis o legislador tomar partido quanto à controvérsia doutrinária sobre a sua natureza como ato administrativo ou como mera declaração preparatória de ato administrativo. Hoje em dia, a opinião inclina-se maioritariamente no primeiro sentido. Quanto à estipulação por contrato administrativo da obrigação de emissão de um certo ato administrativo, entende-se que ela se não confunde com a figura unilateral da *Zusicherung*. O §38 não se aplica à estipulação contratual, que se rege pelas normas próprias do contrato administrativo (cfr. Kopp/Ramsauer, *VwVfGKommentar*, *cit*., págs. 818 e 822). Em Direito Administrativo português, a figura da promessa unilateral encontra-se estudada em João Taborda da Gama, *Promessas Administrativas – Da Decisão De Autovinculação Ao Ato Devido*, Coimbra, 2008).

No n.º 3 deste artigo, o legislador estatui que é o conteúdo *discricionário* do ato administrativo a praticar no termo do procedimento aquele que pode constituir objeto de contrato endoprocedimental. No projeto da comissão de revisão, referia-se tão só o conteúdo do ato administrativo a praticar, sem restringir a matéria contratualizável aos elementos discricionários.

Subjacentes à lógica deste n.º 3, encontram-se na realidade dois tipos de discricionariedade. Uma delas – patente na letra do preceito – corresponde à área de discricionariedade a exercer na conformação da situação individual e concreta através do ato administrativo a praticar no termo do procedimento. Mas, a fim de abrir a porta à concretização antecipada de tal discricionariedade substantiva, o órgão competente para a decisão final começa por exercer uma outra discricionariedade, essa a bem dizer procedimental, concernente à introdução do módulo contratual no trâmite procedimental. O contrato endoprocedimental de promessa de prática de um ato administrativo com certo conteúdo não define ainda com efeito constitutivo a situação jurídica administrativa a conformar a final. O seu efeito próprio é o de uma vinculação da Administração a agir de certo modo (cfr. Filipa Calvão, *Os Atos Precários E Os Atos Provisórios No Direito Administrativo*, Porto, 1998, pág. 59. A Autora refere-se no entanto à promessa unilateral). Para que haja um contrato, os interessados no procedimento vincular-se-ão também a algo. A efetivação dessas vinculações constituirá mais tarde pressuposto da prática do ato final nos termos a que a Administração se vinculou. Sobre a sua assunção pesarão as limitações colocadas pelo artigo 149.º, n.º 1.

A discricionariedade exercida através da tomada da decisão de contratar durante o procedimento nos termos do n.º 3 submeterá a oportunidade do recurso a esse módulo procedimental à ponderação da prossecução dos interesses públicos da participação, da eficiência, da economicidade e da celeridade, de acordo com o preceituado no artigo 56.º.

Por outro lado, a estipulação para determinação, no todo ou em parte, do conteúdo discricionário do ato administrativo a praticar no termo do procedimento envolve (sob a modalidade de um contrato obrigacional e não de contrato decisório), ainda assim, uma apreciação antecipada do caso concreto. Tal vinculação só é admissível desde que os pressupostos do ato final (ao menos na parte respeitante ao exercício de uma margem de livre decisão) já se encontrem reunidos na situação da vida, ou quando seja certa a sua posterior concretização. Esta exigência decorre da natureza irrenunciável do poder discricionário e do princípio segundo o qual o respetivo exercício tem de assentar no conhecimento correto das circunstâncias de facto. Assim se explica que o CCP viesse dispor, no seu artigo 337.º, n.º 2, que "os contratos pelos quais o contraente público se vincula a praticar, ou não praticar, um ato administrativo com certo conteúdo extinguem-se por força da alteração ou da impossibilidade superveniente de concretização dos pressupostos que ditariam o exercício da discricionariedade administrativa no sentido convencionado" (neste sentido, já em 1987, apoiando-se na doutrina francesa e alemã: Sérvulo Correia, *Legalidade E Autonomia Contratual Nos Contratos Administrativos*, cit., págs. 752 e 753).

Parece questionável a opção do legislador de cingir ao elemento discricionário o conteúdo do ato administrativo determinável através do contrato endoprocedimental. Embora o emprego da forma contratual tenha na maioria das vezes significado e interesse quando se trate de usar a discricionariedade e, sobretudo, uma margem de livre decisão contida no âmbito da competência discricionária indiferenciada, não é totalmente de excluir a utilização de tal forma para a constituição de efeitos de direito vinculados. Parece claro que o regime de legalidade de um contrato-promessa de ato administrativo não poderá afastar-se do regime de legalidade do ato prometido. Na medida, pois, em que o conteúdo de um ato corresponda a um poder vinculado, a determinação desse conteúdo em contrato prévio (*Vorvertrag*) não poderá divergir do modelo legal. Mas nem por isso o conteúdo vinculado é repelido pela forma contratual. A questão dos limites da permissibilidade do contrato administrativo respeita tão só à inidoneidade do instrumento contratual para a conformação de efeitos jurídicos em si mesmos válidos. E, para que se possa considerar possível o objeto do contrato, parece indispensável a reserva de uma qualquer função útil à intervenção constitutiva do co-contratante. Mas, sempre que seja esse o caso, não é a natureza vinculada da produção de certos efeitos jurídicoadministrativos que impede que ela tenha lugar através de contrato (cfr. Sérvulo Correia, *Legalidade E Autonomia Contratual Nos Contratos Administrativos*, *cit.*, pág. 689).

Nos atos administrativos, o poder discricionário surge rodeado de zonas maiores ou menores de vinculação, pelo que será em certos casos problemática a delimitação da contratualidade à determinação do conteúdo discricionário. Por outro lado, nos casos em que existam dúvidas fundadas sobre a situação de facto ou de direito, será positiva a utilização de acordos compositivos para fixar ou acertar os pressupostos do ato (cfr. Mark Kirkby, *Contratos Sobre O Exercício De Poderes Públicos*, *cit.*, pág. 329).

Por estas razões, considera-se infeliz o aditamento, no n.º 3, relativamente ao texto preparado pela comissão de revisão, do requisito do caráter discricionário do conteúdo do ato final para efeito da admissibilidade da sua constituição em objeto de contrato endoprocedimental. É importante que se não venha a extraír daquela passagem a ilação errónea de que os contratos administrativos não possam conter cláusulas em que se convencionem efeitos de direito que sempre resultariam de normas legais injuntivas.

8 – Cabe por fim apontar outros elementos essenciais, comuns a todos os tipos de acordos endoprocedimentais regidos pelo artigo 57.º.

Em primeiro lugar, eles requerem um *quadro procedimental*, pelo que só poderão ser celebrados na pendência de um procedimento.

Tais acordos terão por *partes* o órgão competente para a decisão final e os interessados no procedimento (n.os 1 e 3).

Em terceiro lugar, tais acordos deverão ter forma escrita. Embora tal exigência seja expressamente formulada, no n.º 1, apenas quanto aos acordos de trâmite procedimental, este preceito aplica-se por analogia aos contratos-promessa endoprocedimentais do n.º 3.

SC

Artigo 58.º
Princípio do inquisitório

O responsável pela direção do procedimento e os outros órgãos que participem na instrução podem, mesmo que o procedimento seja instaurado por iniciativa dos interessados, proceder a quaisquer diligências que se revelem adequadas e necessárias à preparação de uma decisão legal e justa, ainda que respeitantes a matérias não mencionadas nos requerimentos ou nas respostas dos interessados.

ORIGEM DO TEXTO:

Corresponde ao anterior artigo 56.º.
Reproduz sem alterações o projeto final da comissão de revisão.

COMENTÁRIO:

1 – O princípio do inquisitório traduz uma exigência dirigida aos órgãos administrativos – em rigor, um poder-dever – de realização, por sua iniciativa, de todas as diligências necessárias à preparação da decisão, independentemente de o procedimento ser de iniciativa pública ou particular. Nesta medida, a instrução do procedimento administrativo não está limitada às diligências e às provas apresentadas pelos interessados, nem se circunscreve, quanto ao respetivo objecto, às matérias mencionadas nos requerimentos ou nas respostas por estes apresentadas.

A Administração Pública não ocupa uma posição *passiva* no procedimento, limitando-se a aguardar pela iniciativa dos interessados. Com efeito, independentemente do dever de colaboração dos particulares, cabe à Administração, enquanto responsável primeiro pela condução do procedimento, garantir que reúne todos os elementos necessários à boa preparação da decisão. Nesta medida, a deficiente instrução do procedimento pode comprometer a legalidade da decisão final, por assentar em pressupostos de facto falsos ou insuficientemente demonstrados.

2 – No anterior artigo 56.º, o princípio do inquisitório estendia-se ao conteúdo da decisão final do procedimento. Atualmente, essa referência passou a figurar no artigo relativo ao princípio da decisão (artigo 13.º), cujo novo n.º 3 mantém a possibilidade de a Administração "*decidir sobre coisa diferente ou mais ampla do que a pedida, quando o interesse público assim o exija*".

MGG/TM

Artigo 59.º

Dever de celeridade

O responsável pela direção do procedimento e os outros órgãos intervenientes na respetiva tramitação devem providenciar por um andamento rápido e eficaz, quer recusando e evitando tudo o que for impertinente e dilatório, quer ordenando e promovendo tudo o que seja necessário a um seguimento diligente e à tomada de uma decisão dentro de prazo razoável.

ORIGEM DO TEXTO:

Corresponde ao anterior artigo 57.º.
Reproduz sem alterações o projeto final da comissão de revisão.

COMENTÁRIO:

1 – Os órgãos administrativos têm o dever de providenciar pelo rápido e eficaz andamento do procedimento, exigência que não se confunde, obviamente, com a menor diligência ou cuidado devidos na preparação da decisão. Com efeito, o que o dever de celeridade impõe é uma gestão eficaz e eficiente do procedimento, designadamente pela recusa de formalidades impertinentes ou dilatórias (da iniciativa de órgãos administrativos ou dos interessados) e pela promoção ativa de comportamentos que permitam alcançar o resultado indispensável à preparação da decisão.

2 – Relativamente ao anterior artigo 57.º, a inovação mais significativa traduziu-se na inclusão da referência à tomada de decisão dentro de prazo razoável. Neste sentido, os órgãos administrativos não têm apenas o dever de decidir, nos termos do artigo 13.º, como também o de decidir dentro de um prazo razoável, cuja violação pode implicar responsabilidade civil e disciplinar.

3 – A razoabilidade do prazo não pode deixar de ser aferida, em cada caso concreto, em face da complexidade da matéria objeto de decisão, do número de órgãos envolvidos na sua preparação, bem como da própria colaboração prestada – ou da sua ausência – pelos particulares interessados (cf. o disposto no artigo 60.º, n.º 2). Factor determinante para a avaliação da razoabilidade do prazo há de ser o do afastamento dos prazos fixados para a tomada da decisão. Quer dizer-se, quanto mais se afastar do cumprimento destes prazos, mais indícios existem, *prima facie,* de que a Administração protelou, de modo desrazoável, a tomada da decisão. Por outro lado, a própria fixação dos prazos pela Administração está sujeita ao crivo da razoabilidade.

MGG/TM

Artigo 60.º

Cooperação e boa-fé procedimental

1 – Na sua participação no procedimento, os órgãos da Administração Pública e os interessados devem cooperar entre si, com vista à fixação rigorosa dos pressupostos de decisão e à obtenção de decisões legais e justas.

2 – Os interessados devem concorrer para a economia de meios na realização de diligências instrutórias e para a tomada da decisão num prazo razoável, abstendo-se de requerer diligências inúteis e de recorrer a expedientes dilatórios

ORIGEM DO TEXTO:

Não tem correspondência na versão anterior do Código.
Reproduz sem alterações o projeto final da comissão de revisão.

COMENTÁRIO:

Este artigo consagra um princípio de cooperação e de boa-fé entre os órgãos administrativos e os interessados no âmbito do procedimento administrativo. Neste sentido, traduz uma concretização dos princípios gerais da boa-fé (artigo 10.º) e da colaboração (artigo 11.º).

Como é evidente, embora o procedimento seja dirigido por um órgão da Administração, à sua conclusão com sucesso e em tempo razoável não é indiferente o comportamento *procedimental* dos interessados, sobre quem também impende o dever de se abstraírem de requerer diligências inúteis ou de recorrer a expedientes dilatórios, que apenas visem frustrar o bom andamento do procedimento.

Por outro lado, a manutenção de uma relação de boa-fé entre a Administração e os interessados também reclama que ambos ajam de forma leal e correta, designadamente não ocultando informação relevante à preparação da decisão ou à fixação do seu objeto, ou não prestando informações falsas ou parciais.

MGG/TM

Artigo 61.º

Utilização de meios eletrónicos

1 – Salvo disposição legal em contrário, na instrução dos procedimentos devem ser preferencialmente utilizados meios eletrónicos, tendo em vista:

a) **Facilitar o exercício de direitos e o cumprimento de deveres através de sistemas que, de forma segura, fácil, célere e compreensível, sejam acessíveis a todos os interessados;**
b) **Tornar mais simples e rápido o acesso dos interessados ao procedimento e à informação;**
c) **Simplificar e reduzir a duração dos procedimentos, promovendo a rapidez das decisões, com as devidas garantias legais.**

2 – Quando na instrução do procedimento se utilizem meios eletrónicos, as aplicações e sistemas informáticos utilizados devem indicar o responsável pela direção do procedimento e o órgão competente para a decisão, assim como garantir o controlo dos prazos, a tramitação ordenada e a simplificação e a publicidade do procedimento.

3 – Para efeitos do disposto do número anterior, os interessados têm direito:

a) **A conhecer por meios eletrónicos o estado da tramitação dos procedimentos que lhes digam diretamente respeito;**
b) **A obter os instrumentos necessários à comunicação por via eletrónica com os serviços da Administração, designadamente nome de utilizador e palavra-passe para acesso a plataformas eletrónicas simples e, quando legalmente previsto, conta de correio eletrónico e assinatura digital certificada.**

ORIGEM DO TEXTO:

Não tem correspondência na versão anterior do Código. Reproduz sem alterações o projeto final da comissão de revisão.

COMENTÁRIO:

1 – Este artigo exprime um princípio de preferência pela utilização de meios electrónicos na instrução dos procedimentos administrativos. Neste sentido, os órgãos administrativos têm o dever *prima facie* – descontados aqueles casos excecionados por lei – de recorrer à utilização de meios electrónicos na instrução dos procedimentos, devendo sempre fundamentar as razões pelas quais se afastam deste princípio. Quer dizer-se, não cabe aos órgãos administrativos optar pela utilização ou não utilização dos meios electrónicos. Salvo a existência de razões ponderosas e atendíveis, que têm de ser sempre fundamentadas, em princípio, devem ser utilizados os meios electrónicos na instrução dos procedimentos.

2 – A utilização de meios electrónicos – tal como já anunciado pelo disposto no artigo 14.º, relativo aos princípios aplicáveis à administração electrónica – não é um fim em si mesmo, estando necessariamente orientada à realização dos objetivos da celeridade e da simplificação administrativas, bem como da maior transparência do procedimento, não podendo, em caso algum, prejudicar o exercício dos direitos procedimentais dos interessados, devendo antes facilitar o seu exercício, no respeito pelo princípio da igualdade.

3 – No caso de haver lugar à utilização de meios electrónicos na instrução do procedimento, diz o Código que as aplicações e sistemas informáticos utilizados devem indicar o responsável pela direção do procedimento e o órgão competente para a decisão, assim como garantir o controlo dos prazos, a tramitação ordenada e a simplificação e a publicidade do procedimento.

4 – A utilização de meios electrónicos não pode ser desacompanhada do respeito por um conjunto de direitos dos interessados, designadamente o de conhecer, através de meios electrónicos, o estado de tramitação do procedimento, bem como o de obter os instrumentos necessários à comunicação por via electrónica com os serviços da Administração.

MGG/TM

Artigo 62.º
Balcão único eletrónico

1 – Sempre que um procedimento administrativo se possa iniciar e desenvolver através de um balcão eletrónico, este deve designadamente proporcionar:

a) **Informação clara e acessível a qualquer interessado sobre os documentos necessários para a apresentação e instrução dos correspondentes pedidos e condições para a obtenção dos efeitos jurídicos pretendidos com o pedido;**
b) **Meios de consulta eletrónica do estado dos pedidos;**
c) **Meios de pagamento por via eletrónica das taxas devidas, quando seja caso disso;**
d) **Informação completa sobre a disciplina jurídica dos procedimentos administrativos que se podem realizar através do balcão eletrónico em causa;**
e) **Endereço e contacto da entidade administrativa com competência para a direção do procedimento administrativo em causa;**
f) **Informação sobre os meios de reação judiciais e extrajudiciais de resolução de eventuais litígios.**

2 – Os balcões eletrónicos devem poder intermediar nos procedimentos a serem desenvolvidos entre os interessados e as autoridades administrativas competentes, recebendo os atos de uns e outros, mediante a entrega do correspondente recibo, e transmitindo-o imediatamente.

3 – O tempo que medeia entre a receção pelo balcão eletrónico dos documentos apresentados e a sua entrega ao destinatário é descontado nos prazos procedimentais em caso de justo impedimento, designadamente quando ocorra, de modo comprovado, uma interrupção técnica do funcionamento dos meios eletrónicos indispensáveis à transmissão, que não seja imputável ao órgão competente.

4 – Salvo o disposto em lei especial, os balcões eletrónicos asseguram a emissão automatizada de atos meramente certificativos e a notificação de decisões que incidam sobre os requerimentos formulados através daquele suporte eletrónico.

5 – Sem prejuízo do exercício imediato dos direitos ou interesses legalmente protegidos do interessado no procedimento, não são devidas taxas quando, sempre que tal esteja legalmente previsto, os respetivos valores ou fórmulas de cálculo não sejam introduzidos nas plataformas eletrónicas no âmbito das quais correm os procedimentos a que dizem respeito.

6 – As taxas referidas no número anterior são, porém, devidas sempre que:

- ***a)*** **A falta de introdução dos respetivos valores ou fórmulas de cálculo nas plataformas a que se refere o número anterior não seja imputável à entidade destinatária das taxas; e**
- ***b)*** **No prazo de cinco dias contados do início do procedimento, sejam inseridos os respetivos valores ou fórmulas de cálculo nas plataformas e notificado o interessado para proceder ao seu pagamento.**

ORIGEM DO TEXTO:

Não tem correspondência na versão anterior do Código.
Reproduz sem alterações o projeto final da comissão de revisão.

COMENTÁRIO:

1 – Os procedimentos administrativos podem iniciar-se e desenvolver-se através de *balcões electrónicos*, que correspondem a plataformas informáticas pelas quais interagem os interessados e a Administração no âmbito do procedimento.

2 – Não se trata aqui de criar um único balcão electrónico aplicável a toda a atividade administrativa, mas antes de fixar o regime *comum* dos vários balcões electrónicos já em funcionamento ou que venham a ser criados no futuro. O carácter único do balcão – tal como aparece na epígrafe deste artigo – deve-se à abordagem integrada que o procedimento administrativo merece quando se possa iniciar e desenvolver através destas plataformas.

3 – De modo a garantir a tutela dos direitos procedimentais dos interessados, que não pode ficar prejudicada pela utilização de instrumentos de administração electrónica, o Código determina que os balcões electrónicos disponibilizem a informação relevante aos particulares sobre o andamento dos processos, assim como a relativa à disciplina jurídica dos procedimentos que corram eletronicamente e sobre os documentos indispensáveis à promoção correta do procedimento.

4 – Salvo disposição especial da lei, os balcões electrónicos devem assegurar a emissão automatizada – ou seja, sem necessidade de intervenção humana – de atos meramente certificativos e a notificação de decisões que incidam sobre requerimentos formulados através de suporte electrónico. O legislador do Código não exclui, portanto, uma utilização mais ambiciosa da figura do balcão electrónico, embora faça depender essa utilização de lei especial.

5 – Em caso de justo impedimento, designadamente causado por motivo de interrupção do funcionamento da plataforma informática, o tempo que medeia entre a receção pelo balcão electrónico dos documentos e a sua entrega ao destinatário é descontado para efeitos de contagem dos prazos procedimentais. Ou seja, o órgão competente para decidir, se não lhe for imputável o atraso na receção dos documentos através do balcão electrónico, não pode ficar privado do tempo necessário e adequado à tomada da decisão. *A contrario*, fora dos casos de justo impedimento, o tempo que medeia entre a receção dos documentos pelo balcão electrónico e a sua entrega ao destinatário não é descontado nos prazos procedimentos, uma vez que se trata de uma vicissitude normal do procedimento que corre junto deste tipo de plataforma.

6 – O n.º 5 consagra também uma inovação, no sentido em que estabelece a necessidade de introdução nas plataformas electrónicas dos valores e das fórmulas de cálculo das taxas aplicáveis aos procedimentos tramitados por via electrónica, sob pena de as mesmas deixarem de ser devidas. O n.º 6 prevê, no entanto, duas exceções a esta regra: no caso de aquela omissão não ser imputável à entidade destinatária das taxas e na circunstância de aquela falta ser suprida no prazo de cinco dias contados do início do procedimento, notificando-se o interessado para proceder ao pagamento.

MGG/TM

Artigo 63.º

Comunicações por telefax, telefone ou meios eletrónicos

1 – Salvo disposição legal em contrário, as comunicações da Administração com os interessados ao longo do procedimento só podem processar-se através de telefax, telefone ou correio eletrónico mediante seu prévio consentimento, prestado por escrito, devendo o interessado, na sua primeira intervenção no procedimento ou posteriormente, indicar, para o efeito, o seu número de telefax, telefone ou a identificação da caixa postal eletrónica de que é titular, nos termos previstos no serviço público de caixa postal eletrónica.

2 – Presume-se que o interessado consentiu na utilização de telefax, de telefone ou de meios eletrónicos de comunicação quando, apesar de não ter procedido à indicação constante do número anterior, tenha estabelecido contacto regular através daqueles meios.

3 – As comunicações da Administração com pessoas coletivas podem processar-se através de telefax, de telefone ou de meios eletrónicos, sem necessidade de consentimento, quando sejam efetuadas para plataformas informáticas com acesso restrito ou para os endereços de correio eletrónico ou número de telefax ou de telefone indicados em qualquer documento por elas apresentado no procedimento administrativo.

ORIGEM DO TEXTO:

Não tem correspondência na versão anterior do Código.

Reproduz o projeto final da comissão de revisão, apenas com o aditamento, em todos os números, da referência à utilização do telefone, a par do telefax e de meios electrónicos.

COMENTÁRIO:

1 – No decurso do procedimento administrativo, as comunicações da Administração com os interessados só podem processar-se por telefax, telefone ou correio electrónico se os particulares tiverem prestado consentimento escrito para o efeito. Subjacente a esta exigência está a intenção de garantir, com certeza, que os interessados conhecem o modo pelo qual a Administração a eles se dirige, evitando, assim, prejuízo para o exercício dos respetivos direitos. Evidentemente, se o particular recorre regularmente a estes meios de contacto com a Administração, a lei presume que consentiu na sua utilização.

Por outro lado, tratando-se de pessoas coletivas, o Código é menos cauteloso, prescindindo da necessidade de consentimento, no caso de as comunicações serem efectuadas para plataformas informáticas com acesso restrito ou para os endereços de correio electrónico ou número de telefax ou de telefone indicados em documentos apresentados no procedimento administrativo. Nas circunstâncias agora descritas, entende-se que as pessoas colectivas devem estar preparadas para realizar as comunicações com a Administração, não se enfrentando aqui o perigo de ficar prejudicado o exercício dos respetivos direitos.

MGG/TM

2 – A regra no procedimento administrativo é a de que todas as comunicações por telefax ou correio electrónico entre os interessados e a Administração só se podem realizar como tal desde que previamente autorizadas por aqueles (ver também a alínea b) do n.º 2 do artigo 112.º).

Esta regra comporta apenas duas excepções, a saber, no caso de existir disposição legal em contrário (de que é exemplo o procedimento previsto nos artigos 8.ºA e 9.º do Regime jurídico da urbanização e edificação – RJUE) e no caso de os interessados serem pessoas colectivas.

Fora destes casos, as comunicações entre os interessados e a Administração nos procedimentos administrativos far-se-ão sempre através dos meios indicados nas alíneas a) e b) do n.º 1 do artigo 112.º.

A regra do artigo 63.º é pois demonstrativa de que os princípios previstos no artigo 14.º apenas elegeram os meios electrónicos como um modo ou meio preferencial de comunicação entre a Administração e os interessados, não como uma obrigação.

A opção deste artigo 63.º é assim ditada pelo bom senso e pela razoabilidade, pois, mesmo numa época altamente tecnológica como é a nossa, há que admitir que nem todos os cidadãos se sintam atraídos ou adeptos destas novas formas de comunicação, permitindo-se-lhes assim que sejam eles mesmos a deterem a palavra decisiva nesta matéria.

Por isso, mesmo que, pontualmente, o interessado tenha comunicado com a Administração através de telefax ou meios electrónicos sem que previamente tenha indicado o seu número de telefax ou identificação da sua caixa postal electrónica, tal comunicação não corresponde a uma autorização "tácita" dada à Administração para que passe a comunicar com ele através de telefax ou correio electrónico. Para que tal aconteça é necessário que a utilização de tais meios se torne *regular*, por outras palavras, que os mesmos sejam utilizados de forma contínua e persistente por parte do interessado.

JMS

ARTIGO 64.º

Documentação das diligências e integridade do processo administrativo

1 – Das diligências realizadas oralmente são lavrados autos e termos, que devem conter a menção dos elementos essenciais e da data e lugar da realização da diligência a que respeitam.

2 – O processo administrativo em suporte de papel é autuado e paginado de modo a facilitar a inclusão dos documentos que nele são sucessivamente incorporados e a impedir o seu extravio.

3 – O órgão responsável pela direção do procedimento deve rubricar todas as folhas do processo administrativo e os interessados e seus mandatários têm o direito de rubricar quaisquer folhas do mesmo.

4 – O disposto nos números anteriores não é aplicável ao processo administrativo em suporte eletrónico, que é definido por diploma próprio.

ORIGEM DO TEXTO:

Não tem correspondência na versão anterior do Código.
Reproduz sem alterações o projeto final da comissão de revisão.

COMENTÁRIO:

1 – De modo a garantir que as diligências realizadas oralmente constam do processo administrativo – seja para poderem cumprir a tarefa de preparação da decisão futura, seja para melhor garantir o controlo da sua legalidade –, exige-se que sejam lavrados autos e termos, dos quais constem a data e o lugar da diligência, bem como a descrição dos elementos essenciais (autor, objecto, finalidade) em que se traduziram.

2 – Por outro lado, de modo a garantir a integridade e a autenticidade do processo administrativo em suporte de papel, exige-se que o mesmo seja autuado e paginado, bem como as respetivas folhas que o compõem assinadas pelo responsável pela direção do procedimento. Também os interessados (e os respetivos mandatários, se os houver) têm direito a rubricar todas as folhas do processo administrativo, com vista a garantir a transparência do procedimento.

3 – Evidentemente, semelhantes exigências não se podem aplicar aos processos administrativos em suporte electrónico, cujo regime é fixado em diploma próprio.

MGG/TM

Capítulo II

DA RELAÇÃO JURÍDICA PROCEDIMENTAL

Secção I

DOS SUJEITOS DO PROCEDIMENTO

Artigo 65.º

Sujeitos da relação jurídica procedimental

1 – São sujeitos da relação jurídica procedimental:

***a*) Os órgãos das entidades referidas no n.º 1 do artigo 2.º, quando competentes para a tomada de decisões ou para a prática de atos preparatórios;**
***b*) Os particulares legitimados nos termos do n.º 1 do artigo 68.º;**
***c*) Pessoas singulares e coletivas de direito privado, em defesa de interesses difusos, segundo o disposto nos n.os 2 e 3 do artigo 68.º;**
***d*) Os órgãos que exerçam funções administrativas, nas condições previstas no n.º 4 do artigo 68.º.**

2 – Para efeitos do disposto no presente Código, consideram--se interessados no procedimento os sujeitos da relação jurídica procedimental referidos nas alíneas *b*), *c*) e *d*) do número anterior que como tal nele se constituam, ao abrigo de um dos títulos de legitimação previstos no artigo 68.º.

ORIGEM DO TEXTO:

Não tem correspondência na versão anterior do Código.

Reproduz sem alterações o projeto final da comissão de revisão, salvo no que toca à alínea a) do n.º 1, em que, no projeto elaborado pela comissão, se escrevia "Os órgãos das entidades referidas nos n.os 1 a 4 do artigo 2.º ..." ao passo que na versão do Código aprovada em Conselho de Ministros se mencionam apenas os órgãos referidos no n.º 1 do artigo 2.º.

COMENTÁRIO:

1 – Este novo artigo e o novo capítulo em que se insere refletem as alterações de conteúdo e estrutura da Parte II e da Parte III, que foram explicadas na nota prévia à Parte II e que decorrem de uma conceção renovada do procedimento administrativo como objeto de uma espécie de relação jurídica administrativa: a *relação jurídica procedimental*. Esta desenvolve-se com base na relação jurídica administrativa substantiva, cuja conformação se prepara ao longo do procedimento. O decurso do procedimento sequencia toda uma série de situações jurídicas que posicionam os sujeitos públicos e privados envolvidos perante os atos e formalidades que naquele se sucedem.

A compreensão do procedimento como relação jurídica de desenvolvimento sequenciado e instrumental de uma relação jurídica administrativa substantiva (ou de um feixe delas) suscitou a necessidade da introdução deste novo Capítulo II no Título I da Parte III (dedicado ao regime comum do procedimento administrativo), capítulo esse que tem precisamente por epígrafe "*Da relação jurídica procedimental*".

2 – A arquitetura deste artigo 65.º assenta na dicotomia entre *sujeitos da relação jurídica procedimental* e *interessados no procedimento.*

De acordo com o n.º 1, os *sujeitos da relação jurídica procedimental* dividem-se em duas categorias básicas.

De um lado, temos o *sujeito administrante*, ou seja – por força da remissão da alínea a) do n.º 1 do artigo 65.º para o n.º 1 do artigo 2.º –, quando competentes para a tomada de decisões ou para a prática de atos preparatórios, os órgãos de quaisquer entidades que, independentemente da sua natureza, ajam no exercício de poderes públicos ou através de condutas especificamente reguladas por disposições de direito administrativo.

A segunda categoria de sujeitos da relação jurídica procedimental subdivide-se por seu turno nas espécies das alínea b) a d) do n.º 1 do artigo 65.º, de sujeitos portadores de legitimidade para iniciar o procedimento ou nele se constituírem como interessados nos termos dos n.os 1 a 4 do artigo 68.º. A legitimação respeita à defesa no procedimento dos interesses que neste constituem o objeto da conformação através do ato conclusivo.

3 – De acordo com o n.º 2, os *interessados no procedimento* são aqueles que, sendo sujeitos da relação jurídica procedimental, naquele se constituam como interessados abrangidos por um dos títulos de legitimação previstos no artigo 68.º. Significa isto que não basta uma situação subjetiva correspondente à previsão do n.º 1 do artigo 65.º, sendo ainda necessária uma manifestação de vontade que denote o propósito de constituição como interessado no procedimento ou a aceitação de tal constituição.

SC

Artigo 66.º

Auxílio administrativo

1 – Para além dos casos em que a lei imponha a intervenção de outros órgãos no procedimento, o órgão competente para a decisão final deve, por iniciativa própria, por proposta do responsável pela direção do procedimento ou a requerimento de um sujeito privado da relação jurídica procedimental, solicitar o auxílio de quaisquer outros órgãos da Administração Pública, indicando um prazo útil, quando:

a) **O melhor conhecimento da matéria relevante exija uma investigação para a qual o órgão a quem é dirigida a solicitação disponha de competência exclusiva ou de conhecimentos aprofundados aos quais o órgão solicitante não tenha acesso;**

b) **Só o órgão a quem é dirigida a solicitação tenha em seu poder documentos ou dados cujo conhecimento seja necessário à preparação da decisão;**

c) **A instrução requeira a intervenção de pessoal ou o emprego de meios técnicos de que o órgão competente para a decisão final não disponha.**

2 – À comunicação de documentos ou dados solicitados nos termos do número anterior aplicam-se as restrições fixadas na legislação sobre o acesso aos documentos administrativos.

3 – Em caso de recusa de auxílio administrativo requerido nos termos do n.º 1, ou de dilação na sua prestação, a questão é resolvida, consoante o caso, pela autoridade competente para a resolução de conflitos de atribuições ou de competência entre os órgãos solicitante e solicitado ou, não a havendo, por órgão que exerça poderes de direção, superintendência ou tutela sobre o órgão solicitado.

ORIGEM DO TEXTO:

Enquanto tal, não tem correspondência na versão anterior do Código, embora atualize e desenvolva, em âmbito e condições de efetividade, o anterior artigo 92.º sobre "realização de diligências por outros serviços".

O texto aprovado em Conselho de Ministros contem três alterações relativamente ao projeto final da comissão de revisão:

(i) No n.º 1, acrescentou-se que a solicitação de auxílio administrativo deverá indicar um prazo útil;
(ii) No n.º 2, passou a escrever-se que à comunicação de documentos e dados se aplicam as *restrições fixadas* na legislação sobre o acesso aos documentos administrativos, em vez de "restrições idênticas às fixadas…";
(iii) No n.º 3, passou a referir-se a "autoridade competente para a resolução de conflitos de atribuições ou de competência". No projeto da comissão, referia-se a resolução *administrativa* de conflitos de atribuições ou de competência. Esta redação parecia preferível. Os tribunais poderão ser chamados a apreciar a invalidade de um ato final alegadamente afetado por défice instrutório causado pela não concretização de um auxílio administrativo. Mas parece no mínimo duvidoso que caiba no âmbito da jurisdição administrativa o exercício de poderes correspondentes à direção, superintendência ou tutela no âmbito das relações inter- ou intra-administrativas.

COMENTÁRIO:

1 – A figura do *auxílio administrativo* é disciplinada, com o nome de *Amtshilfe*, na *VwVfG* alemã. O legislador português tomou esse modelo em consideração, mas sem prescindir de uma posição de autonomia na configuração do instituto no seio do CPA.

Os três números nos quais se desdobra este artigo evidenciam, quando comparados aos dez nos quais se desmultiplicam os §§ 4 a 8 da *VwVfG*, um esforço de síntese e de restrição do enunciado normativo ao essencial, deixando o resto à legislação especial avulsa e à discricionariedade procedimental. Esta prudência justifica-se especialmente no momento em que o novo instituto assume pela primeira vez o estatuto de figura do Direito Administrativo geral português, cabendo agora à práxis um importante papel na determinação de eventuais necessidades de ajustamento. É por tudo isto algo surpreendente a posição de quem verbera o CPA por um alegado geral excesso de normação e, simultaneamente, a estruturação normativa do auxílio administrativo por alegada incompletude.

2 – O auxílio administrativo é um *subprocedimento organizatório interno*. É *subprocedimento* porque se intercala no âmbito de um procedimento principal. É *organizatório* porque apenas serve para articular a cooperação funcional entre órgãos da Administração. E é *interno* porque, ainda que possa ser desencadeado a requerimento de um sujeito privado da relação jurídica procedimental, se conclui antes da tomada da decisão final.

Enquanto que o anterior artigo 92.º daria, pelo menos na maioria das vezes, lugar a condutas informais da administração, o atual artigo 66.º coloca-nos perante uma relação jurídica procedimental típica, inter- ou intra-administrativa, caraterizada pela natureza vinculada da prestação do auxílio (e, muitas das vezes, também da sua solicitação), bem como pela existência de um mecanismo para resolução das situações de recusa ou dilação da prestação.

3 – Ao passo que, nas suas três alíneas, o n.º 1 explicita os pressupostos da solicitação de auxílio administrativo, o corpo deste preceito:

- distingue o auxílio administrativo das situações de participação legalmente requerida de outros órgãos no procedimento;
- fixa a competência de solicitação;
- especifica o caráter vinculado daquela competência;
- identifica os titulares de iniciativa quanto ao exercício daquela competência;
- cinge o círculo dos solicitandos aos órgãos da Administração Pública, um conceito delimitável com recurso ao artigo 2.º, n.º 4;
- determina que a solicitação de auxílio indique um prazo útil.

A restrição da competência de solicitação e do círculo dos solicitandos constitui requisito necessário da efetividade do mecanismo de resolução das situações de recusa ou dilação estatuído no n.º 3.

Solução radicalmente distinta da acolhida na *VwVfG*, consiste no *caráter vinculado da solicitação de auxílio administrativo* (o órgão *deve*).

Trata-se de uma decorrência do princípio do inquisitório e que corresponde logicamente ao poder de iniciativa dos sujeitos privados da relação jurídica procedimental (também esta uma solução inovatória que contribui para a efetividade do princípio da participação), A vinculatividade pressupõe o caráter determinado ou determinável dos pressupostos enunciados nas alíneas do n.º 1 deste artigo 66.º.

Quanto à indicação de um prazo útil pelo autor da solicitação (que não figurava no projeto da comissão), terá de se entender que ela possui caráter meramente informativo. Por um lado, não faria sentido que o órgão solicitante impusesse um prazo ao órgão solicitado. Por outro lado, identifica-se, no n.º 3, a autoridade, terceira relativamente a solicitante e a solicitado, a quem caberá apreciar a razoabilidade da dilação na prestação de auxílio.

4 – Nas três alíneas do n.º 1, os *pressupostos da deverosidade* da *solicitação* e da *prestação de auxílio administrativo* manifestam uma acentuada sintetização do conteúdo do § 5 da *VwVfG*. Tal síntese centra-se numa perspetiva de objetivação da necessidade do auxílio solicitado e da especial idoneidade do órgão solicitado para o prestar.

Os pressupostos são formulados através de um elenco taxativo.

É porventura excessiva a crítica segundo a qual faltaria, no regime deste artigo, a enunciação dos critérios de escolha do solicitado quando vários órgãos reúnam os requisitos para a prestação de auxílio. Uma tal solução consta do § 6 da *VwVfG*, que aponta para o serviço (*Behörde*) situado a um nível inferior da mesma estrutura organizatória. A verdade é que, sem necessidade de desenvolver previsões normativas a este propósito, caberá, perante o n.º 3 deste artigo, ao órgão chamado a resolver uma situação criada por recusa de auxílio com fundamento em haver outro órgão melhor posicionado para o prestar apreciar a bondade do argumento e decidir em consonância.

5 – O modo de solução das situações de conflito entre órgãos solicitante e solicitado causadas por recusa ou dilação na prestação do auxílio tem por fonte de inspiração a disposição do § 5 (5) da *VwVfG*. A ideia comum é a de deixar a decisão ao órgão que disponha de poderes sobre os órgãos solicitante e solicitado ou, na sua falta, sobre o órgão solicitado. Quanto ao primeiro fator, o artigo 51.º, n.º 1, alíneas b) a e) e n.º 2, presta-se para base da individualização do órgão competente para dirimir o litígio, ao estabelecer uma escala de competências para a resolução administrativa dos conflitos de atribuições e de competência. Como, quando o diferendo se travar entre órgãos de pessoas coletivas diferentes ou entre autoridades administrativas independentes, não existe meio administrativo de solução de conflitos de atribuições, por este caber aos tribunais administrativos (artigo 51.º, n.º 1, a)), tem aplicação a parte final do n.º 3 deste artigo 66.º, cabendo a solução ao órgão que exerça poderes de direção, superintendência ou tutela sobre o órgão solicitado.

6 – Na maioria dos casos, a prestação de auxílio não envolverá custos específicos relevantes. Em outros, os órgãos solicitante e solicitado integrar-se-ão na mesma pessoa coletiva ou no mesmo ministério. Quanto aos restantes, terá de ser a legislação de finanças públicas a dispor, cabendo eventualmente ao órgão competente nos termos do n.º 3 promover uma solução no caso concreto.

SC

SECÇÃO II

DOS INTERESSADOS NO PROCEDIMENTO

ARTIGO 67.º

Capacidade procedimental dos particulares

1 – Os particulares têm o direito de intervir pessoalmente no procedimento administrativo ou de nele se fazer representar ou assistir através de mandatário.

2 – A capacidade de intervenção no procedimento, salvo disposição especial, tem por base e por medida a capacidade de exercício de direitos segundo a lei civil, a qual é também aplicável ao suprimento da incapacidade.

ORIGEM DO TEXTO:

Corresponde ao anterior artigo 52.º.

Reproduz o projeto final da comissão de revisão, apenas com a alteração resultante do facto de que, enquanto na versão da comissão se mantinha a expressão "designadamente através de advogado ou solicitador" que já constava do anterior artigo 52.º, essa expressão foi substituída na versão final do Código pela expressão "através de mandatário".

COMENTÁRIO:

Este artigo corresponde ao anterior artigo 52.º, que tinha por epígrafe "Intervenção no procedimento administrativo". Onde, no final do n.º 1, se reconhecia aos particulares o direito de se fazerem "assistir, designadamente através de advogado ou solicitador", o preceito reza agora "... assistir através de mandatário". Na versão proposta pela comissão de revisão, tinha-se mantido a anterior expressão "... designadamente através de advogado ou solicitador". A substituição desta pela expressão "... assistir através de mandatário" foi efetuada pelo Conselho de Ministros. Tem, no entanto, de entender-se que a aplicação deste preceito se conjuga necessariamente com o regime dos atos próprios dos advogados e dos solicitadores (Lei n.º 49/2004, de 24 de agosto).

SC

Artigo 68.º
Legitimidade procedimental

1 – Têm legitimidade para iniciar o procedimento ou para nele se constituírem como interessados os titulares de direitos, interesses legalmente protegidos, deveres, encargos, ónus ou sujeições no âmbito das decisões que nele forem ou possam ser tomadas, bem como as associações, para defender interesses coletivos ou proceder à defesa coletiva de interesses individuais dos seus associados que caibam no âmbito dos respetivos fins.

2 – Têm, também, legitimidade para a proteção de interesses difusos perante ações ou omissões da Administração passíveis de causar prejuízos relevantes não individualizados em bens fundamentais como a saúde pública, a habitação, a educação, o ambiente, o ordenamento do território, o urbanismo, a qualidade de vida, o consumo de bens e serviços e o património cultural:

_a_) Os cidadãos no gozo dos seus direitos civis e políticos e os demais eleitores recenseados no território português;
_b_) As associações e fundações representativas de tais interesses;
_c_) As autarquias locais, em relação à proteção de tais interesses nas áreas das respetivas circunscrições.

3 – Têm, ainda, legitimidade para assegurar a defesa de bens do Estado, das regiões autónomas e de autarquias locais afetados por ação ou omissão da Administração, os residentes na circunscrição em que se localize ou tenha localizado o bem defendido.

4 – Têm igualmente legitimidade os órgãos que exerçam funções administrativas quando as pessoas coletivas nas quais eles se integram sejam titulares de direitos ou interesses legalmente protegidos, poderes, deveres ou sujeições que possam ser

conformados pelas decisões que nesse âmbito forem ou possam ser tomadas, ou quando lhes caiba defender interesses difusos que possam ser beneficiados ou afetados por tais decisões.

ORIGEM DO TEXTO:

Corresponde ao anterior artigo 53.º.
Reproduz sem alterações o projeto final da comissão de revisão.

COMENTÁRIO:

1 – Este artigo corresponde ao anterior artigo 53.º, que tinha por epígrafe "Legitimidade". Aquele texto sofreu, no entanto, significativas alterações.

No n.º 1, a primeira alteração significativa consiste em substituir a referência à intervenção no procedimento enquanto objeto de legitimidade pelo conceito de *legitimidade para constituição no procedimento na qualidade de interessado*. Convém lembrar que, nos termos do n.º 2 do artigo 65.º, "Para efeitos do disposto no presente Código, consideram-se interessados no procedimento os sujeitos da relação jurídica procedimental referidos nas alíneas b), c) e d) do número anterior que como tal nele se constituam, ao abrigo de um dos títulos de legitimação previstos no artigo 68.º". A situação de *interessado no procedimento* não resulta, pois, apenas da qualidade de *sujeito da relação jurídica procedimental* nos termos das alíneas b), c) e d) do n.º 1 do artigo 65.º, e da simultânea *titularidade de legitimidade* por força de um dos *títulos de legitimação* tipificados neste artigo 68.º mas, ainda, da *constituição no procedimento*. Terá de se entender por esta constituição qualquer ato procedimental, praticado pelos próprios ou a eles dirigido pelo responsável pela direção do procedimento, que tome por pressuposto, explícito ou implícito, que eles são titulares de situações subjetivas no âmbito das decisões que no procedimento forem ou possam ser tomadas ou neste defendam interesses coletivos, individuais homogéneos, difusos, bens públicos, tudo nos termos especificados ao longo deste artigo.

2 – No n.º 1, a par dos direitos subjetivos e dos interesses legalmente protegidos, referem-se agora também outras categorias de situações jurídicas subjetivas sobre as quais poderão incidir as decisões que no procedimento forem ou possam ser tomadas: deveres, encargos, ónus ou sujeições.

3 – Ainda no n.º 1, desaparece a recusa de legitimidade às associações com caráter político ou sindical para defesa dos interesses que corresponda aos seus fins. Por outro lado, reconhece-se-lhes agora expressamente legitimidade não apenas para defesa de interesses coletivos, mas também para defesa coletiva de interesses individuais dos seus representados que caibam no âmbito dos fins associativos (interesses individuais homogéneos).

4 – O n.º 2 veio aperfeiçoar a disciplina normativa da legitimidade procedimental para defesa de *interesses difusos*.

Em primeiro lugar, define-se agora o âmbito material dos interesses difusos, alinhando-o com aquilo que se dispõe no artigo 52.º, n.º 3, da Constituição e no artigo 9.º, n.º 2, do CPTA. A enunciação dos bens fundamentais não possui caráter taxativo: é o que decorre do emprego do advérbio *como*.

Na alínea a) do n.º 2, a exigência do gozo de direitos civis e políticos como fator de legitimação dos cidadãos faz sentido na medida em que, como resulta da colocação sistemática do artigo 52.º da Constituição, o direito de participação popular procedimental (que cabe num conceito amplo de ação popular) inclui-se entre os direitos, liberdades e garantias de participação política.

Ao contrário daquilo que se dispunha na alínea a) do n.º 2 do anterior artigo 53.º, a alínea a) do n.º 2 deste artigo 68.º não exige, para efeito de legitimação na defesa de interesses difusos, uma subjetivação da ofensa do interesse difuso, ou seja, que se trate de cidadão "a quem a atuação administrativa provoque ou possa previsivelmente provocar prejuízos relevantes em bens fundamentais". Ao invés, o preceito qualifica agora os prejuízos relevantes como "não individualizados". Na verdade, os interesses difusos são situações jurídicas materiais insuscetíveis de uma apropriação individual, cuja dimensão é irredutivelmente supraindividual. O que releva é, pois, simplesmente, a participação do agente popular procedimental (como a do agente da ação popular) na coletividade política a cujos órgãos possam imputar-se as ações ou omissões suscetíveis de causar prejuízos não individualizados em bens fundamentais (cfr. Sérvulo Correia, *Direito do Contencioso Administrativo*, I, Lisboa, 2005, págs. 651 e 660).

Aos cidadãos no gozo dos seus direitos civis e políticos, a mesma alínea a) do n.º 2 vem agora equiparar, para efeito de legitimidade procedimental na defesa dos interesses difusos, os "demais eleitores recenseados no território português". Trata-se de um desenvolvimento daquilo que, hoje, se dispõe nos n.ºs 3 a 5 do artigo 15.º da Constituição sobre extensão de alguns direitos políticos a estrangeiros.

Na alínea b) do n.º 2, estabelece-se a legitimidade, para defesa dos interesses difusos tanto de associações como de fundações representativas de tais interesses sem qualquer limitação em razão do território.

No n.º 3, precisam-se os pressupostos da legitimidade para a participação popular procedimental supletiva.

No n.º 4, especificam-se inovatoriamente os pressupostos de legitimidade para o exercício do direito de participação popular procedimental no âmbito de relações jurídicas inter-administrativas adversativas.

SC

Secção III

DAS GARANTIAS DE IMPARCIALIDADE

Artigo 69.º

Casos de impedimento

1 – Salvo o disposto no n.º 2, os titulares de órgãos da Administração Pública e os respetivos agentes, bem como quaisquer outras entidades que, independentemente da sua natureza, se encontrem no exercício de poderes públicos, não podem intervir em procedimento administrativo ou em ato ou contrato de direito público ou privado da Administração Pública, nos seguintes casos:

a) **Quando nele tenham interesse, por si, como representantes ou como gestores de negócios de outra pessoa;**

b) **Quando, por si ou como representantes ou gestores de negócios de outra pessoa, nele tenham interesse o seu cônjuge ou pessoa com quem viva em condições análogas às dos cônjuges, algum parente ou afim em linha reta ou até ao segundo grau da linha colateral, bem como qualquer pessoa com quem vivam em economia comum ou com a qual tenham uma relação de adoção, tutela ou apadrinhamento civil;**

c) **Quando, por si ou como representantes ou gestores de negócios de outra pessoa, tenham interesse em questão semelhante à que deva ser decidida, ou quando tal situação se verifique em relação a pessoa abrangida pela alínea anterior;**

d) **Quanto tenham intervindo no procedimento como perito ou mandatário ou hajam dado parecer sobre questão a resolver;**

e) **Quando tenha intervindo no procedimento como perito ou mandatário o seu cônjuge ou pessoa com quem viva em condições análogas às dos cônjuges, parente ou afim em linha reta ou até ao segundo grau da linha colateral, bem como qualquer pessoa com quem vivam em economia comum ou com a qual tenham uma relação de adoção, tutela ou apadrinhamento civil;**

f) **Quando se trate de recurso de decisão proferida por si, ou com a sua intervenção, ou proferida por qualquer das pessoas referidas na alínea b) ou com intervenção destas.**

2 – Excluem-se do disposto no número anterior:

a) **As intervenções que se traduzam em atos de mero expediente, designadamente atos certificativos;**

b) **A emissão de parecer, na qualidade de membro do órgão colegial competente para a decisão final, quando tal formalidade seja requerida pelas normas aplicáveis;**

c) **A pronúncia do autor do ato recorrido, nos termos do n.º 2 do artigo 195.º**

3 – Sob pena das sanções cominadas pelos n.os 1 e 3 do artigo 76.º, não pode haver lugar, no âmbito do procedimento administrativo, à prestação de serviços de consultoria, ou outros, a favor do responsável pela respetiva direção ou de quaisquer sujeitos públicos da relação jurídica procedimental, por parte de entidades relativamente às quais se verifique qualquer das situações previstas no n.º 1, ou que hajam prestado serviços, há menos de três anos, a qualquer dos sujeitos privados participantes na relação jurídica procedimental.

4 – As entidades prestadoras de serviços no âmbito de um procedimento devem juntar uma declaração de que se não encontram abrangidas pela previsão do número anterior.

5 – Sempre que a situação de incompatibilidade prevista no n.º 3 ocorrer já após o início do procedimento, deve a entidade prestadora de serviços comunicar desde logo o facto ao responsável pela direção do procedimento e cessar toda a sua atividade relacionada com o mesmo.

ORIGEM DO TEXTO:

Corresponde ao anterior artigo 44.º.
Reproduz sem alterações o projeto final da comissão de revisão.

COMENTÁRIO:

1 – Os casos de impedimento traduzem aquelas situações – fixadas taxativamente na lei – cuja verificação inibe os titulares dos órgãos e agentes da Administração Pública de participar, sob qualquer forma, nos procedimentos administrativos e na prática de atos ou na celebração de contratos, por exigências decorrentes do princípio da imparcialidade (cf. artigo 9.º). Com efeito, as situações descritas na lei são de tal modo ameaçadoras para a realização do princípio da imparcialidade que, sem cuidar de outras ponderações ligadas às circunstâncias particulares de cada caso ou sujeito procedimental, se fixa automaticamente a consequência da proibição de qualquer intervenção destes agentes nos procedimentos administrativos, excecionadas as situações descritas no n.º 2 deste artigo.

2 – São de assinalar quatro alterações em relação ao regime do anterior artigo 44.º:

a) em primeiro lugar, alarga-se *o âmbito de aplicação subjetivo da norma*, que abrange agora, para além dos titulares de órgãos e agentes da Administração Pública, todas as entidades que, independentemente da sua natureza, se encontrem no exercício de poderes públicos;

b) em segundo lugar, passam a ser susceptíveis de constituir casos de impedimento as relações em condições análogas às dos cônjuges, bem como as relações de adoção, tutela ou apadrinhamento civil, por identidade de razões, respetivamente, com as relações matrimoniais e parentais;

c) depois, é ainda de assinalar o alargamento das exceções aos casos de impedimento, presente nas alíneas b) e c) do n.º 2. Assim, para além das intervenções traduzidas em atos de mero expediente, passam a estar excluídas da proibição de participar no procedimento a emissão de parecer, na qualidade de membro de órgão colegial competente para a decisão final, quando tal formalidade – a emissão de parecer pelo membro do órgão – for exigida por lei; depois, quando, em caso de recurso hierárquico, o autor do ato recorrido se pronuncia sobre o recurso antes de o remeter para o órgão com competência para decidir. Estas exceções compreendem-se pela *insusceptibilidade de substituição do titular do órgão em causa* e pelo facto de a sua intervenção não ter conteúdo decisório.

d) finalmente, o regime dos impedimentos passa a incluir, num novo n.º 3, uma *proibição expressa de prestação de serviços de consultoria* (ou outros) a favor do responsável pela direção do procedimento ou de quaisquer sujeitos públicos da relação jurídica procedimental, no caso de, em relação às entidades prestadoras dos serviços, se verificar alguma das situações de impedimento descritas no n.º 1. Quer dizer-se, a ocorrência de uma situação de impedimento não inibe apenas os titulares de órgãos ou agentes de participarem no procedimento, estendendo-se também às entidades que prestem serviços à Administração. Esta proibição inclui as entidades que tenham prestado serviços há menos de três anos a qualquer dos sujeitos privados participantes na relação jurídica procedimental. Para prevenir estas ocorrências, o Código exige que as entidades prestadoras de serviços no âmbito do procedimento juntem uma declaração que ateste que não estão impedidas de prestar o serviço (n.º 4). Se aquela situação ocorrer após o início do procedimento, deve a entidade prestadora de serviços comunicar desde logo esse facto ao responsável pela direção do procedimento e cessar toda a sua atividade relacionada com o mesmo (n.º 5).

MGG/TM

Artigo 70.º

Arguição e declaração do impedimento

1 – Quando se verifique causa de impedimento em relação a qualquer titular de órgão ou agente da Administração Pública, deve o mesmo comunicar desde logo o facto ao respetivo superior hierárquico ou ao presidente do órgão colegial, consoante os casos.

2 – Quando a causa de impedimento incidir sobre outras entidades que, sem a natureza daquelas a quem se refere o n.º 1, se encontrem no exercício de poderes públicos, devem as mesmas comunicar desde logo o facto a quem tenha o poder de proceder à respetiva substituição.

3 – Até ser proferida a decisão definitiva ou praticado o ato, qualquer interessado pode requerer a declaração do impedimento, especificando as circunstâncias de facto que constituam a sua causa.

4 – Compete ao superior hierárquico ou ao presidente do órgão colegial conhecer da existência do impedimento e declará-lo, ouvindo, se considerar necessário, o titular do órgão ou agente.

5 – Tratando-se do impedimento do presidente do órgão colegial, a decisão do incidente compete ao próprio órgão, sem intervenção do presidente.

6 – O disposto nos n.os 3 a 5 aplica-se, com as necessárias adaptações, às situações referidas no n.º 2.

ORIGEM DO TEXTO:

Corresponde ao anterior artigo 45.º.
Reproduz sem alterações o projeto final da comissão de revisão.

COMENTÁRIO:

Em face do anterior artigo 45.º, as alterações constantes dos n.os 2 e 6 traduzem apenas a consequência de os casos de impedimento abrangerem agora as entidades que, independentemente da sua natureza, se encontrem no exercício de poderes públicos. Quanto ao mais, não há diferenças a assinalar em relação ao regime anterior.

MGG/TM

ARTIGO 71.º

Efeitos da arguição do impedimento

1 – O titular do órgão ou agente ou outra qualquer entidade no exercício de poderes públicos devem suspender a sua atividade no procedimento, logo que façam a comunicação a que se refere o n.º 1 do artigo anterior ou tenham conhecimento do requerimento a que se refere o n.º 3 do mesmo preceito, até à decisão do incidente, salvo determinação em contrário de quem tenha o poder de proceder à respetiva substituição.

2 – Os impedidos nos termos do artigo 69.º devem tomar todas as medidas que forem inadiáveis em caso de urgência ou de perigo, as quais carecem, todavia, de ratificação pela entidade que os substituir.

ORIGEM DO TEXTO:

Corresponde ao anterior artigo 46.º.
Reproduz sem alterações o projeto final da comissão de revisão.

COMENTÁRIO:

Não há diferenças a assinalar em face do regime do anterior artigo 46.º. Acrescenta-se apenas, no n.º 1, a referência às entidades no exercício de poderes públicos, o que é uma decorrência do alargamento do âmbito subjetivo da norma do n.º 1 do anterior artigo 44.º (atual artigo 69.º). Portanto, quando é suscitada por terceiros ou pelo próprio a questão do impedimento, o Código determina, cautelarmente, a suspensão da sua atividade no procedimento até que se esclareça se o impedimento se verifica efetivamente. Só não será assim se quem tiver o poder de decidir a questão do impedimento entender não haver razões que justifiquem aquela suspensão ou quando, em caso de urgência ou de perigo para os interesses em presença, se reclame a intervenção inadiável do titular de órgão ou agente. Neste último caso, confirmando-se o impedimento, os atos ficam sujeitos a *ratificação* da entidade que os substituir.

MGG/TM

ARTIGO 72.º

Efeitos da declaração do impedimento

1 – Declarado o impedimento, é o impedido imediatamente substituído no procedimento pelo respetivo suplente, salvo se houver avocação pelo órgão competente para o efeito.

2 – Tratando-se de órgão colegial, se não houver ou não puder ser designado suplente, o órgão funciona sem o membro impedido.

ORIGEM DO TEXTO:

Corresponde ao anterior artigo 47.º.
Reproduz sem alterações o projeto final da comissão de revisão.

COMENTÁRIO:

Não há diferenças a assinalar em face do regime do anterior artigo 47.º, salvo a menção a que o impedido é substituído pelo respetivo suplente – na versão anterior, dizia-se pelo respetivo substituto legal –, o que não é mais do que uma decorrência do disposto no atual artigo 42.º. Por outro lado, o poder de avocação da questão *decidendi*, antes referido exclusivamente ao superior hierárquico, passa agora a referir-se ao órgão com competência para o efeito. Ou seja, pode suceder, por um lado, que o superior hierárquico não tenha competência para avocar e, por outro, que aquela competência esteja atribuída a outro órgão.

MGG/TM

Artigo 73.º

Fundamento da escusa e suspeição

1 – Os titulares de órgãos da Administração Pública e respetivos agentes, bem como quaisquer outras entidades que, independentemente da sua natureza, se encontrem no exercício de poderes públicos devem pedir dispensa de intervir no procedimento ou em ato ou contrato de direito público ou privado da Administração Pública quando ocorra circunstância pela qual se possa com razoabilidade duvidar seriamente da imparcialidade da sua conduta ou decisão e, designadamente:

a) **Quando, por si ou como representante ou gestor de negócios de outra pessoa, nele tenha interesse parente ou afim em linha reta ou até ao terceiro grau da linha colateral, ou tutelado ou curatelado dele, do seu cônjuge ou de**

pessoa com quem viva em condições análogas às dos cônjuges;

b) **Quando o titular do órgão ou agente, o seu cônjuge ou pessoa com quem viva em condições análogas às dos cônjuges, ou algum parente ou afim na linha reta, for credor ou devedor de pessoa singular ou coletiva com interesse direto no procedimento, ato ou contrato;**

c) **Quando tenha havido lugar ao recebimento de dádivas, antes ou depois de instaurado o procedimento, pelo titular do órgão ou agente, seu cônjuge ou pessoa com quem viva em condições análogas às dos cônjuges, parente ou afim na linha reta;**

d) **Se houver inimizade grave ou grande intimidade entre o titular do órgão ou agente, ou o seu cônjuge ou pessoa com quem viva em condições análogas às dos cônjuges, e a pessoa com interesse direto no procedimento, ato ou contrato;**

e) **Quando penda em juízo ação em que sejam parte o titular do órgão ou agente, o seu cônjuge ou pessoa com quem viva em condições análogas às dos cônjuges, parente em linha reta ou pessoa com quem viva em economia comum, de um lado, e, do outro, o interessado, o seu cônjuge ou pessoa com quem viva em condições análogas às dos cônjuges, parente em linha reta ou pessoa com quem viva em economia comum.**

2 – Com fundamento semelhante, pode qualquer interessado na relação jurídica procedimental deduzir suspeição quanto a titulares de órgãos da Administração Pública, respetivos agentes ou outras entidades no exercício de poderes públicos que intervenham no procedimento, ato ou contrato.

ORIGEM DO TEXTO:

Corresponde ao anterior artigo 48.º.
Reproduz sem alterações o projeto final da comissão de revisão.

COMENTÁRIO:

1 – Em comparação com o regime do anterior artigo 48.º, para além do alargamento do âmbito subjetivo de aplicação da norma, que abrange agora – à semelhança do que sucede com os casos de impedimento – outras entidades que, independentemente da sua natureza, se encontrem no exercício de poderes públicos, é também de assinalar a alteração na delimitação do conceito de escusa e suspeição.

2 – Com efeito, onde antes se dizia que era fundamento de escusa a ocorrência de uma circunstância pela qual se pudesse razoavelmente *suspeitar da isenção ou da retidão da conduta* do titular de órgão ou agente, diz-se agora ser determinante a ocorrência de circunstância pela qual se possa com razoabilidade *duvidar seriamente da imparcialidade da sua conduta ou decisão*. Seguindo a fundamentação apresentada no preâmbulo do Decreto-Lei que aprovou o Código, esta alteração justifica-se pela razão de que o "*juízo não respeita tanto às condições subjetivas do agente, mas, mais, aos requisitos objetivos de confiança por parte da opinião pública*".

3 – Relativamente às situações idóneas a fundamentar a escusa ou a suspeição, este artigo 73.º passou a incluir, numa nova alínea *e*), a da existência de um litígio no qual sejam partes o titular do órgão ou agente (ou alguém que lhe seja próximo) e o interessado no procedimento administrativo (ou alguém que lhe seja próximo). Para além disto, o preceito passou a incluir, tal como no artigo relativo aos casos de impedimento, nas alíneas a), c) e d), a situação da pessoa com quem o titular do órgão ou agente viva em condições análogas às dos cônjuges.

MGG/TM

Artigo 74.º

Formulação do pedido

1 – Nos casos previstos no artigo anterior, o pedido deve ser dirigido à entidade competente para dele conhecer, indicando com precisão os factos que o justifiquem.

2 – O pedido do titular do órgão ou agente só é formulado por escrito quando assim for determinado pela entidade a quem for dirigido.

3 – Quando o pedido seja formulado por interessado na relação jurídica procedimental, é sempre ouvido o titular do órgão ou o agente visado.

4 – Os pedidos devem ser formulados logo que haja conhecimento da circunstância que determina a escusa ou a suspeição.

ORIGEM DO TEXTO:

Corresponde ao anterior artigo 49.º.
Reproduz sem alterações o projeto final da comissão de revisão.

COMENTÁRIO:

Em face do anterior artigo 49.º, acrescenta-se agora um novo n.º 4, nos termos do qual os pedidos de escusa ou suspeição devem ser formulados logo que haja conhecimento dos motivos que os fundamentem, o que decorre da necessidade de esclarecer, quanto mais cedo possível, se os titulares de órgãos ou agentes envolvidos no procedimento podem iniciar ou prosseguir a sua participação no procedimento. E também para evitar que a invocação da suspeição seja feita no decurso do procedimento como modo de reagir contra o sentido provável da deliberação.

MGG/TM

Artigo 75.º

Decisão sobre a escusa ou suspeição

1 – A competência para decidir da escusa ou suspeição é deferida nos termos referidos nos n.os 4 a 6 do artigo 70.º
2 – A decisão deve ser proferida no prazo de oito dias.
3 – Sendo reconhecida procedência ao pedido, é observado o disposto nos artigos 71.º e 72.º

ORIGEM DO TEXTO:

Corresponde ao anterior artigo 50.º.
Reproduz sem alterações o projeto final da comissão de revisão.

COMENTÁRIO:

Não há diferenças de regime a assinalar em face do anterior artigo 50.º, para além de alterações de estilo e da adaptação das remissões à nova numeração dos artigos.

MGG/TM

Artigo 76.º

Sanções

1 – São anuláveis nos termos gerais os atos ou contratos em que tenham intervindo titulares de órgãos ou agentes impedidos ou em cuja preparação tenha ocorrido prestação de serviços à Administração Pública em violação do disposto nos n.os 3 a 5 do artigo 69.º
2 – A omissão do dever de comunicação a que alude o n.º 1 do artigo 70.º constitui falta grave para efeitos disciplinares.
3 – A prestação de serviços em violação do disposto nos n.os 3 a 5 do artigo 69.º constitui o prestador no dever de indemnizar a Administração Pública e terceiros de boa-fé pelos danos resultantes da anulação do ato ou contrato.

4 – A falta ou decisão negativa sobre a dedução da suspeição não prejudica a invocação da anulabilidade dos atos praticados ou dos contratos celebrados, quando do conjunto das circunstâncias do caso concreto resulte a razoabilidade de dúvida séria sobre a imparcialidade da atuação do órgão, revelada na direção do procedimento, na prática de atos preparatórios relevantes para o sentido da decisão ou na própria tomada da decisão.

ORIGEM DO TEXTO:

Corresponde ao anterior artigo 51.º.
Reproduz sem alterações o projeto final da comissão de revisão.

COMENTÁRIO:

1 – A intervenção de titulares de órgãos ou agentes impedidos determina a anulabilidade dos atos e dos contratos em cuja prática ou celebração tenham participado. São também anuláveis os atos e os contratos para cuja preparação tenham sido prestados serviços por entidades na situação descrita no artigo 69.º, n.os 3 a 5.

2 – Para além da cominação da invalidade do ato ou do contrato, prevê-se agora, num novo n.º 3 que não existia no anterior artigo 51.º, que o prestador de serviços deve indemnizar a Administração Pública e os eventuais terceiros de boa-fé pelos danos resultantes da anulação do ato ou do contrato, em consequência da realização de prestações de serviços em violação do disposto nos n.os 3 a 5 do artigo 69.º.

3 – Acrescenta-se ainda, inovadoramente, que a falta de dedução da suspeição ou a sua decisão negativa não prejudica a invocação da anulabilidade dos atos e dos contratos entretanto praticados e celebrados. Ou seja, se a dúvida sobre a imparcialidade da conduta do titular de órgão ou agente não foi suficiente para o considerar suspeito no início do procedimento, não fica precludida a possibilidade de, mais tarde, se verificar terem ocorrido circunstâncias que confirmam a razoabilidade daquela dúvida, designadamente reveladas na direção do procedimento, na prática de atos preparatórios relevantes para o sentido da decisão ou na própria tomada da decisão. Ou seja, apesar de não terem sido considerados suspeitos, estes titulares de órgãos ou agentes demonstraram, pela sua conduta, terem violado o princípio da imparcialidade.

MGG/TM

Capítulo III
DA CONFERÊNCIA PROCEDIMENTAL

Artigo 77.º
Conceito e modalidades

1 – As conferências procedimentais destinam-se ao exercício em comum ou conjugado das competências de diversos órgãos da Administração Pública, no sentido de promover a eficiência, a economicidade e a celeridade da atividade administrativa.

2 – As conferências procedimentais podem dizer respeito a um único procedimento ou a vários procedimentos conexos, e dirigir-se à tomada de uma única decisão ou de várias decisões conjugadas.

3 – As conferências procedimentais relativas a vários procedimentos conexos ou a um único procedimento complexo, em que há lugar à tomada de diferentes decisões por diferentes órgãos, podem assumir uma das seguintes modalidades:

- ***a*) Conferência deliberativa, destinada ao exercício conjunto das competências decisórias dos órgãos participantes através de um único ato de conteúdo complexo, que substitui a prática, por cada um deles, de atos administrativos autónomos;**
- ***b*) Conferência de coordenação, destinada ao exercício individualizado, mas simultâneo, das competências dos órgãos participantes, através da prática, por cada um deles, de atos administrativos autónomos.**

4 – Quando não exista incompatibilidade entre a forma contratual e a matéria a conformar, as conferências deliberativa e de coordenação podem terminar pela celebração de um contrato entre os órgãos participantes e o interessado, em substituição do ato ou dos atos cuja preparação se visava.

5 – As conferências procedimentais relativas a um único procedimento podem envolver apenas o órgão competente para a decisão final ou para uma decisão intercalar e órgãos titulares de competências consultivas, sendo, nesse caso, aplicável o disposto no n.º 7 do artigo 79.º.

ORIGEM DO TEXTO:

Como sucede com todos os artigos deste capítulo, que é inovatório, não tem correspondência na anterior versão do Código.

Reproduz sem alterações o projeto final da comissão de revisão.

COMENTÁRIO:

1 – Dos n.ºs 1 e 2 resulta o conceito de conferência procedimental: um procedimento endo-procedimental, que tem por finalidade propiciar, relativamente a um ou mais procedimentos pendentes, o exercício em comum ou conjugado das competências de diversos órgãos da Administração Pública. Não só a conferência procedimental atua sobre outro ou outros procedimentos, mas é ela própria um (sub) procedimento típico. Os interesses públicos determinantes para a sua realização são os da eficiência, economicidade e celeridade da atividade administrativa, que constituem o fulcro do princípio da boa administração, versado no artigo 5.º.

2 – O novo instituto encontra antecedentes em alguns procedimentos especiais já versados na Ordem Jurídica portuguesa.

Assim sucedia com o procedimento de autorização prévia individualizada, previsto no *Sistema de Indústria Responsável* (SIR), aprovado pelo Decreto-Lei n.º 169/2012, de 1 de agosto. Este contemplava a possibilidade de realização de uma conferência entre "os serviços ou organismos da administração central que, nos termos da lei, devem pronunciar-se sobre o pedido", que antecedia a tomada de uma decisão final favorável ou desfavorável por uma entidade coordenadora. O Decreto-Lei n.º 4/2015, de 7 de Janeiro, que aprova o presente CPA, determinou, no seu artigo 4.º, a imediata aplicabilidade do regime das conferências procedimentais àquele procedimento especial, sem prejuízo de algumas adaptações.

Era, porém, o *Regime Jurídico da Urbanização e Edificação* (RJUE) que proporcionava um modelo mais acabado de conferência entre as entidades administrativas que se devam pronunciar sobre uma certa pretensão e da qual sai em princípio uma decisão final, vinculativa de toda a administração, tomada pela CCDR territorialmente competente (v. a republicação do DecretoLei n.º 555/99, de 16 de dezembro, pelo Decreto-Lei n.º 136/2014, de 9 de setembro). A este aplica-se agora, subsidiariamente, o regime da conferência procedimental, por força do disposto no artigo 2.º, n.º 5.

3 – Na configuração do instituto da conferência procedimental, o legislador português adotou, como lhe cumpria, o termo de comparação mais elucidativo pela sua antiguidade e pelas sucessivas revisões, desde 1990, justificadas pelas ilações retiradas da sua aplicação. Referimo-nos à *conferenza di servizi*, estruturada nos artigos 14 e 14-*bis* a 14-*quinquies* da Lei italiana n. 241, em matéria de procedimento administrativo e de acesso aos documentos administrativos. No entanto, o regime da conferência procedimental afasta-se em pontos capitais, adiante assinalados, do modelo italiano. O próprio *nomen iuris* é diferente, tendo-se acolhido a sugestão da Autora portuguesa que mais aprofundadamente havia estudado a matéria (cfr. Marta Portocarrero, *Modelos de Simplificação Administrativa*, Porto, 2002, págs. 64 segs.).

4 – O n.º 3 carateriza as duas modalidades da conferência procedimental. A *conferência deliberativa* visa a prática de um único ato final de conteúdo complexo, de autoria dos diversos órgãos competentes para a prática de atos administrativos cujos conteúdos típicos aquele absorve. Trata-se por isso do exercício de uma competência conjunta dos órgãos participantes. A *conferência de coordenação* pressupõe o exercício individualizado, mas simultâneo, das competências dos órgãos participantes, ensejando, pois, a prática de uma série de atos jurídicos. Na maioria dos casos, o ato ou atos finais terão a natureza de ato administrativo. Mas o n.º 4 prevê que, quando não exista incompatibilidade entre a forma contratual e a matéria a conformar, a conferência possa terminar pela celebração de um contrato substitutivo de ato ou atos administrativos.

SC

Artigo 78.º

Instituição das conferências procedimentais

1 – Sem prejuízo da realização de conferências de coordenação por acordo entre os órgãos envolvidos, a possibilidade da realização de conferências procedimentais no âmbito de cada tipo de procedimento depende de previsão específica em lei ou regulamento, ou em contrato interadministrativo a celebrar entre entidades públicas autónomas.

2 – No âmbito da administração direta e indireta do Estado, a instituição da possibilidade da realização de conferências procedimentais pode ser feita por portaria dos ministros competentes para a direção e tutela dos organismos envolvidos ou para a resolução dos conflitos de atribuições ou competências entre os órgãos em causa.

3 – O ato que institui a possibilidade da realização de conferências procedimentais no âmbito de cada tipo de procedimento:

a) **Determina o órgão competente para convocar e presidir às conferências;**
b) **Vincula os demais órgãos participantes à observância dos deveres que lhes são impostos no presente capítulo;**
c) **Habilita os órgãos participantes a delegar em membros seus, no caso de órgãos colegiais, ou em agentes deles dependentes os poderes necessários ao funcionamento**

das conferências procedimentais, segundo o disposto no presente capítulo;

d) **Confere aos órgãos participantes em conferência deliberativa a competência conjunta para deliberarem através de um único ato de conteúdo complexo, a que corresponderia a prática isolada de atos administrativos por cada um deles.**

ORIGEM DO TEXTO:

Não tem correspondência na anterior versão do Código.

Reproduz sem alterações o projeto final da comissão de revisão, apenas com a introdução de um aperfeiçoamento de redação no tocante à utilização da portaria como forma do ato de instituição de conferência.

COMENTÁRIO:

1 – Nos termos do n.º 1, sem prejuízo da realização de conferências de coordenação por acordo entre os órgãos envolvidos, a possibilidade da realização de conferências procedimentais depende de previsão específica em lei, regulamento ou contrato interadministrativo a celebrar entre entidades públicas autónomas. O conteúdo necessário e os efeitos jurídicos do ato de instituição constam do n.º 3.

Cada ato de instituição respeita a certo ou certos tipos de procedimento administrativo, estabelecendo a competência para a convocação e presidência das conferências a celebrar no respetivo âmbito (n.º 3, alínea a*)*). E, tomando como referente certo ou certos tipos de procedimento, o ato de instituição vinculará os órgãos nele ou neles participantes à observância dos deveres que decorrem do regime da conferência procedimental no CPA (n.º 3, alínea b*)*). Acresce, nos termos da alínea c) do n.º 3, que o ato de instituição habilita os órgãos participantes a delegar os poderes necessários ao funcionamento da conferência e, nos da alínea d) do n.º 3, investe os órgãos participantes em conferência deliberativa na competência conjunta para deliberarem através de ato único.

A instituição de conferência procedimental, que se não confunde com as convocações que necessariamente antecede, é uma figura totalmente inovatória, que não aparece no direito comparado nem antes havia sido prospetada pela doutrina. Corresponde ao imperativo de flexibilidade na regulação das conferências em função das áreas materiais da atividade administrativa e das especificidades organizacionais.

2 – A competência para a instituição de conferência procedimental é, no âmbito da administração direta e indireta do Estado, função da titularidade de poderes de direção e tutela dos organismos envolvidos ou da competência para a resolução de conflitos de atribuições e competência entre eles. Na impossibilidade de especificar à luz dos particularismos de cada setor, o Código recorre a situações de Direito Administrativo organizatório de largo espectro de aplicação.

Se, para a instituição de conferências nos domínios da Administração direta e indireta do Estado, a forma de mais fácil utilização será a da portaria, nem por isso deixa o n.º 1 de mencionar a forma de lei. Esta alusão não exerce uma função habilitante, totalmente desnecessária. Trata-se antes de recordar que se poderão justificar, em certos casos e para certos efeitos, soluções especiais. Essas carecerão de forma legislativa. Assim sucederá, designadamente, quando, em face das matérias e das estruturas organizatórias envolvidas, se justificar uma *conferência decisória* à maneira italiana, em cujos termos se concentram num órgão responsável (*l'amministrazione procedente*) o poder de, tomando em conta as posições expressas na conferência, proferir em autoria exclusiva a decisão final, a qual substitui para todos os efeitos a soma dos atos de competência dos órgãos participantes.

SC

Artigo 79.º

Realização da conferência procedimental

1 – Cada conferência procedimental é convocada relativamente a uma situação concreta, por iniciativa própria do órgão competente nos termos do ato instituidor previsto no artigo anterior, ou quando requerida por um ou mais interessados.

2 – O requerimento dos interessados constitui o órgão competente no dever de convocar a conferência no prazo de 15 dias.

3 – A convocatória da primeira reunião da conferência deve ser feita com a antecedência mínima de cinco dias em relação à data da reunião, podendo os órgãos participantes, em caso de impossibilidade fundamentada, propor um adiamento não superior a 10 dias.

4 – Sem prejuízo do disposto nos números seguintes, as reuniões da conferência podem ter lugar presencialmente ou por videoconferência.

5 – Cada um dos órgãos convocados tem o dever de participar na conferência, delegando, para o efeito, num dos seus membros, no caso de órgãos colegiais, ou em agentes dele dependentes os poderes necessários para nela assumir, de modo definitivo, a posição do órgão sobre a matéria da deliberação a adotar, ou para tomar ele próprio a decisão correspondente à competência do órgão, no âmbito das conferências de coordenação.

6 – A ausência de um órgão regularmente convocado não obsta ao funcionamento da conferência, considerando-se que os órgãos que tenham faltado à conferência procedimental deliberativa nada têm a opor ao deferimento do pedido, salvo se invocarem justo impedimento no prazo de oito dias.

7 – Quando na conferência procedimental participem órgãos titulares de competência consultiva, estes exprimem o sentido da sua decisão de forma oral, juntando o parecer escrito no prazo de oito dias, para ser anexado à ata.

8 – O interessado pode ser convocado para estar presente nas reuniões, sem direito de voto, quando tal se revele necessário a uma boa decisão.

ORIGEM DO TEXTO:

Não tem correspondência na anterior versão do Código. Reproduz sem alterações o projeto final da comissão de revisão.

COMENTÁRIO:

1 – Como resulta do disposto no artigo 78.º, a realização da conferência torna-se possível desde que (salvo um acordo nos termos do respetivo n.º 1) já tenha sido praticado um ato de instituição, que sirva de quadro genérico à realização de conferências concretas. A convocação de uma conferência procedimental compete ao órgão designado naquele ato instituidor e depende de uma iniciativa própria ou de requerimento de um ou mais interessados (n.º 1 deste artigo 79.º). Neste último caso, o órgão a quem cabe a competência de convocar fica constituído no dever de o fazer no prazo de 15 dias (n.º 2).

2 – Ao órgão competente para a convocatória cabe também a presidência (n.º 3, alínea a)).

As reuniões da conferência podem ter lugar presencialmente ou por videoconferência (n.º 4).

O dever de participar na conferência e o modo como os órgãos a ele sujeitos podem delegar poderes para o efeito é regulado pelo n.º 5, o qual deve ser lido em conjunto com o artigo 78.º, n.º 3, alíneas b) e c).

Ao funcionamento da conferência não obsta a ausência de um órgão participante regularmente convocado. E, nas conferências deliberativas, a ausência corresponde a uma pronúncia favorável à prestação do interessado, salvo invocação de justo impedimento no prazo de oito dias (n.º 6).

Compreende-se que, nos termos do n.º 8, não seja obrigatória a presença dos interessados nas reuniões, uma vez que estas constituem a sede procedimental da própria tomada da decisão. Mas o preceito reconhece um poder discricionário de convocação quando o juízo sobre a necessidade da presença do interessado para a tomada de uma boa decisão prevalecer sobre os possíveis inconvenientes desta.

Esta participação (sem direito de voto) do interessado através da presença nas reuniões (a qual pode, portanto, envolver a sua intervenção nos debates preparatórios da decisão ou das decisões) não se confunde com o simples direito de audiência, que constitui objeto do artigo 80.º.

SC

Artigo 80.º
Audiência dos interessados e audiência pública

1 – Na conferência procedimental, o direito de audiência dos interessados é exercido oralmente, em sessão na qual estejam presentes todos os órgãos participantes, e, no caso da conferência de coordenação, em simultâneo quanto às várias decisões a adotar, podendo os interessados apresentar alegações escritas, as quais devem constar como anexo da ata da sessão.

2 – Para o efeito do disposto do número anterior, os interessados são convocados nos termos do disposto no artigo 122.º.

3 – Nos procedimentos em que seja obrigatória a audiência pública, a realização desta na pendência da conferência procedimental suspende o prazo para a conclusão da mesma.

ORIGEM DO TEXTO:

Não tem correspondência na anterior versão do Código.
Reproduz sem alterações o projeto final da comissão de revisão.

COMENTÁRIO:

1 – Como se reconhece no artigo 12.º, a audiência dos interessados é um modo de concretização do direito fundamental de participação dos interessados na formação das decisões que lhes digam respeito (anteriormente nesse sentido: Sérvulo Correia, "Procedimento Equitativo E Direito De Participação Procedimental", in:

Estudos de Homenagem ao Prof. Doutor Jorge Miranda, IV, Coimbra, 2012, págs. 423 a 430). Assim sendo, e na medida em que a conferência procedimental visa o exercício de competências decisórias a título que – embora não necessariamente – poderá ser final, era imprescindível a observância no seu quadro do princípio do exercício do direito de audiência.

2 – A audiência no quadro da conferência procedimental não assume um perfil alheio ao regime geral dos artigos 121.º a 125.º. O n.º 2 deste artigo 80.º proporciona um sinal claro do enquadramento ao remeter a convocação dos interessados para aquilo que se dispõe no artigo 122.º. Mas as caraterísticas próprias da conferência procedimental impõem alguma especialização ou, no mínimo, adaptação nos trâmites da audiência. Alguns desses trâmites próprios estão explicitados, outros decorrem por implicação. Em relação ao regime geral da audiência, o n.º 1 deste artigo 80.º introduz duas regras especiais: a audiência assume sempre forma oral e processa-se com a presença de todos os órgãos participantes e não apenas do órgão competente para convocar e presidir à conferência. O exercício do direito de audiência em simultâneo quanto às várias decisões a adotar em conferência de coordenação justifica-se pela lógica de contextualidade e aceleração do processo decisório.

A admissibilidade da apresentação de alegações escritas por ocasião da audiência oral, nos termos da parte final do n.º 1, resulta também, em relação ao regime geral de audiência oral, do disposto no n.º 4 do artigo 123.º. Mas, neste último preceito, especifica-se que tal junção poderá ter lugar durante a diligência ou posteriormente. O n.º 1 deste artigo 80.º não explicita tal faculdade, estatuindo antes que as alegações escritas deverão constar como anexo da ata da sessão. Dado o peso acentuado do objetivo da celeridade (artigo 77.º, n.º 1) e a estreiteza do prazo para a realização da conferência (artigo 81.º, n.º 1), parece de concluir que a apresentação das alegações escritas se deverá efetuar no decurso da sessão dedicada à audiência oral. E também se deverá partir do princípio de que, nas alegações escritas, se não poderá desenvolver argumentação não apresentada no decurso da pronúncia oral, sob pena de *dupla audiência dos interessados* e de fraude à opção legislativa pela exclusividade da forma oral de audiência (cfr. Sousa Pinheiro/Tiago Serrão/Marco Caldeira/José Duarte Coimbra, *Questões Fundamentais para a Aplicação do CPA*, CJP/CIDP, Coimbra, 2016, págs. 161 e 162).

3 – Ao passo que, no artigo 121.º, n.º 3, se dispõe que a realização da audiência dos interessados suspende a contagem dos prazos em todos os procedimentos administrativos, no tocante à conferência procedimental, o n.º 3 deste artigo 80.º apenas preceitua que o prazo para a respetiva conclusão é suspenso pela realização obrigatória de audiência pública na sua pendência. Em face da existência desta regra apenas prevendo a suspensão do prazo para conclusão da conferência com um pressuposto distinto do previsto no artigo 121.º, n.º 3, e perante uma única remissão (n.º 2 deste artigo 80.º) do regime da conferência procedimental para o regime geral da audiência dos interessados no procedimento do ato administrativo, parece de concluir pela inaplicabilidade à conferência procedimental da disposição do n.º 3 do artigo 121.º (V. neste sentido, Sousa Pinheiro/Tiago Serrão/Marco Caldeira/José Duarte Coimbra, *Questões Fundamentais para a Aplicação do CPA*, cit., pág. 162).

SC

Artigo 81.º

Conclusão da conferência procedimental

1 – O prazo para a realização da conferência procedimental é de 60 dias, prorrogável por mais 30 dias, e, no seu decurso, suspendem-se os prazos para a conclusão dos procedimentos nos quais deveriam ser praticados os vários atos envolvidos.

2 – A conferência procedimental finda:

a) Com a prática do ato ou dos atos que visa preparar;

b) No termo do prazo, sem que o ato ou os atos que visa preparar tenham sido praticados.

3 – No termo da conferência procedimental, o órgão que a ela presidiu elabora uma ata, na qual são registados os sucessivos passos da conferência e, quando for o caso, o ato ou atos decisórios nela praticados, com a respetiva fundamentação, e os restantes atos nela autonomamente praticados por cada órgão participante.

4 – Em caso de falta de acordo, os órgãos participantes emitem uma declaração para constar da ata, na qual especificam as razões da sua discordância e, sempre que possível, as alterações que consideram necessárias à viabilização do projeto, atividade, regulação de um bem ou situação que constitua o objeto da conferência.

5 – A pronúncia desfavorável de qualquer dos participantes na conferência deliberativa determina o indeferimento das pretensões apreciadas na conferência, salvo se os órgãos acordarem nas alterações necessárias ao respetivo deferimento e na possibilidade da repetição da conferência, caso essas alterações sejam concretizadas pelo interessado.

6 – O disposto no número anterior não impede os órgãos participantes na conferência, que não tenham apresentado objeções quanto à matéria da sua competência, de praticarem individualmente o ato administrativo que lhes compete, no prazo de oito dias, a contar do termo da conferência.

7 – Sem prejuízo do disposto na segunda parte do n.º 5, a conferência finda nos termos da alínea *b*) do n.º 2 pode ser repetida em casos excecionais, devidamente justificados, quando todos os órgãos envolvidos nisso, previamente, acordem.

8 – Em caso de repetição da conferência, são aproveitados os atos praticados no decurso da primeira cuja atualidade se mantenha.

ORIGEM DO TEXTO:

Não tem correspondência na anterior versão do Código.
Reproduz sem alterações o projeto final da comissão de revisão.

COMENTÁRIO:

1 – Este artigo consagra um regime essencial ao bom entendimento da finalidade e da essência do instituto da conferência procedimental.

Em face da crescente complexidade da atividade administrativa, devida ao alargamento da dimensão institucional policêntrica correlativa à sempre maior diversidade dos interesses públicos, só graças a soluções procedimentais se poderá recuperar, ao menos em parte, a perdida unidade da função administrativa (cfr. Schmidt-Assmann, *Verwaltungsrechtliche Dogmatik*, Tübingen, 2013, págs. 172-174). A conferência procedimental revela-se útil em múltiplos casos nos quais a conformação de situações jurídicas complexas pretendida por interessados requer a intervenção de uma pluralidade de órgãos de uma ou várias pessoas coletivas, titulares de competências distintas mas confluentes.

Perante tal panorama, a conferência procedimental emerge como um *procedimento secundário integrativo*, que se sobrepõe aos iniciais procedimentos conexos, ou ao procedimento complexo, visando a contextutalidade e a aceleração do processo decisório. Ao substituir-se uma complexa sequencialidade de apreciações e decisões por uma decisão única ou por decisões simultâneas conjugadas, potencia-se um efeito de aceleração e eficiência da conformação global (cfr. Mário Aroso de Almeida, *Teoria Geral do Direito Administrativo – O Novo Regime do Código do Procedimento Administrativo*, Coimbra, 2015, pág. 100).

É de qualquer modo preciso não perder de vista o caráter tentativo da conferência procedimental. A respetiva convocação não implica o encerramento dos procedimentos nos quais deveriam ser praticados os diversos atos envolvidos, mas apenas a suspensão dos prazos para a conclusão de cada um deles (n.º 1, *in fine*). Isto significa que, em caso de insucesso da conferência, por se não ter concretizado o acordo da totalidade dos órgãos participantes, a situação procedimental retorna ao momento anterior ao da convocação, com a consequente reabertura dos procedimentos suspensos.

2 – O n.º 5 preceitua, na sua primeira parte, que "A pronúncia desfavorável de qualquer dos participantes na conferência deliberativa determina o indeferimento das pretensões apreciadas na conferência, salvo se ...". A escolha do termo *indeferimento* não parece ter sido a mais idónea, devido ao risco de induzir um entendimento erróneo.

As conferências procedimentais destinam-se a proporcionar uma conformação integrada e global de uma situação complexa envolvendo o exercício das competências de diversos órgãos da Administração Pública. Como resulta do n.º 4, o objeto da conferência é uma pretensão de uma certa decisão global sobre um projeto, de permissão de uma atividade, de regulação em certo sentido de um bem ou situação.

Quanto ao resultado positivo para o interessado, é preciso distinguir entre as conferências deliberativas e as de coordenação.

Se se trata de *conferência deliberativa*, o momento conclusivo consiste na prática de um ato administrativo de conteúdo complexo e tendo por autores todos os órgãos participantes, que para o efeito exercem uma competência conjunta que para eles resulta do ato de instituição (artigos 77.º, n.os 2 e 3, alínea a), e 78.º, n.º 3, alínea d)). Tratar-se-á de um verdadeiro ato administrativo, que põe termo também ao procedimento ou procedimentos sobre o qual ou os quais se veio incrustar o procedimento assessório da conferência procedimental (n.º 2, alínea a), e n.º 3 deste artigo 81.º). Esse ato será impugnável, administrativa e jurisdicionalmente, por eventuais contra-interessados.

Se teve lugar uma *conferência de coordenação*, o momento conclusivo positivo consiste na prática simultânea, por cada um dos órgãos participantes, dos atos necessários à conformação global da situação complexa objeto da conferência. Tais atos correspondem às competências próprias de cada um dos órgãos (artigos 77.º, n.º 3, alínea b), e n.º 5, 79.º, n.º 7 e 81.º, n.º 2, alínea a), e n.º 3). Tratar-se-á de atos administrativos e, eventualmente, de atos procedimentais preparatórios, nomeadamente com a natureza de parecer. Os atos administrativos serão impugnáveis por contra-interessados nos termos gerais.

No tocante, agora, ao *insucesso da conferência procedimental*, convém distinguir entre conferência deliberativa e conferência de coordenação.

3 – Na *conferência deliberativa*, a pronúncia desfavorável de qualquer dos participantes impede a prática de um único ato favorável de conteúdo complexo (artigos 77.º, n.º 3, alínea a), e 81.º, n.ºs 4 e 5). Mas esta improcedência da conferência procedimental deliberativa não significa a prática de um ato administrativo negativo ou de indeferimento, contra o qual se possa reagir através de ação administrativa para obter a condenação dos órgãos participantes à prática do ato único de conteúdo complexo com o fundamento de ele haver sido ilegalmente omitido ou recusado. O "indeferimento" aqui, se dele se pode falar, é tão só a recusa de utilizar o procedimento assessório como sede de conformação conjunta da situação complexa. O efeito jurídico desta "falta de acordo" (n.º 4 deste artigo 81.º) consiste no termo da suspensão dos procedimentos nos quais deverão ser praticados os vários atos envolvidos (n.º 1), os quais começam novamente a correr para que aí sejam fragmentariamente tais atos praticados.

A inexistência de um ato final negativo que negasse pelo seu conteúdo complexo a série de efeitos jurídicos a produzir pelos vários "atos envolvidos" resulta com clareza de uma série de elementos do procedimento:

- a circunstância de os prazos para conclusão dos procedimentos nos quais deveriam ser praticados os vários atos envolvidos haverem ficado suspensos no decurso do prazo para a realização da conferência procedimental, o que significa que, finda a conferência sem êxito, aqueles prazos recomeçam a correr (n.º 1);
- a circunstância de aquilo em que consiste o fim desprovido de êxito da conferência ser o termo do respetivo prazo sem que o ato ou atos que visava preparar tenham sido praticados e, porventura, a manutenção da situação verificada no momento em que a conferência principiou (n.º 2, alínea b));

- a circunstância de a falta de acordo não ser de molde a regular definitivamente a situação também porque os órgãos participantes deverão, sempre que possível, especificar as alterações que considerarem necessárias à conformação favorável da situação complexa (n.os 4 e 5);
- a circunstância de não ficar absolutamente vedada a repetição da conferência, o que mostra não ter havido uma recusa definitiva da pretensão substantiva do interessado (n.os 5 e 7);
- a circunstância de poderem os órgãos participantes que não tenham apresentado objeções quanto à matéria da sua competência praticar individualmente os atos que lhes competem, no prazo de oito dias a contar do termo da conferência (n.º 6);
- a circunstância de atos praticados no decurso da conferência abortada serem suscetiveis de aproveitamento ulterior (n.º 8).

Em suma, na falta de acordo de todos os órgãos participantes na conferência deliberativa quanto à satisfação de uma pretensão respeitante a um projeto ou a uma atividade, ou à regulação de um bem ou de uma situação, o efeito é o termo da suspensão dos prazos para conclusão dos procedimentos nos quais novamente deverão ser praticados os atos envolvidos. A competência conjunta cessa e cada órgão readquire a sua competência específica.

4 – Da letra do n.º 5 resulta com clareza que ele respeita apenas à conferência deliberativa. Verifica-se assim uma relativa disparidade com o regime da conclusão da *conferência de coordenação*, explicável pela diferente finalidade de ambas no tocante aos atos conclusivos.

Mas a conferência de coordenação também é abrangida pelos n.os 1 a 4. Portanto, ela finda quando não tenham sido praticados no prazo para a realização todos os atos que visa preparar (n.os 1 a 3). E os órgãos participantes que não hajam praticado atos visados emitirão declarações para a ata nos termos do n.º 4.

A diferença no modo de conclusão dos dois tipos de conferência reside na forma de conduta dos órgãos que não tenham apresentado objeções quanto à matéria da sua competência. Na conferência deliberativa, aquilo que poderão fazer, nos termos do n.º 6, é a prática individual do ato administrativo que lhes compete no prazo de oito dias a contar do termo da conferência. O exercício deste poder interfere naquilo que seria de outro modo a reabertura do procedimento inicial suspenso nos termos do n.º 1, a qual perde razão de ser. Mas, embora se possa entender que idêntico procedimento possa ser adotado no quadro da conferência de coordenação, extrai-se, quanto a esta, do disposto no n.º 3 que os órgãos participantes não objetores também poderão praticar os atos de sua competência logo no termo desta, sem prejuízo de outros órgãos entenderem não tomar as decisões favoráveis correspondentes ao exercício das suas competências. É esse o significado da referência à prática de *atos decisórios* no termo da conferência, no n.º 3, sem qualquer reserva quanto à indispensabilidade, para o efeito, de uma decisão contextual, com prática simultânea de todos os atos visados.

Por maioria de razão, não faria sentido detetar na falta da prática de atos visados em conferência de coordenação a emissão de atos administrativos de indeferimento. A prática de atos administrativos isolados apenas se encontra prevista para a emissão de atos favoráveis. A prática de atos negativos inviabilizaria a possibilidade de repetição da conferência e a prática individual de atos administrativos está reservada, nos termos do n.º 6, aos órgãos que não tenham apresentado objeções.

5 – A introdução das conferências procedimentais no Direito Administrativo geral poderá vir a revelar-se um importante instrumento de reforma administrativa, ajudando a romper o nó górdio formado pela acumulação de competências de múltiplos órgãos cujo exercício se torna necessário na conformação de situações complexas. Para o efeito, será no entanto indispensável que os órgãos competentes – desde logo o Governo e os Governos das Regiões Autónomas – dinamizem o instituto graças ao recurso aos atos de instituição para delimitar o âmbito material e organizacional das conferências e concretizar as soluções procedimentais do Código à luz das caraterísticas dos diferentes campos de aplicação.

SC

Capítulo IV
DO DIREITO À INFORMAÇÃO

Artigo 82.º
Direito dos interessados à informação

1 – Os interessados têm o direito de ser informados pelo responsável pela direção do procedimento, sempre que o requeiram, sobre o andamento dos procedimentos que lhes digam diretamente respeito, bem como o direito de conhecer as resoluções definitivas que sobre eles forem tomadas.

2 – As informações a prestar abrangem a indicação do serviço onde o procedimento se encontra, os atos e diligências praticados, as deficiências a suprir pelos interessados, as decisões adotadas e quaisquer outros elementos solicitados.

3 – As informações solicitadas ao abrigo do presente artigo são fornecidas no prazo máximo de 10 dias.

4 – Nos procedimentos eletrónicos, a Administração deve colocar à disposição dos interessados, na Internet, um serviço de acesso restrito, no qual aqueles possam, mediante prévia identificação, obter por via eletrónica a informação sobre o estado de tramitação do procedimento.

5 – Salvo disposição legal em contrário, a informação eletrónica sobre o andamento dos procedimentos abrange os elementos mencionados no n.º 2.

ORIGEM DO TEXTO:

Corresponde ao anterior artigo 61.º.
Reproduz sem alterações o projeto final da comissão de revisão.

COMENTÁRIO:

1 – Não há diferenças de fundo a assinalar em relação ao regime do anterior artigo 61.º, nem a nova formulação adotada no n.º 1 – "*procedimentos que lhes digam diretamente respeito*" – em substituição da antiga – "*procedimentos em que sejam diretamente interessados*" – exprime uma intenção restritiva do alcance do direito à informação procedimental. Este preceito respeita apenas ao direito à informação dos interessados, tal como anunciado na sua epígrafe, razão pela qual também se substitui, logo no início do n.º 1, a expressão "*particulares*", que constava da anterior versão da norma, por "*interessados*".

2 – Por outro lado, os novos n.os 4 e 5 regulam o exercício do direito à informação no âmbito dos procedimentos administrativos electrónicos, prevendo que a Administração coloque à disposição dos interessados um serviço de acesso restrito, na *internet*, no qual se possa obter a informação sobre o estado do processo, fornecendo os mesmos elementos tal como se o procedimento tivesse suporte *físico*.

MGG/TM

Artigo 83.º

Consulta do processo e passagem de certidões

1 – Os interessados têm o direito de consultar o processo que não contenha documentos classificados ou que revelem segredo comercial ou industrial ou segredo relativo à propriedade literária, artística ou científica.

2 – O direito referido no número anterior abrange os documentos relativos a terceiros, sem prejuízo da proteção dos dados pessoais nos termos da lei.

3 – Os interessados têm o direito, mediante o pagamento das importâncias que forem devidas, de obter certidão, reprodução ou declaração autenticada dos documentos que constem dos processos a que tenham acesso.

ORIGEM DO TEXTO:

Corresponde ao anterior artigo 62.º.
Reproduz sem alterações o projeto final da comissão de revisão.

COMENTÁRIO:

Apenas o n.º 2 contém uma alteração em face do estatuído no anterior artigo 63.º, desaparecendo a referência a que o direito de consulta abrangia os documentos nominativos relativos a terceiros, desde que excluídos os dados pessoais que não sejam públicos. O desaparecimento da referência aos documentos nominativos é uma decorrência do abandono deste conceito no âmbito da legislação europeia e nacional sobre proteção de dados.

MGG/TM

Artigo 84.º

Certidões independentes de despacho

1 – Os serviços competentes são obrigados a passar aos interessados, independentemente de despacho e no prazo máximo de 10 dias, a contar da apresentação do requerimento, certidão, reprodução ou declaração autenticada de documentos de que constem, consoante o pedido, todos ou alguns dos seguintes elementos:

- *a)* **Data de apresentação de requerimentos, petições, reclamações, recursos ou documentos semelhantes;**
- *b)* **Conteúdo dos documentos referidos na alínea anterior ou pretensão nestes formulada;**
- *c)* **Andamento que tiveram ou situação em que se encontram os documentos a que se refere o n.º 1;**
- *d)* **Resolução tomada ou falta de resolução.**

2 – O dever estabelecido no número anterior não abrange os documentos classificados ou que revelem segredo comercial ou industrial ou segredo relativo à propriedade literária, artística ou científica.

3 – Quando os elementos constem de procedimentos informatizados, as certidões, reproduções ou declarações previstas no

n.º 1 são passadas, com a devida autenticação, no prazo máximo de três dias, por via eletrónica ou mediante impressão nos serviços da Administração.

ORIGEM DO TEXTO:

Corresponde ao anterior artigo 63.º.
Reproduz sem alterações o projeto final da comissão de revisão.

COMENTÁRIO:

Não são de assinalar alterações ao regime anterior, salvo o aditamento de um novo n.º 3, destinado a regular a passagem de certidões, as reproduções ou as declarações autenticadas de documentos, no caso de os elementos constarem de procedimentos informatizados. Nesta hipótese, o pedido dos interessados deve ser satisfeito no prazo de três dias, por via eletrónica ou mediante impressão nos serviços da Administração.

MGG/TM

Artigo 85.º

Extensão do direito à informação

1 – Os direitos reconhecidos nos artigos 82.º a 84.º são extensivos a quaisquer pessoas que provem ter interesse legítimo no conhecimento dos elementos que pretendam.

2 – O exercício dos direitos previstos no número anterior depende de despacho do dirigente do serviço, exarado em requerimento escrito, instruído com os documentos probatórios do interesse legítimo invocado.

ORIGEM DO TEXTO:

Corresponde ao anterior artigo 64.º.
Reproduz sem alterações o projeto final da comissão de revisão.

COMENTÁRIO:

Não há diferenças de regime a assinalar em face do anterior artigo 64.º, para além da adaptação das remissões à nova numeração dos artigos.

MGG/TM

Capítulo V

DOS PRAZOS

Artigo 86.º

Prazo geral

1 – Exceto quanto ao prazo de decisão do procedimento e na falta de disposição especial ou de fixação pela Administração, o prazo para os atos a praticar pelos órgãos administrativos é de 10 dias.

2 – É igualmente de 10 dias o prazo para os interessados requererem ou praticarem quaisquer atos, promoverem diligências, responderem sobre os assuntos acerca dos quais se devam pronunciar ou exercerem outros poderes no procedimento.

ORIGEM DO TEXTO:

Corresponde ao anterior artigo 71.º.
Reproduz sem alterações o projeto final da comissão de revisão.

COMENTÁRIO:

Mantém-se o prazo geral de 10 dias para a prática de atos pelos órgãos administrativos (n.º 1), bem como para os interessados (n.º 2). Mantém-se igualmente a natureza supletiva deste prazo, o qual pode ser afastado por disposição especial ou por vontade da Administração, que fixará prazo diferente para a prática de determinado ato, devendo – embora o Código não o diga expressamente –, para o efeito, justificar a razão pela qual se afasta do prazo geral. Já o prazo para a decisão do procedimento segue um regime especial, previsto no artigo 128.º.

MGG/TM

Artigo 87.º

Contagem dos prazos

À contagem dos prazos são aplicáveis as seguintes regras:

a) **O prazo começa a correr independentemente de quaisquer formalidades;**
b) **Não se inclui na contagem o dia em que ocorra o evento a partir do qual o prazo começa a correr;**
c) **O prazo fixado suspende-se nos sábados, domingos e feriados;**
d) **Na contagem dos prazos legalmente fixados em mais de seis meses, incluem-se os sábados, domingos e feriados;**
e) **É havido como prazo de um ou dois dias o designado, respetivamente, por 24 ou 48 horas;**
f) **O termo do prazo que coincida com dia em que o serviço perante o qual deva ser praticado o ato não esteja aberto ao público, ou não funcione durante o período normal, transfere-se para o primeiro dia útil seguinte;**
g) **Considera-se que o serviço não está aberto ao público quando for concedida tolerância de ponto, total ou parcial.**

ORIGEM DO TEXTO:

Corresponde ao anterior artigo 72.º.

Reproduz o projeto final da comissão de revisão, apenas com a diferença de que, na alínea c) do projeto, se falava do "prazo fixado *em dias*".

COMENTÁRIO:

Corresponde quase integralmente ao disposto no anterior artigo 72.º, apesar de uma nova distribuição das regras já existentes, arrumadas agora em diferentes alíneas. Com efeito, as alíneas a), b), c), d) e f) correspondem ao regime fixado anteriormente.

São de assinalar, contudo, duas clarificações: por um lado, a regra, constante da alínea e), segundo a qual os prazos designados em horas (24 ou 48) se contam em dias (1 ou 2) e, por outro, a estabilização do entendimento, constante da alínea g), nos termos do qual, para efeitos de definição do termo do prazo, o serviço não se encontra aberto ao público quando for concedida tolerância de ponto, total ou parcial, o que bem se entende por identidade de razões com a situação na qual o serviço não está aberto ao público.

MGG/TM

Artigo 88.º

Dilação

1 – Quando os interessados residam ou se encontrem fora do continente e neste se localize o serviço por onde o procedimento corra, os prazos fixados na lei, se não atenderem já a essa circunstância, só se iniciam depois de decorridos:

a) **Cinco dias, se os interessados residirem ou se encontrarem no território das regiões autónomas;**
b) **15 dias, se os interessados residirem ou se encontrarem em país estrangeiro europeu;**
c) **30 dias, se a notificação tiver sido efetuada por edital ou se os interessados residirem em país estrangeiro fora da Europa.**

2 – A dilação prevista na alínea a) do número anterior é igualmente aplicável se o procedimento correr em serviço localizado numa Região Autónoma e os interessados residirem ou se encon-

trarem noutra ilha da mesma Região Autónoma, na outra Região Autónoma ou no continente.

3 – As dilações previstas nas alíneas b) e c) do n.º 1 são também aplicáveis aos procedimentos que corram em serviços localizados nas regiões autónomas.

4 – Sem prejuízo do disposto nos números anteriores, sempre que a notificação não se encontre traduzida na língua do interessado estrangeiro ou numa outra língua que este possa entender sem constrangimentos excessivos, há lugar a uma dilação de 30 dias.

5 – As dilações previstas no presente artigo não se aplicam quando os atos e formalidades em causa sejam praticados através de meios eletrónicos.

ORIGEM DO TEXTO:

Corresponde ao anterior artigo 73.º.
Reproduz sem alterações o projeto final da comissão de revisão.

COMENTÁRIO:

1 – O regime de dilação dos prazos não sofreu alterações significativas em face do disposto no anterior artigo 73.º, registando-se apenas a introdução de uma situação nova à qual também se aplica a dilação do prazo (n.º 4). Diz-se agora que, uma vez notificado um interessado de nacionalidade estrangeira, e não estando a notificação traduzida na sua língua de origem ou noutra língua de compreensão acessível, como o Inglês, há lugar a uma dilação de 30 dias. A intenção da norma é a de não prejudicar o exercício dos direitos dos interessados, por razões ligadas à menor capacidade de perceção da língua portuguesa.

2 – Também por razões óbvias, não há lugar a qualquer dilação do prazo quando os atos e as formalidades em causa sejam praticados através de meios eletrónicos (n.º 5). Se a razão de ser da dilação do prazo assenta na distância dos interessados em relação ao serviços administrativos e, como tal, no maior lapso de tempo que, designadamente, a correspondência demora a chegar aos destinatários, é natural que não se aplique qualquer dilação quando as comunicações se fazem por via eletrónica.

MGG/TM

Capítulo VI
DAS MEDIDAS PROVISÓRIAS

Artigo 89.º
Admissibilidade de medidas provisórias

1 – Em qualquer fase do procedimento, pode o órgão competente para a decisão final, oficiosamente ou a requerimento dos interessados, ordenar as medidas provisórias que se mostrem necessárias, se houver justo receio de, sem tais medidas, se constituir uma situação de facto consumado ou se produzirem prejuízos de difícil reparação para os interesses públicos ou privados em presença, e desde que, uma vez ponderados esses interesses, os danos que resultariam da medida se não mostrem superiores aos que se pretendam evitar com a respetiva adoção.

2 – A decisão de ordenar ou alterar qualquer medida provisória não carece de audiência prévia, deve ser fundamentada e fixar prazo para a sua vigência.

3 – A revogação das medidas provisórias deve ser fundamentada.

4 – Os atos administrativos que ordenem medidas provisórias são passíveis de impugnação junto dos tribunais administrativos.

ORIGEM DO TEXTO:

Corresponde ao anterior artigo 84.º.
Reproduz sem alterações o projeto final da comissão de revisão.

COMENTÁRIO:

1 – À luz do novo regime, a adoção de medidas provisórias, para além da finalidade de defesa do interesse público, pode prosseguir igualmente a missão de salvaguarda de interesses privados em presença no procedimento, de modo a que estes não fiquem irremediavelmente afetados ou prejudicados.

2 – Há outra inovação importante a registar: a adoção de medidas provisórias não se basta com o satisfação do critério da sua *necessidade* e com a *existência de um perigo de lesão dos interesses em presença*, sendo agora necessário apelar ao princípio da proporcionalidade, na dimensão de proporcionalidade *stricto sensu*, com vista a apurar se os danos que resultam da adoção da medida são superiores aos que se pretendem evitar com a respetiva adoção.

3 – Também inovatoriamente, diz-se agora que a decisão de ordenar a medida provisória não carece de audiência prévia (n.º 2), o que só pode compreender-se em face da urgência subjacente à sua adoção.

4 – Para que não restem dúvidas, o n.º 4 dá conta do princípio geral de impugnação de atos administrativos, que não poderia deixar aqui de aplicar-se, caindo a referência que anteriormente era feita ao recurso hierárquico necessário.

MGG/TM

ARTIGO 90.º

Caducidade das medidas provisórias

Salvo disposição especial, as medidas provisórias caducam quando:

a) **Seja proferida decisão definitiva no procedimento;**
b) **Expire o prazo que lhes tenha sido fixado ou a respetiva prorrogação;**

c) **Expire o prazo fixado na lei para a decisão final;**
d) **A decisão final não seja proferida dentro dos 180 dias seguintes à instauração do procedimento.**

ORIGEM DO TEXTO:

Corresponde ao anterior artigo 85.º.
Reproduz sem alterações o projeto final da comissão de revisão.

COMENTÁRIO:

Há uma inovação importante a assinalar em face do regime anterior. No anterior artigo 85.º, o decurso do prazo de seis meses apenas determinava, nos termos da alínea d), a caducidade da medida no caso de não estar estabelecido um prazo para a decisão final. Agora, o decurso do prazo de 180 dias após a instauração do procedimento determina sempre a caducidade da medida provisória, independentemente de estar estabelecido prazo superior a este para a decisão final (determinado por lei ou pela Administração), o que vem reforçar o caráter temporalmente limitado destas medidas.

MGG/TM

Capítulo VII

DOS PARECERES

Artigo 91.º

Espécies de pareceres

1 – Os pareceres são obrigatórios ou facultativos, consoante sejam ou não exigidos por lei, e são vinculativos ou não vinculativos, conforme as respetivas conclusões tenham ou não de ser seguidas pelo órgão competente para a decisão.

2 – Salvo disposição expressa em contrário, os pareceres legalmente previstos consideram-se obrigatórios e não vinculativos.

ORIGEM DO TEXTO:

Corresponde ao anterior artigo 98.º.
Reproduz sem alterações o projeto final da comissão de revisão.

COMENTÁRIO:

Não há diferenças de regime a assinalar em relação ao anterior artigo 98.º. Mantém-se, portanto, a distinção entre pareceres obrigatórios e facultativos e, dentro daqueles, entre vinculativos e não vinculativos (n.º 1). Por outro lado, na ausência de disposição expressa, os pareceres consideram-se obrigatórios e não vinculativos, ou seja, a sua emissão tem de ser solicitada ao órgão competente, mas as respetivas conclusões não têm de ser seguidas pelo órgão responsável pela decisão (n.º 2).

MGG/TM

Artigo 92.º

Forma e prazos dos pareceres

1 – Os pareceres devem ser sempre fundamentados e concluir de modo expresso e claro sobre todas as questões indicadas na consulta.

2 – O responsável pela direção do procedimento deve solicitar, sempre que possível em simultâneo, aos órgãos competentes a emissão dos pareceres a que haja lugar logo que, perante a marcha do procedimento, estejam reunidos os pressupostos para tanto.

3 – Na falta de disposição especial, os pareceres são emitidos no prazo de 30 dias, exceto quando o responsável pela direção do procedimento fixar, fundamentadamente, prazo diferente.

4 – O prazo diferente previsto no número anterior não deve ser inferior a 15 dias nem superior a 45 dias.

5 – Quando um parecer obrigatório não for emitido dentro dos prazos previstos no número anterior, pode o procedimento

prosseguir e vir a ser decidido sem o parecer, salvo disposição legal expressa em contrário.

6 – No caso de o parecer obrigatório ser vinculativo, a decisão final só pode ser proferida sem a prévia emissão daquele desde que o responsável pela direção do procedimento tenha interpelado, no prazo de 10 dias, o órgão competente para o emitir, sem que este o tenha feito no prazo de 20 dias a contar dessa interpelação.

ORIGEM DO TEXTO:

Corresponde ao anterior artigo 99.º.

O teor do artigo é diferente do que constava do projeto final da comissão de revisão, que era o seguinte:

Artigo 92.º

Forma e prazos dos pareceres

1 – Os pareceres devem ser sempre fundamentados e concluir de modo expresso e claro sobre todas as questões indicadas na consulta.

2 – O responsável pela direção do procedimento deve solicitar, sempre que possível em simultâneo, aos órgãos competentes a emissão dos pareceres a que haja lugar logo que, perante a marcha do procedimento, estejam reunidos os pressupostos para tanto.

3 – Na falta de disposição especial, os pareceres são emitidos no prazo de 30 dias, exceto quando o responsável pela direção do procedimento fixar, fundamentadamente, prazo diferente.

4 – O prazo diferente previsto no número anterior não deve ser inferior a 15 dias nem superior a 45 dias.

5 – Quando um parecer obrigatório não for emitido dentro dos prazos previstos nos números anteriores, considera-se haver concordância com a pretensão formulada pelo interessado ou com o interesse prosseguido pelo órgão da Administração Pública, salvo disposição legal expressa em contrário.

6 – No caso de o parecer obrigatório ser vinculativo, a decisão final só pode ser proferida sem a prévia emissão daquele desde que o responsável pela direção do procedimento tenha interpelado o órgão competente para o emitir.

7 – A interpelação a que se refere o número anterior deve ser efetuada decorridos 10 dias, a contar do termo do prazo em que o parecer devia ter sido emitido, devendo o órgão competente, nesse caso, emitir o parecer no prazo de 20 dias.

COMENTÁRIO:

Há três inovações a assinalar em face do regime anterior:

a) a primeira (n.º 2), de ordem procedimental, é dirigida ao responsável pela direção do procedimento, no sentido de este solicitar, sempre que possível, a emissão dos vários pareceres em simultâneo, de modo a que a conclusão do procedimento não fique comprometida ou se arraste, aguardando pela emissão dos vários pareceres em causa;
b) a segunda (n.º 4), traduzida na definição de um limite temporal para a fixação do prazo de emissão do parecer pelo responsável pela direção do procedimento. Diz-se agora que o prazo para a emissão do parecer apenas pode ser alargado até ao limite dos 45 dias, o que exprime uma intenção do legislador de imprimir celeridade ao andamento do procedimento. Por outro lado, o prazo não pode ser inferior a 15 dias, o que poderia fazer perigar a qualidade da pronúncia do órgão consultivo;
c) a terceira (n.º 6) ocupa-se da situação na qual o parecer obrigatório e vinculativo não é emitido dentro do prazo. De modo a evitar a paralisação do procedimento por tempo indeterminado, a lei autoriza que seja proferida decisão final, ainda que na ausência do parecer. Para o efeito, o órgão responsável pela direção do procedimento deve interpelar, no prazo de 10 dias, o órgão competente para a emissão do parecer, o qual disporá de 20 dias suplementares para se pronunciar. Isto dito, o Código admite que, por determinação

legal expressa, outras soluções sejam contempladas na lei (n.º 5, parte final), ou seja, que a emissão de certos pareceres obrigatórios (incluindo, naturalmente, aqueles que são vinculativos) continue a ser imprescindível para a tomada de decisão final, o que contém a abertura para a consideração de dois tipos de pareceres obrigatórios – aqueles cuja falta pode ser superada e aqueles outros em que tal não é possível –, eventualmente atendendo ao carácter e à importância dos interesses subjacentes à sua emissão, os quais não podem deixar de ser ponderados pelo legislador.

MGG/TM

Capítulo VIII

DA EXTINÇÃO DO PROCEDIMENTO

Artigo 93.º

Causas de extinção

O procedimento extingue-se pela tomada da decisão final ou por qualquer dos outros factos previstos no presente Código.

ORIGEM DO TEXTO:

Corresponde ao anterior artigo 106.º.
Reproduz sem alterações o projeto final da comissão de revisão.

COMENTÁRIO:

Não há diferenças de regime a assinalar em face do anterior artigo 106.º. A propósito das causas de extinção do procedimento do ato administrativo, regem os artigos 126.º e segs..

Artigo 94.º

Decisão final

1 – Na decisão final, o órgão competente deve resolver todas as questões pertinentes suscitadas durante o procedimento e que não hajam sido decididas em momento anterior.

2 – À decisão final proferida através de meios eletrónicos deve ser aposta assinatura eletrónica ou outro meio idóneo de autenticação do titular do órgão competente, nos termos de legislação própria, o qual deve ser devidamente identificado.

ORIGEM DO TEXTO:

Corresponde ao anterior artigo 107.º.
Reproduz sem alterações o projeto final da comissão de revisão.

COMENTÁRIO:

Em face do anterior artigo 107.º, acrescenta-se a referência à decisão final proferida através de meios eletrónicos, à qual deve ser aposta a assinatura eletrónica ou outro meio idóneo de autenticação do titular do órgão competente, nos termos da legislação própria (cfr. Decretos-Leis n.os 290-D/99, de 2 de agosto, e 116-A/2006, de 16 de junho, ambos alterados e republicados pelo Decreto-Lei n.º 88/2009, de 9 de abril).

Por outro lado, desaparece a referência, quer na epígrafe do artigo, quer no n.º 1, à decisão final *expressa*, do que se depreende que a decisão final é sempre expressa e que o ato tácito não traduz uma verdadeira e própria decisão.

MGG/TM

Artigo 95.º

Impossibilidade ou inutilidade superveniente

1 – O procedimento é declarado extinto quando o órgão competente para a decisão verifique que a finalidade a que ele se destinava ou o objeto da decisão se tornaram impossíveis ou inúteis.

2 – A declaração da extinção a que se refere o número anterior é sempre fundamentada, podendo ser impugnada nos termos gerais.

ORIGEM DO TEXTO:

Corresponde ao anterior artigo 112.º.
Reproduz sem alterações o projeto final da comissão de revisão.

COMENTÁRIO:

Não há diferenças de regime a assinalar em face do anterior artigo 112.º. A declaração de extinção do procedimento por impossibilidade ou inutilidade superveniente deve ser fundamentada e é suscetível de impugnação nos termos gerais.

MGG/TM

Título II

PROCEDIMENTO DO REGULAMENTO E DO ATO ADMINISTRATIVO

Artigo 96.º

Objeto

Além do disposto no título anterior, o procedimento do regulamento e do ato administrativo regem-se, respetivamente, pelos capítulos I e II do presente título.

ORIGEM DO TEXTO:

Não tem correspondência na versão anterior do Código. Reproduz sem alterações o projeto final da comissão de revisão.

COMENTÁRIO:

1 – O CPA passou a adotar, na sua Parte III, um novo figurino sistemático na regulação do procedimento do regulamento e do ato administrativo.

O Titulo I contém as disposições *comuns* às duas espécies de procedimentos administrativos.

O Titulo II comporta nos capítulos I e II as normas *específicas* que regem, respetivamente, o *procedimento administrativo do regulamento* e o *procedimento do ato administrativo.*

2 – Em sintonia com o novo modelo, do artigo 96.º resulta do que:

(i) o procedimento do regulamento rege-se pelas normas do regime comum do Título I (artigos 53.º a 95.º) e pelo disposto no capitulo I do Título II (artigos 97.º a 101.º);

(ii) o procedimento do ato administrativo é disciplinado pelo regime comum do Título I (artigos 53.º a 95.º) e pelas disposições do capítulo II do Título II (artigos 102.º a 134.º).

PH

Capítulo I

PROCEDIMENTO DO REGULAMENTO ADMINISTRATIVO

Artigo 97.º

Petições

1 – Os interessados podem apresentar aos órgãos competentes petições em que solicitem a elaboração, modificação ou revogação de regulamentos, as quais devem ser fundamentadas, sem o que a Administração não toma conhecimento delas.

2 – O órgão com competência regulamentar deve informar os interessados do destino dado às petições formuladas ao abrigo do n.º 1, bem como dos fundamentos da posição que tome em relação a elas.

ORIGEM DO TEXTO:

Corresponde ao anterior artigo 115.º.
Reproduz sem alterações o projeto final da comissão de revisão.

COMENTÁRIO:

1 – Este artigo mantém, inteiramente, o sentido normativo do anterior artigo 115.º, concretizando no CPA o direito constitucional de petição (vide artigo 52.º da CRP), nos precisos termos em que o fazia o artigo que o precedeu.

A ligeira modificação da redação do n.º 2 (onde antes se dizia «*informará*» passou a dizer-se «*deve informar*») visou, tão-só, dar cumprimento às exigências técnicas de legística formal (Anexo II à Resolução do Conselho de Ministros n.º 29/2011, de 11 de Julho, publicada no DR. N.º 131, Série I).

2 – Mantendo o essencial da redação anterior, o texto deste artigo continua a não fazer impender sobre a Administração o dever legal de decidir as petições dos interessados que solicitem a elaboração, modificação ou revogação de regulamentos.

Dever esse que não resulta de qualquer outra das normas que regem o procedimento do regulamento e também não decorre dos princípios gerais da actividade administrativa inscritos no Capítulo II da Parte I, pois que, de acordo com o *princípio da decisão* consagrado no artigo 13.º, os órgãos da administração só têm o *dever de decidir* os requerimentos que forem submetidos à sua apreciação desde que: *(i)* as pretensões dos interessados lhes digam directamente respeito *e dependam da prática de um ato administrativo*; *(ii)* o órgão competente não tenha praticado um ato administrativo, sobre o mesmo pedido formulado pelo mesmo particular, com os mesmos fundamentos, há menos de dois anos, contados desde a data da apresentação do requerimento.

Deste modo, as "petições, representações, reclamações ou queixas formuladas em defesa da Constituição das leis ou do interesse público" (artigo 13.º, n.º 1), bem como as petições para "elaboração, modificação ou revogação de regulamentos" (artigo 97.º, n.º 1) não constituem a Administração no dever procedimental de decidir as pretensões que lhe foram apresentadas, mas, tão-só, no dever de ponderar se, em razões delas, se justifica, ou não, dar início a um procedimento administrativo.

Assim:

(i) o procedimento administrativo do regulamento, mesmo quando tenha sido desencadeado por solicitação dos interessados, é sempre de iniciativa oficiosa;

(ii) a falta de decisão, de encaminhamento ou de informação sobre o destino das dessas pretensões não corresponde a incumprimento do dever de decisão.

Note-se, porém, que, nos termos previstos no artigo 137.º, quando a adoção de um regulamento seja necessária para dar exequibilidade a ato legislativo carente de regulamentação, se o regulamento não for emitido no prazo devido, os interessados directamente prejudicados pela situação de omissão podem requerer a emissão do regulamento ao órgão com competência na matéria, sem prejuízo de recurso à tutela jurisdicional (vide acção administrativa de condenação à emissão de normas prevista no artigo 77.º do CPTA, na redação introduzida pelo DL n.º 214-G/2015, de 2 de Outubro).

PH

Artigo 98.º

Publicitação do início do procedimento e participação procedimental

1 – O início do procedimento é publicitado na Internet, no sítio institucional da entidade pública, com a indicação do órgão que decidiu desencadear o procedimento, da data em que o mesmo se iniciou, do seu objeto e da forma como se pode processar a constituição como interessados e a apresentação de contributos para a elaboração do regulamento.

2 – Quando as circunstâncias o justifiquem, podem ser estabelecidos os termos de acompanhamento regular do procedimento por acordo endoprocedimental com as associações e fundações representativas dos interesses envolvidos e com as autarquias locais em relação à proteção de interesses nas áreas das respetivas circunscrições.

ORIGEM DO TEXTO:

Não tem correspondência na versão anterior do Código.
Reproduz sem alterações o projeto final da comissão de revisão.

COMENTÁRIO:

1 – O n.º 1, impondo a publicitação do início do procedimento – com "indicação do órgão que decidiu desencadear o procedimento, da data em que o mesmo se iniciou, do seu objeto e da forma como se pode processar a constituição como interessados e a apresentação de contributos para a elaboração do regulamento" – concretiza, neste domínio, o *princípio da transparência,* e, tendo em conta o conjunto das informações a publicar (em particular as duas últimas), é um novo instrumento, de grande importância, para, de acordo com os ditames dos artigos 12.º e 56.º, assegurar a efectivação do *direito de participação* dos interessados no procedimento regulamentar.

2 – O artigo 57.º, incluído nas disposições gerais do regime comum do procedimento administrativo habilita a Administração a celebrar acordos endoprocedimentais podendo o órgão competente para a decisão final: *(i)* no âmbito da discricionariedade procedimental, acordar, por escrito, com os interessados, *termos do procedimento* (n.º 1); *(ii)* celebrar contrato com os interessados para determinar no todo ou em parte, *o conteúdo discricionário do acto administrativo a praticar no termo do procedimento* (n.º 2).

Por sua vez, o n.º 2 deste artigo 98.º, visando flexibilizar e tornar mais eficaz o direito de participação, das entidades referidas, no *procedimento do regulamento*, não apenas em sede de audiência dos interessados ou de audiência pública, vem permitir «quando as circunstâncias o justifiquem» que *os termos do acompanhamento regular do procedimento* se estabeleçam «por acordo endoprocedimental com as associações e fundações representativas dos interesses envolvidos e comas autarquias locais em relação à proteção de interesses nas áreas das respetivas circunscrições».

PH

Artigo 99.º

Projeto de regulamento

Os regulamentos são aprovados com base num projeto, acompanhado de uma nota justificativa fundamentada, que deve incluir uma ponderação dos custos e benefícios das medidas projetadas.

ORIGEM DO TEXTO:

Corresponde ao anterior artigo 116.º.
Reproduz sem alterações o projeto final da comissão de revisão.

COMENTÁRIO:

1 – O anterior artigo 116.º tinha a seguinte redação: «Todo o projeto de regulamento é acompanhado de uma nota justificativa fundamentada».

Comparando as letras, é de salientar a alteração introduzida, na parte final do novo texto, a determinar que a nota justificativa fundamentada que acompanha o projecto de regulamento "*deve incluir uma ponderação dos custos e benefícios das medidas projetadas.*"

2 – O artigo não estabelece quaisquer regras relativas à elaboração do projecto.

Na falta de normas injuntivas especiais, de acordo com o ditame do artigo 96.º, aplicam-se as regras e princípios gerais.

Assim, nesta fase, o procedimento do regulamento rege-se pelo disposto no artigo 55.º, relativo à figura do *responsável pela direcção do procedimento*. Este artigo estabelece que a direcção do procedimento cabe ao órgão competente para a decisão final (n.º 1). Todavia, prevê, igualmente, que, salvo disposição legal, regulamentar ou estatutária em contrário, ou quando a isso obviarem as condições de serviço ou outras razões ponderosas, invocadas fundamentadamente no procedimento concreto ou em directiva interna respeitante a certos procedimentos, a regra é a de que o órgão competente para a decisão final delegue em inferior hierárquico seu, o poder de direção do procedimento. Portanto: *(i)* é ao responsável pelo procedimento que cabe identificar e ponderar os vários interesses envolvidos, elaborar e aprovar o *projecto* de regulamento, acompanhado da necessária nota justificativa fundamentada; *(ii)* em regra, o órgão responsável pela elaboração e aprovação do projecto, não é o órgão competente para a aprovação final do regulamento.

São igualmente aplicáveis os princípios da adequação formal (artigo 56.º) e do inquisitório (artigo 58.º), significando que o responsável pelo procedimento goza de discricionariedade na respectiva estruturação e pode proceder a quaisquer diligências que se revelem necessárias e adequadas, tudo sempre orientado pelos interesses públicos da participação, da eficiência, da economicidade e da celeridade.

PH

Artigo 100.º

Audiência dos interessados

1 – Tratando-se de regulamento que contenha disposições que afetem de modo direto e imediato direitos ou interesses legalmente protegidos dos cidadãos, o responsável pela direção do procedimento submete o projeto de regulamento por prazo razoável, mas não inferior a 30 dias, a audiência dos interessados que como tal se tenham constituído no procedimento.

2 – A audiência dos interessados pode ser escrita ou oral e processa-se, salvo quanto aos prazos, nos termos dos artigos 122.º e 123.º

3 – O responsável pela direção do procedimento pode não proceder à audiência quando:

***a)* A emissão do regulamento seja urgente;**
***b)* Seja razoavelmente de prever que a diligência possa comprometer a execução ou a utilidade do regulamento;**
***c)* O número de interessados seja de tal forma elevado que a audiência se torne incompatível, devendo nesse caso proceder-se a consulta pública;**
***d)* Os interessados já se tenham pronunciado no procedimento sobre as questões que importam à decisão.**

4 – Nas situações previstas no número anterior, a decisão final deve indicar os fundamentos da não realização da audiência.

5 – A realização da audiência suspende a contagem dos prazos do procedimento administrativo.

ORIGEM DO TEXTO:

Corresponde ao anterior artigo 117.º.
Reproduz sem alterações o projeto final da comissão de revisão.

COMENTÁRIO:

1 – A exemplo do que sucedia anteriormente, o CPA consagra dois modelos de participação procedimental: a audiência dos interessados (artigo 100.º) e a consulta pública (artigo 101.º).

Olhemos as principais alterações introduzidas no regime da audiência dos interessados.

Segundo a redação antiga (artigo 117.º, n.º 1), deviam ser submetidos à audiência dos interessados os projectos de regulamentos que *impusessem deveres, sujeições ou encargos*. Presentemente, de acordo com o disposto no artigo 100.º, n.º 1, só há lugar à audiência dos interessados quando se trate de regulamentos que contenham disposições que afetem de modo direto e imediato direitos ou interesses legalmente protegidos dos cidadãos, isto é, de regulamentos que incluam *normas imediatamente operativas*, cujos efeitos se produzam imediatamente, sem dependência de um acto concreto de aplicação.

2 – Anteriormente, segundo o disposto na parte final do n.º 1 do artigo 117.º, só tinham direito de audiência *as entidades representativas dos interesses afetados.*

O novo regime, no n.º 1 do artigo 100.º, por um lado, circunscreve a exigência de audiência aos procedimentos de regulamentos que contenham disposições imediatamente operativas, mas, por outro lado, nesse âmbito mais restrito, alarga a titularidade do direito a *todos* aqueles que se tenham constituído como *interessados* no procedimento.

Deste modo, a nova redação procede a um significativo alargamento do universo dos titulares do direito de audiência no procedimento de elaboração de normas regulamentares imediatamente operativas, pois que, como decorre do artigo 68.º, para este efeito, poderão constituir-se como interessados no procedimento não só os *particulares* directa e imediatamente afetados nos seus direitos ou interesses legalmente protegidos a que alude o artigo 100.º, n.º 1, mas também *outras pessoas singulares ou colectivas* em defesa de interesses colectivos, em defesa colectiva de interesses individuais (artigo 68.º, n.º 1) ou em defesa de direitos difusos (68.º, n.º 2). A constituição como interessadas no procedimento está, igualmente, aberta *a entidades públicas* em defesa de interesses difusos (artigo 68.º, n.º 2) ou em defesa de direitos ou interesses de que sejam titulares (artigo 68.º, n.º 4).

3 – No anterior artigo 117.º, previa-se que a audição sobre o projecto seria realizada *nos termos definidos em legislação própria* (que nunca foi publicada). Agora, a exequibilidade do regime deixou de estar dependente de publicação de qualquer outro diploma complementar, estabelecendo-se, no n.º 2 do artigo 100.º, que a audiência dos interessados se processa, salvo quanto aos prazos, nos termos dos artigos 122.º e 123.º.

O mesmo artigo determinava, genericamente, que podia não haver audiência quando a isso se opusessem *razões de interesse público*. Agora, o n.º 3 do artigo 100.º estabelece, em termos mais fechados e precisos, que a audiência só pode ser dispensada quando a emissão do regulamento seja urgente ou seja razoavelmente de prever que a diligência possa comprometer a execução ou a utilidade do regulamento, quando os interessados já se tenham pronunciado no procedimento sobre as questões que importam à decisão ou quando o número de interessados seja de tal forma elevado que a audiência se torne incompatível, devendo nesse caso proceder-se à consulta pública, nos termos do artigo 101.º.

4 – Resulta ainda do novo texto (artigo 100.º, n.º 1), em harmonia com o disposto no artigo 55.º, que a audiência dos interessados é conduzida pelo responsável do procedimento. Assim, a ele cumprirá, na prática, quando não for o órgão competente para a aprovação final do regulamento, submeter a este, para apreciação e decisão, relatório sobre os estudos feitos e as alegações sobre o projecto apresentadas pelos interessados ouvidos.

PH

Artigo 101.º

Consulta pública

1 – No caso previsto na alínea c) do n.º 3 do artigo anterior ou quando a natureza da matéria o justifique, o órgão competente deve submeter o projeto de regulamento a consulta pública, para recolha de sugestões, procedendo, para o efeito, à sua publicação na 2.ª série do Diário da República ou na publicação oficial da entidade pública, e na Internet, no sítio institucional da entidade em causa, com a visibilidade adequada à sua compreensão.

2 – Os interessados devem dirigir, por escrito, as suas sugestões ao órgão com competência regulamentar, no prazo de 30 dias, a contar da data da publicação do projeto de regulamento.

3 – No preâmbulo do regulamento, é feita menção de que o respetivo projeto foi objeto de consulta pública, quando tenha sido o caso.

ORIGEM DO TEXTO:

Corresponde ao anterior artigo 118.º.
Reproduz sem alterações o projeto final da comissão de revisão.

COMENTÁRIO:

Os n.os 2 e 3 reproduzem, sem qualquer modificação, os n.os 2 e 3 do anterior artigo 118.º.

Na parte inicial, o n.º 1 vem, em harmonia com o disposto na alínea c) do n.º 3 do artigo 100.º, determinar a obrigatoriedade de consulta pública nos procedimentos de regulamentos que contenham normas imediatamente operativas e nos quais não se tenha procedido a audiência prévia, por a mesma ser incompatível com o número elevado de interessados a ouvir.

A mais disso, na actual redação, com a adoção da fórmula "quando a natureza da matéria o justifique" em vez da anterior "quando a natureza da matéria o permita", a natureza da matéria passou a ser o fundamento da discussão pública e não mero limite à sua realização.

Por fim, com a supressão da expressão «nos termos a definir na legislação referida do artigo anterior», a exequibilidade do regime deixou de estar dependente da publicação de legislação complementar.

PH

Capítulo II
PROCEDIMENTO DO ATO ADMINISTRATIVO

Secção I
DA INICIATIVA PARTICULAR

Artigo 102.º
Requerimento inicial

1 – O requerimento inicial dos interessados, salvo nos casos em que a lei admite o pedido verbal, deve ser formulado por escrito e conter:

a) **A designação do órgão administrativo a que se dirige;**
b) **A identificação do requerente, pela indicação do nome, domicílio, bem como, se possível, dos números de identificação civil e identificação fiscal;**
c) **A exposição dos factos em que se baseia o pedido e, quando tal seja possível ao requerente, os respetivos fundamentos de direito;**
d) **A indicação do pedido, em termos claros e precisos;**
e) **A data e a assinatura do requerente, ou de outrem a seu rogo, se o mesmo não souber ou não puder assinar;**
f) **A indicação do domicílio escolhido para nele ser notificado;**
g) **A indicação do número de telefax ou telefone ou a identificação da sua caixa postal eletrónica, para os efeitos previstos no n.º 1 do artigo 63.º**

2 – Podem ser formulados num único requerimento vários pedidos, desde que entre eles exista conexão.

3 – Salvo disposição em contrário, podem ser formuladas num único requerimento as pretensões correspondentes a uma pluralidade de pessoas que tenham conteúdo e fundamento idênticos ou substancialmente similares.

ORIGEM DO TEXTO:

Corresponde ao anterior artigo 74.º.

O teor do artigo é diferente do que constava do projeto final da comissão de revisão, que era o seguinte:

Artigo 102.º
Requerimento inicial

1 – O requerimento inicial dos interessados, salvo nos casos em que a lei admite o pedido verbal, deve ser formulado por escrito e conter:

a) A designação do órgão administrativo a que se dirige;
b) A identificação do requerente;
c) A exposição dos factos em que se baseia o pedido e, quando tal seja possível ao requerente, os respetivos fundamentos de direito;
d) A indicação do pedido, em termos claros e precisos;
e) A data e a assinatura do requerente, ou de outrem a seu rogo, se o mesmo não souber ou não puder assinar;
f) A indicação do domicílio escolhido para nele ser notificado;
g) A indicação do número de telefax ou a identificação da sua caixa postal eletrónica, nos casos em que é necessário consentimento prévio para ser notificado por qualquer dessas vias.

2 – Em cada requerimento individual não pode ser formulado mais de um pedido, salvo se se tratar de pedidos alternativos ou subsidiários.

3 – Salvo disposição em contrário, podem ser formuladas num único requerimento as pretensões correspondentes a uma pluralidade de pessoas que tenham conteúdo e fundamento idênticos ou substancialmente similares.

COMENTÁRIO:

1 – O n.º 1 mantém integralmente, pela mesma ordem, no proémio e nas alíneas *a)* a *e)*, a indicação dos requisitos a observar pelo requerimento inicial que estavam previstos no n.º 1 do anterior artigo 74.º.

Deste modo, exactamente como decorria da redação precedente, salvo nos casos em que a lei admite o pedido verbal, a regra continua a ser a de que o pedido deve ser formulado por escrito e conter a designação do órgão administrativo a que se dirige, a identificação do requerente, a exposição dos fundamentos do pedido, a indicação do pedido em termos claros e precisos e a data e assinatura do requerente.

São novas as disposições das alíneas f) e g) do n.º 1, segundo as quais, o requerimento deve conter, respectivamente:

– *a indicação do domicílio escolhido para nele ser notificado*, em linha com a norma do artigo 112.º, n.º 1, alínea a) que abre a possibilidade de o notificado escolher o domicílio para o qual pretende ser notificado;
– *a indicação do número de telefax ou telefone ou a indicação da sua caixa postal electrónica,* no caso de o interessado querer, desde logo, dar o seu consentimento a que a Administração comunique consigo por telefax, telefone ou meios eletrónicos, de acordo com o previsto no n.º 1 do artigo 63.º.

2 – As disposições dos n.ºs 2 e 3 consubstanciam alterações ao regime anterior.

No n.º 2, abandonou-se a regra «para cada pretensão um requerimento», que constava do n.º 2 do anterior artigo 74.º, admitindo-se, agora, a formulação de mais do que um pedido, desde que entre eles haja conexão (cabem na previsão os pedidos acessórios ou complementares, os pedidos alternativos e os pedidos subsidiários) e a competência decisória seja comum aos vários pedidos.

3 – Este artigo, a exemplo do que sucedia no anterior artigo 74.º, não regula os requisitos do suporte físico do requerimento escrito.

Em relação ao requerimento eletrónico, está previsto no artigo 104.º, n.º 4, que ele *deve observar o formato definido, para cada caso, no sítio institucional da entidade pública.*

Já quanto ao requerimento em suporte de papel, o Código nada prevê.

A matéria está disciplinada no artigo 24.º do DL n.º 135/99, de 22 de Abril, na redacção do DL n.º 73/2014, de 13 de Maio (diploma que estabelece medidas de modernização administrativa). Prevê-se no n.º 1 desse artigo *que devem ser utilizadas folhas de papel normalizadas, brancas ou de cores pálidas de formato tipo A4 ou A5.* Todavia, o requisito é meramente indicativo, na medida em que no n.º 4 do mesmo artigo se estabelece que *não é permitida a recusa de aceitação ou tratamento de documentos de qualquer natureza com inadequação dos suportes em que estão escritos, desde que não fique prejudicada a sua legibilidade.*

PH

Artigo 103.º

Local de apresentação dos requerimentos

1 – Os requerimentos devem ser apresentados nos serviços dos órgãos aos quais são dirigidos, salvo o disposto nos números seguintes.

2 – Os requerimentos dirigidos aos órgãos centrais podem ser apresentados nos serviços locais desconcentrados do mesmo ministério ou organismo, quando os interessados residam na área da competência destes, ou nos gabinetes de apoio aos representantes da República nas regiões autónomas.

3 – Os requerimentos apresentados nos termos previstos no número anterior são remetidos aos órgãos competentes pelo registo do correio, ou por via eletrónica, no prazo de três dias após o seu recebimento, com a indicação da data em que este se verificou.

4 – Os requerimentos podem ser apresentados nos serviços das representações diplomáticas ou consulares sediadas no país em que residam ou se encontrem os interessados.

5 – As representações diplomáticas ou consulares remetem os requerimentos aos órgãos a quem sejam dirigidos, com a indicação da data em que se verificou o recebimento.

ORIGEM DO TEXTO:

Corresponde aos anteriores artigos 77.º e 78.º.
Reproduz sem alterações o projeto final da comissão de revisão.

COMENTÁRIO:

Este artigo aglutina as disposições anteriormente contidas nos artigos 77.º e 78.º, cuja disciplina adotou, no essencial, limitando-se a introduzir as modificações indispensáveis à adequação ao novo quadro jurídico resultante da Lei n.º 30/2008, de 10.7, e do DL n.º 114/2011, de 30.11, relativos, respetivamente, ao Estatuto do Representante da República nas Regiões Autónomas dos Açores e da Madeira e aos governos civis.

PH

Artigo 104.º

Forma de apresentação dos requerimentos

1 – Os requerimentos dirigidos a órgãos administrativos podem ser apresentados por uma das seguintes formas:

a) **Entrega nos serviços, valendo como data da apresentação a da respetiva entrega;**

b) Remessa pelo correio, sob registo, valendo como data da apresentação a da efetivação do respetivo registo postal;
c) Envio através de telefax ou transmissão eletrónica de dados, valendo como data da apresentação a do termo da expedição;
d) Envio por transmissão eletrónica de dados, valendo como data da apresentação a da respetiva expedição;
e) Formulação verbal, quando a lei admita essa forma de apresentação.

2 – Os requerimentos enviados por telefax ou transmissão eletrónica de dados podem ser apresentados em qualquer dia e independentemente da hora da abertura e do encerramento dos serviços.

3 – A Administração pode estabelecer modelos e sistemas normalizados de requerimentos, disponibilizando aos interessados os respetivos formulários.

4 – Os requerentes podem juntar os elementos que considerem convenientes para precisar ou completar os dados do modelo, os quais devem ser admitidos e tidos em conta pelo órgão ao qual se dirige o requerimento.

5 – O requerimento eletrónico deve observar o formato definido, para cada caso, no sítio institucional da entidade pública.

6 – Quando a lei admita a formulação verbal do requerimento, é lavrado termo para este efeito, o qual deve conter as menções previstas no n.º 1 do artigo 102.º e ser assinado, depois de datado, pelo requerente e pelo agente que receba o pedido.

ORIGEM DO TEXTO:

Não tem correspondência na versão anterior do Código.
Reproduz sem alterações o projeto final da comissão de revisão.

COMENTÁRIO:

1 – O regime anterior do CPA limitava-se a estabelecer que os requerimentos deviam ser apresentados nos serviços (artigo 77.º,

n.º 1) e que, salvo disposição em contrário, podiam ser remetidos pelo correio, com aviso de receção (artigo 79.º).

Agora, esta matéria passou a estar regulada de forma mais completa, em moldes similares aos do Código de Processo Civil, na parte em que disciplina a apresentação em juízo dos actos processuais (artigo 144.º, n.º 7), indicando as formas válidas de apresentação de requerimentos e fixando, em relação a cada uma delas, o momento que vale como data da apresentação.

Às formas de apresentação anteriormente previstas – *formulação verbal, entrega nos serviços e remessa pelo correio* – foram acrescentadas duas outras: *o envio através de telefax* (alínea c) do n.º 1) e *o envio por transmissão eletrónica de dados* (alínea d) do n.º 1).

A solução legislativa consagrada vem pôr cobro às perplexidades que existiam neste domínio relativamente à data a considerar como a da apresentação de requerimentos enviados por telefax, quer quando expedidos para além da hora de encerramento dos serviços, quer quando a expedição se iniciava ainda durante o decurso do horário de expediente, mas só vinha a completar-se para lá da hora do fecho.

É hoje claro que os requerimentos enviados por telefax podem ser apresentados em qualquer dia e independentemente da hora de abertura e do encerramento dos serviços (n.º 2), valendo como data da apresentação "a do termo da expedição" (n.º 1, al. c)).

2 – No novo n.º 3, este artigo (como já sucedia na prática e a coberto do disposto no artigo 17.º do diploma legal que estabelece medidas de modernização administrativa: DL n.º 135/99, de 22 de abril, na redacção do DL n.º 73/2014, de 13 de maio) concede à Administração a faculdade de estabelecer modelos e sistemas normalizados de requerimentos, disponibilizando aos interessados os respectivos formulários.

Porém, a utilização de modelos não pode coarctar ao requerente a possibilidade de explanar de forma cabal todos os elementos que considere relevantes para a sua pretensão. É o que resulta do n.º 4, que admite a junção, pelo requerente, dos elementos que considere convenientes para precisar ou completar os dados do modelo e faz impender sobre o órgão ao qual se dirige o requerimento o dever de os admitir e ter em conta.

3 – O n.º 6 corresponde, sem qualquer alteração, ao anterior artigo 75.º.

PH

Artigo 105.º

Registo de apresentação de requerimentos

1 – A apresentação de requerimentos, qualquer que seja o modo por que se efetue, é sempre objeto de registo, que menciona o respetivo número de ordem, a data, o objeto do requerimento, o número de documentos juntos e o nome do requerente.

2 – Os requerimentos são registados segundo a ordem da sua apresentação, considerando-se simultaneamente apresentados os recebidos pelo correio na mesma distribuição.

3 – O registo é anotado nos requerimentos, mediante a menção do respetivo número e data.

4 – Nos serviços que disponibilizem meios eletrónicos de comunicação, o registo da apresentação dos requerimentos deve fazer-se por via eletrónica.

ORIGEM DO TEXTO:

Corresponde ao anterior artigo 80.º.
Reproduz sem alterações o projeto final da comissão de revisão.

COMENTÁRIO:

1 – Os n.ºs 1 e 2 correspondem, sem qualquer alteração e pela mesma ordem, aos n.ºs 1, 2 e 3 do anterior artigo 80.º.

No n.º 3, onde se dizia «será anotado», passou a dizer-se «é anotado», alteração justificada apenas pelos ditames das regras da legística.

Só é novo o n.º 4, introduzido para adequar o preceito às especificidades próprias da utilização de meios eletrónicos de comunicação.

PH

2 – O n.º 4 deve ser interpretado em articulação com o disposto no n.º 1 do artigo 63.º, na alínea g) do n.º 1 do artigo 102.º e no n.º 2, alínea b), do artigo 112.º. Assim, o mero registo electrónico da apresentação do requerimento inicial não permite, por si só, que as futuras comunicações no procedimento se façam por via electrónica. Para que tal aconteça é necessário que no requerimento inicial o interessado identifique expressamente a caixa postal electrónica de que é titular. Caso contrário, as comunicações entre o interessado e a Administração processar-se-ão de acordo com o previsto nas alíneas a) e b) do n.º 1 do artigo 112.º, e isto sem prejuízo, claro está, de o interessado, em momento posterior, comunicar à Administração que deseja que as comunicações no procedimento tenham lugar por via electrónica, como decorre claramente do disposto no n.º 1 do artigo 63.º.

JMS

Artigo 106.º

Recibo de entrega de requerimentos

1 – Os interessados podem exigir recibo comprovativo da entrega dos requerimentos apresentados.

2 – O recibo pode ser passado em duplicado ou em fotocópia do requerimento que o requerente apresente para esse fim.

3 – O registo eletrónico emite automaticamente um recibo comprovativo da entrega dos requerimentos apresentados por transmissão eletrónica de dados, contendo a indicação da data e hora da apresentação e o número de registo.

ORIGEM DO TEXTO:

Corresponde ao anterior artigo 81.º.
Reproduz sem alterações o projeto final da comissão de revisão.

COMENTÁRIO:

1 – Os n.ºs 1 e 2 correspondem, sem qualquer alteração e pela mesma ordem, aos n.ºs 1 e 2 do anterior artigo 81.º.

O n.º 3 é novo e foi introduzido por razões de segurança, simplificação, celeridade e economia de meios, de acordo com as virtualidades da utilização da eletrónica no desempenho da actividade dos órgãos e serviços da Administração Pública.

2 – O artigo não se refere ao recibo de entrega de *documentos*.

A matéria está regulada no artigo 19.º do DL n.º 135/99, de 22 de Abril, na redacção do DL n.º 73/2014, de 13 de maio.

Segundo esse artigo, sempre que solicitado, é emitido recibo comprovativo da receção de documentos ou de cópia simples, em suporte digital ou de papel, dos mesmos, no qual se inscreve a data e hora de entrega, se esta for relevante para o efeito, bem como a sua descrição (n.º 1), sendo que o recibo comprovativo referido no n.º 1 é emitido automaticamente no caso de entrega de documentos através do balcão único eletrónico ou dos portais ou sítios da Internet dos serviços ou organismos competentes (n.º 4).

PH

Artigo 107.º

Outros escritos apresentados pelos interessados

O disposto na presente secção é aplicável, com as devidas adaptações, às exposições, reclamações, respostas e outros escritos semelhantes apresentados pelos interessados.

ORIGEM DO TEXTO:

O preceito corresponde sem alterações ao anterior artigo 82.º.

ARTIGO 108.º

Deficiência do requerimento inicial

1 – Se o requerimento inicial não satisfizer o disposto no artigo 102.º, o requerente é convidado a suprir as deficiências existentes.

2 – Sem prejuízo do disposto no número anterior, devem os órgãos e agentes administrativos procurar suprir oficiosamente as deficiências dos requerimentos, de modo a evitar que os interessados sofram prejuízos por virtude de simples irregularidades ou de mera imperfeição na formulação dos seus pedidos.

3 – São liminarmente rejeitados os requerimentos não identificados e aqueles cujo pedido seja ininteligível.

ORIGEM DO TEXTO:

Corresponde ao anterior artigo 76.º.
Reproduz sem alterações o projeto final da comissão de revisão.

COMENTÁRIO:

1 – O presente artigo consagra o princípio do *favorecimento de decisões de mérito*, reproduzindo a disciplina jurídica contida no anterior artigo 76.º quanto ao suprimento das deficiências dos requerimentos, de modo a evitar que os interessados sofram prejuízos por virtude de simples irregularidades ou de mera imperfeição na formulação dos seus pedidos.

2 – A alteração do n.º 1 (onde se dizia "o disposto no artigo 74.º" passou a dizer-se "o disposto no artigo 102.º") foi introduzida por mera necessidade de adequar a remissão à nova numeração do Código.

3 – No n.º 3, onde se lia "serão liminarmente indeferidos os requerimentos", passou a constar "serão liminarmente *rejeitados* os requerimentos".

A lei quis deixar claro que se trata de uma *decisão formal* de não apreciação do requerimento e não de uma decisão quanto ao mérito da pretensão.

PH

Artigo 109.º

Questões que prejudiquem o desenvolvimento normal do procedimento

1 – O órgão competente para a decisão final, logo que estejam apurados os elementos necessários, conhece de qualquer questão que prejudique o desenvolvimento normal do procedimento ou impeça a tomada de decisão sobre o seu objeto e, nomeadamente, das seguintes questões:

a) **Incompetência do órgão administrativo;**
b) **Caducidade do direito que se pretende exercer;**
c) **Ilegitimidade dos requerentes;**
d) **Extemporaneidade do pedido.**

2 – Quando o requerimento haja sido apresentado a órgão incompetente, é aplicável o disposto no artigo 41.º.

ORIGEM DO TEXTO:

Corresponde ao anterior artigo 83.º.
Reproduz sem alterações o projeto final da comissão de revisão.

COMENTÁRIO:

1 – O n.º 1 é, no essencial, idêntico ao preceito correspondente do anterior artigo 83.º. Reproduz integralmente as antecedentes alíneas a) a d) e, no corpo do preceito introduziram-se apenas duas alterações, precisando e aperfeiçoando a redação: onde se lia «o órgão administrativo » lê-se, presentemente, « o órgão competente para a decisão final» e onde se dizia «deve conhecer de qualquer questão» passou a dizer-se «conhece de qualquer questão».

2 – O n.º 2 foi acrescentado ao texto anterior, estabelecendo que, quando o requerimento haja sido apresentado a órgão incompetente, é aplicável o disposto no artigo 41.º.

Decorre do artigo 108.º que a Administração, de acordo com os princípios da colaboração com os particulares (artigo 11.º) e da boa administração (artigo 5.º), deve procurar tomar decisões sobre o mérito das pretensões dos requerentes, removendo, na medida do possível (oficiosamente ou convidando os requerentes a suprir as deficiências), os obstáculos de ordem formal que a tal possam obstar.

O ora estabelecido no n.º 2 é a expressão dessa ideia de *favorecimento de decisões de mérit*o no caso de o requerimento ter sido apresentado a órgão incompetente. E, pese embora a remessa oficiosa ao órgão competente já estivesse prevista no anterior artigo 34.º, o atual regime do artigo 41.º é bem mais favorável ao requerente. Na verdade, o anterior regime era de grande complexidade, resultando dele, além do mais, que a remessa oficiosa não tinha lugar quando o órgão competente pertencesse a outro ministério ou quando o erro fosse indesculpável. Presentemente, o artigo 41.º limita-se a impor ao órgão incompetente, sem mais, independentemente de qualquer indagação sobre a (in)desculpabilidade do erro do requerente e quer o órgão competente pertença ao mesmo ou a outro ministério, o dever de enviar o requerimento recebido oficiosamente ao órgão titular da competência (n.º 1) e a estabelecer que, nos casos em que houve remessa para o órgão competente, "vale a data da apresentação do requerimento para efeitos da sua tempestividade" (n.º 2).

PH

Secção II
DAS NOTIFICAÇÕES

Artigo 110.º
Notificação do início do procedimento

1 – O início do procedimento é notificado às pessoas cujos direitos ou interesses legalmente protegidos possam ser lesados pelos atos a praticar e que possam ser desde logo nominalmente identificadas.

2 – Não há lugar à notificação determinada no número anterior nos casos em que a lei a dispense e naqueles em que a mesma possa prejudicar a natureza secreta ou confidencial da matéria, como tal classificada nos termos legais, ou a oportuna adoção das providências a que o procedimento se destina.

3 – A notificação deve indicar a entidade que ordenou a instauração do procedimento, ou o facto que lhe deu origem, o órgão responsável pela respetiva direção, a data em que o mesmo se iniciou, o serviço por onde corre e o respetivo objeto.

ORIGEM DO TEXTO:

Corresponde ao anterior artigo 55.º.

Reproduz sem alterações o projeto final da comissão de revisão.

COMENTÁRIO:

1 – A redação do n.º 1 transitou do anterior n.º 1 do artigo 55.º, alterada com a eliminação da palavra *oficioso* na parte inicial do texto e, mais à frente, da referência a *no procedimento*.

Esta última supressão corresponde apenas à desnecessidade da referência.

A primeira, tem maior alcance. Na redação precedente, a lei só impunha o dever de comunicar o início do procedimento às pessoas cujos direitos ou interesses pudessem ser lesados pelos atos a praticar no procedimento *quando este fosse de iniciativa oficiosa*. Ora, sendo a notificação do início do procedimento um importante instrumento para efectivar o direito dos cidadãos a serem informados pela Administração, sobre os processos em que sejam directamente interessados (artigo 268.º, n.º 1 da CRP) e para concretizar o direito a neles participarem (artigo 12.º do CPA) não havia justificação racional para que a lei, não impusesse à Administração o dever de notificar o início do procedimento *também* nos procedimentos iniciados "a solicitação dos interessados" (artigo 53.º CPA).

Com a alteração introduzida fica claro que a Administração tem o dever de notificar *sempre* o início do procedimento às pessoas cujos direitos ou interesses legalmente protegidos possam ser lesados pelos atos a praticar e que possam ser desde logo nominalmente identificadas, *independente da iniciativa do procedimento ser oficiosa ou não oficiosa.*

2 – O n.º 2 corresponde ao n.º 2 do anterior artigo 55.º

3 – O n.º 3 corresponde ao n.º 3 do anterior artigo 55.º, notando-se que, tendo em conta a nova figura do responsável pelo procedimento e a sua competência, a lei passou a exigir, depois da revisão, que a notificação contenha também a indicação de qual é *o órgão responsável pela respetiva direção.*

PH

Artigo 111.º

Destinatários das notificações

1 – As notificações são efetuadas na pessoa do interessado, salvo quando este tenha constituído mandatário no procedimento, caso em que devem ser efetuadas a este.

2 – Para efeitos do disposto no número anterior, devem os interessados ou os mandatários, quando constituídos, comunicar ao responsável pelo procedimento quaisquer alterações dos respetivos domicílios que venham a acorrer na pendência do procedimento.

ORIGEM DO TEXTO:

Não tem correspondência na versão anterior do Código.

Reproduz o projeto final da comissão de revisão, com aditamento do n.º 2.

COMENTÁRIO:

1 – A possibilidade de efetuar notificações na pessoa do mandatário constituído não estava expressamente prevista no CPA.

2 – No n.º 2, estabelece-se a obrigação de os interessados ou os mandatários constituídos comunicarem as alterações dos respetivos domicílios que venham a ocorrer na pendência do procedimento.

O cumprimento desta obrigação pode revestir-se de particular importância para efeitos de eventual elisão da presunção de notificação realizada por carta registada, nos termos previstos no artigo 113.º, n.º 2.

PH

Artigo 112.º

Forma das notificações

1 – As notificações podem ser efetuadas:

a) **Por carta registada, dirigida para o domicílio do notificando ou, no caso de este o ter escolhido para o efeito, para outro domicílio por si indicado;**

b) **Por contacto pessoal com o notificando, se esta forma de notificação não prejudicar a celeridade do procedimento ou se for inviável a notificação por outra via;**

c) **Por telefax, telefone, correio eletrónico ou notificação eletrónica automaticamente gerada por sistema incorporado em sítio eletrónico pertencente ao serviço do órgão competente ou ao balcão único eletrónico;**

d) **Por edital, quando seja esta a forma de notificação prescrita por lei ou regulamento ou quando os notificandos forem incertos ou de paradeiro desconhecido;**

e) **Por anúncio, quando os notificandos forem em número superior a 50.**

2 – As notificações previstas na alínea c) do número anterior podem ter lugar nos seguintes casos:

a) **Por iniciativa da Administração, sem necessidade de prévio consentimento, para plataformas informáticas com acesso restrito ou para os endereços de correio eletrónico ou número de telefax ou telefone indicados em qualquer documento apresentado no procedimento administrativo, quando se trate de pessoas coletivas;**

b) **Mediante o consentimento prévio do notificando, nos restantes casos.**

3 – A notificação prevista na alínea d) do n.º 1 é feita por reprodução e publicação do conteúdo do edital na Internet, no sítio institucional da entidade pública, e ainda:

a) **No caso de incerteza das pessoas a notificar, por afixação de um edital na entrada do serviço da Administração por onde corre o procedimento administrativo;**

b) **No caso de incerteza do lugar onde se encontram as pessoas a notificar, por afixação de três editais, um, na entrada do serviço da Administração por onde corre o procedimento, outro, na porta da casa do último domicílio conhecido do notificando no país e, outro, na entrada da sede da respetiva junta de freguesia.**

4 – O anúncio previsto na alínea e) do n.º 1 é publicado, salvo o disposto em lei especial, no Diário da República ou na publicação oficial da entidade pública, num jornal de circulação nacional ou local, dependendo do âmbito da matéria em causa, e sempre na Internet, no sítio institucional da entidade em causa, com a visibilidade adequada à sua compreensão.

5 – Sempre que a notificação seja feita por telefone, a mesma é confirmada nos termos da alínea a) do n.º 1, no dia útil imediato, sem prejuízo de a notificação se considerar feita na data da primeira comunicação.

ORIGEM DO TEXTO:

Corresponde ao anterior artigo 70.º.
Reproduz sem alterações o projeto final da comissão de revisão.

COMENTÁRIO:

1 – No n.º 1, mantêm-se as formas já previstas no precedente artigo 70.º, exceto as notificações por telegrama e por telex.

Todavia, na alínea a) exige-se, agora, que a notificação por via postal se efetue por *carta registada.*

A notificação prevista na alínea b), por "entrega em mão", mediante contacto pessoal com o notificando, continua, tal como, no essencial, se estabelecia no anterior artigo 70.º, a ter lugar desde que não prejudique a celeridade do procedimento ou não se for inviável a notificação por outra via.

A alínea c), respondendo às exigências da vida atual, passou a consagrar mais duas formas de notificação: *a notificação por correio eletrónico* e *a notificação automaticamente gerada por sistema incorporado em sítio eletrónico pertencente ao serviço de órgão competente ou ao balcão único eletrónico.*

De notar, ainda, que, ao contrário do que resultava da redação anterior, a utilização de qualquer das formas de notificação previstas na sobredita al. c) do n.º 1 não está, presentemente, na dependência da urgência do caso.

No anterior artigo 70.º, n.º 1, al. d) as notificações podiam ser feitas por edital ou anúncio "se os interessados fossem desconhecidos ou em tal número que tornasse inconveniente outra forma de notificação".

No actual artigo 112.º, nas alíneas d) e e) do n.º 1, respetivamente, o edital e o anúncio continuam a fazer parte do elenco das formas de notificação. Todavia, a expressão "em tal número que torne inconveniente outra forma de notificação", da parte final da alínea d) do n.º 1 do anterior artigo 70.º, foi suprimida. Portanto, a inconveniência em razão do número de interessados deixou de ser o critério da notificação edital ou por anúncio.

Estabelecem-se agora, justificadas por razões de impossibilidade e de impraticabilidade, sem dependência de um juízo problemático da Administração e sem margem de incerteza, as situações em que a notificação por publicação de edital ou de anúncio podem ter lugar em detrimento das outras formas de notificação que oferecem maiores garantias de proporcionar o conhecimento efetivo do ato a notificar.

A notificação por edital tem lugar quando for exigida por lei ou quando os notificandos forem incertos ou de paradeiro desconhecido (al. d)) e a notificação por anúncio ocorre quando os notificandos forem certos e de paradeiro conhecido, mas em número superior a 50 (al. e)).

2 – No n.º 2, estabelece-se, de harmonia como disposto no artigo 63.º, que as notificações por telefax, telefone, correio eletrónico ou notificação eletrónica automática só podem ter lugar mediante consentimento prévio do notificando, salvo as efectuadas a pessoas colectivas que não carecem de prévio consentimento, quando efetuadas nos termos e condições indicadas na alínea a).

Neste ponto, deve ter-se em atenção a *presunção de consentimento* prevista no n.º 2 do artigo 63.º.

3 – O anterior artigo 70.º, n.º 1, alínea d), limitava-se a prescrever que a notificação edital se fazia "por edital a afixar nos locais do estilo".

Essa fórmula tradicional, por ser de grande imprecisão, foi abandonada. O modo de efectuar a notificação edital está, presentemente, regulado no artigo 112.º, n.º 3, de modo muito mais completo e preciso. Distinguindo entre os casos de *incerteza das pessoas a notificar* (al. a)) e os casos de *incerteza do lugar onde se encontram as pessoas a notificar* (al. b)), a lei indica, com exatidão, para cada uma das espécies, os locais de afixação dos editais e exige, em ambos os casos, que se reproduza e publique o conteúdo do edital na Internet, no sítio institucional da entidade pública.

Este novo regime representa um claro esforço para proporcionar aos desconhecidos e ausentes em parte incerta o conhecimento efetivo do ato a notificar, de acordo com as exigências do direito fundamental do artigo 268.º, n.º 3, da Constituição.

Exigências que incluem, seguramente, que do conteúdo do edital para notificação de actos administrativos constem as menções indicadas no n.º 2 do artigo 114.º.

4 – O n.º 5 reproduz integralmente o texto do anterior artigo 70.º, n.º 2, significando que, tal como dantes, a notificação por telefone só produz efeito quando confirmada por carta registada a remeter no dia útil imediato.

PH

Artigo 113.º

Perfeição das notificações

1 – A notificação por carta registada presume-se efetuada no terceiro dia útil posterior ao registo ou no primeiro dia útil seguinte a esse, quando esse dia não seja útil.

2 – A presunção prevista no número anterior só pode ser ilidida pelo notificando quando não lhe seja imputável o facto de a notificação ocorrer em data posterior à presumida, devendo para o efeito a Administração ou o tribunal, a requerimento do interessado, solicitar aos correios informação sobre a data efetiva da receção.

3 – A notificação por telefax presume-se efetuada na data da emissão, servindo de prova a cópia da remessa com a menção de que a mensagem foi enviada com êxito, bem como da data, hora e número de telefax do recetor.

4 – A presunção prevista no número anterior pode ser ilidida por informação do operador sobre o conteúdo e data da emissão.

5 – A notificação por meios eletrónicos considera-se efetuada, no caso de correio eletrónico, no momento em que o destinatário aceda ao específico correio enviado para a sua caixa postal eletrónica, e, no caso de outras notificações por via de transmissão eletrónica de dados, no momento em que o destinatário aceda ao específico correio enviado para a sua conta eletrónica aberta junto da plataforma informática disponibilizada pelo sítio eletrónico institucional do órgão competente.

6 – Em caso de ausência de acesso à caixa postal eletrónica ou à conta eletrónica aberta junto da plataforma informática disponibilizada pelo sítio eletrónico institucional do órgão competente, a notificação considera-se efetuada no vigésimo quinto dia posterior ao seu envio, salvo quando se comprove que o notificando comunicou a alteração daquela, se demonstre ter sido impossível essa comunicação ou que o serviço de comunicações eletrónicas tenha impedido a correta receção, designadamente através de um sistema de filtragem não imputável ao interessado.

7 – Sem prejuízo do disposto no n.º 5 do número anterior, a notificação por telefone considera-se efetuada na data em que ocorreu a comunicação telefónica.

8 – A notificação edital considera-se efetuada no dia em que os editais sejam afixados ou publicados na Internet, consoante o que ocorrer em último lugar.

9 – A notificação por anúncio considera-se feita no dia em que for publicado o último anúncio.

ORIGEM DO TEXTO:

Não tem correspondência na versão anterior do Código.

Reproduz o projeto final da comissão de revisão, com aditamento do n.º 7.

COMENTÁRIO:

1 – O presente artigo regula a matéria *ex novo*, uma vez que, na versão anterior, o CPA não continha qualquer indicação quanto ao momento em que as notificações se consideravam efectuadas.

2 – A presunção prevista no n.º 1 só tem lugar se a notificação tiver sido efetuada nos termos legais, por carta registada enviada para o domicílio do notificando.

Para fazer valer a presunção, basta à Administração demonstrar que a notificação foi correctamente realizada; para ilidir a presunção (n.º 2), impende sobre o notificando o ónus de provar que não lhe é imputável o facto de a notificação ocorrer em data posterior à presumida, devendo para o efeito requerer à Administração ou ao tribunal que solicitem aos correios informação sobre a data efetiva da receção (n.º 3).

3 – A notificação eletrónica só se considera *efectivamente* realizada após o acesso do destinatário ao *específico correio* enviado para a sua caixa postal eletrónica ou para a sua conta eletrónica aberta junto de plataforma informática disponibilizada pelo sítio eletrónico (n.º 5), mas, para evitar a fuga à notificação, *presume-se* efetuada ao vigésimo quinto dia posterior ao seu envio, por falta de consulta à caixa postal eletrónica, salvo quando se comprove que o destinatário comunicou a alteração do endereço, que essa comunicação foi impossível ou que o serviço de comunicações eletrónicas impediu a correta receção (n.º 6).

PH

Artigo 114.º

Notificação dos atos administrativos

1 – Os atos administrativos devem ser notificados aos destinatários, designadamente os que:

a) **Decidam sobre quaisquer pretensões por eles formuladas;**
b) **Imponham deveres, encargos, ónus, sujeições ou sanções, ou causem prejuízos;**
c) **Criem, extingam, aumentem ou diminuam direitos ou interesses legalmente protegidos, ou afetem as condições do seu exercício.**

2 – Da notificação do ato administrativo devem constar:

a) **O texto integral do ato administrativo, incluindo a respetiva fundamentação, quando deva existir;**
b) **A identificação do procedimento administrativo, incluindo a indicação do autor do ato e a data deste;**
c) **A indicação do órgão competente para apreciar a impugnação administrativa do ato e o respetivo prazo, no caso de o ato estar sujeito a impugnação administrativa necessária.**

3 – O texto integral do ato pode ser substituído pela indicação resumida do seu conteúdo e objeto, quando o ato tiver deferido integralmente a pretensão formulada pelo interessado.

4 – Para efeitos do disposto na alínea c) do n.º 2, o reconhecimento jurisdicional da existência de erro ou omissão na indicação do meio de impugnação administrativa a utilizar contra o ato notificado não prejudica a utilização do referido meio no prazo de 30 dias, a contar do trânsito em julgado da decisão jurisdicional.

5 – Quando não haja prazo fixado na lei, os atos administrativos devem ser notificados no prazo de oito dias.

ORIGEM DO TEXTO:

Corresponde aos anteriores artigos 66.º, 68.º e 69.º.
Reproduz sem alterações o projeto final da comissão de revisão.

COMENTÁRIO:

1 – O n.º 1 corresponde ao n.º 1 do anterior artigo 66.º, com uma única alteração: na alínea b), ao precedente elenco dos atos administrativos que devem ser notificados aditaram-se os que imponham "encargos" e "ónus".

O n.º 2 contém a disciplina que constava do n.º 1 do anterior artigo 68.º, com a diferença de que passou a exigir-se que da notificação do acto administrativo conste "a respetiva fundamentação, quando deva existir."

O n.º 3 reproduz o texto do n.º 2 do anterior artigo 68.º, com supressão da parte final, que não se reportava à notificação de atos administrativos.

O n.º 5 mantém o prazo-regra de oito dias para a notificação dos atos administrativos, que estava fixado no anterior artigo 69.º

2 – O regime do n.º 4 é inovador e visa assegurar o direito à impugnação, nos casos de erro ou omissão na indicação do meio de impugnação administrativa a utilizar contra o ato notificado, quando este está sujeito a impugnação administrativa necessária.

Não há mais espaço para as dúvidas que, no passado, se suscitaram neste domínio, nos casos em que estando o ato sujeito a impugnação administrativa necessária e o notificado, induzido por erro ou omissão da Administração, utiliza uma impugnação administrativa inapropriada e, de seguida, no tribunal, é confrontado com uma decisão de absolvição da instância da ação, por inimpugnabilidade do ato. Quando assim, é inequívoco que uma vez reconhecido judicialmente o erro ou a omissão da Administração, o direito à impugnação não preclude nem caduca, podendo o interessado utilizar o meio adequado de impugnação administrativa, no prazo de 30 dias a contar do trânsito em julgado da decisão jurisdicional.

3 – O anterior artigo 67.º estabelecia que a notificação dos atos administrativos era dispensada quando fossem praticados oralmente na presença dos interessados e quando o interessado, através de qualquer intervenção no procedimento revelasse perfeito conhecimento dos atos em causa.

*O artigo foi eliminado e não tem correspondência na nova versão do CPA, que não prevê, presentemente, qualquer caso de dispensa de notifica*ção dos atos adminis*trativos aos seus destinatários.*

PH

SECÇÃO III

DA INSTRUÇÃO

ARTIGO 115.º

Factos sujeitos a prova

1 – O responsável pela direção do procedimento deve procurar averiguar todos os factos cujo conhecimento seja adequado e necessário à tomada de uma decisão legal e justa dentro de prazo razoável, podendo, para o efeito, recorrer a todos os meios de prova admitidos em direito.

2 – Não carecem de prova nem de alegação os factos notórios, bem como os factos de que o responsável pela direção do procedimento tenha conhecimento em virtude do exercício das suas funções.

3 – O responsável pela direção do procedimento deve fazer constar do procedimento os factos de que tenha conhecimento em virtude do exercício das suas funções.

ORIGEM DO TEXTO:

Corresponde ao anterior artigo 87.º.
Reproduz sem alterações o projeto final da comissão de revisão.

COMENTÁRIO:

O presente artigo mantém o regime do precedente artigo 87.º, compatibilizando o texto com o disposto no artigo 55.º, referente ao responsável pelo procedimento, e consagrando a submissão da actividade instrutória aos princípios do inquisitório, da legalidade, da justiça e da boa administração.

Nada mudou, igualmente, em relação aos factos sujeitos a prova e aos que não carecem de alegação e prova, mantendo-se o regime anterior, idêntico ao do Código de Processo Civil (artigo 412.º).

PH

Artigo 116.º

Prova pelos interessados

1 – Cabe aos interessados provar os factos que tenham alegado, sem prejuízo do dever cometido ao responsável pela direção do procedimento nos termos do n.º 1 do artigo anterior.

2 – Quando os elementos de prova dos factos estiverem em poder da Administração, o ónus previsto no número anterior considera-se satisfeito desde que o interessado proceda à sua correta identificação junto do responsável pela direção do procedimento.

3 – Os interessados podem juntar documentos e pareceres ou requerer diligências de prova úteis para o esclarecimento dos factos com interesse para a decisão.

4 – Sendo necessário juntar documento passado em país estrangeiro, a lei que rege a produção da forma especial desse documento é a lei do Estado de emissão, aferindo-se a suficiência daquela forma especial por equiparação funcional à forma exigida pela lei nacional.

5 – As despesas resultantes das diligências de prova são suportadas pelos interessados que as tiverem requerido, sem prejuízo do disposto no n.º 2 do artigo 15.º

ORIGEM DO TEXTO:

Corresponde ao anterior artigo 88.º.

Reproduz o projeto final da comissão de revisão, com aditamento do n.º 4.

COMENTÁRIO:

1 – Em relação à antecedente redação do artigo 88.º, muda, desde logo, a epígrafe do artigo, que passou de "ónus da prova" a "prova pelos interessados", reforçando a ideia de que a instrução é um dever oficioso determinado pelo princípio do inquisitório (artigo 58.º) e de que, apesar de o n.º 1 estabelecer a regra de que os interessados devem provar os factos por si alegados, a Administração não pode nunca furtar-se a proceder a todas as diligências possíveis e úteis para esclarecimento dos factos necessários à decisão e, com fundamento no mero incumprimento do *dever de iniciativa da prova* que recai sobre os interessados, decidir em sentido que lhes seja desfavorável.

2 – A norma do n.º 2 não constava do anterior artigo 88.º e foi introduzida por razões de simplificação, celeridade e desburocratização, ao abrigo do princípio da colaboração da Administração com os particulares (artigo 11.º), dispensando os interessados do dever de instruírem os procedimentos com elementos de prova que estiverem em poder da Administração.

A dispensa de apresentação de documentos em posse de qualquer serviço e organismo da Administração Pública já estava prevista no artigo 28.º-A do DL n.º 135/99, de 22 de Abril, na redação do DL n.º 73/2004, de 13 de maio.

3 – Também é nova a norma do n.º 4, relativa à prova por documento passado em país estrangeiro, estabelecendo um regime próximo do que está previsto no artigo 36.º do Código Civil.

PH

Artigo 117.º

Solicitação de provas aos interessados

1 – O responsável pela direção do procedimento pode determinar aos interessados a prestação de informações, a apresentação de documentos ou coisas, a sujeição a inspeções e a colaboração noutros meios de prova.

2 – É legítima a recusa às determinações previstas no número anterior, quando a obediência às mesmas:

a) **Envolver a violação de sigilo profissional ou segredo comercial ou industrial;**

b) **Implicar o esclarecimento de factos cuja revelação esteja proibida ou dispensada por lei;**

c) **Importar a revelação de factos puníveis, praticados pelo próprio interessado, pelo seu cônjuge ou por seu ascendente ou descendente, irmão ou afim nos mesmos graus;**

d) **For suscetível de causar dano moral ou material ao próprio interessado ou a alguma das pessoas referidas na alínea anterior.**

ORIGEM DO TEXTO:

Corresponde ao anterior artigo 89.º.
Reproduz sem alterações o projeto final da comissão de revisão.

COMENTÁRIO:

O artigo mantém a redação do precedente artigo 89.º, apenas com as seguintes diferenças: *(i)* no n.º 1, onde se dizia "o órgão que dirigir a instrução" passou a dizer-se "o responsável pela direcção do procedimento" (cfr. artigo 55.º) e, *(ii)* na previsão da alínea a) do n.º 2, o *" segredo comercial ou industrial"* passou também a fazer parte dos casos de recusa legítima às determinações probatórias previstas no número anterior.

PH

Artigo 118.º

Forma da prestação de informações ou da apresentação de provas

1 – A prestação de informações ou a apresentação de provas pelos interessados faz-se por escrito, podendo também ser feita oralmente, quando tal seja admitido, nos termos e condições que para o efeito forem fixados.

2 – Se o interessado não residir no município da sede do órgão responsável pela direção do procedimento, a prestação

verbal de informações ou a apresentação de provas pode ter lugar através de órgão ou serviço com sede no município do seu domicílio, determinado pelo órgão responsável pela direção do procedimento, salvo se o interessado preferir comparecer perante este.

ORIGEM DO TEXTO:

Corresponde ao anterior artigo 90.º.
Reproduz sem alterações o projeto final da comissão de revisão.

COMENTÁRIO:

O artigo mantém, no essencial, o regime do precedente artigo 90.º, com ligeiras alterações de redação que não justificam menção especial.

PH

ARTIGO 119.º

Falta de prestação de provas

1 – Se os interessados regularmente notificados para a prestação verbal de informações ou apresentação de provas não derem cumprimento à notificação, pode proceder-se a nova notificação ou prescindir-se da prática do ato, conforme as circunstâncias aconselharem.

2 – A falta de cumprimento da notificação é livremente apreciada para efeitos de prova, consoante as circunstâncias do caso, não dispensando o órgão administrativo de procurar averiguar os factos, nem de proferir a decisão.

3 – Quando as informações, documentos ou atos solicitados ao interessado sejam necessários à apreciação do pedido por ele formulado, não deve ser dado seguimento ao procedimento, disso se notificando o particular.

ORIGEM DO TEXTO:

Corresponde ao anterior artigo 91.º.
Reproduz sem alterações o projeto final da comissão de revisão.

COMENTÁRIO:

O artigo mantém, no essencial, o regime do precedente artigo 91.º, com ligeiras alterações de redação que não justificam menção especial.

PH

Artigo 120.º

Produção antecipada de prova

1 – Havendo justo receio de vir a tornar-se impossível ou de difícil realização a produção de qualquer prova com interesse para a decisão, pode o órgão competente, oficiosamente ou a pedido fundamentado dos interessados, proceder à sua recolha antecipada.

2 – A produção antecipada de prova pode ter lugar antes da instauração do procedimento.

ORIGEM DO TEXTO:

O artigo mantém sem alterações o regime do precedente artigo 93.º.

Secção IV
DA AUDIÊNCIA DOS INTERESSADOS

Artigo 121.º
Direito de audiência prévia

1 – Sem prejuízo do disposto no artigo 124.º, os interessados têm o direito de ser ouvidos no procedimento antes de ser tomada a decisão final, devendo ser informados, nomeadamente, sobre o sentido provável desta.

2 – No exercício do direito de audiência, os interessados podem pronunciar-se sobre todas as questões com interesse para a decisão, em matéria de facto e de direito, bem como requerer diligências complementares e juntar documentos.

3 – A realização da audiência suspende a contagem de prazos em todos os procedimentos administrativos.

ORIGEM DO TEXTO:

Corresponde ao anterior artigo 100.º.
Reproduz sem alterações o projeto final da comissão de revisão.

COMENTÁRIO:

1 – Deve ter-se em conta que *interessados* com direito a serem ouvidos antes da decisão final, são os que desencadearam o procedimento de iniciativa não oficiosa, os que foram notificados do início do procedimento, nos termos do artigo 110.º e os que, mais tarde, se tiverem constituído como interessados no procedimento, ao abrigo de um dos títulos de legitimação previstos no artigo 68.º (vide artigo 65.º, n.º 2).

2 – O n.º 1 reproduz o n.º 1 do anterior artigo 100.º, com exceção da parte inicial, em que se dizia "concluída a instrução e salvo o disposto no artigo 103.º" e passou a dizer-se, tão-só, "sem prejuízo do disposto no artigo 124.º".

Na nova redação, a alusão ao artigo 124.º (em vez do artigo 103.º) resulta apenas da necessidade de adequar a remissão à renumeração do Código.

Já o corte da locução *concluída a instrução* marca uma diferença.

Com a redação anterior, a partir do segmento do texto que ora se suprime, foi-se afirmando uma linha de leitura da norma com o sentido que a audiência só era devida quando a decisão houvesse de ser precedida de instrução e não, por exemplo, nos casos em que a Administração, sem necessidade de proceder a qualquer indagação, decidia sobre a pretensão do interessado exclusivamente com base nos elementos por ele fornecidos no seu requerimento. Todavia, para uma outra orientação, este entendimento era inaceitável, porque nesses casos, e mesmo naqueles em que estivesse em causa o exercício de um poder vinculado, a decisão decorria sempre da aplicação do direito aos factos e o interessado tinha o direito de ser ouvido antes de ser tomada a decisão final sobre a correção da operação de subsunção que a Administração se propunha realizar.

A nova redação, deixando de fazer referência à instrução, visa deixar claro que *a audiência tem lugar, tenha ou não tenha havido instrução.*

3 – O n.º 2 aglutina o conteúdo normativo dos anteriores n.º 3 do artigo 101.º e n.º 2 do artigo 102.º.

4 – O n.º 3 reproduz integralmente o n.º 3 do antecedente artigo 103.º.

PH

ARTIGO 122.º

Notificação para a audiência

1 – Para efeitos do disposto no artigo anterior, o órgão responsável pela direção do procedimento determina, em cada caso, se a audiência se processa por forma escrita ou oral e manda notificar os interessados para, em prazo não inferior a 10 dias, dizerem o que se lhes oferecer.

2 – A notificação fornece o projeto de decisão e demais elementos necessários para que os interessados possam conhecer todos os aspetos relevantes para a decisão, em matéria de facto e de direito, indicando também as horas e o local onde o processo pode ser consultado.

3 – No caso de haver sítio na Internet da entidade em causa onde o processo possa ser consultado, a notificação referida no número anterior deve incluir a indicação do mesmo para efeitos de o processo poder também ser consultado pelos interessados pela via eletrónica.

ORIGEM DO TEXTO:

Corresponde ao anterior artigo 101.º.
Reproduz sem alterações o projeto final da comissão de revisão.

COMENTÁRIO:

1 – No n.º 1, a primeira parte corresponde ao n.º 2 do anterior artigo 100.º. A segunda parte corresponde ao n.º 1 do anterior artigo 101.º.

2 – O n.º 2 reproduz o texto do n.º 2 do anterior artigo 101.º, aditando-lhe a exigência de fornecer também o *projeto* de decisão.

3 – O n.º 3 é novo e visa facilitar o exercício do direito de audiência, tornando mais rápido o acesso ao procedimento e à informação, em consonância com o previsto no artigo 61.º, relativo à utilização de meios eletrónicos.

4 – Decorre deste artigo que, ao contrário do que dantes sucedia (vide anteriores artigos 101.º e 102.º), a audiência oral e a audiência escrita estão presentemente submetidas a um regime comum de notificação, que é igual ao que, anteriormente, estava estabelecido apenas para a audiência escrita.

Visando proporcionar idênticas condições de intervenção nas duas espécies de audiência, são ambas promovidas por notificação aos interessados para "dizerem o que se lhes oferecer" *e exige-se, agora, num e noutro caso (e não apenas na audiência escrita) que a notificação seja acompanhada do fornecimento do* "projeto e demais elementos necessários para que os interessados possam conhecer todos os aspetos relevantes para a decisão, em matéria de facto e de direito, indicando também as horas e o local onde o processo pode ser consultado"

PH

Artigo 123.º

Audiência oral

1 – Quando o órgão responsável pela direção do procedimento opte pela realização de audiência oral, esta realiza-se presencialmente, podendo ter lugar por teleconferência, quando tal se justifique e existam os meios necessários para o efeito.

2 – A falta de comparência do interessado não constitui motivo de adiamento da audiência, mas, se for apresentada justificação da falta até ao momento fixado para a audiência, deve proceder-se ao adiamento desta.

3 – No caso de se verificar o adiamento a que se refere o número anterior, o órgão responsável pela direção do procedimento deve tentar chegar a acordo com o interessado sobre a nova data da audiência, que, em qualquer caso, se deve realizar dentro dos 20 dias seguintes.

4 – Da audiência é lavrada ata da qual consta o extrato das alegações feitas pelo interessado, podendo este juntar alegações escritas, durante a diligência ou posteriormente.

ORIGEM DO TEXTO:

Corresponde ao anterior artigo 102.º.
Reproduz sem alterações o projeto final da comissão de revisão.

COMENTÁRIO:

1 – O texto do n.º 1 substitui o do preceito correspondente do anterior artigo 102.º. Elimina a referência ao prazo mínimo de antecedência para convocação da audiência oral (matéria que passou a estar regulada no artigo 122.º, n.º 1) e passa a admitir a possibilidade de realizar a audiência por teleconferência.

2 – A matéria do anterior n.º 2 do artigo 102.º passou a estar regulada no n.º 2 do atual artigo 121.º.
O n.º 2 reproduz integralmente o anterior n.º 3 do artigo 102.º.

3 – A disciplina do n.º 3 foi introduzida *ex novo*, respondendo à necessidade de estabelecer o tempo do adiamento e o modo de determinar a nova data da audiência. O tempo não deve exceder os 20 dias e o responsável do procedimento "deve tentar chegar a acordo com o interessado sobe a data da nova audiência".

4 – O n.º 4 corresponde, sem alterações relevantes, ao n.º 4 do anterior artigo 102.º.

PH

Artigo 124.º

Dispensa de audiência dos interessados

1 – O responsável pela direção do procedimento pode não proceder à audiência dos interessados quando:

a) **A decisão seja urgente;**
b) **Os interessados tenham solicitado o adiamento a que se refere o n.º 2 do artigo anterior e, por facto imputável a**

eles, não tenha sido possível fixar-se nova data nos termos do n.º 3 do mesmo artigo;

c) **Seja razoavelmente de prever que a diligência possa comprometer a execução ou a utilidade da decisão;**

d) **O número de interessados a ouvir seja de tal forma elevado que a audiência se torne impraticável, devendo nesse caso proceder-se a consulta pública, quando possível, pela forma mais adequada;**

e) **Os interessados já se tiverem pronunciado no procedimento sobre as questões que importem à decisão e sobre as provas produzidas;**

f) **Os elementos constantes do procedimento conduzirem a uma decisão inteiramente favorável aos interessados.**

2 – Nas situações previstas no número anterior, a decisão final deve indicar as razões da não realização da audiência.

ORIGEM DO TEXTO:

Corresponde ao anterior artigo 103.º.

Reproduz sem alterações o projeto final da comissão de revisão.

COMENTÁRIO:

1 – Com o presente artigo, foi eliminada a anterior distinção entre «inexistência» e «dispensa de audiência», passando a considerar-se como circunstâncias de dispensa todas as que estavam previstas na redação precedente como casos de inexistência e como casos de dispensa (comparem-se as situações descritas nas alíneas a) e c) a f) do n.º 1 deste artigo com as previstas no anterior artigo 103.º, n.ºs 1 e 2).

Ao elenco anterior, este artigo aditou apenas a situação descrita na alínea b), relativa aos casos de audiência oral em que os interessados tenham solicitado o adiamento e, *por facto imputável a eles, não tenha sido possível fixar-se nova data para a realização da audiência.*

Na alínea f), correspondente à alínea b) do n.º 2 do anterior artigo 103.º, a diferença de redação vem precisar (de acordo com o entendimento que já era pacífico à luz da anterior letra da lei), que só uma decisão *completamente* favorável aos interessados pode fundamentar a dispensa de audiência com base nesta alínea.

2 – Resulta do n.º 1 que a dispensa de audiência decorre de um poder atribuído ao responsável pelo procedimento e que (tendo sido eliminada a distinção entre inexistência e dispensa) as circunstâncias descritas nas alíneas a) a f), constituem, todas elas, pressupostos objectivos da discricionariedade na decisão de proceder ou não proceder à audiência.

3 – O n.º 2 não tem correspondência na versão anterior do Código.

Estabelece que nas situações de dispensa, «a decisão final deve indicar as razões da não realização da audiência».

Esta imposição não estava expressamente formulada na anterior redação do Código, havendo controvérsia sobre a exigência de uma decisão fundamentadora da dispensa de audiência e quanto aos efeitos invalidantes que a omissão projetaria sobre o acto final.

Com o novo preceito fica claro, *primeiro*, que a Administração tem o dever de, na decisão final, indicar as razões que, de acordo com os fundamentos enunciados no n.º 1 deste artigo, justificam a não realização da audiência dos interessados e, *segundo*, que a preterição dessa formalidade produzirá, em regra, a invalidade do acto final.

PH

Artigo 125.º

Diligências complementares

Após a audiência, podem ser efetuadas, oficiosamente ou a pedido dos interessados, as diligências complementares que se mostrem convenientes.

ORIGEM DO TEXTO:

O artigo mantém sem alterações o regime do precedente artigo 104.º.

Secção V

DA DECISÃO E OUTRAS CAUSAS DE EXTINÇÃO DO PROCEDIMENTO

Artigo 126.º

Relatório do responsável pela direção do procedimento

Quando o responsável pela direção do procedimento não for o órgão competente para a decisão final, elabora um relatório no qual indica o pedido do interessado, resume o conteúdo do procedimento, incluindo a fundamentação da dispensa da audiência dos interessados, quando esta não tiver ocorrido, e formula uma proposta de decisão, sintetizando as razões de facto e de direito que a justificam.

ORIGEM DO TEXTO:

Corresponde ao anterior artigo 105.º.
Reproduz sem alterações o projeto final da comissão de revisão.

COMENTÁRIO:

O artigo mantém o regime do anterior artigo 105.º, com duas alterações: *(i)* introduz a referência ao responsável pela direcção do procedimento, em consonância com o previsto no artigo 55.º; *(ii)* correspondendo à nova disposição do artigo 124.º, n.º 2, passa a exigir que o resumo do conteúdo do procedimento inclua «a fundamentação da dispensa da audiência dos interessados, quando esta não tiver ocorrido».

PH

ARTIGO 127.º

Decisão do procedimento

Salvo se outra coisa resultar da lei ou da natureza das relações a estabelecer, o procedimento pode terminar pela prática de um ato administrativo ou pela celebração de um contrato.

ORIGEM DO TEXTO:

Não tem correspondência na versão anterior do Código.
Reproduz sem alterações o projeto final da comissão de revisão.

COMENTÁRIO:

Preceito novo, que, de harmonia com o previsto nas disposições gerais do regime comum (artigo 93.º), inclui a prática de um ato administrativo ou a celebração de um contrato no elenco das possíveis causas de extinção do procedimento do acto administrativo (*vide* o poder de celebrar *contratos substitutivos* atribuído aos órgãos da Administração Pública pelo n.º 3 do artigo 200.º).

O indeferimento liminar (artigo 108.º, n.º 3), a impossibilidade ou inutilidade superveniente da lide (artigo 95.º), a desistência e renúncia (artigo 131.º), a deserção (artigo 132.º) e a falta de pagamento de taxas ou despesas (artigo 133.º) são outras causas de extinção do procedimento de iniciativa particular.

PH

ARTIGO 128.º

Prazos para a decisão dos procedimentos

1 – Os procedimentos de iniciativa particular devem ser decididos no prazo de 90 dias, salvo se outro prazo decorrer da lei, podendo o prazo, em circunstâncias excecionais, ser prorrogado pelo responsável pela direção do procedimento, por um ou mais períodos, até ao limite máximo de 90 dias, mediante autorização

do órgão competente para a decisão final, quando as duas funções não coincidam no mesmo órgão.

2 – A decisão de prorrogação referida no número anterior é notificada ao interessado pelo responsável pela direção do procedimento.

3 – O prazo referido no n.º 1 conta-se, na falta de disposição especial, da data de entrada do requerimento ou petição no serviço competente, salvo quando a lei imponha formalidades especiais para a fase preparatória da decisão e fixe prazo para a respetiva conclusão.

4 – No caso previsto na parte final do número anterior, o prazo conta-se do termo do prazo fixado para a conclusão daquelas formalidades.

5 – Para eventual apuramento de responsabilidade disciplinar, a inobservância dos prazos referidos nos números anteriores deve ser justificada pelo órgão responsável dentro dos 10 dias seguintes ao termo dos mesmos prazos.

6 – Os procedimentos de iniciativa oficiosa, passíveis de conduzir à emissão de uma decisão com efeitos desfavoráveis para os interessados caducam, na ausência de decisão, no prazo de 180 dias.

ORIGEM DO TEXTO:

Corresponde ao anterior artigo 58.º e, em parte, ao anterior artigo 109.º.

Reproduz o projeto final da comissão de revisão, com aditamento do n.º 2.

COMENTÁRIO:

1 – No n.º 1 deste artigo, estabelece-se o prazo de 90 dias para decidir os procedimentos de iniciativa particular, bem como o regime da respetiva prorrogação, em termos que, no essencial, são idênticos aos dos n.ºs 1 e 2 do anterior artigo 58.º.

2 – A notificação da decisão de prorrogação ao interessado, prevista no n.º 2, não estava prevista na redação anterior. A formulação expressa desta exigência é sinal de que aquela decisão tem efeitos dilatórios sobre os prazos de incumprimento do dever de decisão e de formação de atos de deferimento tácito estabelecidos, respetivamente, nos artigos 129.º e 130.º.

3 – De acordo com o previsto nos n.os 3 e 4, a contagem do prazo de decisão dos procedimentos de iniciativa particular tem início:

(i) na data da entrada do requerimento ou petição no serviço competente;
(ii) ou no *termo do prazo fixado* para a conclusão das formalidades especiais da fase preparatória da decisão.

Se a lei impuser formalidades especiais *sem fixar prazo* para a respetiva conclusão, o prazo de decisão do procedimento começa a contar da data da entrada do requerimento.

Este regime *corresponde ao do anterior artigo 109.º*, n.º 3, com excepção da alínea c). que determinava que o prazo de conclusão do procedimento se iniciava na data do conhecimento da conclusão das formalidades especiais, se estas tivessem sido terminadas antes do prazo fixado para o efeito. Este outro marco do início da contagem do prazo foi eliminado.

4 – O dever de justificar a inobservância do prazo de decisão dos procedimentos que impende sobre o órgão responsável, estabelecido no n.º 5, era uma exigência que já estava prevista no anterior artigo 58.º, n.º 3.

Com a introdução, na parte inicial do texto, da locução «para eventual apuramento de responsabilidade disciplinar», a nova redação visa reforçar a ideia de o desrespeito do prazo de decisão pode ter consequências no plano funcional, não sendo de excluir a responsabilidade disciplinar, se esta se justificar nas circunstâncias do caso concreto.

5 – O n.º 6 consagra uma solução inovatória, estabelecendo, na ausência de decisão, no prazo de 180 dias, a *caducidade dos procedimentos de iniciativa oficiosa* «passíveis de conduzir à emissão de uma decisão com efeitos desfavoráveis para os interessados».

Este regime de caducidade visou suprir uma lacuna do CPA, que não estabelecia qualquer consequência extintiva para a inatividade da Administração nos procedimentos de sua iniciativa, com o efeito perverso de se poderem manter pendentes, *ad aeternum*, por inércia da autoridade administrativa, procedimentos oficiosos, de cujo início os interessados haviam sido notificados e prenunciavam a emissão de decisões que lhes seriam desfavoráveis.

PH

Artigo 129.º

Incumprimento do dever de decisão

Sem prejuízo do disposto no n.º 2 do artigo 13.º e no artigo seguinte, a falta, no prazo legal, de decisão final sobre pretensão dirigida a órgão administrativo competente constitui incumprimento do dever de decisão, conferindo ao interessado a possibilidade de utilizar os meios de tutela administrativa e jurisdicional adequados.

ORIGEM DO TEXTO:

Corresponde ao anterior artigo 109.º.
Reproduz sem alterações o projeto final da comissão de revisão.

COMENTÁRIO:

No anterior artigo 109.º, estabelecia-se o regime do indeferimento tácito, segundo o qual, salvo disposição legal em contrário, «a falta, no prazo fixado para a sua emissão, de decisão final sobre a pretensão dirigida a órgão administrativo competente» conferia ao interessado «a faculdade de presumir indeferida essa pretensão, para poder exercer o respetivo meio legal de impugnação».

O ato tácito de indeferimento era uma solução indispensável para que o interessado pudesse reagir contra a violação do dever de decidir, na vigência da Lei de Processo nos Tribunais Administrativos, aprovada pelo DL n.º 267/85, de 16 de Julho, que só admitia recurso de atos administrativos definitivos (artigo 25.º, n.º 1).

No dia 1 de Janeiro de 2004, entrou em vigor o CPTA, que, introduzindo a possibilidade de reagir contra a inércia da Administração através da dedução de um pedido de condenação à prática do ato devido (artigos 66.º e segs do CPTA), deixou de fazer depender o acesso à justiça administrativa da existência de um ato administrativo impugnável e, por consequência, no silêncio da Administração, na falta de decisão final dentro do prazo legal, tornou desnecessário ficcionar a formação de um ato administrativo de conteúdo negativo, inteiramente desfavorável ao interessado.

Este novo artigo 129.º não deixa qualquer dúvida quanto à eliminação da figura do indeferimento tácito.

De acordo com o regime inovatório que nele se consagra, «a falta, no prazo legal, de decisão final sobre pretensão dirigida a órgão administrativo competente» *nunca dá lugar a indeferimento tácito*: *ou tem o valor de deferimento* nos casos específicos previstos na lei (vide artigo 130.º, n.º 1) *ou* (sem qualquer presunção de indeferimento da pretensão) *constitui incumprimento do dever de decisão,* «conferindo ao interessado a possibilidade de utilizar os meios de tutela administrativa e jurisdicional adequados».

Em relação aos meios de tutela administrativa, deve também ter-se em conta que o CPA passou a prever que os interessados têm o direito de utilizar os meios de impugnação administrativa para reagir contra a omissão ilegal de atos administrativos, em incumprimento do dever de decisão, solicitando a emissão do ato pretendido (vide arts. 184.º, n.º 1 al. a) e 197.º, n.º 4).

PH

Artigo 130.º

Atos tácitos

1 – Existe deferimento tácito quando a lei ou regulamento determine que a ausência de notificação da decisão final sobre pretensão dirigida a órgão competente dentro do prazo legal tem o valor de deferimento.

2 – Considera-se que há deferimento tácito se a notificação do ato não for expedida até ao primeiro dia útil seguinte ao termo do prazo da decisão.

3 – O prazo legal de produção de deferimento tácito suspende-se se o procedimento estiver parado por motivo imputável ao interessado e só se interrompe com a notificação de decisão expressa.

4 – Quando a prática de um ato administrativo dependa de autorização prévia ou um ato esteja sujeito à aprovação de um órgão da Administração Pública ou de outra entidade no exercício de poderes públicos, prescinde-se da autorização prévia ou da aprovação desde que o órgão que as solicitou tenha interpelado o órgão competente para as emitir.

5 – A interpelação a que se refere o número anterior deve ser efetuada decorridos 10 dias, a contar do termo do prazo para a autorização ou aprovação, devendo o órgão competente, nesse caso, emiti-las no prazo de 20 dias.

ORIGEM DO TEXTO:

Corresponde ao anterior artigo 130.º.
Reproduz sem alterações o projeto final da comissão de revisão.

COMENTÁRIO:

1 – Este artigo redefiniu o regime do deferimento tácito, sendo de salientar a eliminação da habilitação direta de atos de deferimento tácito que estava contida nos n.os 1 e 3 do anterior artigo 108.º. Presentemente, no n.º 1 deste artigo, o Código limita-se a eleger a *falta de* *notificação da decisão final sobre pretensão dirigida a órgão competente dentro do prazo legal* como factor de valoração positiva do silêncio da Administração e a remeter para *normas especiais de habilitação, de lei ou regulamento*, a previsão dos casos em que aquele tem o valor de deferimento.

Deste modo, é seguro que (ao contrário do que sucedia com o anterior artigo 108.º) o artigo 130.º, relativamente às *relações entre a Administração e os particulares*, não consagra uma regra geral no sentido de que o silêncio da Administração sobre os requerimentos dos interessados vale como deferimento, não enuncia tipos de situações em que o silêncio tenha esse valor e, por consequência *não é fonte imediata da formação de qualquer deferimento tácito*. Este só tem lugar, caso a caso, na dependência de lei especial expressa que o preveja.

2 – Na vigência do anterior artigo 108.º, relativamente aos requisitos do deferimento tácito, levantava-se o problema de saber se, para considerar a decisão final proferida no prazo legal, obstando à formação do ato tácito, bastava que a mesma tivesse sido tomada dentro dele ou era ainda necessário que chegasse ao conhecimento do interessado, nesse prazo ou que lhe fosse comunicada por notificação tempestiva (expedida no prazo do anterior artigo 69.º).

A questão era ainda mais complexa, pelas suas implicações probatórias, nos casos em que, supostamente, a decisão havia sido tomada dentro do prazo legal, mas tinha chegado ao conhecimento do interessado através de uma notificação intempestiva (levada a cabo para além do prazo previsto no anterior artigo 69.º).

Hoje, o CPA responde a esse problema, estabelecendo, inovatoriamente, no n.º 2 deste artigo, que, quando o silêncio tem o valor de deferimento, *para impedir a formação* do ato tácito, não basta à Administração proferir a decisão final no prazo legal; para o efeito, *a lei exige-lhe ainda que expeça a respetiva notificação até ao primeiro dia útil seguinte ao termo do prazo da decisão.*

3 – No n.º 3, estabelece-se o regime de suspensão do prazo legal de produção de deferimento tácito em termos semelhantes ao que constava do n.º 3 do anterior artigo 108.º.

4 – Os n.os 4 e 5, *com aplicação restrita às relações entre órgãos da Administração Pública*, preveem diretamente um regime de deferimento tácito, determinando que quando «a prática de um ato administrativo dependa de autorização prévia ou um ato esteja sujeito à aprovação de um órgão da Administração Pública ou de outra entidade no exercício de poderes públicos» esgotado o prazo para a autorização ou aprovação, prescinde-se delas, «desde que o órgão que as solicitou tenha interpelado o órgão competente para as emitir» (n.º 4), nos termos previstos no n.º 5.

PH

Artigo 131.º

Desistência e renúncia

1 – Os interessados podem, mediante requerimento escrito, desistir do procedimento ou de alguns dos pedidos formulados, bem como renunciar aos seus direitos ou interesses legalmente protegidos, salvo nos casos previstos na lei.

2 – A desistência ou renúncia dos interessados não prejudica a continuação do procedimento, se a Administração entender que o interesse público assim o exige.

ORIGEM DO TEXTO:

O artigo mantém sem alterações o regime do precedente artigo 110.º

Artigo 132.º

Deserção

1 – É declarado deserto o procedimento que, por causa imputável ao interessado, esteja parado por mais de seis meses, salvo se houver interesse público na decisão do procedimento.

2 – A deserção não extingue o direito que o particular pretendia fazer valer.

ORIGEM DO TEXTO:

O artigo mantém sem alterações o regime do precedente artigo 111.º

ARTIGO 133.º
Falta de pagamento de taxas ou despesas

1 – O procedimento extingue-se pela falta de pagamento, no prazo devido, de quaisquer taxas ou despesas de que a lei faça depender a realização dos atos procedimentais, salvo nos casos previstos no n.º 2 do artigo 15.º.

2 – Os interessados podem obstar à extinção do procedimento se realizarem o pagamento em dobro da quantia em falta nos 10 dias seguintes ao termo do prazo fixado para o seu pagamento.

ORIGEM DO TEXTO:

O artigo mantém sem alterações o regime do precedente artigo 113.º

SECÇÃO VI
COMUNICAÇÕES PRÉVIAS

ARTIGO 134.º
Regime

1 – A lei pode prever que a produção de determinados efeitos jurídico-administrativos e o seu aproveitamento pelo interessado não dependa da emissão de um ato administrativo procedimentalizado, mas resulte, de forma imediata, da mera comunicação prévia pelo interessado do preenchimento dos correspondentes pressupostos legais e regulamentares.

2 – A lei também pode estabelecer um regime de comunicação prévia com prazo, determinando que a comunicação prévia do interessado só produza os efeitos visados se o órgão competente não se pronunciar em sentido contrário dentro de determinado prazo.

3 – Nas situações de comunicação prévia com prazo, a ausência de pronúncia do órgão competente não dá origem a um ato de deferimento tácito, mas habilita o interessado a desenvolver a atividade pretendida, sem prejuízo dos poderes de fiscalização da Administração e da possibilidade de esta utilizar os meios adequados à defesa da legalidade.

ORIGEM DO TEXTO:

Não tem correspondência na versão anterior do CPA.
Reproduz sem alterações o projeto final da comissão de revisão.

COMENTÁRIO:

Entendeu a Comissão de revisão propor a inclusão no texto do CPA de um novo artigo que fizesse referência a figuras jurídicas que, como tem sido assinalado na doutrina, exprimem um novo modelo de regular o relacionamento dos privados com a Administração nos domínios tradicionalmente cobertos pelos regimes das autorizações e das licenças: a *mera comunicação prévia* e a *comunicação prévia com prazo*.

Este artigo não é, naturalmente, imediatamente aplicável, limitando-se a declarar que a lei pode prever, sectorialmente, regimes de comunicação prévia e de comunicação prévia com prazo, sem que, portanto, nenhum desses regimes resulte diretamente do CPA.

Existirão, assim, regimes de mera comunicação prévia quando, em domínios em que restrinja a esfera jurídica dos particulares, fazendo depender o exercício de direitos por parte destes de intervenções de controlo administrativo, a lei opte por substituir o tradicional modelo de controlo prévio, assente na imposição ao particular da necessidade de requerer e obter uma autorização ou uma licença para poder desenvolver um determinado tipo de atividade, por um outro modelo, em que, como é dito no n.º 1, isso não depende da emissão de um ato administrativo, mas resulta da mera comunicação pelo interessado à Administração de que preenche os necessários pressupostos legais e regulamentares. Significa isto que, quando a lei institua um regime de comunicação prévia, uma vez emitida a comunicação pelo interessado, este fica, desde logo, habilitado a exercer o direito em causa, sem prejuízo das medidas de controlo que, *a posteriori*, a Administração possa adotar, em sede geral de fiscalização e eventual sancionamento das possíveis infrações.

Tomando, entretanto, em particular como referência o modelo que, com âmbito geral, foi, entre nós, introduzido pelo Decreto-Lei n.º 48/2011, de 1 de abril, do regime jurídico do chamado *licenciamento zero* (entretanto substituído pelo Regime Jurídico de Acesso e Exercício de Atividades de Comércio, Serviços e Restauração, aprovado pelo Decreto-Lei n.º 10/2015, de 16 de janeiro), o artigo contrapõe, entretanto, a possibilida-de da previsão legal de um regime de mera declaração prévia à de um outro regime, afim do primeiro, que é o da declaração prévia com prazo, a que se refere o n.º 2, esclarecendo, no n.º 3, que, nos casos em que isso ocorra, não deixa de existir uma comunicação prévia e, se a Administração não se pronunciar dentro do prazo previsto para o efeito, o particular não deixa de ficar habilitado a exercer o direito em causa ao abrigo dessa comunicação.

O que sucede é, apenas, que, quando institui um regime de comunicação prévia com prazo, a lei estabelece que, uma vez efetuada a comunicação prévia, a Administração dispõe de um prazo para impedir que ela produza os efeitos a que se dirige. O que significa que, se a Administração não se pronunciar nesse sentido dentro desse prazo, esse efeito impeditivo não se produz, pelo que a comunicação prévia passa a ter o mesmo valor que possui no regime da mera comunicação prévia: como é dito no n.º 3, o valor de habilitar o interessado a desenvolver a atividade pretendida, sem prejuízo dos poderes de fiscalização da Administração e da possibilidade de esta utilizar os meios adequados à defesa da legalidade, no caso de eventuais infrações.

MAA

PARTE IV

DA ATIVIDADE ADMINISTRATIVA

CAPÍTULO I

DO REGULAMENTO ADMINISTRATIVO

SECÇÃO I

DISPOSIÇÕES GERAIS

ARTIGO 135.º

Conceito de regulamento administrativo

Para efeitos do disposto no presente Código, consideram-se regulamentos administrativos as normas jurídicas gerais e abstratas que, no exercício de poderes jurídico-administrativos, visem produzir efeitos jurídicos externos.

ORIGEM DO TEXTO:

Não tem correspondência na versão anterior do Código.
Reproduz sem alterações o projeto final da comissão de revisão.

COMENTÁRIO:

1 – Diversamente do que sucedia anteriormente, o CPA trata hoje do regulamento em dois lugares: na Parte III sobre o Procedimento Administrativo, no Capitulo I do Título II, artigos 97.º e segs. E na Parte IV, sobre a actividade administrativa, Capitulo I, ao disciplinar o objecto do procedimento regulamentar, o regulamento como norma jurídica e já não como acto. Com a opção feita, ganhou-se a possibilidade de estabelecer na Parte III um Capitulo com Disposições Gerais comuns ao regulamento e ao acto administrativo, nos artigos 53.º e segs. E estabeleceu-se uma sistematização paralela para a seguida quanto ao acto administrativo. A separação entre a parte procedimental e a parte substantiva, esta última inexistente quanto aos regulamentos no Código anterior, não é absoluta, dada a repercussão dos vícios dos actos procedimentais no acto final – veja-se o artigo 144.º, n.º 2, que se ocupa das ilegalidades procedimentais.

2 – O conceito de regulamento adoptado pelo Código tem o objectivo prático de delimitar o âmbito de aplicação directa do diploma no que concerne aos regulamentos, de modo a tornar mais fácil manter a coerência da disciplina proposta. Não há assim o intuito, como logo se depreende da expressão inicial do preceito ao introduzir a limitação de que o conceito dado é "para efeito do disposto no presente Código", de proceder a uma definição científica que abrangesse todas as realidades jurídicas que a maioria da doutrina considera deverem ser incluídas na extensão do conceito dogmático de regulamento.

O legislador, ao enriquecer o conteúdo do conceito, excluindo os regulamentos sem efeitos externos, não pretendeu negar a estes a juricidade, nem a sua natureza de normas secundárias de carácter administrativo, mas apenas dizer que não tomou em consideração os regulamentos internos na formulação dos seus preceitos. Importa não esquecer que as definições legais não são normas autónomas, contêm apenas parte de normas que integram outras disposições legais (Baptista Machado, *Introdução ao Direito e ao Discurso Legitimador*, Coimbra, 1983, pág. 110). Há ainda que considerar que a definição excluindo os regulamentos internos, não é impeditiva da aplicação por analogia dos preceitos do Capítulo respeitante às normas regulamentares.

3 – Na definição do regulamento acolhida, importa destacar três aspectos: a natureza necessariamente abstracta e também geral das normas regulamentares, o facto destas resultarem do exercício de poderes jurídico-administrativos e ainda que as normas têm como destinatários sujeitos de relações jurídicas externas.

4 – As normas regulamentares têm por definição natureza abstracta, isto é, têm uma execução permanente no tempo, não se reportando a uma precisa situação histórica e devem também ser gerais, isto é, aplicarem-se a um conjunto não individualizado de destinatários.

5 – Os órgãos titulares de competências regulamentares dispõem de poderes jurídico-administrativos para fazer regulamentos, para boa execução das leis, e outras normas primárias referidas no artigo 143.º, n.º 1 do CPTA. A expressão poderes jurídico-administrativos tem sentido idêntico ao dos poderes públicos referidos no artigo.º 2.º, n.º 1, do Código.

6 – Já mencionámos, na nota 2, que foram razões práticas que levaram a não abranger os regulamentos internos na definição dada no artigo 135.º.

Por efeitos externos, há que entender aqueles que sejam aplicáveis às relações ou posições jurídicas cujos sujeitos sejam pessoas jurídicas, singulares ou colectivas, diversas daquela a que pertence o órgão que fez o regulamento considerado. O regulamento interno é o resultado final de um procedimento administrativo também interno e que tem como sujeitos da relação procedimental outros órgãos da mesma pessoa colectiva a que pertence o órgão emissor do regulamento ou, no caso dos órgãos colegiais, órgãos singulares que os integram. Os regulamentos organizatórios constituem, um dos grupos mais importantes deste tipo de normas internas.

Não se nega, como se disse, a juricidade dos regulamentos internos, os quais, aliás, podem indirectamente ter relevância jurídica externa, designadamente em matéria de responsabilidades civil e disciplinar.

7 – Questão controversa, na doutrina e na jurisprudência, é a de saber como deveremos qualificar os actos individuais mas abstractos e os actos gerais mas concretos, uma vez que não são subsumíveis, nem na definição de regulamento nem na de acto admi-nistrativo dadas pelo Código.

O recurso à aplicação analógica do regime que se revela mais próximo destes tipos de actos, parece ser o caminho mais adequado para escolher a disciplina que lhes é aplicável. Nos binómios individual/abstracto e geral/concreto afigura-se dever dar preferência ao critério da abstracção como sinal da normatividade. Assim, devem considerar-se como normas os efeitos que tenham execução permanente no tempo e aplicar-lhes, por analogia, a disciplina do regulamento. Aos actos gerais mas concretos, deve-se-lhes aplicar, ao invés, por analogia, o regime do acto administrativo (no mesmo sentido, também Mário Aroso de Almeida, *Teoria Geral do Direito Administrativo*, 3.ª ed., Coimbra, 2015, págs. 133 e segs.)

RM

Artigo 136.º

Habilitação legal

1 – A emissão de regulamentos depende sempre de lei habilitante.

2 – Os regulamentos devem indicar expressamente as leis que visam regulamentar ou, no caso de regulamentos independentes, as leis que definem a competência subjetiva e objetiva para a sua emissão.

3 – Para efeitos do disposto no número anterior, consideram-se independentes os regulamentos que visam introduzir uma disciplina jurídica inovadora no âmbito das atribuições das entidades que os emitam.

4 – Embora não tenham natureza regulamentar para efeitos do disposto no presente capítulo, carecem de lei habilitante quaisquer comunicações dos órgãos da Administração Pública que enunciem de modo orientador padrões de conduta na vida em sociedade com, entre outras, as denominações de «diretiva», «recomendação», «instruções», «código de conduta» ou «manual de boas práticas».

ORIGEM DO TEXTO:

Não tem correspondência na versão anterior do Código. Reproduz sem alterações o projeto final da comissão de revisão.

COMENTÁRIO:

1 – A primazia da lei afirmou-se com o Estado de Direito, como manifestação jurídica da vontade geral, realizada através de deliberação do Parlamento, o órgão representativo do povo. A necessidade de assegurar "a boa execução das leis", reconhecida expressamente pela Constituição Francesa de 1814 e ainda hoje reafirmada na Constituição Portuguesa de 1976 – artigo 199.º, alínea a) – evidenciou a necessidade de o Governo possuir, para esse efeito, poderes normativos, embora subordinados à lei, de modo a libertar o Parlamento da necessidade de se ocupar de pormenores e minudências na feitura das leis. A lei tem assim precedência, como fonte primária que é, sobre as normas provenientes do Executivo, os regulamentos, que são uma fonte secundária. Daí que os regulamentos careçam, para serem válidos, de uma habilitação legal como expressamente prevê o artigo 112.º, n.º 7, da nossa Constituição, e em consonância com ele, o dizem os n.ºs 1 e 2 deste artigo 136.º. Em matéria de títulos habilitantes, importa, ainda, ter em consideração que o Governo, em Portugal, tem, também, nos termos do art.198.º da Constituição, competência legislativa.

2 – Para além dos regulamentos meramente executivos e dos complementares, que se limitam a acrescentar pormenores sobre as matérias já objecto de disciplina nas leis que regulamentam, ou a conter preceitos para a aplicação de decisões já tomadas pela fonte primária, a complexidade crescente das tarefas que incumbem ao Estado e o aumento do seu volume, particularmente nos domínios económico e social, obrigaram ao aparecimento ao lado dos regulamentos executivos e complementares, de outro tipo de regulamentos, os regulamentos independentes. Estes não visam pormenorizar o conteúdo de uma lei determinada, mas antes dinamizar o ordenamento jurídico em geral ou um dos seus sectores, isto é, tornar operacionais as opções legislativas já enunciadas por forma geral ou apenas em princípios. Apesar de caberem nas atribuições de uma ou várias pessoas colectivas públicas, muitas vezes sob a forma de programas legalmente sancionados, revestem-se de carácter inovador quanto ao seu conteúdo, como é referido no n.º 2 deste artigo 136.º.

Os regulamentos independentes não podem, todavia, tal como os restantes, ser elaborados em matéria de reserva de lei, a qual cabe, exclusivamente, às fontes primárias.

3 – O n.º 4 ocupa-se de normas, aliás cada vez mais frequentes, que não pretendem produzir efeitos jurídicos, nem, ao contrário dos regulamentos, auto-vinculam a administração. Têm por objecto dar orientações, enunciando sob várias formas, padrões de conduta da vida em sociedade. São formulações da chamada *soft law,* indicando condutas, de que a administração não deve afastar-se sem fundamentos ponderosos, sob pena de cometer violações de boa-fé, geradoras de responsabilidade civil (E. Mostacci, *La Soft Law Nel Sistema Delle Fonti: Uno Studio Comparato*, Milão, 2008).

Dada a relevância social das matérias de que se ocupam as suas disposições exercem uma pressão importante sobre os seus destinatários. Por isso mesmo, os comportamentos sociais desviantes podem constituir violações de princípios gerais de direito administrativo a que os particulares também se encontram obrigados na sua interacção com a administração, v.g. a igualdade, a proporcionalidade, a justiça e a boa-fé.

RM

ARTIGO 137.º

Regulamento devido e sua omissão

1 – Quando a adoção de um regulamento seja necessária para dar exequibilidade a ato legislativo carente de regulamentação, o prazo para a emissão do regulamento é, no silêncio da lei, de 90 dias.

2 – Se o regulamento não for emitido no prazo devido, os interessados diretamente prejudicados pela situação de omissão podem requerer a emissão do regulamento ao órgão com competência na matéria, sem prejuízo da possibilidade de recurso à tutela jurisdicional.

ORIGEM DO TEXTO:

Não tem correspondência na versão anterior do Código. Reproduz sem alterações o projeto final da comissão de revisão.

COMENTÁRIO:

1 – O n.º 1 prevê a situação de omissão por não publicação do regulamento devido. Essa situação tem lugar quando a lei exequenda não puder ser aplicada sem a publicação de um regulamento necessário para o efeito e tal não acontecer.

Quando tiver sido fixado na lei exequenda um prazo para a publicação do regulamento que a torne exequível, a omissão subsiste até que se tenha verificado a publicação prevista. No silêncio da lei, o prazo para a emissão do regulamento para a exequibilidade da lei é de 90 dias.

2 – Os regulamentos devidos são, em geral, regulamentos dependentes e de execução. Não pode, porém, excluir-se, que haja uma lei, que sem densificar a disciplina de um determinado sector, para o qual apenas enunciou princípios e objectivos programáticos, venha, para além de definir as competências objectiva e subjectiva, determinar a data em que o regulamento que a desenvolva, deva ser publicado.

3 – Havendo mora por parte do órgão a quem incumbe o dever de publicar o regulamente necessário à exequibilidade da lei, podem os interessados directamente prejudicados pela situação de omissão – os que possam invocar uma relação de causalidade entre o atraso na publicação e os prejuízos sofridos ou expectáveis – requerer ao órgão competente na matéria a emissão do regulamento devido, sem prejuízo de também poder propor uma acção de condenação à emissão das normas em falta – artigos 138.º, n.º 2, e 147.º do CPA, e artigo 77.º, n.º 2, do CPTA.

RM

Artigo 138.º

Relações entre os regulamentos

1 – Os regulamentos governamentais, no domínio das atribuições concorrentes do Estado, das regiões autónomas e das autarquias locais, prevalecem sobre os regulamentos regionais e autárquicos e das demais entidades dotadas de autonomia regulamentar, salvo se estes configurarem normas especiais.

2 – Os regulamentos municipais prevalecem sobre os regulamentos das freguesias, salvo se estes configurarem normas especiais.

3 – Entre os regulamentos governamentais estabelece-se a seguinte ordem de prevalência:

a) **Decretos regulamentares;**
b) **Resoluções de Conselho de Ministros com conteúdo normativo;**
c) **Portarias;**
d) **Despachos.**

ORIGEM DO TEXTO:

Não tem correspondência na versão anterior do Código.

Reproduz sem alterações o projeto final da comissão de revisão.

COMENTÁRIO:

1 – O presente artigo, bem como o artigo 143.º, este último para daí tirar consequências em matérias de invalidades, ocupam-se de relações inter-regulamentares.

Há desde logo que observar que a disciplina inter-regulamentar deste artigo 138.º não faz referência à hierarquia e aos conflitos normativos que podem surgir entre as normas de direito internacional ou direito comunitário e as normas regulamentares nacionais. A estas faz menção mais à frente o Código, no artigo 143.º, n.º 1, a propósito das invalidades.

Este artigo 138.º reporta-se, desde logo, no seu n.º 1, aos conflitos normativos que podem existir entre os regulamentos governamentais e os regulamentos regionais e autárquicos, no domínio das atribuições concorrentes do Estado e destas últimas entidades, isto é, quando houver sobreposição de competências de uns e de outros. Nesta situação, os regulamentos governamentais prevalecem, salvo quando os regulamentos do governo forem gerais e os regulamentos das entidades com competência regulamentar concorrente, especiais.

Cada um dos grupos, na sua esfera própria de competência, poderá estabelecer as normas que entender sem ter em consideração os regulamentos emitidos pelo outro grupo. Tem apenas de obedecer à lei habilitante que lhe for aplicável e à hierarquia das normas do seu próprio grupo, embora também aí haja que observar a prevalência das normas especiais sobre as gerais. Quer isto dizer que, neste caso, existe uma reserva de competência regulamentar das entidades dotadas de autonomia normativa, face aos regulamentos do Estado.

2 – Há ainda que notar que os regulamentos emanados de órgãos hierarquicamente superiores ou dotados de poderes de superintendência (artigo 143.º, n.º 2, alínea a)) prevalecem sobre os regulamentos dos órgãos que tenham posição hierarquicamente subordinada ou sujeita à superintendência. Também os regulamentos emanados pelo delegante prevalecem sobre os regulamentos do delegado, salvo se a delegação incluir a competência regulamentar (artigo 143.º, n.º 2, alínea b)). E ainda as normas estatutárias emanadas ao abrigo de autonomia normativa prevalecem sobre os regulamentos que fundem a sua competência nelas. (artigo 143.º, n.º 2, alínea c)).

3 – O n.º 3 ordena respetivamente os regulamentos municipais e os regulamentos governamentais segundo o principio da hierarquia, sem prejuízo da prioridade dada aos regulamentos especiais sobre os de carácter geral – princípio da especialidade.

RM

4 – Ainda a respeito do n.º 1, este consagra a regra da prevalência dos regulamentos governamentais sobre os regulamentos autárquicos sempre que estejam em causa atribuições concorrentes do Estado e das Autarquias Locais.

Um exemplo destas atribuições é a matéria do ordenamento do território e do urbanismo, matéria esta que, de acordo com o nosso Tribunal Constitucional (Acórdão n.º 432/93, DR, II.ª Série, n.º 193 de 18 de Agosto de 1993), respeita quer ao interesse geral da comunidade constituída em Estado, quer aos interesses das Autarquias Locais.

Por conseguinte, a regra da prevalência aqui prevista, porque diz respeito a atribuições concorrentes do Estado e das Autarquias Locais, como sejam as atribuições no domínio do ambiente, ordenamento do território e património cultural – artigos 9.º, alínea e) e 65.º, n.º4, da Constituição, não viola a autonomia do poder local constitucionalmente consagrado – artigo 235.º e seguintes da Constituição.

JMS

Secção II

DA EFICÁCIA DO REGULAMENTO ADMINISTRATIVO

Artigo 139.º

Publicação

A produção de efeitos do regulamento depende da respetiva publicação, a fazer no *Diário da República,* sem prejuízo de tal publicação poder ser feita também na publicação oficial da entidade pública, e na *Internet*, no sítio institucional da entidade em causa.

ORIGEM DO TEXTO:

Não tem correspondência na versão anterior do Código.

O teor do artigo é diferente do que constava do projeto final da comissão de revisão, que era o seguinte:

ARTIGO *139.º*

Publicação

A produção de efeitos do regulamento depende da respetiva publicação, a fazer no Diário da República ou na publicação oficial da entidade pública, e na internet, no sítio institucional da entidade em causa.

COMENTÁRIO:

1 – Consubstanciando-se os regulamentos em normas gerais e abstractas com efeito externo, é natural que a produção dos seus efeitos, isto é, a sua vigência, fique dependente de publicação e, a mais das vezes, de um período de tempo que medeie entre a publicação e a sua entrada em vigor, a chamada *vacatio legis*.

A exigência de que todos os regulamentos tenham de ser publicados no Diário da República, que não resultou do projeto elaborado pela Comissão de revisão, afigura-se excessiva. Por exemplo, para os regulamentos das freguesias seria talvez suficiente, sobretudo para as de população escassa, a simples afixação das normas regulamentares nos locais do estilo e, havendo-os, a publicação em jornais de âmbito local.

RM

ARTIGO 140.º

Vigência

Os regulamentos entram em vigor na data neles estabelecida ou no quinto dia após a sua publicação.

ORIGEM DO TEXTO:

Não tem correspondência na versão anterior do Código.
Reproduz sem alterações o projeto final da comissão de revisão.

COMENTÁRIO:

Na sequência do preceito anterior, este artigo ocupa-se do momento em que o regulamento produz efeitos. A vigência inicia-se na data estabelecida no próprio regulamento ou, na ausência de indicação da data de entrada em vigor, a vigência começa no 5.º dia após a sua publicação, não se contando o dia da data desta (cfr. artigo 87.º, alínea b)).

RM

Artigo 141.º

Proibição de eficácia retroativa

1 – Não pode ser atribuída eficácia retroativa aos regulamentos que imponham deveres, encargos, ónus, sujeições ou sanções, que causem prejuízos ou restrinjam direitos ou interesses legalmente protegidos, ou afetem as condições do seu exercício.

2 – Os efeitos dos regulamentos não podem reportar-se a data anterior àquela a que se reporta a lei habilitante.

ORIGEM DO TEXTO:

Não tem correspondência na versão anterior do Código.

Reproduz sem alterações o projeto final da comissão de revisão.

COMENTÁRIO:

1 – A proibição da eficácia retroactiva dos regulamentos que imponham situações desfavoráveis aos seus destinatários, quer de carácter jurídico, quer material, decorre do princípio da boa-fé e da proteção da confiança (Constituição, artigo 266.º, n.º 2, e CPA, artigo 10.º, n.ºs 1 e 2). Em concordância com o disposto no n.º 7 do artigo 112.º da Constituição e do n.º 1 do artigo.º 136.º do CPA, quanto à dependência do regulamento de lei habilitante, os efeitos de qualquer tipo de regulamento não podem retroagir à vigência daquela.

RM

2 – O n.º 1, no domínio dos regulamentos administrativos, traduz o princípio do Estado de direito, na sua dimensão de segurança jurídica. Como foi dito recentemente no Acórdão do Tribunal Constitucional n.º 575/2014, de 14-8-2014, Processo n.º 819/2014, "o Estado de direito é um estado de segurança jurídica. E a segurança exige que os cidadãos saibam com o que podem contar, sobretudo nas suas relações com os poderes públicos."

É certo, como é assinalado no referido Acórdão, que a "Constituição proibiu expressamente o recurso, por parte do legislador, à retroactividade forte (sempre que a medida legislativa que a ela recorre implica intervenções gravosas na liberdade e ou no património das pessoas), assim sucedendo quando estejam em causa restrições a direitos, liberdades e garantia (artigo 18.º, n.º 3), a definição de comportamentos criminalmente puníveis (artigo 29.º, n.º 1) ou a criação de impostos ou definição dos seus elementos essenciais (artigo 103.º, n.º 3). A razão pela qual a Constituição exclui a possibilidade de existência de leis retroactivas nesses casos reside precisamente na intensidade da condição de insegurança pessoal que do contrário resultaria no quadro de um Estado de direito democrático como é aquele que o artigo 2.º institui."

Ora, exceptuando os casos mencionados no Acórdão, é aí dito que o facto de a Constituição não proibir a retroactividade das leis não significa que, face à Constituição, o legislador tenha "carta branca" para aprovar actos legislativos com eficácia retroactiva.

Assim, um acto legislativo com eficácia retroactiva, fora das situações expressamente referidas pela Constituição como de proibição de eficácia retroactiva, pode ser desconforme à Constituição se atentar contra a necessária convivência do princípio genérico constitucional de que o poder legislativo está habilitado a atribuir eficácia retroactiva aos actos legislativos e o princípio do Estado de direito na sua dimensão da segurança jurídica.

As considerações aqui feitas sobre a absoluta necessidade de compatibilizar, no domínio dos actos legislativos, o princípio geral do poder legislativo atribuir eficácia retroactiva a tais actos com o princípio do Estado de direito na sua dimensão de segurança jurídica, vale tal e qual para os regulamentos administrativos.

Assim, porque os regulamentos visados no preceito em comentário são, indiscutivelmente, regulamentos com intensidade ablativa da esfera jurídica dos particulares, os mesmos não podem pôr em causa situações subjectivas já consolidadas antes da sua entrada em vigor. Daí, a proibição da sua eficácia retroactiva.

JMS

ARTIGO 142.º

Aplicação de regulamentos

1 – Os regulamentos podem ser interpretados, modificados e suspensos pelos órgãos competentes para a sua emissão.

2 – Os regulamentos não podem ser derrogados por atos administrativos de caráter individual e concreto.

ORIGEM DO TEXTO:

Não tem correspondência na versão anterior do Código.
Reproduz sem alterações o projeto final da comissão de revisão.

COMENTÁRIO:

1 – Os órgãos com competência para fazer regulamentos possuem igualmente competência para os interpretar, modificar e suspender – isto é, sustar provisoriamente a sua eficácia – consoante dispõe o n.º 1. Podem ainda, nos mesmos termos, ser revogados, conforme preceitua o artigo 146.º, n.º 1, com as limitações impostas pelos n.os 2 e 3 do mesmo artigo.

O acto de suspensão deve indicar o período em que os regulamentos não produzem efeitos ou o facto que determinará o retorno da sua eficácia, sob pena dos efeitos suspensivos se aproximarem dos da revogação ou terem até os mesmos efeitos desta, mas frustrando ilegalmente as limitações impostas para a revogação, pelos citados n.os 2 e 3 do artigo 146.º.

2 – O artigo 112.º, n.º 5, da Constituição, ao proibir que a lei crie outras categorias de actos legislativos ou confira a actos de outra natureza o poder de, com eficácia externa, interpretar, integrar, verificar, suspender ou revogar qualquer dos seus preceitos, impede obviamente que os regulamentos possam fazer interpretações autênticas de normas legais. Podem sim, como diz o artigo 147.º, n.º 1, interpretar outos regulamentos. Nada obsta, no entanto, que os regulamentos auto-vinculando os órgãos administrativos, procedam à interpretação das leis, nos limites das alternativas consentidas pelas regras da hermenêutica de modo a uniformizar o entendimento que das mesmas têm ao proceder à sua aplicação. Essa faculdade tem a vantagem de uniformizar a prática administrativa e, por consequência, tem efeitos internos e também, externos, mas que não vinculam os tribunais. Deste modo, os particulares podem impugnar contenciosamente os actos administrativos de aplicação desses regulamentos, com fundamento no modo errado como procederam à interpretação das leis que invocaram, como de resto podem também proceder à impugnação graciosa desses mesmos regulamentos, nos termos do artigo 147.º.

3 – Nos termos do n.º 2, os regulamentos não podem ser derrogados por acto administrativo de carácter individual e concreto. A dispensa de aplicação de um regulamento a um caso concreto, a que deveria em princípio aplicar-se, equivaleria a um regulamento negativo sem abstracção, ou seja, concreto.

Para a inderrogabilidade singular dos regulamentos, proibindo a sua dispensa numa situação concreta, em que na ausência de acto de afastamento aquele seria aplicável, têm sido apresentadas diversas justificações. A nosso ver, a proibição da inderrogabilidade singular do regulamento assenta na observância dos princípios da igualdade e da imparcialidade, e também da boa-fé, que deste modo seriam gravemente violados. Funda-se ainda na unidade e coerência do sistema jurídico-administrativo, posto em causa pela admissão da inderrogabilidade singular. Esta constituiria uma excepção à regra da invalidade dos actos administrativos por vício de incompetência, uma vez que o seu autor se dispensa de aplicar o regulamento que constitui um dos parâmetros da legalidade do acto. O desrespeito desta regra, ameaça deste modo a estrutura garantística e a unidade do sistema jurídico-administrativo, fundada na autovinculaçao da Administração às normas que ela própria elabora (assim, também, Paulo Otero, *Legalidade e Administração Pública*, Coimbra, 2013, págs. 635 e segs.)

RM

Secção III

DA INVALIDADE DO REGULAMENTO ADMINISTRATIVO

Artigo 143.º

Invalidade

1 – São inválidos os regulamentos que sejam desconformes com a Constituição, a lei e os princípios gerais de direito administrativo ou que infrinjam normas de direito internacional ou de direito da União Europeia.

2 – São também inválidos:

a) **Os regulamentos que desrespeitem os regulamentos emanados dos órgãos hierarquicamente superiores ou dotados de poderes de superintendência;**
b) **Os regulamentos que desrespeitem os regulamentos emanados pelo delegante, salvo se a delegação incluir a competência regulamentar;**
c) **Os regulamentos que desrespeitem os estatutos emanados ao abrigo de autonomia normativa nas quais se funde a competência para a respetiva emissão.**

ORIGEM DO TEXTO:

Não tem correspondência na versão anterior do Código. Reproduz sem alterações o projeto final da comissão de revisão.

COMENTÁRIO:

1 – A Secção III do Capítulo I é dedicada à invalidade do regulamento, por ser desconforme com normas de grau hierárquico superior ou, por forma mais precisa, pro serem dotadas de força normativa superior. Os vícios do regulamento e o seu consequente desvalor, podem resultar da violação de diversos blocos normativos cuja "arrumação piramidal" em função do seu grau hierárquico, não oferece necessariamente sempre a resposta à questão colocada em sede de validade. Com efeito, para além da relação hierárquica eventualmente existente entre o regulamento *de quo agitur* e a norma de hierarquia superior, pode haver soluções que resultem da reserva de competência do regulamento e outras ainda baseadas no princípio da especialidade da norma inferior.

2 – O n.º 1 enuncia os diversos parâmetros de vinculação a que o regulamento deve obedecer para não ser inválido. Trata-se, no fundo, de normas habilitantes do regulamento cuja validade se aprecia. Podem ser normas pertencentes a ordenamentos distintos do ordenamento português, mas que com ele mantenham relações, ou normas do ordenamento português com posição hierárquica superior ao regulamento, cuja validade se examina, ou ainda princípios gerais do direito administrativo português.

O artigo 8.º da Constituição indica os ordenamentos distintos do ordenamento português a que podem pertencer normas diretamente habilitantes dos regulamentos nacionais. Assim, o n.º 1 do artigo 8.º, no que respeita ao direito internacional geral ou comum, prescreve que as suas normas e princípios fazem parte integrante do direito português, não carecendo de qualquer acto ulterior de vinculação do nosso Estado. A tese da recepção plena e automática é confirmada quanto a diversos princípios do direito internacional pelos artigos 7.º, n.º 1, 16.º e 29.º, n.º 2, da nossa Constituição. As normas a serem consideradas produzem efeitos vinculativos imediatos sem interposição de outros actos jurídicos, são normas de *jus cogens*. No que concerne ao direito internacional convencional, dispõe o artigo 8.º, n.º 2, que as normas constante de convenções internacionais regularmente ratificadas ou aprovadas, vigoram na ordem interna portuguesa após a sua publicação oficial e enquanto vincularem internacionalmente o Estado português. Não carecem assim para a sua vigência interna num acto específico de recepção.

As normas emanadas dos órgãos competentes de que Portugal seja parte, nos termos do n.º 3 do artigo 8.º da Constituição, vigoram directamente na ordem interna desde que tal se encontre estabelecido nos respectivos tratados constitutivos. Deste modo, não carecem também, de um acto específico de recepção.

Quanto ao direito comunitário, dispõe o n.º 4 do artigo 8.º da Constituição que as disposições dos tratados que regem a União Europeia e as normas emanadas das suas instituições no exercício das respectivas competências, são aplicáveis na ordem interna portuguesa, nos termos definidos pelo direito da União desde que respeitem os princípios fundamentais fundados no Estado democrático.

A norma do artigo 8.º, n.º 1, traduz o reconhecimento de primazia dos *jus cogens* sobre o direito interno português resultante da participação do Estado Português no ordenamento internacional comum de que fazem parte todos os estados soberanos. Os blocos normativos referidos nos n.ºs 2, 3 e 4 do artigo 8.º da Constituição, são, na sua substância, normas de conflitos atributivas da aplicabilidade do direito interno português dos ordenamentos nelas referidos. As normas com força normativa ou regulamentar dos ordenamentos referidos no artigo 8.º da Constituição, se directamente contrariadas pelos regulamentos nacionais, são causa da invalidade destes.

São igualmente inválidos, nos termos do n.º 1 deste artigo 143.º, os regulamentos que sem intermediação ofendam a Constituição, as leis, e os próprios regulamentos emanados de órgãos hierarquicamente superiores. Neste caso há que ressalvar as situações em que se verifique reserva de competência normativa as normas regulamentares emanadas de órgãos em posição hierárquica inferior, ou que estas tenham características de especialidade face aos regulamentos emitidos por órgãos de posição superior.

3 – Quanto às relações inter-regulamentares, veja-se o comentário ao artigo 138.º.

RM

Artigo 144.º
Regime de invalidade

1 – A invalidade do regulamento pode ser invocada a todo o tempo por qualquer interessado e pode, também a todo o tempo, ser declarada pelos órgãos administrativos competentes, sem prejuízo do disposto no número seguinte.

2 – Os regulamentos que enfermem de ilegalidade formal ou procedimental da qual não resulte a sua inconstitucionalidade só podem ser impugnados ou declarados oficiosamente inválidos pela Administração no prazo de seis meses, a contar da data da respetiva publicação, salvo nos casos de carência absoluta de forma legal ou de preterição de consulta pública exigida por lei.

3 – A declaração administrativa de invalidade produz efeitos desde a data de emissão do regulamento e determina a repristinação das normas que ele haja revogado, salvo quando estas sejam ilegais ou tenham deixado por outro motivo de vigorar, devendo o órgão competente reconhecer o afastamento do efeito repristinatório, quando este se verifique.

4 – A retroatividade da declaração de invalidade não afeta os casos julgados nem os atos administrativos que se tenham tornado inimpugnáveis, salvo, neste último caso, quando se trate de atos desfavoráveis para os destinatários.

ORIGEM DO TEXTO:

Não tem correspondência na versão anterior do Código.
Reproduz sem alterações o projeto final da comissão de revisão.

COMENTÁRIO:

1 – O regime de invalidade agora introduzido pelo CPA traz consigo uma novidade importante: autoriza que a própria administração venha declarar a todo o tempo a invalidade de um regulamento assim quebrando a exclusividade da competência dos tribunais nesta matéria. A invalidade, para além de poder ser invocada a todo o tempo por qualquer interessado – artigo 144.º, n.º 1 – pode ainda ser objeto de reclamação de recurso hierárquico. A autoridade competente tem ainda poder para reconhecer a existência de uma omissão, devendo reparar a ilegalidade e emitir as normas necessárias para dar exequibilidade à lei carente de regulamentação – artigo 137.º, n.º 1. O artigo 68.º indica os requisitos necessários para ter legitimidade para iniciar o procedimento de declaração de nulidade do regulamento ou para examinar se existe omissão indevida do regulamento através de reclamação ou recurso, nos termos do artigo 147.º, n.º 1.

2 – O "núcleo duro" do regime de nulidade, os efeitos dos vícios de forma e de conteúdo de que padeçam as normas regulamentares constituem na perspectiva da sua qualificação *vexata quaestio* sobre a qual o CPA não toma uma posição inequívoca.

O n.º 1 preceitua que a invalidade resultante da desconformidade com as normas enunciadas no n.º 1 do artigo 143.º, pode ser evocada a todo o tempo, quer por qualquer interessado, quer também pelos órgãos da administração. Há, contudo, limites temporais para o fazer quanto à impugnação de regulamentos que enfermem de ilegalidade formal ou procedimental, da qual não resulte a sua inconstitucionalidade (v.g. por violação do artigo 267.º, n.º 5, da Constituição), a qual só pode ser suscitada pelo particular ou declarada oficiosamente inválida pela administração no prazo de 6 meses, a contar da data da respectiva publicação, salvo nos casos de carência absoluta de forma legal ou de preterição de consulta pública exigida por lei – artigo 144.º, n.º 2. A mesma limitação temporal existe para a impugnação contenciosa de regulamentos prevista no artigo 74.º, n.º 2, do CPTA.

3 – Questão cuja resposta não é isenta de dúvidas, é a de saber se, passados que sejam os seis meses referidos nos artigos 144.º, n.º 2, do CPA e 74.º, n.º 2, do CPTA, se devem considerar sanados os vícios dos regulamentos por eles atingidos, ou se ficam ainda sujeitos à possibilidade de uma apreciação incidental nos procedimentos de segundo grau, que tenham por objecto actos administrativos, ou nas impugnações contenciosas que tenham igualmente por objecto actos administrativos. Inclinamo-nos para entender que também aqui a impugnação incidental deve ser admissível, uma vez que é limitada apenas à situação concreta, objecto da impugnação do acto administrativo.

4 – A declaração de invalidade tem efeito *ex tunc*, com a ressalva dos casos julgados, e dos casos resolvidos em que a validade do regulamento tenha sido apreciada a título principal, salvo quanto a este último caso, quando se trata de actos desfavoráveis para os destinatários – artigo 144.º, n.º 4.

5 – O regime de invalidade dos regulamentos traçada pelo CPA afigura-se ser assim um regime misto, cumulando traços próprios da nulidade – a possibilidade da invocação da nulidade pelo interessado ou da sua declaração oficiosa, a todo o tempo; efeitos repristinatórios das normas que o acto nulo tenha pretendido revogar quando essa nulidade seja reconhecida, nos termos dos n.ºs 1 e 3, e ainda a incaducabilidade da impugnação fundada em vícios em vícios materiais ou de competência – com atributos próprios da anulabilidade: a inimpugnabilidade das normas enfermando de vícios formais fundada no decurso do tempo, a manutenção dos efeitos da norma pretensamente nula quando a repristinação tenha por objecto normas ilegais, e ainda a restrição dos efeitos da declaração de nulidade nos casos julgados, e também nos actos administrativos tornados inimpugnáveis, excepto quando desfavoráveis para os destinatários. O regime *sui generis* inspirado naquele que a Constituição prescreve quanto à declaração de inconstitucionalidade ou de ilegalidade com força obrigatória geral – artigo 282.º – procura, assim, encontrar soluções que tenham em conta a fisionomia das situações da vida que são *prima facie* modificadas pela destruição dos efeitos resultantes da aplicação de regulamentos declarados ilegais.

RM

Secção IV

DA CADUCIDADE E DA REVOGAÇÃO

Artigo 145.º

Caducidade

1 – Os regulamentos sujeitos a termo ou condição resolutiva caducam com a verificação destes.

2 – Os regulamentos de execução caducam com a revogação das leis que regulamentam, salvo na medida em que sejam compatíveis com a lei nova e enquanto não houver regulamentação desta.

ORIGEM DO TEXTO:

Não tem correspondência na versão anterior do Código.
Reproduz sem alterações o projeto final da comissão de revisão.

COMENTÁRIO:

1 – A caducidade, como ensina Paulo Otero, "consubstancia um mero efeito da superveniência de um facto que acarreta, sem uma específica manifestação de intencionalidade, o termo de vigência de um acto anterior.". Esse facto produz assim, como efeito automático, a cessação da vigência, na situação em análise de um regulamento anterior. Esse facto, que se produz *ope legis*, independentemente da vontade do titular do poder regulamentar, pode ser qualificado pela lei de modo a resultar da sua verificação um efeito extintivo e ser certa a sua ocorrência em determinado momento temporal – o termo –, ao ser incerto quanto à sua ocorrência mas se acontecer, determinar a cessação da vigência das normas regulamentares. O n.º 1 deste artigo 145.º limita-se a reiterar esta doutrina pacífica a propósito dos regulamentos.

2 – Preceitua o n.º 2 que os regulamentos de execução caducam por revogação das leis que visam regulamentar, por deixarem de ter lei habilitante. Afonso Queiró preferia caracterizar este modo de cessação da vigência dos regulamentos por lei posterior como revogação tácita. O CPA não seguiu este caminho, por entender não haver intenção revogatória do regulamento na lei superveniente. Mas a observação do Professor de Coimbra lembra que a lei posterior pode proceder à revogação expressa do regulamento de execução sem pretender a sua substituição por outro.

3 – Na parte final do n.º 2, ressalvam-se como excepção à regra da caducidade os casos em que o regulamento que deveria caducar seja compatível com a lei nova e enquanto não houver regulamentação desta. Deste modo, se procura evitar um vazio normativo que seja involuntário.

O n.º 2 é reforçado pelo disposto nos n.os 2 e 3 do artigo 146.º, mas estes não podem opor-se à vontade expressa da lei nova, manifestada em sentido divergente.

4 – Questão complexa é a de apurar a cessação da vigência da lei habilitante de regulamento independente. A independência é uma questão de grau, a sua fronteira em relação ao regulamento de execução nem sempre tem uma grande nitidez. Parece razoável admitir que, desaparecidas a lei ou leis de referência do regulamento independente, e dada a capacidade de inovação deste e o seu distanciamento em relação à lei habilitante, é de presumir que o desaparecimento desta signifique uma mudança de orientação que leve à cessação da vigência do regulamento independente. Mas só no caso concreto se poderá avaliar qual das soluções na falta de indicação expressa deste será a solução preferida pelo legislador.

RM

Artigo 146.º

Revogação

1 – Os regulamentos podem ser revogados pelos órgãos competentes para a respetiva emissão, sem prejuízo do disposto nos números seguintes.

2 – Os regulamentos necessários à execução das leis em vigor ou de direito da União Europeia não podem ser objeto de revogação sem que a matéria seja simultaneamente objeto de nova regulamentação.

3 – Em caso de inobservância do disposto no número anterior, consideram –se em vigor, para todos os efeitos, até ao início da vigência do novo regulamento, as normas regulamentares do diploma revogado de que dependa a aplicabilidade da lei exequenda.

4 – Os regulamentos revogatórios devem fazer menção expressa das normas revogadas.

ORIGEM DO TEXTO:

Corresponde parcialmente ao anterior artigo 119.º.
Reproduz sem alterações o projeto final da comissão de revisão.

COMENTÁRIO:

1 – O n.º 1 dispõe que o titular do poder regulamentar tem igualmente competência para revogar os regulamentos que tiver emitido, salvo as limitações impostas pelos n.os 2 e 3. A revogação ao abrigo do n.º 1 é fundada em razões de oportunidade na prossecução do interesse público e não em motivos de legalidade.

2 – É proibida a revogação dos regulamentos necessários às leis em vigor, ou do direito da União Europeia, sem que a matéria seja simultaneamente objecto de nova regulamentação. A inobservância desta proibição é sancionada pela manutenção em vigor para todos os efeitos até ao início da vigência de novo regulamento das normas regulamentares do diploma revogado de que dependa a aplicabilidade da lei exequenda – n.ºs 2 e 3. No caso da infracção directa ao direito da União europeia por revogação do regulamento que garanta a sua exequibilidade, não parece possível, dada a primazia do direito comunitário, de haver lei portuguesa que decida legalmente de forma diferente. É que existe um dever de direito comunitário dos Estados Membros colaborarem de modo a assegurar a vigência no seu direito interno dos regulamentos e demais actos com força de lei no ordenamento da União.

3 – O preceituado no n.º 4, exigindo que os regulamentos regulatórios façam menção expressa das normas revogadas visa impedir as revogações tácitas ou implícitas susceptiveis de gerar incerteza quanto às normas que estão efectivamente em vigor, se as antigas ou as novas.

A desobediência ao preceituado no n.º 4 traduz-se numa irregularidade do regulamento abrogante que parece ser geradora de um efeito suspensivo, enquanto não for cumprida, mas não de uma invalidade. A ausência de qualquer sanção tornaria inútil o n.º 4.

RM

Secção V

DA IMPUGNAÇÃO DE REGULAMENTOS ADMINISTRATIVOS

Artigo 147.º

Reclamações e recursos administrativos

1 – Os interessados têm direito a solicitar a modificação, suspensão, revogação ou declaração de invalidade de regulamentos administrativos diretamente lesivos dos seus direitos ou interesses legalmente protegidos, assim como a reagir contra a omissão ilegal de regulamentos administrativos.

2 – Os direitos reconhecidos no número anterior podem ser exercidos, consoante os casos, mediante reclamação para o autor

do regulamento ou recurso para o órgão com competência para o efeito, caso exista.

3 – À impugnação administrativa de regulamentos é aplicável o disposto nos artigos 189.º e 190.º para a impugnação facultativa de atos administrativos.

ORIGEM DO TEXTO:

Não tem correspondência na versão anterior do Código. Reproduz sem alterações o projeto final da comissão de revisão.

COMENTÁRIO:

1 – O n.º 1 ocupa-se das reações graciosas contra os regulamentos administrativos fundadas em razões de mérito ou de ilegalidade, pedindo a sua modificação, suspensão ou declaração de invalidade, feitas pelos interessados directamente lesados nos seus direitos ou interesses legalmente protegidos, bem como contra a omissão ilegal das normas regulamentares. Trata-se, assim, ao contrário do que sugere o título da Secção, não apenas de impugnações, mas também de pretensões à emissão por parte das autoridades administrativas competentes, dos regulamentos devidos.

O objecto da regulamentação feita neste artigo faz parte da disciplina dos procedimentos de 2.º grau, também tratado, quanto aos actos administrativos, na Secção VI, Capítulo II da Parte IV do Código, artigos 184.º e seguintes.

2 – Os direitos procedimentais de reação exercem-se mediante reclamação para o autor do regulamento ou do recurso para o órgão com competência para o efeito, caso exista, e quanto ao pedido de regulamento devido, para o órgão com competência para a prática do acto omitido.

3 – As reclamações e os recursos administrativos dos regulamentos têm sempre natureza facultativa, é o que decorre do n.º 3 e da remissão que este faz para o artigo 189.º – negação do efeito suspensivo das impugnações facultativas – ressalvados os casos aí expressamente mencionados, e também da remissão para o artigo 190.º, n.os 2, 3 e 4.

Os recursos administrativos necessários deixaram, aliás, de ser pressupostos processuais de ordem geral, de acordo com o disposto no artigo 59.º, n.os 4 e 5 do CPTA, e do artigo 3.º do DL n.º 4/2015, de 7 de Janeiro. Não será, porém, fundamento de inconstitucionalidade a previsão em lei aplicável em determinados sectores, da reclamação ou recursos administrativos obrigatórios, tendo por objecto regulamentos, tal como não o é, para os procedimentos de segundo grau, aplicáveis a actos administrativos.

Quanto à impugnação com fundamento em invalidade, haverá que ter um conta o prazo estipulado no artigo 144.º, n.º 2, no que respeita às ilegalidades formais ou procedimentais dos regulamentos objecto da impugnação.

RM

Capítulo II
DO ATO ADMINISTRATIVO

Secção I
DISPOSIÇÕES GERAIS

Artigo 148.º
Conceito de acto administrativo

Para efeitos do disposto no presente Código, consideram-se atos administrativos as decisões que, no exercício de poderes jurídico-administrativos, visem produzir efeitos jurídicos externos numa situação individual e concreta.

ORIGEM DO TEXTO:

Corresponde ao anterior artigo 120.º.
Reproduz sem alterações o projeto final da comissão de revisão.

COMENTÁRIO:

1 – Neste artigo de abertura do capítulo dedicado ao acto administrativo, define-se o respectivo conceito, definição que vale "para efeitos do disposto no Código".

As alterações introduzidas em 2015 visam assegurar a coerência operativa do conceito, atribuindo-lhe significado doutrinal e alcance prático, de modo a que configure (apenas) aqueles actos que constituem, tipicamente e no essencial, o objecto do regime procedimental e substantivo estabelecido no CPA: as *decisões* administrativas concretas às quais a lei reconhece *força jurídica* para a definição *unilateral* e *estável* de relações jurídicas administrativas, designadamente quando conformam ou afectam (em termos desfavoráveis ou favoráveis) a *esfera jurídica dos particulares.*

Assim, justifica-se a adição da referência aos "efeitos jurídicos externos", que, ao pressupor a eficácia intersubjectiva, visa excluir do conceito os actos internos, praticados no âmbito das relações interorgânicas, cujos efeitos se esgotam dentro do ente administrativo – porque a eles não se aplica ou não tem de se aplicar, pelo menos em regra, a generalidade dos preceitos procedimentais (com destaque para a audiência prévia) e, sobretudo, substanciais (força de caso decidido, revogabilidade, invalidade, impugnabilidade) incluídos no Código.

A exigência da produção *directa* dos efeitos externos implica, em rigor, a exclusão do conceito de acto administrativo dos actos inseridos no procedimento, ainda que determinantes do conteúdo da decisão, sempre que sejam meramente preparatórios, isto é, se e na medida em que não visem produzir quaisquer efeitos externos por si, mas apenas através de uma outra decisão, que constitui o acto principal do procedimento – sem prejuízo, porém, da possibilidade de actos inseridos no procedimento produzirem efeitos externos, bem como da existência de actos administrativos prévios ou de actos parciais em procedimentos complexos.

A produção de efeitos jurídicos externos verifica-se também nos actos negativos, que operam efeitos de consolidação jurídica, proibindo a efectivação da pretensão denegada – as decisões de recusa de produção dos efeitos jurídicos requeridos não deixam, por isso, de ser actos administrativos.

Como é óbvio, não fica excluído que, para além da aplicação dos princípios gerais a toda a actividade administrativa (artigo 2.º, n.º 3), algumas normas do Código possam ou devam ser aplicadas, por extensão teleológica, a outros actos jurídicos da Administração, designadamente a actos que tenham carácter decisório (uma extensão que se verifica também relativamente ao conceito de acto administrativo impugnável, no âmbito do Código de Processo nos Tribunais Administrativos).

2 – Por outro lado, omite-se agora a referência aos "órgãos da Administração", preferindo enunciar um conceito substancial de acto administrativo, por se entender, em consonância com o disposto no artigo 2.º, que, para além das decisões dos órgãos administrativos em sentido próprio, também devem estar directamente sujeitos ao regime procedimental e substantivo do Código as decisões materialmente administrativas de outras entidades: quer de sujeitos privados, incluindo as entidades administrativas privadas, os concessionários e outros particulares, quando sejam dotados de poderes públicos de autoridade (mas já não os privados reconhecidos e autorizados a desempenhar tarefas públicas ou de interesse público, como, por exemplo, as IPSS e as escolas privadas); quer as «decisões» de autoridades não-integradas na Administração Pública (Presidente da República, Assembleia da República, Tribunais, Conselhos Superiores judiciais), quando exerçam poderes jurídico-administrativos – actos que já são expressamente equiparados por lei a actos administrativos para efeitos de impugnação judicial (artigo 51.º, n.º 2, do CPTA).

Poderia, em alternativa, ter-se optado por manter a referência orgânica, por exemplo, a um "sujeito de direito administrativo" (expressão utilizada por Rogério Soares) – opção que teria a vantagem de ser mais consentânea com a importância da autoria como elemento constitutivo da existência de um acto administrativo.

3 – Uma terceira alteração, menos significativa, consiste na substituição da expressão "ao abrigo de normas de direito público" por "o exercício de poderes jurídico-administrativos". Não se trata aqui de alterar o sentido e alcance da norma, mas apenas de utilizar uma formulação mais exacta, dado que fica assim claro que se exclui o exercício de poderes públicos não administrativos (político, legislativo e judicial) e se reforça a importância do poder de autoridade decisória, que não existe na prática de todas as actuações de direito público.

VA

Artigo 149.º

Cláusulas acessórias

1 – Os atos administrativos podem ser sujeitos, pelo seu autor, mediante decisão fundamentada, a condição, termo, modo ou reserva, desde que estes não sejam contrários à lei ou ao fim a que o ato se destina, tenham relação direta com o conteúdo principal do ato e respeitem os princípios jurídicos aplicáveis, designadamente o princípio da proporcionalidade.

2 – A aposição de cláusulas acessórias a atos administrativos de conteúdo vinculado só é admissível quando a lei o preveja ou quando vise assegurar a verificação futura de pressupostos legais ainda não preenchidos no momento da prática do ato.

ORIGEM DO TEXTO:

Corresponde ao anterior artigo 121.º.
Reproduz sem alterações o projeto final da comissão de revisão.

COMENTÁRIO:

1 – Neste artigo, há um desenvolvimento e concretização das regras aplicáveis às cláusulas acessórias a que podem ser sujeitos os actos administrativos.

Há a sublinhar, desde logo, a previsão de um novo tipo de cláusula, a reserva (reserva de revogação, reserva de modo ou outra) –

mediante a qual o autor do acto ressalva o exercício de um poder ou faculdade que, de outro modo, não teria ou não poderia exercer sobre o acto ou a relação jurídica por este conformada (poderes de revogação ou de imposição de novos encargos em actos favoráveis de eficácia duradoura ou outros poderes legítimos).

Os outros tipos de cláusulas acessórias (condição, termo e modo) já estavam previstos no CPA originário, à semelhança do disposto na lei civil para os negócios jurídicos unilaterais. A reserva, que é admitida na generalidade dos países, releva enquanto cláusula específica do acto administrativo e tende a ter, pela sua adaptabilidade às mudanças, uma importância acrescida nas decisões com efeitos duradouros, que são muitas vezes, sobretudo numa sociedade de risco, decisões na incerteza.

2 – Por outro lado, densificam-se as condições de legitimidade de aposição, pelo autor, de cláusulas acessórias aos actos.

Para além da proibição de aposição de cláusulas contrárias à lei ou ao fim a que o acto se destina, que já constava do preceito (proibindo a descaracterização do fim ou do conteúdo principal do acto tal como é legalmente configurado), exige-se agora a verificação de uma relação directa (adequada) entre a cláusula acessória e o conteúdo típico do acto (mesmo quanto ao modo), e impõe-se o respeito pelos princípios jurídicos aplicáveis, designadamente, o princípio da proporcionalidade (a proibição do arbítrio e da desproporção, em caso de cláusulas desfavoráveis).

O preceito pressupõe a existência de poder discricionário do órgão competente, e exige expressamente a fundamentação da decisão de sujeição do acto a uma cláusula acessória.

3 – No n.º 2, não se admite, em regra, a aposição de cláusulas acessórias a actos administrativo de conteúdo vinculado, designadamente aqueles a que correspondam direitos dos destinatários: a aposição só é válida quando a lei o preveja ou para assegurar a verificação futura de pressupostos legais ainda não preenchidos no momento da prática do acto (normalmente, através de condições suspensivas).

Deve continuar a entender-se, assim, que é proibida a aposição de cláusulas acessórias a actos estritamente vinculados (por exemplo: actos relativos a *status*, actos verificativos).

4- O artigo contribui ainda para esclarecer o sentido do disposto na alínea *d)* do artigo 167.º, n.º 2, que admite a reserva de revogação em actos constitutivos de direitos. Se o acto for de conteúdo vinculado, a reserva de revogação só é admissível se houver previsão legal expressa; havendo espaço discricionário, não é necessária a previsão expressa da lei, mas têm de ser respeitados os condicionalismos estabelecidos – a reserva não pode ser contrária à lei ou ao fim do acto e há-de respeitar os princípios jurídicos aplicáveis (designadamente o princípio da proporcionalidade), além de prever o circunstancialismo específico que justifica a revogação.

VA

Artigo 150.º

Forma dos atos

1 – Os atos administrativos devem ser praticados por escrito, desde que outra forma não seja prevista por lei ou imposta pela natureza e circunstâncias do ato.

2 – A forma escrita só é obrigatória para os atos dos órgãos colegiais quando a lei expressamente a determinar, mas esses atos devem ser sempre consignados em ata, sem o que não produzem efeitos.

ORIGEM DO TEXTO:

Corresponde sem alterações ao anterior artigo 122.º.

Artigo 151.º
Menções obrigatórias

1 – Sem prejuízo de outras referências especialmente exigidas por lei, devem constar do ato:

- *a)* **A indicação da autoridade que o pratica e a menção da delegação ou subdelegação de poderes, quando exista;**
- *b)* **A identificação adequada do destinatário ou destinatários;**
- *c)* **A enunciação dos factos ou atos que lhe deram origem, quando relevantes;**
- *d)* **A fundamentação, quando exigível;**
- *e)* **O conteúdo ou o sentido da decisão e o respetivo objeto;**
- *f)* **A data em que é praticado;**
- *g)* **A assinatura do autor do ato ou do presidente do órgão colegial que o emana.**

2 – As menções exigidas no número anterior devem ser enunciadas de forma clara, de modo a poderem determinar-se de forma inequívoca o seu sentido e alcance e os efeitos jurídicos do ato administrativo.

ORIGEM DO TEXTO:

Corresponde ao anterior artigo 123.º.
Reproduz sem alterações o projeto final da comissão de revisão.

COMENTÁRIO:

1 – No confronto com o anterior artigo 123.º, foi retirada do corpo do n.º 1 a palavra "sempre", na medida em que a inclusão das menções constantes de várias alíneas do preceito não são obrigatórias em relação a todos os tipos de atos administrativos: é o que desde logo resulta do próprio teor das alíneas a), c) e d), mas também os atos que têm por objeto coisas, situações ou atos administrativos anteriores, embora devam indicar o seu objeto (alínea e)), não terão, por regra, destinatários a identificar nos termos da alínea b).

2 – No n.º 2, foram apenas introduzidas alterações de estilo, sem consequência sobre o respetivo conteúdo normativo.

MAA

Artigo 152.º
Dever de fundamentação

1 – Para além dos casos em que a lei especialmente o exija, devem ser fundamentados os atos administrativos que, total ou parcialmente:

a) **Neguem, extingam, restrinjam ou afetem por qualquer modo direitos ou interesses legalmente protegidos, ou imponham ou agravem deveres, encargos, ónus, sujeições ou sanções;**
b) **Decidam reclamação ou recurso;**
c) **Decidam em contrário de pretensão ou oposição formulada por interessado, ou de parecer, informação ou proposta oficial;**
d) **Decidam de modo diferente da prática habitualmente seguida na resolução de casos semelhantes, ou na interpretação e aplicação dos mesmos princípios ou preceitos legais;**
e) **Impliquem declaração de nulidade, anulação, revogação, modificação ou suspensão de ato administrativo anterior.**

2 – Salvo disposição legal em contrário, não carecem de ser fundamentados os atos de homologação de deliberações tomadas por júris, bem como as ordens dadas pelos superiores hierárquicos aos seus subalternos em matéria de serviço e com a forma legal.

ORIGEM DO TEXTO:

Corresponde ao anterior artigo 124.º.

O teor do artigo é diferente do que constava do projeto final da comissão de revisão, que era o seguinte:

Artigo 152.º

Dever de fundamentação

1 – Para além dos casos em que a lei especialmente o exija, devem ser fundamentados os atos administrativos que, total ou parcialmente:

a) Neguem, extingam, restrinjam ou afetem por qualquer modo direitos ou interesses legalmente protegidos, ou imponham ou agravem deveres, encargos, ónus, sujeições ou sanções;
b) Decidam reclamação ou recurso;
c) Decidam em contrário de pretensão ou oposição formulada por interessado, ou de parecer, informação ou proposta oficial;
d) Decidam de modo diferente da prática habitualmente seguida na resolução de casos semelhantes, ou na interpretação e aplicação dos mesmos princípios ou preceitos legais;
e) Impliquem declaração de nulidade, anulação, revogação, modificação ou suspensão de ato administrativo anterior.

2 – Salvo disposição legal em contrário, não carecem de ser fundamentados os atos de homologação de deliberações tomadas por júris.

COMENTÁRIO:

Não há alterações significativas em relação ao anterior artigo 124.º, salvo o acrescento da referência à declaração de nulidade e à anulação administrativa na alínea e) do n.º 1.

Mantém-se integralmente o disposto no n.º 2, apesar de as ordens dadas pelos superiores hierárquicos ao seus subalternos em matéria de serviço terem deixado de integrar o conceito de acto administrativo, assim se evitando dúvidas e interpretações *a contrario*, no sentido de que, por eliminação da referência, a fundamentação dessas ordens passaria a ser devida.

VA

Artigo 153.º

Requisitos da fundamentação

1 – A fundamentação deve ser expressa, através de sucinta exposição dos fundamentos de facto e de direito da decisão, podendo consistir em mera declaração de concordância com os fundamentos de anteriores pareceres, informações ou propostas, que constituem, neste caso, parte integrante do respetivo ato.

2 – Equivale à falta de fundamentação a adoção de fundamentos que, por obscuridade, contradição ou insuficiência, não esclareçam concretamente a motivação do ato.

3 – Na resolução de assuntos da mesma natureza, pode utilizar-se qualquer meio mecânico que reproduza os fundamentos das decisões, desde que tal não envolva diminuição das garantias dos interessados.

ORIGEM DO TEXTO:

Corresponde ao anterior artigo 125.º.
Reproduz sem alterações o projeto final da comissão de revisão.

COMENTÁRIO:

Não foram introduzidas quaisquer alterações, a não ser, na parte final do n.º 1, a substituição do tempo futuro pelo presente do verbo ("constituem", em vez de "constituirão") e a aposição de vírgulas, para sublinhar que os pareceres, informações e propostas só são parte integrante do acto em caso de declaração expressa de concordância.

VA

Artigo 154.º
Fundamentação de actos orais

1 – A fundamentação dos atos orais abrangidos pelo n.º 1 do artigo 152.º, que não constem de ata deve, a requerimento dos interessados, e para efeitos de impugnação, ser reduzida a escrito e comunicada integralmente àqueles, no prazo de 10 dias.

2 – O não exercício, pelos interessados, da faculdade conferida pelo número anterior não prejudica os efeitos da eventual falta de fundamentação do ato.

ORIGEM DO TEXTO:

Corresponde ao anterior artigo 126.º.
Reproduz sem alterações o projeto final da comissão de revisão.

COMENTÁRIO:

Procedeu-se apenas à eliminação da parte final do n.º 1, sobre o modo de comunicação, por se considerar desnecessária.

VA

Secção II

DA EFICÁCIA DO ATO ADMINISTRATIVO

Artigo 155.º

Regra geral

1 – O ato administrativo produz os seus efeitos desde a data em que é praticado, salvo nos casos em que a lei ou o próprio ato lhe atribuam eficácia retroativa, diferida ou condicionada.

2 – O ato considera-se praticado quando seja emitida uma decisão que identifique o autor e indique o destinatário, se for o caso, e o objeto a que se refere o seu conteúdo.

ORIGEM DO TEXTO:

Corresponde ao anterior artigo 127.º.
Reproduz sem alterações o projeto final da comissão de revisão.

COMENTÁRIO:

1 – Na comparação com o teor do precedente artigo 127.º, foi acrescentada, no final do n.º 1, a referência à possibilidade da atribuição ao ato administrativo de eficácia condicionada, e não apenas retroativa ou diferida. No mesmo sentido foram também alterados a epígrafe e o conteúdo do artigo 157.º, na comparação com o precedente artigo 129.º.

A alteração tem em vista as situações, previstas no artigo 157.º, em que a lei ou o autor do ato submetem os efeitos deste a uma condição suspensiva, de modo que, se é certo que os efeitos do ato não começam a produzir-se no momento em que ele é praticado, a verdade é que eles não são propriamente diferidos para uma data ulterior, mas ficam em estado de latência, condicionados à verificação da condição. A relevância da distinção reside no facto de que, caso a condição venha a verificar-se, os efeitos não se contam desde a data da sua verificação, mas desencadeiam-se desde o momento inicial.

2 – O n.º 2, tendo por objeto estabelecer quando é que se considera que um ato administrativo foi praticado, dá resposta à importante questão de saber quando deve entender-se que existe um ato administrativo e, portanto, quando deve falar-se da *existência* – e, por conseguinte, *a contrario,* da *inexistência* – dos atos administrativos.

Na sua redação primitiva, o CPA, nos artigos 137.º e 139.º, e o CPTA, no artigo 58.º, falavam em "atos inexistentes". Com as revisões de que ambos os diplomas foram objeto em 2015, essas referências foram eliminadas, no pressuposto de que, na verdade, não existem "atos administrativos inexistentes" porque a existência de atos inexistentes é uma contradição nos termos.

Mas, como em particular resulta dos novos artigos 39.º, n.º 1, 50.º, n.º 4, e 79.º, n.º 3, do CPTA, nem por isso deixa de poder haver interesse na propositura de ações de declaração de inexistência de ato administrativo. Como refere o novo n.º 1 do artigo 39.º do CPTA, haverá interesse em propor essas ações quando exista "uma situação de incerteza, de ilegítima afirmação por parte da Administração da existência" de um ato administrativo em situações em que não foi praticado qualquer ato administrativo.

Não existem, pois, "atos administrativos inexistentes", mas nem por isso deixam de poder existir situações de *inexistência de ato administrativo*. Essas situações ocorrerão quando, ainda que a Administração defenda o contrário, não se puder considerar que foi praticado um ato administrativo, segundo o disposto no n.º 2 do artigo 155.º do CPA.

E, nesse sentido, resulta deste preceito que são, em primeira linha, requisitos de existência de um ato administrativo os elementos constitutivos do conceito de ato administrativo. Como estabelece o artigo 148.º, o ato administrativo é uma decisão tomada no exercício de poderes jurídico-administrativos, dirigida a produzir efeitos jurídicos externos numa situação individual e concreta. Por conseguinte, nenhuma declaração pode ser qualificada como um ato administrativo se não puder ser reportada a um *autor* devidamente identificado, um órgão titular de poderes jurídico-administrativos, e não possuir um *conteúdo*, que exprima uma decisão tomada no exercício de poderes jurídico-administrativos. Na verdade, quando for produzido um documento que *não identifique* a autoridade que o praticou ou a cuja autoria ele não possa ser imputado, por não ser assinado pelo respetivo titular, não pode reconhecer-se nele uma decisão tomada por um órgão dotado de poderes jurídico-administrativos (artigo 151.º, n.º 1, alíneas a) e g)); e o mesmo sucede se do documento *não constar, de todo em todo,* o conteúdo ou o sentido da (pretensa) decisão (artigo 151.º, n.º 1, alínea e), primeira parte), pois, também nesse caso, não poderá reconhecer-se a existência, nesse documento, de uma decisão tomada pelo órgão em causa.

O n.º 2 deste artigo 155.º faz, por outro lado, referência ao objeto do ato e ao seu destinatário, quando exista, para o efeito de assumir que, na medida em que o conteúdo do ato se refere a um objeto e, sendo caso disso, a um destinatário, a *indicação* destes é essencial para que se possa afirmar que foi praticado e, portanto, existe um ato administrativo com um conteúdo. Por conseguinte, não pode ser qualificado como ato administrativo um documento que *não indique* o destinatário em cuja esfera jurídica visa produzir os seus efeitos e/ou o objeto sobre o qual visa projetar esses efeitos: é o exemplo do (pretenso) ato de nomeação que *não indica* a pessoa nomeada, do (pretenso) ato de expropriação que não identifica o bem expropriado, ou do (pretenso) ato de classificação como imóvel de interesse artístico, histórico ou cultural que *não indica* o bem a que se reporta o seu conteúdo. Com efeito, se o ato administrativo visa projetar os seus efeitos sobre uma pessoa, uma coisa, uma situação ou um ato administrativo anterior, isso não pode suceder sem indicação do destinatário e/ou da coisa, da situação ou do ato anterior que constitui objeto do ato.

Já são, entretanto, objeto de um enquadramento diferente, colocando-se em plano distinto, as situações de invalidade, em que existe um ato administrativo, mas que não observa os requisitos legais de que depende a sua validade, pelo que é nulo ou anulável. É o que desde logo sucede – para fazer apenas referência aos casos de fronteira – nas causas de nulidade previstas na al. c) do n.º 1 do artigo 161.º, em que o ato, embora contenha uma decisão, a exprime em termos tais que a tornam ininteligível, por incompreensibilidade do seu sentido – hipótese que pode ser, inclusivamente, devida à indicação de modo deficiente do destinatário ou objeto do ato, mas em que o ato não deixa de conter a indicação exigida pelo n.º 2 deste artigo 155.º, apenas sucedendo que essa indicação não é compreensível – e em que o ato pretende projetar os seus efeitos sobre um objeto impossível – hipótese na qual o problema não reside no ato, enquanto tal, mas no destinatário ou no objeto ao qual ele se reporta (v.g., ato que proceda à nomeação de um morto ou à classificação de um imóvel que já não existe).

MAA

Artigo 156.º

Eficácia retroativa

1 – Têm eficácia retroativa os atos administrativos:

a) **Que se limitem a interpretar atos anteriores;**
b) **A que a lei atribua efeito retroativo.**

2 – Fora dos casos abrangidos pelo número anterior, o autor do ato administrativo só pode atribuir-lhe eficácia retroativa:

a) **Quando a retroatividade seja favorável para os interessados e não lese direitos ou interesses legalmente protegidos de terceiros, desde que à data a que se pretende fazer remontar a eficácia do ato já existissem os pressupostos justificativos dos efeitos a produzir;**
b) **Quando estejam em causa decisões revogatórias de atos administrativos tomadas por órgãos ou agentes que os praticaram, na sequência de reclamação ou recurso hierárquico;**
c) **Quando tal seja devido para dar cumprimento a deveres, encargos, ónus ou sujeições constituídos no passado, designadamente em execução de decisões dos tribunais ou na sequência de anulação administrativa, e não envolva a imposição de deveres, a aplicação de sanções,**

ou a restrição de direitos ou interesses legalmente protegidos.

d) **Quando a lei o permita ou imponha.**

ORIGEM DO TEXTO:

Corresponde ao anterior artigo 128.º.
Reproduz sem alterações o projeto final da comissão de revisão.

COMENTÁRIO:

1 – Na comparação com o teor do precedente artigo 128.º, este artigo foi objeto de três alterações, duas pontuais e uma mais significativa.

A primeira alteração pontual incidiu sobre a alínea a) do n.º 2, que, na parte final, deixou de falar em "pressupostos justificativos da retroatividade" para falar em "pressupostos justificativos dos efeitos a produzir". A nova formulação parece mais exata, na medida em que do que se trata é de exigir que à data a que o ato faça remontar os seus efeitos já se encontrassem preenchidos os pressupostos legalmente exigidos para que esses efeitos se pudessem produzir: essa é a condição para que a retroatividade se justifique.

A segunda alteração pontual incidiu sobre a última alínea do n.º 2, que deixou de fazer apenas referência às situações em que a lei permita a retroatividade, para também fazer referência às situações em que ela a imponha. O artigo estabelece, assim, a distinção entre os tipos de atos a que a própria lei atribui efeito retroativo, sem que o autor do ato tenha de o fazer (hipótese prevista na alínea b) do n.º 1), e aqueles a que a lei não atribui diretamente efeito retroativo, mas impõe que o autor do ato pratique com efeito retroativo (hipótese prevista na alínea d) do n.º 2). Nesta última hipótese, o poder de atribuição de eficácia retroativa a que se refere o corpo do n.º 2 é, pois, um poder vinculado, tal como também sucede no caso previsto na nova alínea c) do n.º 2.

2 – A alteração mais significativa de que este artigo foi objeto, na comparação com o precedente artigo 128.º, resultou da deslocação da alínea b) do n.º 1 para o n.º 2, onde passou a figurar como a nova alínea c).

A localização anterior da alínea, na redação inicial que lhe tinha sido dada em 1991, assentava no pressuposto da necessária retroatividade dos atos «que deem execução a decisões dos tribunais, anulatórias de atos administrativos». Entretanto, na revisão de 1996, foi reconhecido que assim não deveria ser, pelo menos quando se tratasse de renovar o ato anulado, substituindo-o por outro com o mesmo conteúdo, e nesse sentido foi, então, introduzida na alínea uma ressalva final: «salvo tratando-se de atos renováveis».

A verdade, porém, é que havia que ir mais longe e reconhecer que, quando um ato administrativo é objeto de anulação, seja ela decretada por um tribunal ou pela própria Administração, através de uma anulação administrativa (cfr. artigos 165.º e segs. deste Código), é só excecionalmente que a Administração fica constituída no dever de praticar atos retroativos (para a apreciação crítica da redação do anterior artigo 128.º, cfr. Mário Aroso de Almeida, *Anulação de atos administrativos e relações jurídicas emergentes,* Coimbra, 2002, pp. 674 segs.).

É o que, hoje, claramente resulta, tanto do artigo 173.º do CPTA, como do novo artigo 172.º deste CPA, que, ao determinarem, precisamente, o conteúdo dos deveres em que a Administração fica constituída na sequência da anulação, contenciosa ou administrativa, de um ato administrativo, estabelecem que «a Administração pode ficar constituída no dever de praticar atos dotados de eficácia retroativa», para «dar cumprimento aos deveres que não tenha cumprido com fundamento naquele ato, por referência à situação jurídica e de facto existente no momento em que deveria ter atuado».

Nesta perspetiva se inscreve a nova alínea c) do n.º 2 deste artigo 156.º, da qual resulta que o autor de um ato administrativo deve atribuir eficácia retroativa a esse ato quando a anulação, contenciosa ou administrativa, de um ato anterior tenha constituído a Administração nesse dever para dar cumprimento a deveres, encargos, ónus ou sujeições constituídos no passado.

A nova alínea tem, entretanto, também o alcance de assumir que não é só em consequência da anulação de um ato administrativo que a Administração pode ficar constituída em tal dever, mas sempre que, por qualquer razão, deixe de dar cumprimento a deveres, encargos, ónus ou sujeições constituídos no passado.

O preceito salvaguarda, entretanto, a irretroatividade, em qualquer caso, dos atos que envolvam a imposição de deveres, a aplicação de sanções, ou a restrição de direitos ou interesses legalmente protegidos. Naturalmente, esta ressalva vale para os atos renovatórios de atos anulados, no mesmo sentido visado pela ressalva final da alínea b) do n.º 1 do anterior artigo 128.º.

MAA

Artigo 157.º

Eficácia diferida ou condicionada

O ato administrativo tem eficácia diferida ou condicionada:

a) **Quando estiver sujeito a aprovação ou a referendo;**

b) **Quando os seus efeitos ficarem dependentes de condição ou termo suspensivos;**

c) **Quando os seus efeitos, pela natureza do ato ou por disposição legal, dependam de trâmite procedimental ou da verificação de qualquer requisito que não respeite à validade do próprio ato.**

ORIGEM DO TEXTO:

Corresponde ao anterior artigo 129.º.
Reproduz sem alterações o projeto final da comissão de revisão.

COMENTÁRIO:

1 – Na comparação com o teor do precedente artigo 129.º, a principal alteração introduzida neste artigo traduziu-se no facto de ter sido acrescentada, na epígrafe e no corpo do artigo, a referência à possibilidade de o ato administrativo ter a sua eficácia condicionada, e não apenas diferida.

A alteração é coerente com aquela que, na comparação com o precedente artigo 127.º, foi introduzida no final do n.º 1 do artigo 155.º, e, tal como aquela, é determinada pelo propósito de assumir a distinção entre situações de *eficácia diferida,* em que os efeitos do ato administrativo são diferidos para uma data ulterior àquela em que o ato é praticado, pelo que se contarão a partir dessa data, e situações de *eficácia condicionada,* em que os efeitos do ato ficam em estado de latência, condicionados à verificação da condição, que, caso venha a verificar-se, fará com que esses efeitos se desencadeiam desde o momento inicial.

2 – Uma outra alteração concretizou-se na explicitação, na alínea c), da dependência de trâmite procedimental como uma das hipóteses em que a eficácia de um ato administrativo pode ficar diferida ou condicionada no momento em que ele é praticado.

A alínea c) do anterior artigo 129.º já previa a hipótese de a eficácia do ato estar dependente da "verificação de qualquer requisito que não respeite à validade do próprio ato", que agora consta da parte final da alínea. A nova alínea c) distingue, entretanto, dentro das hipóteses em que o ato não produz os seus efeitos logo a partir do momento em que é praticado por falta de requisitos de eficácia, os casos em que isso se deve ao facto de, nesse momento, ainda não ter terminado o procedimento administrativo, que ainda compreende uma fase complementar, integrativa de eficácia, em que deverão ser praticados um ou mais atos e/ou formalidades de que depende a eficácia do ato, e os casos em que isso se deve à falta de requisitos de eficácia extrínsecos ao procedimento administrativo, cujo preenchimento não o integra como um trâmite procedimental.

MAA

ARTIGO 158.º

Publicação obrigatória

1 – A publicação dos atos administrativos só é obrigatória quando exigida por lei.

2 – A falta de publicação do ato, quando legalmente exigida, implica a sua ineficácia.

ORIGEM DO TEXTO:

Corresponde ao anterior artigo 130.º.
Reproduz sem alterações o projeto final da comissão de revisão.

COMENTÁRIO:

Na comparação com o teor do precedente artigo 130.º, a única alteração introduzida consistiu na substituição, quer na epígrafe, quer no texto, tanto do n.º 1, como do n.º 2, da palavra "publicidade" pela palavra "publicação". E a alteração não parece irrelevante, na medida em que, sendo o ato administrativo definido, no artigo 148.º, como uma decisão com eficácia externa, o preceito pressupõe que os efeitos dos atos administrativos, por definição, não se esgotam na esfera interna das entidades que os praticam, pelo que carecem de publicitação externa.

Como, entretanto, os atos administrativos não têm conteúdo normativo, geral e abstrato, essa publicitação só excecionalmente passará, entretanto, pela publicação, que, ao contrário do que sucede com os atos normativos, só é obrigatória para os atos administrativos quando é exigida por lei – hipótese na qual a publicação obrigatória constitui um dos requisitos de cuja verificação depende a eficácia do ato, a que se refere a alínea c) do artigo 157.º.

MAA

Artigo 159.º

Termos da publicação obrigatória

Quando a lei impuser a publicação do ato, mas não regular os respetivos termos, deve a mesma ser feita no Diário da República ou na publicação oficial da entidade pública, e na Internet, no sítio institucional da entidade em causa, no prazo de 30 dias, e conter todos os elementos referidos no n.º 1 do artigo 151.º.

ORIGEM DO TEXTO:

Corresponde ao anterior artigo 131.º.
Reproduz sem alterações o projeto final da comissão de revisão.

COMENTÁRIO:

Na comparação com o teor do precedente artigo 131.º, este artigo pretende proceder à modernização dos termos em que, quando a lei a imponha, deve ser feita a publicação dos atos administrativos, exigindo que, para além da publicação no *Diário da República* ou, caso exista, na publicação oficial da entidade pública que o praticou, os atos também sejam publicados na *Internet,* no sítio institucional da entidade em causa.

A exigência de publicação no sítio institucional das entidades na *Internet* também é, aliás, assumida nos n.os 3 e 4 do artigo 112.º, no que diz respeito às notificações por edital ou anúncio, e no n.º 1 do artigo 101.º, no que diz respeito à publicação dos projetos de regulamento submetidos a consulta pública.

Já no que diz respeito à publicação dos regulamentos, será conveniente notar que o anteprojeto elaborado pela comissão de revisão do CPA propunha para o artigo 139.º uma redação igual à deste artigo 159.º. O legislador entendeu, no entanto, impor, no referido artigo, a obrigatoriedade da publicação de todos os regulamentos no *Diário da República*, recusando que as publicações oficiais das entidades públicas, quando existam, possam constituir uma alternativa para o efeito, e afastando, por outro lado, a obrigatoriedade da publicação dos regulamentos no sítio institucional na *Internet* das entidades que os emanem.

MAA

Artigo 160.º

Eficácia dos atos constitutivos de deveres ou encargos

Independentemente da sua forma, os atos que imponham deveres, encargos, ónus, sujeições ou sanções, que causem prejuízos ou restrinjam direitos ou interesses legalmente protegidos, ou afetem as condições do seu exercício, só são oponíveis aos destinatários a partir da respetiva notificação.

ORIGEM DO TEXTO:

Corresponde ao anterior artigo 132.º.
Reproduz sem alterações o projeto final da comissão de revisão.

COMENTÁRIO:

1 – Este artigo foi objeto de importantes alterações, por comparação com o teor do precedente artigo 132.º, cuja redação tinha suscitado dúvidas de constitucionalidade.

Com efeito, ao estabelecer que "[o]s atos que constituam deveres ou encargos para os particulares e não estejam sujeitos a publicação começam a produzir efeitos a partir da sua notificação aos destinatários, ou de outra forma de conhecimento oficial pelos mesmos, ou do começo de execução do ato", o n.º 1 do anterior artigo 132.º parecia sugerir que a garantia da notificação só valeria para os atos não sujeitos a publicação. Essa interpretação foi, no entanto, afastada pelo Tribunal Constitucional, que, para o efeito, procedeu a uma interpretação do preceito em conformidade com a Constituição.

O CPA tornou hoje claro que todos os atos administrativos devem ser notificados aos destinatários, em cuja esfera jurídica visam explicitamente projetar os seus efeitos (cfr. artigo 114.º); e que, ao contrário do que sucede com a publicação, quando excecionalmente exigida por lei, a notificação não é requisito de eficácia, mas de oponibilidade aos destinatários dos atos administrativos que lhes imponham deveres, encargos, ónus, sujeições ou sanções, ou restrinjam os seus direitos ou interesses legalmente protegidos (cfr. artigo 160.º).

Isto significa que os atos sujeitos a notificação podem, desde logo, produzir efeitos, na medida em que daí não decorram consequências gravosas para os destinatários que, devendo ser notificados, não o tenham sido. Mas a extração de efeitos gravosos para os destinatários depende da respetiva notificação. Por conseguinte, os efeitos desfavoráveis para o destinatário de qualquer ato que lhe imponha deveres, encargos, ónus, sujeições ou sanções, ou restrinjam os seus direitos ou interesses legalmente protegidos, só operam com a notificação – e isto, ainda que, por outras razões, que se prenderão com o propósito de dar conhecimento do ato a terceiros e à comunidade em geral, a lei possa impor (também), excecionalmente, a sua publicação, que em caso algum substituirá a notificação aos interessados. Já quanto aos termos da notificação e à forma pela qual ela deve ser feita, cfr. artigos 112.º a 114.º.

2 – O anterior artigo 132.º colocava, entretanto, a notificação numa relação de alternatividade com o «conhecimento oficial» do ato pelos destinatários, estabelecendo que se presumia esse conhecimento oficial sempre que o interessado interviesse no procedimento administrativo e aí revelasse conhecer o conteúdo do ato, e com o começo de execução do ato, estabelecendo que, para o efeito, só se considerava começo de execução o início da produção de quaisquer efeitos que atingissem os destinatários.

Esse regime, desvalorizador da garantia constitucional da notificação, desapareceu do novo artigo 160.º, que não prescinde, em nenhuma circunstância, da notificação para que os efeitos desfavoráveis dos atos administrativos sejam oponíveis aos destinatários.

No que diz respeito à hipótese de começo de execução do ato, afigura-se, aliás, oportuno chamar a atenção para o facto de que, nos termos do artigo 54.º do CPTA, a impugnação de um ato administrativo cuja execução tenha sido desencadeada sem ele ter começado a produzir efeitos jurídicos não constitui um ónus, mas uma mera faculdade dos lesados. Por identidade de razão, também o início de execução de um ato administrativo que não foi notificado ao destinatário não o constitui no ónus, mas apenas na faculdade de o impugnar. Esta é uma das múltiplas implicações que decorrem da garantia, hoje expressa neste artigo 160.º, da inoponibilidade aos destinatários, em quaisquer circunstâncias, dos atos impositivos de deveres, encargos, ónus, sujeições ou sanções, ou restritivos de direitos ou interesses legalmente protegidos, que não lhes tenham sido notificados, nos termos e pelas formas previstos na lei.

MAA

3 – No cumprimento do disposto nos n.os 3 e 4 do artigo 268.º da Constituição e em conformidade com o artigo 52.º do CPTA, este artigo estatui que, havendo actos administrativos impositivos contidos em acto legislativo ou regulamento administrativo, tais actos só produzem efeitos junto dos seus destinatários a partir da respectiva notificação.

Quais os actos que estão abrangidos pela norma?

Em 1.º lugar, os actos de comando, os actos que impõem a um particular a adopção de uma conduta positiva ou negativa – "actos que imponham deveres, encargos, ónus ou sujeições".

Em 2.º lugar, os actos punitivos, os actos que impõem a alguém uma sanção de carácter administrativo – "actos que imponham sanções".

Em 3.º lugar, os actos ablativos, os actos que impõem a extinção ou a modificação do conteúdo de um direito – "actos que restrinjam direitos ou interesse legalmente protegidos ou afectem as condições do seu exercício" (Diogo Freitas do Amaral, *Curso de Direito Administrativo*, vol. II, 2.ª edição, Coimbra, págs. 282 e segs.)

Por último, quaisquer actos que, muito simplesmente, causem prejuízo aos seus destinatários.

Trata-se assim de garantir, com transparência, que todos os actos administrativos que imponham obrigações aos particulares, que lhes causem prejuízos, restrinjam os seus direitos ou afectem as condições do seu exercício, sejam real e efectivamente levados ao conhecimento de quem é por eles atingido ou lesado.

Ora, tal conhecimento só pode ser efectivado através da notificação (artigo 114.º, n.º1, alínea b), do CPA), pois só esta é que garante a necessária cognoscibilidade de todos os actos do poder em ordem a que os interessados possam reagir através dos adequados meios de tutela jurisdicional – Acórdão do Tribunal Constitucional, n.º 439/ /2012, Processo n.º 279/12, 2.ª secção.

O regime da notificação de que já beneficiavam os destinatários dos actos administrativos expropriativos como exemplo paradigmático dos actos ablativos (artigo 17.º, n.º1, do Código das Expropriações, o qual obriga à notificação do acto declarativo da utilidade pública ao expropriado) passa agora a abranger todos os actos, mesmo contidos em acto legislativo ou em regulamento, que se traduzam tanto em extinções das posições subjectivas dos particulares, como em limitações ou restrições a essas mesmas posições.

Acrescente-se que o Código dá a maior importância à regra da notificação como regra-base em matéria de conhecimento por parte dos interessados de tudo o que se passe no procedimento que os possa afectar, como é o caso do direito a que as comunicações com a Administração por meios não electrónicos só se façam com o consentimento dos interessados, podendo assim estes optar pela notificação prevista no artigo 112.º, n.º 1, alínea a) (artigo 63.º, n.º 1), e, da maior importância, da regra de que a contagem do prazo para impugnação administrativa de um acto só se inicia com a notificação desse acto, ainda que o acto tenha sido objecto de publicação obrigatória – artigo 188.º, n.º 1.

JMS

Secção III

DA INVALIDADE DO ATO ADMINISTRATIVO

O Código mantém o sistema dual de invalidades do acto administrativo, mas foram introduzidas alterações marcantes, seja no que respeita aos casos de nulidade, seja no que respeita ao regime da anulabilidade.

Por um lado, assume-se a anulabilidade como regime regra da invalidade, por se entender ser o regime que garante um maior equilíbrio entre os valores e interesses em jogo: a legalidade, a estabilidade e a flexibilidade das decisões administrativas de autoridade. Limitam-se, por isso, os casos de nulidade às situações expressamente previstas na lei.

Por outro lado, clarifica-se e densifica-se o regime das invalidades, sobretudo, o da anulabilidade, introduzindo como novidade a regulação legislativa da prática jurisprudencial do "aproveitamento" do acto anulável.

O regime da anulabilidade também sofre modificações importantes no que respeita aos condicionalismos, designadamente temporais, da anulação, que constam da secção seguinte, destacando-se a diferenciação entre a anulação administrativa e a anulação judicial.

VA

Artigo 161.º

Actos nulos

1 – São nulos os atos para os quais a lei comine expressamente essa forma de invalidade.

2 – São, designadamente, nulos:

a) **Os atos viciados de usurpação de poder;**

b) **Os atos estranhos às atribuições dos ministérios, ou das pessoas coletivas referidas no artigo 2.º, em que o seu autor se integre;**

c) **Os atos cujo objeto ou conteúdo seja impossível, ininteligível ou constitua ou seja determinado pela prática de um crime;**

d) **Os atos que ofendam o conteúdo essencial de um direito fundamental;**

e) **Os atos praticados com desvio de poder para fins de interesse privado;**

f) **Os atos praticados sob coação física ou sob coação moral;**

g) **Os atos que careçam em absoluto de forma legal;**

h) **As deliberações de órgãos colegiais tomadas tumultuosamente ou com inobservância do quorum ou da maioria legalmente exigidos;**

i) **Os atos que ofendam os casos julgados;**

j) **Os atos certificativos de factos inverídicos ou inexistentes;**

k) **Os atos que criem obrigações pecuniárias não previstas na lei;**

l) **Os atos praticados, salvo em estado de necessidade, com preterição total do procedimento legalmente exigido.**

ORIGEM DO TEXTO:

Corresponde ao anterior artigo 133.º.
Reproduz sem alterações o projeto final da comissão de revisão.

COMENTÁRIO:

1 – Uma das alterações mais expressivas do regime da invalidade foi a eliminação, no n.º 1 do presente artigo, das chamadas "nulidades por natureza", que se verificavam mediante a falta de "qualquer dos elementos essenciais" do acto. O CPA prevê agora um único fundamento para a nulidade dos actos administrativos: a *determinação expressa da lei*, seja nos casos previstos no artigo 161.º, n.º 2, seja nas situações previstas em leis avulsas.

A taxatividade dos casos de nulidade é justificada por razões de segurança jurídica, tendo em consideração que o conceito de "elemento essencial" se revelou um conceito vago, havendo dúvidas e divergências doutrinais, designadamente sobre o carácter *estrutural* ou *material* dessa essencialidade.

Por um lado, o conceito de nulidade podia confundir-se com o de inexistência, sendo certo que esta não deve confundir-se com invalidade – pode falar-se de inexistência quando não há um acto (porque há silêncio, inércia ou falta do momento constitutivo do procedimento) ou, num sentido translato, quando não há um acto administrativo (não há uma decisão, não há exercício de poderes jurídico-administrativos).

Por outro lado, apesar de haver denotações comuns, referidas à gravidade ou evidência do vício gerador de nulidade, não se lograra um consenso doutrinal sobre o sentido e o alcance do conceito de elemento essencial capaz de fundar uma identificação segura dos casos de nulidade – sendo certo que é muito importante saber quando estamos perante uma situação de nulidade, dada a radicalidade do respectivo regime jurídico.

Pode, com alguma razão, criticar-se a ausência de uma cláusula geral, por constituir um factor de rigidez e dificultar a adaptação da norma a situações concretas – até porque vários casos de nulidade foram detectados ou construídos pela jurisprudência e pela doutrina, para além dos casos tradicionalmente previstos de forma expressa na lei.

No entanto, a favor da solução adoptada poderá dizer-se que a segurança justifica o afastamento da ambiguidade no conceito de nulidade, justamente por ser já vasta a experiência e não serem muitas as situações jurisprudencialmente ou doutrinalmente acrescentadas nas últimas décadas – será diminuto o risco de fossilização, tendo em conta que o Código reconhece agora os casos entretanto detectados, e está sempre aberta ao legislador a possibilidade de, sobretudo em situações novas, decretar a nulidade como consequência da violação de determinadas normas jurídicas.

Acresce a convicção de que o regime da anulabilidade é, em regra, o mais equilibrado para sancionar as ilegalidades administrativas e que o regime da nulidade apenas se justifica nos casos em que "o desvalor da actividade administrativa é de tal modo grave que o princípio da legalidade não pode com ele conviver, mesmo em nome da segurança e da estabilidade, como acontece no regime-regra da anulabilidade", como lapidarmente se escreveu em sentença do STA.

Resta lembrar que do conjunto das situações de nulidade legalmente previstas continua a resultar um critério substancial: são nulos os actos que contenham ilegalidades tão graves que ponham em causa os fundamentos do sistema jurídico, não sendo, em princípio, aceitável que produzam efeitos jurídicos, muito menos efeitos jurídicos estabilizados.

Ora, esse critério, que de algum modo identifica as nulidades por natureza, não fica sem valor prático, servindo para a aplicação das normas legais, designadamente naquelas situações em que os conceitos utilizados mostram alguma abertura semântica – contribuindo, por exemplo, para avaliar o que deve entender-se em concreto por "conteúdo essencial de um direito fundamental" (alínea *d)*), por "coacção moral" (alínea *f)*), por "carência absoluta de forma legal" (alínea *g)*), por "deliberações tomadas tumultuosamente" (alínea *h)*), por "preterição total do procedimento" (alínea *l)*). E, também por exemplo, é esse critério substancial que permite considerar nulo, seja com base na alínea *d)*, seja com base na alínea *l)*, um acto sancionatório em que não tenha sido dada oportunidade de defesa ao destinatário.

2 – No n.º 2, o artigo continua a identificar uma série de hipóteses de nulidade, que correspondem a uma tradição jurisprudencial e legislativa, acrescida agora de várias situações, propostas ou detectadas ao longo do tempo pela doutrina e pela jurisprudência. Apesar da eliminação da cláusula geral, a enumeração não deixa de ser exemplificativa ("são, designadamente, nulos"), justamente porque haverá outros casos de nulidade, previstos em leis especiais.

2.1 – Determina-se, em primeiro lugar, na alínea *e)*, a nulidade do acto praticado com desvio de poder para fins de interesse privado, que, comparado com o desvio de poder para outros fins públicos, é especialmente grave e, em regra, "evidente numa avaliação razoável das circunstâncias", pois que não só não se cumpre o fim legal como se revela que o agente administrativo utiliza os poderes públicos que lhe foram confiados para proveito pessoal ou, de todo o modo, para satisfazer interesses privados de alguém. Note-se que o acto é nulo, mesmo que o interesse privado seja lícito, consagrando-se uma solução que até poderá revelar-se excessiva em algumas circunstâncias da vida, quando a realização do interesse privado (alheio e lícito) esteja associada indirectamente à realização de um interesse público.

São também nulos, por força da alínea *j)*, os actos certificativos de factos inverídicos ou inexistentes, tendo em mente o tipo de acto. Na realidade, percebe-se que, numa verificação constitutiva, que, enquanto acto certificativo, visa conferir certeza jurídica oficial, deve ter-se por essencial a veracidade dos factos certificados, sendo a falsidade da declaração (inexistência do facto ou inexistência nos termos certificados) equiparável à carência absoluta de objecto ou de conteúdo.

O Código estabelece também, de novo, na alínea *k)*, a nulidade dos actos que criem obrigações pecuniárias não previstas na lei – dando assim expressão e merecido relevo a uma regra constitucional, nos termos da qual os actos de imposição pela Administração de uma obrigação pecuniária aos particulares, designadamente a liquidação de um tributo (imposto, taxa ou outra contribuição), têm como pressuposto necessário a respectiva base legal impositiva.

Acrescenta-se, ainda, na alínea *l)*, a nulidade dos actos praticados, salvo em estado de necessidade, com preterição total do procedimento legalmente exigido – um acrescento que não constitui propriamente uma novidade, mas uma clarificação, pois que essas situações já podiam considerar-se incluídas na antiga alínea *f)* (actual alínea *g)*), entendendo a forma legal em sentido amplo, de modo a englobar, além da forma do acto propriamente dita, o respectivo procedimento de formação.

Outro acrescento que deve ser tido como clarificação é o inscrito na alínea *c)* e diz respeito aos actos cujo objecto ou conteúdo constitua ou seja determinado pela prática de um crime – a referência antiga ao objecto já devia interpretar-se em sentido lato, como abrangendo objecto e conteúdo; a nulidade já não deveria limitar-se aos casos em que o objecto ou conteúdo constituísse, em si, um crime, mas estender-se às situações de móbil criminoso ou que envolvessem decisivamente a prática de um crime.

De igual modo, a especificação, na alínea *f)*, de que a coacção que provoca a nulidade do acto tanto pode ser coacção física como coacção moral não pretende inovar – embora se possa suscitar a dúvida sobre se não deveria exigir-se expressamente que, para gerar a nulidade do acto, a coacção moral devesse ser grave, tendo em consideração a indefinição do conceito e a participação dos interessados no procedimento, muitas vezes através de associações ou movimentos sociais.

2.2 – A par das alterações, deve salientar-se a manutenção de algumas formulações dos casos de nulidade, apesar das dúvidas entretanto suscitadas na prática.

Assim, mantém-se inalterada a menção, na alínea *d)*, à ofensa do conteúdo essencial de um direito fundamental, embora se tenha perguntado em que medida podia falar-se de conteúdo essencial dos direitos económicos, sociais e culturais, designadamente na sua dimensão positiva de direitos a prestações, legalmente conformada. Pressupõe-se que também os direitos sociais terão, no plano constitucional, um conteúdo essencial, ainda que, em face dos poderes de conformação legislativa, se trate de um conteúdo mínimo.

Por outro lado, também continua a fulminar-se com a nulidade, na alínea *h)*, as deliberações tumultuosas ou sem o quórum de reunião ou a maioria de decisão – não podendo, porém, ignorar-se que, designadamente em órgãos colegiais de média e grande dimensão, nem sempre se justifica, da perspectiva do interesse público, um regime tão severo, designadamente no que respeita ao quórum de reunião, tanto mais que a regra do quórum é flexível, admitindo-se a decisão por um terço vinte e quatro horas depois (artigo 29.º), e em muitas situações seria razoável admitir a ratificação na reunião seguinte (ratificação que continua a não ser possível quando o acto seja nulo – artigo 164.º, n.º 2).

2.3 – Por último, verifica-se a eliminação de um dos casos de nulidade previstos: o dos actos consequentes de actos anulados ou revogados.

A eliminação justifica-se, desde logo, pela ressalva que acompanhava a determinação (desde que não houvesse contra-interessados com interesse legítimo na manutenção do acto consequente), que, embora bem intencionada, para conseguir a necessária harmonização dos interesses em presença, causou grande incerteza e levou a decisões consideradas menos adequadas, para além de alguma dissonância com o disposto na lei processual a propósito da execução de sentenças anulatórias.

Embora se mantenha o problema da delimitação do conceito de acto consequente, parece adequado que a questão seja resolvida normativamente a propósito das consequências da anulação, judicial ou administrativa.

É o que acontece agora, através do regime constante do artigo 172.º, n.º 2 (em concordância com o disposto na lei processual): os actos consequentes passam a ser anuláveis, mas, para efeitos de reconstituição da situação hipotética actual, podem ser anulados mesmo que se tenham entretanto tornado inimpugnáveis – é essa a razão de ser da figura dos actos consequentes, que visa dispensar os interessados de impugnarem todas as decisões fundadas no acto que impugnam.

Assim, a expressão "sem dependência de prazo" deve ser objecto de restrição teleológica: a anulação do acto consequente há-de ter lugar na sequência imediata da anulação administrativa do acto precedente, e não há razão para que não esteja sujeita aos mesmos prazos desta (em regra, seis meses após o conhecimento do vício), ou, pelo menos, aos respectivos limites (cinco anos após a prática do acto, salvo se a anulação do acto precedente tiver lugar no decurso de processo judicial), que valem para qualquer anulação administrativa (artigo 168.º).

VA

Artigo 162.º

Regime da nulidade

1 – O ato nulo não produz quaisquer efeitos jurídicos, independentemente da declaração de nulidade.

2 – Salvo disposição legal em contrário, a nulidade é invocável a todo o tempo por qualquer interessado e pode, também a todo o tempo, ser conhecida por qualquer autoridade e declarada pelos tribunais administrativos ou pelos órgãos administrativos competentes para a anulação.

3 – O disposto nos números anteriores não prejudica a possibilidade de atribuição de efeitos jurídicos a situações de facto decorrentes de atos nulos, de harmonia com os princípios da boa-fé, da proteção da confiança e da proporcionalidade ou outros princípios jurídicos constitucionais, designadamente associados ao decurso do tempo.

ORIGEM DO TEXTO:

Corresponde ao anterior artigo 134.º.
Reproduz sem alterações o projeto final da comissão de revisão.

COMENTÁRIO:

1 – O regime da nulidade não sofre modificações relevantes, a não ser no que respeita à admissibilidade de reforma e conversão dos actos nulos, de que se trata no preceito seguinte, confirmando-se, no n.º 1, o seu traço fundamental e característico: a total improdutividade jurídica do acto nulo, independentemente da declaração de nulidade.

De notar que o regime da nulidade contido no Código é um regime regra, sabendo-se que o legislador por vezes estabelece regimes especiais de nulidade, divergindo desse regime regra em alguns aspectos, como acontece, por exemplo, com a fixação de prazos para arguição da nulidade em determinados actos urbanísticos ou de um regime modificado para actos de adjudicação – é isso que explica a ressalva de disposição legal em contrário contida no n.º 2 e que, na prática, corresponde a situações não assumidas de invalidades mistas.

2 – Outro traço típico do regime da nulidade é a sua invocabilidade a todo o tempo, que o n.º 2 reafirma, mas agora com o cuidado de distinguir entre a declaração formal e o conhecimento da nulidade: se é admissível, em princípio, a competência de qualquer autoridade (órgão administrativo ou tribunal) para o "conhecimento" da nulidade (e consequente desaplicação do acto), já só os órgãos administrativos competentes para a anulação ou os tribunais administrativos podem proceder à "declaração" da nulidade de um acto administrativo.

3 – Importante é a clarificação e alargamento da possibilidade de atribuição de efeitos jurídicos a situações de facto decorrentes de actos nulos, que antes se referia apenas às hipóteses de simples decurso do tempo, de harmonia com os princípios gerais de direito – o que permitiu uma interpretação fortemente restritiva do preceito por parte da jurisprudência do STA, que chegou a limitar o respectivo alcance às situações de usucapião (único princípio geral de direito reconhecido para o efeito).

Fica agora claro que o reconhecimento desses "efeitos putativos" se pode fundamentar nos princípios da boa fé, da protecção da confiança e da proporcionalidade ou em outros princípios constitucionais, designadamente (em regra, mas não necessariamente) associados ao decurso do tempo.

4 – Apesar das modificações operadas, o regime de improdutividade *total* e de invocação *perpétua* da nulidade não deixa de ser especialmente rígido, sendo susceptível de afectar desrazoavelmente interesses dignos de protecção jurídica.

Por exemplo, talvez não devesse admitir-se a declaração de nulidade de actos favoráveis a todo o tempo, mas apenas num prazo razoável, contado do conhecimento do vício, dentro de um limite máximo, e medido também em função da boa-fé do particular beneficiado – v. o caso paradigmático do prazo de caducidade de 10 anos para a declaração administrativa de nulidade de actos urbanísticos, desde 2007 prevista no Decreto-Lei n.º 555/99 (RJUE), no artigo 69.º, n.º 4 (antes era também de dez anos o prazo jurisprudencial para a aquisição do direito ao lugar pelo funcionário cuja nomeação fosse nula).

Tal como deveria recusar-se ou limitar-se em certas hipóteses a competência administrativa para a declaração de nulidade, designadamente de actos favoráveis, quando seja discutível a existência desse tipo de invalidade ou, relativamente a determinados vícios, quando estes sejam inteiramente imputáveis ao órgão administrativo – devendo exigir-se então a declaração da nulidade por via judicial.

VA

Artigo 163.º

Actos anuláveis e regime da anulabilidade

1 – São anuláveis os atos administrativos praticados com ofensa dos princípios ou outras normas jurídicas aplicáveis, para cuja violação se não preveja outra sanção.

2 – O ato anulável produz efeitos jurídicos, que podem ser destruídos com eficácia retroativa se o ato vier a ser anulado por decisão proferida pelos tribunais administrativos ou pela própria Administração.

3 – Os atos anuláveis podem ser impugnados perante a própria Administração ou perante o tribunal administrativo competente, dentro dos prazos legalmente estabelecidos.

4 – Os atos anuláveis podem ser anulados pela Administração nos prazos legalmente estabelecidos.

5 – Não se produz o efeito anulatório quando:

a) **O conteúdo do ato anulável não possa ser outro, por o ato ser de conteúdo vinculado ou a apreciação do caso concreto permita identificar apenas uma solução como legalmente possível;**

b) **O fim visado pela exigência procedimental ou formal preterida tenha sido alcançado por outra via;**

c) **Se comprove, sem margem para dúvidas, que, mesmo sem o vício, o ato teria sido praticado com o mesmo conteúdo.**

ORIGEM DO TEXTO:

Corresponde aos anteriores artigos 135.º e 136.º.
Reproduz sem alterações o projeto final da comissão de revisão.

COMENTÁRIO:

1 – No que respeita à anulabilidade, este artigo explicita o respectivo regime, de acordo com o consenso doutrinal e jurisprudencial, em termos que resultavam já implicitamente da lei.

Assim: no n.º 2, afirma-se que o acto anulável produz efeitos jurídicos, que podem ser destruídos com eficácia retroactiva se o acto vier a ser anulado por decisão judicial ou administrativa (efeitos provisórios); no n.º 3, determina-se que a impugnação administrativa ou judicial dos actos anuláveis está sujeita a prazos legalmente estabelecidos (ónus de impugnação); no n.º 4 dispõe-se que a anulação administrativa está sujeita a prazos fixados na lei (no artigo 168.º).

2 – A modificação introduzida em 2015 surge no n.º 5, no qual o CPA, na linha de uma prática jurisprudencial alargada, embora contestada por boa parte da doutrina, e com o objectivo de a disciplinar normativamente, passou a admitir a não produção do efeito anulatório, apesar da invalidade, em três circunstâncias, descritas nas alíneas *a), b) e c*) do referido número.

2.1 – Em primeiro lugar, permite-se o aproveitamento do acto, isto é, a sua não anulação, apesar da invalidade, quando o conteúdo do acto não possa ser outro, nos casos de conteúdo devido, legalmente vinculado, ou de redução da discricionariedade a zero ("quando a apreciação do caso concreto permita identificar apenas uma solução como legalmente possível") – a Administração, na sequência da anulação, teria de praticar outro acto com os mesmos efeitos (diferentemente do conhecido preceito da Lei italiana – L. 241/1990, artigo

21 – *octies*, não se ressalva, porém, a eventual existência de um interesse relevante na anulação, casos em que poderá, então, entre nós, haver lugar a indemnização).

A situação prevista nesta alínea pode resultar de vícios formais, procedimentais ou substanciais do acto, embora a prática revele a sua maior frequência no que respeita à falta de audiência prévia, já que se trata de um trâmite aplicável à generalidade dos procedimentos, incluindo aqueles em que o acto é de conteúdo legalmente vinculado.

Tendo em conta a experiência anterior, o aproveitamento verifica-se com maior frequência quando se trata de actos favoráveis, mas é igualmente possível quanto a actos desfavoráveis.

2.2 – Em segundo lugar, admite-se a irrelevância do vício de procedimento ou de forma quando o fim visado pela exigência procedimental ou formal preterida tenha sido alcançado por outra via, isto é, quando da violação não tenha resultado, no caso, uma lesão efectiva dos valores e interesses protegidos pelo preceito formal ou procedimental violado, por esses valores ou interesses terem sido suficientemente protegidos por outra via (trâmite substituível por outro ou forma suprível por outra) – corresponde à situação tradicionalmente formulada pela jurisprudência como "degradação das formalidades essenciais em não essenciais".

Diferentemente da situação anterior, a irrelevância só é admitida relativamente a vícios formais ou procedimentais, e é indiferente para a não produção do efeito anulatório nesta situação o carácter vinculado ou discricionário do poder exercido.

2.3 – Em terceiro lugar, determina-se que o vício gerador de invalidade também é improdutivo, na prática, quando, no caso concreto, se comprove, sem margem para dúvidas, que, mesmo sem o vício, o acto teria sido praticado com o mesmo conteúdo – isto é, que a ilegalidade não teve qualquer influência na decisão.

Esta situação pode resultar de vícios formais ou procedimentais (tem sido invocada, por exemplo, no contexto de actos eleitorais ou de decisões de órgãos colegiais), mas, em muitos casos, resultará de vícios substanciais (por exemplo, nos casos tradicionais de fundamentos ou motivos superabundantes) – ao contrário do § 46 da Lei procedimental alemã (*VwVfG)*, a lei portuguesa não limita a irrelevância com este fundamento aos vícios formais e procedimentais. Diferentemente da situação prevista na alínea *a)*, também vale para situações de exercício de poderes discricionários – no pressuposto de que o vício não afectou as ponderações discricionárias.

Esta última situação, pela sua maior ambiguidade – não estamos perante um acto de conteúdo devido, como na alínea *a)*, nem perante uma substituição da formalidade legal por algo equivalente, como na alínea *b)* –, deve entender-se como excepcional e ser usada com especial cautela, como resulta da formulação legal, ao exigir enfaticamente que haja uma comprovação "sem margem para dúvidas" de que o acto teria sido praticado com o mesmo conteúdo.

3 – Note-se que, em todas as situações enunciadas no n.º 5, não estamos perante um poder do juiz ou uma faculdade da Administração, mas perante uma inibição, por determinação legal, da produção do efeito anulatório em casos concretos.

Tal como não se trata aqui de uma convalidação legal do acto, dado que a ilegalidade e a invalidade se mantêm (salvo de algum modo no caso da irrelevância previsto na alínea *b)*, em que há um reconhecimento da realização alternativa do fim legal) – não está, por isso, excluída a possibilidade de indemnização, se tiver havido a causação de danos que afectem direitos ou interesses legalmente protegidos de particulares, seja por danos não patrimoniais (para quem os admita em casos de violação de preceitos formais, designadamente quando estejam associados a direitos fundamentais), seja por danos causados pela não anulação, quando houvesse um interesse legítimo relevante na anulação.

4 – A solução do n.º 5 justifica-se por uma economia de procedimentos, evitando anulações seguidas da prática de actos com o mesmo conteúdo, mas não deixa de ter inconvenientes, incorrendo designadamente no risco de ter efeitos contrapedagógicos relativamente ao cumprimento das normas legais pela Administração.

A seu favor pode invocar-se, para além da comparação com outras ordens jurídicas europeias, a realidade portuguesa em que o aproveitamento tem sido praticado habitualmente pelos tribunais administrativos (invocando, por exemplo, que as sentenças visam resolver problemas reais e não garantir a perfeição da actuação administrativa) – visa-se, deste modo, evitar a dissonância jurisprudencial, disciplinando a prática com regras claras, baseadas em critérios normativos transparentes e coerentes.

Contra a solução também se tem afirmado que constitui um menosprezo do direito das formas, tão importante numa sociedade democrática. Mas a crítica não é inteiramente correcta e não é suficiente para o banimento da opção legislativa: por um lado, o aproveitamento não se aplica só ao incumprimento de preceitos de forma; por outro lado, as formas são fundamentais ("a forma é inimiga jurada do arbítrio e irmã gémea da liberdade" – Ihering), sobretudo hoje, em que é menos intensa a vinculação substancial da actividade administrativa à lei, mas não deixam de ser, em grande medida, instrumentais – e, quando sejam mais que isso, sempre que estejamos perante um direito procedimental com protecção autónoma, a esse direito se há-de reconhecer relevância juridica, pelo menos ao nível indemnizatório.

Diga-se, por fim, que a solução não é inédita ao nível legislativo – foi já adoptada pelo Código dos Contratos Públicos, para efeitos de aproveitamento de contratos administrativos, por vícios derivados de actos de adjudicação anuláveis, embora aí se estabeleça o afastamento do efeito anulatório por decisão judicial ou arbitral (artigo 283.º, n.º 4).

VA

Artigo 164.º

Ratificação, reforma e conversão

1 – São aplicáveis à ratificação, reforma e conversão dos atos administrativos as normas que regulam a competência para a anulação administrativa dos atos inválidos e a sua tempestividade.

2 – Os atos nulos só podem ser objeto de reforma ou conversão.

3 – Em caso de incompetência, o poder de ratificar o ato cabe ao órgão competente para a sua prática.

4 – A reforma e a conversão obedecem às normas procedimentais aplicáveis ao novo ato.

5 – Desde que não tenha havido alteração ao regime legal, a ratificação, a reforma e a conversão retroagem os seus efeitos à data dos atos a que respeitam, mas não prejudicam a possibilidade de anulação dos efeitos lesivos produzidos durante o período de tempo que as tiver precedido, quando ocorram na pendência de processo impugnatório e respeitem a atos que envolvam a imposição de deveres, encargos, ónus ou sujeições, a aplicação de sanções ou a restrição de direitos e interesses legalmente protegidos.

ORIGEM DO TEXTO:

Corresponde ao anterior artigo 137.º.
Reproduz sem alterações o projeto final da comissão de revisão.

COMENTÁRIO:

A primeira afirmação, contida no n.º 1, manda aplicar as normas que regulam a competência e a tempestividade da anulação administrativa. Embora mantenha no essencial a norma anterior, o novo preceito implica uma alteração de regime, que não se reduz à clarificação que decorre da diferenciação entre revogação e anulação, pois que vai implicar também a aplicabilidade de todas as alterações introduzidas no regime da anulação, designadamente quanto aos prazos – enquanto puder anular, o órgão competente pode convalidar.

A novidade principal nesta matéria está, porém, no n.º 2 e consiste na admissibilidade da reforma e da conversão de actos nulos, obviamente, desde que verificados os pressupostos de cada uma das figuras, que não são definidas na lei, mas relativamente às quais tem havido consenso na doutrina e na jurisprudência (desde a sua formulação por Marcello Caetano, que concebe a "reforma" para sanação de invalidades parciais). Note-se que já se admitia a redução e conversão dos contratos administrativos nulos (artigo 285.º, n.º 3, do Código dos Contratos Públicos, com remissão para os artigos 292.º e 293.º do Código Civil) – circunstância que é relevante, tendo em conta a actual tendência para o uso alternativo das formas do acto e do contrato (cf. artigo 127.º).

Continua, no entanto, a excluir-se a ratificação de actos nulos, fundamentalmente referida a vícios relativos ao sujeito ou à forma (pois que implica a confirmação do conteúdo e dificilmente o vício de procedimento permite a convalidação retroactiva) – embora ela talvez pudesse ser excepcionalmente admitida, por exemplo, no caso da falta de quórum que não ponha em causa a colegialidade.

No n.º 4, prescreve-se a aplicação, nos casos de reforma e de conversão, das normas procedimentais aplicáveis ao novo acto – uma imposição que não constitui propriamente uma novidade, mas que fica agora expressamente formulada.

Mais importante é a limitação, introduzida no n.º 5, à retroactividade dos efeitos da ratificação, reforma e conversão.

O poder administrativo de convalidação, nas suas diversas manifestações, não se confunde com a mera prática de um novo acto, expurgado do vício que o tornava malsão, e, por isso, em regra, os efeitos da convalidação retroagem à data dos actos convalidados, com todas as consequências daí resultantes – parte-se do pressuposto de que é possível a eliminação da causa do vício em termos reconduzíveis ao momento da prática do acto objecto de convalidação.

No entanto, a lei salvaguarda agora a possibilidade de anulação dos efeitos lesivos produzidos *medio tempore*, nos casos em que se trate de actos que imponham deveres, encargos, ónus ou sujeições, apliquem sanções ou restrinjam direitos e interesses legalmente protegidos, se a convalidação ocorrer na pendência de um processo judicial impugnatório entretanto desencadeado e, naturalmente, se houver um interesse legítimo na anulação.

A solução repete-se no artigo 173.º, n.os 2 e 3, a propósito da substituição de um acto anulável por um acto válido com o mesmo conteúdo – uma substituição que é, de resto, perfeitamente equiparável à ratificação.

VA

Secção IV

DA REVOGAÇÃO E DA ANULAÇÃO ADMINISTRATIVAS

Na sua versão originária, o CPA adotou o conceito amplo, tradicional entre nós, de *revogação* dos atos administrativos, que compreendia duas modalidades distintas: a chamada *revogação abrogatória* ou *extintiva* (a que o CPA se referia falando da *revogação de atos válidos*) e a *revogação anulatória* (a que o CPA se referia falando da *revogação de atos inválidos* – entenda-se: *anuláveis,* na medida em que os atos nulos não são suscetíveis de revogação nem de anulação administrativa: cfr. artigo 166.º).

Em 2015, o legislador optou, de harmonia com o que geralmente sucede nos demais países europeus, por atribuir, na presente Secção, designações diferentes a cada uma dessas modalidades, reservando a designação de *revogação* para a anterior *revogação abrogatória* ou *extintiva* e dando o nome de *anulação administrativa* à anterior *revogação anulatória.*

A alteração não é meramente conceitual ou terminológica, na medida em que a atribuição de designações diferentes a cada uma das figuras permitiu autonomizá-las, também para o efeito de lhes fazer corresponder regimes diferenciados no que diz respeito a aspetos em que, tradicionalmente, as duas modalidades de revogação eram submetidas a soluções normativas configuradas de modo unitário. Com efeito, se o regime da revogação do CPA já era, em muitos aspetos, um regime dualista, que, embora sem a assumir no plano conceitual, pressupunha de forma clara a distinção entre revogação abrogatória e revogação anulatória, a verdade é que ele não era inteiramente consequente a esse nível, não levando a distinção até às últimas consequências, designadamente no que diz respeito à determinação da competência para revogar. A autonomização das duas figuras permitiu ao CPA ir mais longe nesse plano.

MAA

Artigo 165.º

Revogação e anulação administrativas

1 – A revogação é o ato administrativo que determina a cessação dos efeitos de outro ato, por razões de mérito, conveniência ou oportunidade.

2 – A anulação administrativa é o ato administrativo que determina a destruição dos efeitos de outro ato, com fundamento em invalidade.

ORIGEM DO TEXTO:

Não tem correspondência na versão anterior do Código.
Reproduz sem alterações o projeto final da comissão de revisão.

COMENTÁRIO:

1 – É assumida no presente artigo a opção adoptada na presente Secção da atribuição da designação de *revogação* à anterior *revogação abrogatória* ou *extintiva* e da designação de *anulação administrativa* à anterior *revogação anulatória*.

Nesse sentido, resulta do n.º 1 que a *revogação* é uma manifestação de administração ativa, que exprime a decisão, fundada em critérios de mérito, conveniência ou oportunidade, de que a manutenção, para o futuro, da situação constituída pelo ato administrativo sobre cujos efeitos a revogação vai atuar não se adequa às exigências que o interesse público estabelece.

A revogação tem, na verdade, por fim adequar a situação existente a novas exigências, resultantes da mutabilidade do interesse público. Por este motivo, a revogação, por regra, não produz efeitos retroativos (cfr. artigo 165.º, n.º 1), limitando-se a *fazer cessar* os efeitos do ato revogado. A revogação constitui, assim, expressão de um poder cujo exercício apenas faz sentido em relação a atos administrativos que tenham eficácia duradoura, ou que, possuindo eficácia instantânea, ainda não tenham sido executados: com efeito, só atos de eficácia duradoura ou de eficácia instantânea ainda não executados perduram ao longo do tempo, em termos de se colocar a questão de saber se a definição por eles introduzida deve ser mantida ou deve *cessar*, sendo, assim, retirada para o futuro.

2 – Resulta, entretanto, do n.º 2 que a *anulação administrativa* é uma manifestação de administração de controlo, que pressupõe a verificação da ilegalidade do ato sobre o qual ela vai projetar os seus efeitos e, portanto, a desconformidade da definição que aquele ato tinha introduzido com as exigências que o ordenamento jurídico lhe impunha. Tem por fim reintegrar a legalidade, eliminando um ato anulável da ordem jurídica.

Trata-se, pois, de um *ato de anulação,* que produz um efeito constitutivo da mesma natureza daquele que resulta de uma sentença de anulação. Por esse motivo, o CPA associa, no novo artigo 172.º, à anulação administrativa as mesmas consequências que o artigo 173.º do CPTA faz corresponder à anulação contenciosa de atos administrativos. E tal como sucede com a anulação jurisdicional, também a anulação administrativa produz, por regra, efeitos retroativos, que têm o alcance de *destruir*, ab initio, os efeitos ilegalmente produzidos pelo ato sobre o qual se projeta (cfr. artigo 165.º, n.º 2, do CPA).

MAA

Artigo 166.º

Atos insuscetíveis de revogação ou anulação administrativas

1 – Não são suscetíveis de revogação nem de anulação administrativas:

a) **Os atos nulos;**
b) **Os atos anulados contenciosamente;**
c) **Os atos revogados com eficácia retroativa.**

2 – Os atos cujos efeitos tenham caducado ou se encontrem esgotados só podem ser objeto de anulação administrativa ou de revogação com eficácia retroativa.

ORIGEM DO TEXTO:

Corresponde ao anterior artigo 139.º.
Reproduz sem alterações o projeto final da comissão de revisão.

COMENTÁRIO:

1 – Este artigo corresponde ao anterior artigo 139.º, que se referia aos atos administrativos irrevogáveis por natureza. Em conformidade com a autonomização entretanto introduzida das figuras da revogação e da anulação administrativa (cfr. artigo 165.º), o artigo refere-se, agora, aos *atos insuscetíveis de revogação ou anulação administrativa,* mas o objeto do artigo é o mesmo.

Com efeito, tanto a revogação, como a anulação administrativa, incidem sobre os efeitos de atos administrativos anteriores, seja para os fazerem cessar para o futuro (*ex nunc*), seja para os destruirem desde o momento em que eles se começaram a produzir (*ex tunc*). Cada uma delas pressupõe, portanto, a existência de efeitos do ato anterior, sobre os quais se projeta. Ora, daí resulta que, nem os atos de revogação, nem os atos de anulação administrativa, podem incidir sobre atos administrativos nulos, que tenham sido anulados, por decisão jurisdicional ou mediante anulação administrativa, ou que tenham sido objeto de revogação com eficácia retroativa, nas condições em que esta última possibilidade é admitida no n.º 1 do artigo 171.º.

Na verdade, em qualquer destes casos, não há efeitos do ato administrativo anterior sobre os quais os atos em causa se possam projetar, porque esses efeitos nunca se produziram (caso do ato nulo) ou foram destruídos *ab initio,* tudo se passando, assim, como se nunca se tivessem produzido (caso do ato anulado ou revogado com eficácia retroativa). A Administração pode declarar que um ato administrativo é nulo ou que ele foi anulado ou revogado com eficácia retroativa. O que ela, contudo, não pode é revogar ou anular um ato administrativo nulo ou anulado ou revogado com eficácia retroativa. É o que, por isso, se estabelece no n.º 1 deste artigo 166.º.

2 – Como a revogação só faz cessar para o futuro os efeitos do ato anterior, ela só pode, entretanto, incidir sobre atos administrativos que estejam a produzir efeitos no momento em que ela é praticada. Por isso foi dito que a revogação apenas faz sentido em relação a atos que tenham eficácia duradoura, ou que, possuindo eficácia instantânea, ainda não tenham sido executados, porque só atos de eficácia duradoura ou de eficácia instantânea ainda não executados perduram ao longo do tempo, em termos de se poder determinar que a definição por eles introduzida deve *cessar*, sendo, assim, retirada para o futuro (cfr. artigo 165.º).

Por conseguinte, se um ato administrativo produziu efeitos no passado, mas já não está a produzi-los no presente – porque eles entretanto se esgotaram ou caducaram, designadamente por revogação –, pode ser que ele ainda possa ser objeto de uma anulação administrativa, dirigida a destruir retroativamente os efeitos passados, se não se tiver precludido o prazo para o efeito (cfr. artigo 168.º), ou de uma revogação com eficácia retroativa, nas condições em que esta possibilidade é admitida no n.º 1 do artigo 171.º do CPA. Mas não pode ser revogado, porque não há efeitos atuais cuja produção se possa fazer cessar. É o que assume o n.º 2 deste artigo 166.º.

MAA

ARTIGO 167.º

Condicionalismos aplicáveis à revogação

1 – Os atos administrativos não podem ser revogados quando a sua irrevogabilidade resulte de vinculação legal ou quando deles resultem, para a Administração, obrigações legais ou direitos irrenunciáveis.

2 – Os atos constitutivos de direitos só podem ser revogados:

a) **Na parte em que sejam desfavoráveis aos interesses dos beneficiários;**

b) **Quando todos os beneficiários manifestem a sua concordância e não estejam em causa direitos indisponíveis;**

c) **Com fundamento na superveniência de conhecimentos técnicos e científicos ou em alteração objetiva das circunstâncias de facto, em face das quais, num ou noutro caso, não poderiam ter sido praticados;**

d) **Com fundamento em reserva de revogação, na medida em que o quadro normativo aplicável consinta a precarização do ato em causa e se verifique o circunstancialismo específico previsto na própria cláusula.**

3 – Para efeitos do disposto na presente secção, consideram-se constitutivos de direitos os atos administrativos que atribuam ou reconheçam situações jurídicas de vantagem ou eliminem ou limitem deveres, ónus, encargos ou sujeições, salvo quando a sua precariedade decorra da lei ou da natureza do ato.

4 – A revogação prevista na alínea c) do n.º 2 deve ser proferida no prazo de um ano, a contar da data do conhecimento da superveniência ou da alteração das circunstâncias, podendo esse prazo ser prorrogado, por mais dois anos, por razões fundamentadas.

5 – Na situação prevista na alínea c) do n.º 2, os beneficiários de boa-fé do ato revogado têm direito a ser indemnizados, nos termos do regime geral aplicável às situações de indemnização pelo sacrifício, mas quando a afetação do direito, pela sua gravidade ou intensidade, elimine ou restrinja o conteúdo essencial

desse direito, o beneficiário de boa-fé do ato revogado tem direito a uma indemnização correspondente ao valor económico do direito eliminado ou da parte do direito que tiver sido restringida.

6 – Para efeitos do disposto no número anterior, consideram-se de boa-fé os beneficiários que, à data da prática do ato revogado, desconheciam sem culpa a existência de fundamentos passíveis de determinar a revogação do ato.

ORIGEM DO TEXTO:

Corresponde ao anterior artigo 140.º.
Reproduz sem alterações o projeto final da comissão de revisão.

COMENTÁRIO:

1 – Este artigo corresponde ao anterior artigo 140.º, que estabelecia os pressupostos ou condicionalismos de que dependia a revogação dos atos válidos – entenda-se: a revogação (*abrogatória* ou *extintiva*) de atos administrativos sem fundamento na sua invalidade, por razões de mérito, conveniência ou oportunidade, que o CPA hoje qualifica, muito simplesmente, como *revogação* (cfr. artigo 165.º, n.º 1).

Uma parte dos pressupostos ou condicionalismos que constavam do anterior artigo 140.º mantêm-se neste novo artigo 167.º.

Assim, o artigo mantém, no n.º 1, a previsão, que anteriormente constava das alíneas a) e c) do n.º 1 do artigo 140.º, dos limites à revogabilidade decorrentes da existência de vinculação legal ou de obrigações legais ou direitos irrenunciáveis da Administração. Na verdade, a revogação de atos válidos estritamente vinculados não está na disponibilidade da Administração. Por isso, a revogação é expressão de um poder cujo exercício apenas faz sentido em relação a atos praticados no exercício de poderes discricionários.

Já no que respeita ao regime da revogação dos atos constitutivos de direitos, o n.º 2 introduz alguma flexibilidade num regime que era, até aqui, criticado pela sua elevada rigidez. Nas alíneas a) e b), continua, ainda assim, a admitir-se, como já sucedia nos termos do n.º 2 do anterior artigo 140.º, que os atos constitutivos de direitos possam ser revogados na parte em que sejam desfavoráveis aos interesses dos beneficiários ou quando todos eles manifestem a sua concordância e não estejam em causa direitos indisponíveis. Mas as novas alíneas c) e d) vão mais longe, admitindo também a revogação de atos constitutivos de direitos por alteração de circunstâncias ou com fundamento em cláusula de reserva de revogação.

2 – No que diz respeito à previsão da alínea c) do n.º 2, vinha sendo sustentado na doutrina que, a exemplo do que sucede na lei alemã do procedimento administrativo, também entre nós devia ser introduzida no CPA a previsão da possibilidade da revogação de atos constitutivos de direitos por razões imperativas de interesse público, mediante o pagamento da indemnização devida pelos prejuízos que, desse modo, fossem licitamente causados, nos termos gerais em que se estabelece a indemnização por atos ablatórios lícitos.

A nova alínea c) procurou encontrar, nesse domínio, o justo equilíbrio entre os interesses que podem determinar a necessidade da remoção dos atos constitutivos de direitos, sejam eles o da defesa da legalidade ou o da realização adequada e eficiente do interesse público, e o interesse que está subjacente ao princípio da proteção da confiança legítima dos particulares na estabilidade dos atos em que se fundam as respetivas situações jurídicas subjetivas. Nesse sentido, o preceito, embora introduzindo a possibilidade da revogação de atos constitutivos de direitos por razões de interesse público, mediante o pagamento da indemnização devida, optou por submeter essa possibilidade ao preenchimento de pressupostos estritos, que limitam o seu âmbito de aplicação.

Com efeito, o preceito só admite a possibilidade da revogação de atos constitutivos de direitos desde que se preencham dois requisitos cumulativos: *(i)* superveniência de conhecimentos técnicos e científicos ou alteração objetiva das circunstâncias de facto que o justifiquem; *(ii)* e que a lei ao abrigo da qual os atos a revogar foram praticados não permitisse que eles o tivessem sido, com o conteúdo com que o foram, se, nesse momento, já existissem os conhecimentos técnicos e científicos ou as circunstâncias de facto que apenas mais tarde vieram a surgir.

O preceito não admite, assim revogações apenas baseadas numa nova ponderação das circunstâncias, segundo critérios de interesse público, nem no puro reexercício de poderes discricionários à luz das circunstâncias supervenientes. Com efeito, exige a superveniência de conhecimentos técnicos e científicos ou a ocorrência de superveniências objetivamente demonstráveis, que possam ser genericamente reconduzidas ao conceito da *alteração objetiva de circunstâncias;* e, por outro lado, ao exigir que se trate de situações em face das quais os atos a revogar «não poderiam ter sido praticados», só parece admitir a revogação quando seja de concluir que, se, no momento em que o ato a revogar foi praticado, nos termos em que o foi, as circunstâncias fossem as que são hoje ou sobre elas existissem os conhecimentos técnicos e científicos hoje disponíveis, seria desconforme com o interesse público visado pelas normas aplicáveis praticá-lo naqueles termos.

Acrescente-se que o n.º 4 estabelece prazos para a revogação prevista na alínea c) do n.º 2.

3 – A nova alínea d) do n.º 2 veio dar expressão no CPA à figura da reserva de revogação, sobre a qual este diploma fundamental era, até aqui, omisso. E, também quanto a este ponto, o legislador procurou o equilíbrio entre valores conflituantes.

Em primeiro lugar, ao exigir ainda que "se verifique o circunstancialismo específico previsto na própria cláusula", o preceito exclui a possibilidade de *reservas ad libitum,* de conteúdo aberto, que colocassem os atos constitutivos de direitos em situação de completa precariedade, sem prévia determinação das circunstâncias em relação a cuja evolução futura a Administração pretendeu reservar-se a possibilidade de vir a revogar o ato em causa.

Por outro lado, é (de)limitado o universo das situações em que é admitida a introdução de reservas de revogação no conteúdo de atos constitutivos de direitos. Nesse plano, o artigo 149.º exige, desde logo, que a utilização de cláusulas acessórias não seja contrária à lei ou ao fim a que o ato se destina. E a alínea d) do n.º 2 deste artigo 167.º acrescenta, no que já especificamente respeita à reserva de revogação, que esta só pode ser introduzida no conteúdo de um ato constitutivo de direitos quando «o quadro normativo aplicável consinta a precarização do ato em causa».

Este último aspeto reveste-se de grande importância, sendo, por isso, inteiramente justificada a atenção que o legislador lhe dedica, na medida em que, como temos defendido, a introdução da reserva de revogação só é admissível quando a lei concretamente aplicável ao tipo de ato em causa admita a possibilidade da sua introdução no conteúdo do ato. Só nesse caso, a lei admitirá a precarização do ato, permitindo, assim, à Administração que, através da introdução da cláusula, ela o subtraia à aplicabilidade do regime regra da irrevogabilidade dos atos constitutivos de direitos. Na ausência de tal permissão legal, o ato está submetido a este regime de proteção dos atos constitutivos de direitos, sem que a Administração o possa afastar através da introdução no respetivo conteúdo de uma reserva de revogação.

4 – No propósito de introduzir um maior grau de clareza na matéria objeto do presente artigo, o n.º 3 introduz, no Direito positivo português, pela primeira vez ao fim de tantas décadas, uma definição legal do que se deve entender por atos constitutivos de direitos.

A definição corresponde ao sentido amplo com que o conceito tem sido tradicionalmente utilizado, que compreende os atos permissivos do exercício de direitos pré-existentes, que removem obstáculos a esse exercício. E é estabelecida por referência aos termos em que cada tipo de ato administrativo é previsto pela lei da qual resulta a sua caracterização tipológica abstrata.

Na verdade, resulta claramente do preceito que a qualificação como constitutivo de direitos deve ser atribuída em abstrato, a cada tipo de ato administrativo atributivo de situações jurídicas de vantagem, e por referência ao quadro normativo concretamente aplicável a esse tipo de ato, quando seja de concluir que esse quadro normativo configura as situações jurídicas de vantagem que atribui como situações jurídicas estáveis, e não como situações jurídicas precárias.

Esta circunstância explica a introdução, na alínea d) do n.º 2, de um regime que fixa os pressupostos de que depende a possibilidade da utilização, pela Administração, da cláusula de reserva de revogação. Na verdade, esse regime pressupõe que é só quando determinado tipo legal de ato não é, em abstrato, precário, mas constitutivo de direitos, que a Administração pode necessitar de tornar precário um determinado ato concreto desse tipo que pratique, introduzindo no seu conteúdo uma cláusula de reserva de revogação.

Por conseguinte, a questão da qualificação como constitutivo de direitos coloca-se a montante do momento concreto em que cada ato concreto é praticado, por referência ao tipo legal abstrato do ato em causa. E se, nesse plano, um determinado tipo de ato for de qualificar como constitutivo de direitos, cada ato concreto desse tipo só poderá ser validamente praticado com caráter precário se no seu conteúdo for inserida uma reserva de revogação em conformidade com o regime de proteção dos atos constitutivos de direitos que, sobre a matéria, decorre do disposto na alínea d) do n.º 2 deste artigo 167.º.

MAA

5.1 – O preceito da segunda parte do n.º 5 inspira-se na garantia constitucional do conteúdo essencial do direito fundamental que consta do artigo 18.º, n.º 3, *in fine*, da Constituição em relação às restrições que atos legislativos ("leis") tragam a direitos fundamentais. De facto, de harmonia com esse artigo, todas as restrições aos direitos fundamentais, constantes de leis, que afetem, no sentido de eliminarem ou diminuírem, o conteúdo essencial do direito, ou seja, a substância do direito, violam a Constituição e dão ao lesado direito a indemnização.

O legislador constituinte português importou essa construção do Direito Constitucional alemão, mais concretamente, do artigo 19.º, n.º 2, da Lei Fundamental de Bona, de 1949, com a única diferença formal, que não releva para efeitos substantivos, de que onde o preceito alemão se refere ao conteúdo essencial ("*Wesensgehalt*") do "direito fundamental" o preceito da nossa Constituição, de modo menos feliz, fala em conteúdo essencial dos "preceitos constitucionais". Para a interpretação do citado preceito da Lei Fundamental alemã veja-se a exaustiva monografia de Peter Häberle, *Die Wesensgehaltsgarantie des Artikel 19 Abs. 2 Grundgesetz,* 3.ª ed., Friburgo,

1983, e, hoje, o Comentário à Lei Fundamental de Maunz e Dürig, *Grundgesetz Kommentar*, Munique, 2015, e o manual de Badura, *Staatsrecht,* 6.ª ed., Munique, 2015, pág. 113. Em Portugal, tem dedicado especial atenção ao tema Jorge Novais, em *As restrições aos direitos fundamentais não expressamente autorizadas pela Constituição,* dissertação, Coimbra, 2003, págs. 779 e segs., e, mais recentemente, em *Direitos sociais*, Coimbra, 2010, págs. 199 e segs.

O citado preceito da Lei Fundamental de Bona foi determinante na construção no Direito alemão, através da jurisprudência do Tribunal Constitucional Federal e do Supremo Tribunal Federal, e com o apoio da doutrina, da figura do ato (ou ingerência) análogo (ou equivalente) à expropriação ("*enteignungsgleicher Eingriff*") (ver Wolff, Bachof e Stober, *Verwaltungsrecht*, t. II, 6.ª ed., Munique, 2000, págs. 628 e segs.). Com isso, e pensando-se de início, de modo especial, no direito de propriedade privada, pretendeu-se fazer equivaler à expropriação (entendida, em termos clássicos, como ablação formal da titularidade do direito), e sobretudo para efeitos de indemnização, a mera afetação do conteúdo essencial, ou da substância, do direito. Por afetação do conteúdo essencial queria-se aqui significar tanto a sua perda ou esvaziamento – "*Substanzverlust*" –, como a sua simples diminuição ou redução. Mais tarde, essa construção passou a ser seguida pela jurisprudência do Conselho de Estado francês e do Tribunal Europeu dos Direitos do Homem, neste último caso através dos conceitos de interferências na substância do direito ("*atteintes substantielles*") ou de "expropriação *de facto*", ambos criados à sombra do artigo 1.º do Protocolo Adicional n.º 1 à CEDH, que reconhece o direito à propriedade privada. Depois, essa corrente viria a encontrar eco no Direito anglo-saxónico, muito por influência do Direito norte-americano, ao incluir-se no conceito de "*taking*" não apenas a expropriação formal como também a expropriação substancial, isto é, a expropriação da substância do direito (de que ainda hoje é exemplo, para o Direito norte-americano, a tributação excessiva, que afeta a substância do direito de propriedade privada, entendido este como um vasto direito patrimonial, como se mostrará adiante, no comentário 5.2 a este artigo), e, de modo mais generalizado, na arbitragem internacional, onde ela se veio a exprimir através do conceito de "expropriação indireta", "expropriação informal", ou "expropriação discreta" (veja-se esta matéria estudada por nós de forma desenvolvida, e em termos que continuam a ser atuais tanto no plano do Direito nacional como no do Direito Internacional que releva para o Direito português, na nossa monografia *A protecção da propriedade privada pelo Direito Internacional Público*, Coimbra, 1998, págs. 205 e segs.).

O conceito de ato análogo à expropriação tem obtido os favores de parte de doutrina administrativa portuguesa desde que Alves Correia pela primeira vez se lhe referiu em *As garantias do particular na expropriação por utilidade por utilidade pública* (Coimbra, 1982, págs. 41-42), mas ainda não cativou a nossa jurisprudência. Todavia, ele tem sido acolhido pela prática da nossa Administração Pública. Por exemplo, o modelo de Tratado Bilateral de Investimento celebrado por Portugal com outros Estados contém uma cláusula, quase sempre a cláusula 4.ª, com a epígrafe de "Expropriação", onde se previne o investimento estrangeiro contra "expropriações", "nacionalizações" ou "outras *medidas com efeitos equivalentes à expropriação ou nacionalização, adiante designadas como expropriação"* (itálico nosso).

5.2 – São três as questões que a interpretação deste novo preceito do CPA levanta: o que se entende por conteúdo essencial de um direito e, partindo daí, o que se entende pela afetação desse conteúdo; quais são os direitos a que aquele artigo se refere; e como se calcula a indemnização a que aquele preceito se reporta.

O critério da afetação do direito (o mesmo é dizer, da interferência no direito) é, como se disse já, e por analogia com o que resulta da interpretação do artigo 18.ª, n.º 3, *in fine*, da Constituição, o do esvaziamento ou da diminuição do conteúdo essencial do direito, em termos tais que um e outra provoquem, respetivamente, a perda ou a diminuição da utilidade do direito. Gomes Canotilho e Vital Moreira referem-se, a propósito daquele artigo, à "utilidade constitucional" e ao "valor constitucional" do direito. Concretamente, para que não haja "aniquilação do núcleo essencial" do direito é preciso que sobeje ao menos "um resto substancial", um "conteúdo útil" desse direito

(*CRP anotada*, vol. I, 4.ª ed., Coimbra, 2007, pág. 395). Por um lado, a determinação de qual é a substância do direito está dependente de uma larga margem de apreciação da parte do Legislador e da Administração Pública e, por outro lado, a perda ou diminuição do direito terá de ser apreciada em cada caso concreto. Isto é, qual seja a afetação do conteúdo essencial do direito que cabe sob a alçada do referido preceito constitucional e desta disposição do CPA é questão que não pode ser resolvida em abstrato mas só em função das circunstâncias específicas de cada caso concreto. Procuram definir o conteúdo essencial de um direito fundamental, nas circunstâncias concretas dos casos *sub judice*, os Acórdãos do nosso Tribunal Constitucional n.ºs 194/99, 329/99, 517/99 e 496/08. Daqui resulta que a afetação do direito, ou seja, a interferência da entidade pública no direito do particular, que não implique qualquer diminuição daquilo que é o seu conteúdo essencial, a sua substância, não cabe na previsão deste preceito. Será o caso de todas as medidas que o Direito norte-americano qualifica de medidas de regulamentação do uso dos bens *("police power" ou "regulation")* (ver Fausto de Quadros, *A protecção da propriedade privada, cit.*, págs. 263 e segs.). Como um exemplo dessas medidas no Direito positivo português atual teríamos as intimações que os municípios devem dirigir a proprietários de prédios rústicos no sentido de eles os limparem por forma a os tornarem menos vulneráveis à propagação de fogos.

Quais são os direitos que caem na previsão deste preceito? Ou, doutra forma, quais podem ser os direitos cuja afetação da substância dá direito à indemnização a que se refere este preceito? Têm de ser direitos com "valor económico", como estipula o artigo, portanto, direitos patrimoniais. Esses direitos estão abrangidos pelo direito à propriedade privada, reconhecido pelo artigo 62.º da Constituição, pelo menos desde que as revisões de 1982 e 1989 retiraram do texto constitucional a visão coletivista que a sua versão original, de 1976, dava a esse direito. Nesse sentido, aquele artigo tem de ser interpretado como tendo uma dimensão ampla, de modo a ele englobar todos os direitos patrimoniais, isto é, a soma do direito real da propriedade plena, de direitos reais menores, de direitos de crédito, incluindo os de fonte contratual (por exemplo, os que nasçam de onerações de contratos, públicos ou privados), de direitos sobre participações sociais (por exemplo, os direitos dos accionistas numa sociedade anónima), e outros direitos suscetíveis de avaliação pecuniária [assim, também Menezes Cordeiro, "Constituição patrimonial privada", in Jorge Miranda (coordenador), *Estudos sobre a Constituição*, vol. III, Lisboa, 1979, págs. 365 e segs., para quem o artigo 62.º da Constituição acolhe o conjunto de direitos subjetivos de conteúdo ou natureza patrimonial, melhor, todas as "situações jurídicas privadas de conteúdo económico"; Gomes Canotilho e Vital Moreira, *op. cit*, anotação II ao artigo 62.º; e Fausto de Quadros, *A proteção da propriedade privada,* cit., págs. 6-7, para quem, portanto, aquele artigo abarca o somatório dos direitos que modernamente os Direitos estaduais e o Direito Internacional, nomeadamente o formado através da arbitragem internacional, designam por *property rights, adquired rights e contractual rights*]. A jurisprudência do nosso Tribunal Constitucional em matéria de interpretação do direito de propriedade privada, tal como ele se encontra reconhecido pelo artigo 62.º da Constituição, nem sempre tem revelado constância e coerência. De qualquer forma, os seus Acórdãos nos Proc.ºs n.ºs 494/94 e 491/2002 dão àquele direito um alcance próximo daquele que acima ficou defendido.

A terceira questão que a interpretação deste novo preceito do CPA suscita tem a ver com o seu dispositivo segundo o qual o beneficiário de boa-fé do ato revogado, portanto, o lesado com a revogação, tem direito a uma indemnização correspondente ao valor económico de todo o conteúdo essencial do direito eliminado ou da parte desse conteúdo que lhe foi retirada. Isso significa que, tal como aconteceria numa expropriação formal, o lesado tem direito ao valor de mercado da substância eliminada ou diminuída do direito. Será essa a *justa indemnização* que lhe é devida.

FQ

6 – O direito consagrado no n.º 5 à indemnização por revogação de actos administrativos constitutivos de direitos, nas situações previstas na alínea c) do n.º 2, constitui uma expressão do princípio do Estado de direito democrático consagrado nos artigos 2.º, e 9.º, alínea b), da Constituição, segundo o qual os actos do poder público lesivos de direitos ou causadores de danos devem desencadear uma indemnização.

Porém, o preceito estabelece uma diferenciação que é cada vez mais importante no nosso Direito Administrativo para se compreender que a obrigação de indemnização abrange, a par da clássica responsabilidade civil da Administração pelo exercício da função administrativa (por facto ilícito ou pelo risco), a *indemnização pelo sacrifício* e a *indemnização por expropriação de sacrifício* (*vide* comentário ao artigo 16.º).

Com efeito, a primeira parte do preceito estabelece que a revogação de actos administrativos constitutivos de direitos nas situações previstas na alínea c) do n.º 2 dá direito a uma indemnização aos beneficiários de boa-fé do acto revogado nos termos da *indemnização pelo sacrifício*.

Ora, a natureza da *indemnização pelo sacrifício,* prevista no artigo 16.º do Regime da Responsabilidade Civil do Estado e demais entidades públicas, caracteriza-se, em suma, por a indemnização ser uma consequência do acto impositivo de encargos ou causador de danos especiais e anormais.

Diferentemente da *indemnização pelo sacrifício*, a *expropriação de sacrifício* abarca os actos que se caracterizam por uma destruição ou uma afectação essencial de uma posição jurídica garantida como propriedade pela Constituição, ou seja, aqueles que produzem modificações especiais e graves na *"utilitas"* do direito de propriedade ou de outros direitos patrimoniais (Fernando Alves Correia, "A expropriação de sacrifício: finalmente a sua consagração constitucional", RLJ, n.º 3977, págs. 139 e 140).

É, pois, o que se encontra previsto na parte final do preceito – "uma afectação do direito, que pela sua intensidade ou gravidade, se traduz na sua eliminação ou restrição ao seu conteúdo essencial".

Assim, na *expropriação de sacrifício*, diferentemente da *indemnização pelo sacrifício,* há por parte da Administração uma intenção ablativa do direito ou restritiva do seu exercício, embora muitas vezes tal intenção não seja claramente assumida como tal, porque, se o fosse, estaríamos então no domínio da *expropriação clássica* (no domínio do ordenamento do território e do urbanismo a *expropriação de sacrifício* está hoje claramente consagrada no n.º 3 do artigo 17.º da Lei n.º 31/2014, de 30 de maio).

Este n.º 5 reforça indiscutivelmente a posição dos particulares no domínio da indemnização que é devida pela revogação administrativa de actos administrativos constitutivos de direitos.

É que, como já foi dito, uma coisa é a chamada *indemnização pelo sacrifício*, à qual corresponde a antiga responsabilidade civil extracontratual por acto lícito, indemnização esta que nem sempre foi bem acolhida pelos nossos tribunais administrativos no âmbito do ex DL 48 051 de 21 de Novembro de 1967 (e por isso com pouca aplicabilidade prática) e outra coisa, bem diferente, é a *expropriação de sacrifício*, a qual se traduz numa intenção da Administração em extinguir um direito do particular ou restringi-lo de uma forma de tal modo grave que, na prática, o seu conteúdo deixou de ter expressão económica.

Assim, este n.º 5 não limitou a indemnização nas situações de revogação administrativa de actos constitutivos de direitos à *indemnização pelo sacrifício,* tendo indo mais longe, ao admitir que a revogação pode efectivamente ter um carácter verdadeiramente expropriatório quando eliminar ou restringir de forma grave o conteúdo económico do direito, provocando-lhe a sua perda de substância, pelo que o acto revogatório tem de ser encarado como um acto análogo à expropriação (Fausto de Quadros, *A protecção da propriedade privada pelo Direito Internacional Público*, cit., pág. 215).

A *indemnização pelo sacrifício*, por estar vocacionada para as situações em que os prejuízos causados pela Administração na esfera jurídico-patrimonial dos particulares decorram de situações de facto que até nem foram desejadas pela Administração, mas que surgiram como consequência da sua actuação, não é pois suficiente para garantir as posições jurídico-patrimoniais dos particulares perante actuações da Administração que visam atingir directamente tais posições, extinguindo-as ou restringindo-as gravemente.

Se o preceito em comentário se tivesse ficado apenas pela aplicabilidade do regime da *indemnização pelo sacrifício* às situações de revogação administrativa de actos constitutivos de direitos, então não hesitaríamos em dizer que, nesta matéria, a defesa dos direitos dos particulares não tinha sido devidamente alcançada, ficando em causa o cumprimento do princípio do Estado de direito.

Mas não foi o caso.

Assim, a consagração do modelo da *expropriação de sacrifício* ou do *acto análogo à expropriação* feita no n.º 5 deste artigo 167.º para os casos de actos revogatórios de atos constitutivos de direitos em que haja *uma afectação do direito que, pela sua intensidade ou gravidade, elimine ou restrinja o conteúdo essencial desse direito,* por ter um alcance diferente e, consequentemente, mais vasto do que a simples *indemnização pelo sacrifício*, constitui uma garantia para os particulares de que a indemnização a atribuir pela revogação do acto constitutivo de direitos é uma indemnização que, tal como na expropriação clássica, terá em conta o valor económico do direito que foi eliminado ou gravemente restringido pelo acto revogatório proferido pela Administração, valor esse que terá de ser calculado em função do valor corrente do direito no mercado.

O preceito em comentário é, pois, claramente conforme à Constituição e ao princípio do Estado de Direito, na sua vertente indemnizadora dos danos causados aos particulares pelos actos do poder público, ao mandar aplicar às situações de revogação de actos administrativos constitutivos de direitos previstas na alínea c) do n.º 2 o regime da *indemnização pelo sacrifício* e ainda o regime da *indemnização pela expropriação de sacrifício* nas situações de lesão da esfera jurídico-patrimonial dos particulares que se revelarem de *efeito equivalente* a uma expropriação – destruição do conteúdo económico do direito ou grave restrição ao seu exercício.

JMS

ARTIGO 168.º

Condicionalismos aplicáveis à anulação administrativa

1 – Os atos administrativos podem ser objeto de anulação administrativa no prazo de seis meses, a contar da data do conhecimento pelo órgão competente da causa de invalidade, ou, nos casos de invalidade resultante de erro do agente, desde o momento da cessação do erro, em qualquer dos casos desde que não tenham decorrido cinco anos, a contar da respetiva emissão.

2 – Salvo nos casos previstos nos números seguintes, os atos constitutivos de direitos só podem ser objeto de anulação administrativa dentro do prazo de um ano, a contar da data da respetiva emissão.

3 – Quando o ato tenha sido objeto de impugnação jurisdicional, a anulação administrativa só pode ter lugar até ao encerramento da discussão.

4 – Salvo se a lei ou o direito da União Europeia prescreverem prazo diferente, os atos constitutivos de direitos podem ser objeto de anulação administrativa no prazo de cinco anos, a contar da data da respetiva emissão, nas seguintes circunstâncias:

- ***a)*** **Quando o respetivo beneficiário tenha utilizado artifício fraudulento com vista à obtenção da sua prática;**
- ***b)*** **Apenas com eficácia para o futuro, quando se trate de atos constitutivos de direitos à obtenção de prestações periódicas, no âmbito de uma relação continuada;**
- ***c)*** **Quando se trate de atos constitutivos de direitos de conteúdo pecuniário cuja legalidade, nos termos da legislação aplicável, possa ser objeto de fiscalização administrativa para além do prazo de um ano, com imposição do dever de restituição das quantias indevidamente auferidas.**

5 – Quando, nos casos previstos nos n.os 1 e 4, o ato se tenha tornado inimpugnável por via jurisdicional, o mesmo só pode ser objeto de anulação administrativa oficiosa.

6 – A anulação administrativa de atos constitutivos de direitos constitui os beneficiários que desconhecessem sem culpa a existência da invalidade e tenham auferido, tirado partido ou feito uso da posição de vantagem em que o ato os colocava, no direito de serem indemnizados pelos danos anormais que sofram em consequência da anulação.

7 – Desde que ainda o possa fazer, a Administração tem o dever de anular o ato administrativo que tenha sido julgado válido por sentença transitada em julgado, proferida por um tribunal administrativo com base na interpretação do direito da União Europeia, invocando para o efeito nova interpretação desse direito em sentença posterior, transitada em julgado, proferida por um tribunal administrativo que, julgando em última instância, tenha dado execução a uma sentença de um tribunal da União Europeia vinculativa para o Estado português.

ORIGEM DO TEXTO:

Corresponde ao anterior artigo 141.º.
Reproduz sem alterações o projeto final da comissão de revisão.

COMENTÁRIO:

1 – Este artigo corresponde ao anterior artigo 141.º, que estabelecia os pressupostos ou condicionalismos de que dependia a revogação dos atos inválidos – entenda-se: a revogação (*anulatória*) de atos administrativos com fundamento na sua anulabilidade, que o CPA hoje qualifica como *anulação administrativa* (cfr. artigo 165.º, n.º 2).

Ao longo do período de vigência do CPA, foi sendo criticada a rigidez do regime do artigo 141.º, do qual resultava o prazo unitário de um ano para a revogação dos atos anuláveis, alegando-se que, desse modo, não eram tomados em consideração aspetos relevantes, que recomendariam a introdução de diferenças de regime. Procurando dar resposta a essas críticas, este novo artigo 168.º consagra um regime que em muito contrasta com o anterior, prevendo soluções diferenciadas para diferentes tipos de situações.

2 – Assim, é claramente assumido no n.º 3 que, desde que tenham sido objeto de impugnação contenciosa, todos os atos administrativos podem ser anulados pela própria Administração durante toda a pendência do processo, até ao encerramento da discussão – com o que se põe termo à dúvida que, desde a entrada em vigor do CPTA, se tinha instalado na doutrina sobre se se mantinha ou não em vigor o regime da parte final do n.º 1 do anterior artigo 141.º, que apenas admitia a revogação de atos inválidos até à fase da contestação.

3 – O n.º 1 estabelece, entretanto, o prazo de seis meses para a anulação administrativa, contado desde a data do conhecimento pelo órgão competente da causa de invalidade, ou, nos casos de invalidade resultante de erro do agente, desde o momento da cessação do erro. O preceito condiciona, no entanto, esse prazo a um prazo limite, contado desde a data da prática do ato a anular. Por regra, esse prazo é, como estabelece o n.º 1, de cinco anos. Mas para os atos constitutivos de direitos (cfr. artigo 167.º, n.º 3), o n.º 2 fixa esse prazo em um ano, salvo nos casos previstos nas três alíneas do n.º 4, em que o prazo ainda é de cinco anos.

Importa notar que as soluções enunciadas, ao deixarem de associar automaticamente o prazo da anulação administrativa, como fazia o anterior artigo 141.º, ao mais longo dos prazos de impugnação contenciosa, que é de um ano, nos termos do artigo 58.º do CPTA, vieram possibilitar que essa anulação tenha lugar para além desse prazo: é essa a verdadeira novidade que resulta da fixação do prazo limite de cinco anos, contado desde a data da respetiva emissão, para a anulação administrativa dos atos que não sejam constitutivos de direitos e dos próprios atos constitutivos de direitos, nas hipóteses previstas nas três alíneas do n.º 4 do artigo 168.º.

Os prazos de impugnação, administrativa e contenciosa, dos atos administrativos não são, no entanto, deste modo postos em causa, na medida em que, após o decurso destes prazos, os interessados já não podem questionar a validade dos atos em causa, nem têm o poder de exigir à Administração que os anule. Com efeito, nesse sentido estabelece o n.º 5 que, quando um ato se tiver tornado inimpugnável e, por isso, inatacável pelos eventuais interessados, a Administração só pode anulá-lo *oficiosamente*, o que significa que a anulação não lhe pode ser exigida pelos interessados, em razão da *preclusão* que para estes resultou do facto de não terem observado o ónus que se lhes impunha de procederem à sua impugnação, administrativa e/ou contenciosa, dentro dos respetivos prazos legais. Por conseguinte, o indeferimento de um eventual pedido de anulação que nesse contexto seja dirigido à Administração não tem o alcance de reabrir o acesso à via contenciosa.

4 – Como foi dito, o n.º 2 consagra a regra de que a Administração só pode anular os atos constitutivos de direitos dentro do prazo limite de um ano, contado desde a data da respetiva emissão. Estão, entretanto, previstos nas três alíneas do n.º 4 os tipos de situações em que é admitida a possibilidade da anulação administrativa de atos constitutivos de direitos dentro do prazo limite de cinco anos.

4.1 – A situação prevista na alínea a) vai ao encontro de regimes expressamente consagrados (caso da Alemanha) ou, pelo menos, jurisprudencialmente admitidos (caso da França) em ordenamentos jurídicos que nos são próximos, que distinguem consoante o beneficiário do ato a anular está de má fé ou, pelo contrário, confiou justificadamente na atuação da Administração e é, por isso, titular de uma confiança que merece proteção.

Esta previsão legal não é prejudicada pelo facto de a alínea c) do n.º 2 do artigo 161.º cominar com a nulidade os atos cuja prática tenha sido determinada pela prática de um crime. Com efeito, se houver apuramento de responsabilidade criminal do beneficiário que defraudou a Administração, a nulidade do ato que o beneficiou pode ser declarada ao abrigo do referido dispositivo. A previsão da alínea a) do n.º 4 deste artigo 168.º prescinde, entretanto, de tal apuramento, para o efeito de o ato poder ser anulado pela Administração no prazo de seis meses, contado desde o momento da cessação do erro, dentro do prazo limite de cinco anos desde a emissão do ato.

4.2 – A alínea b) do n.º 4 prevê um regime específico para a anulação administrativa dos atos que envolvam a realização de prestações pecuniárias com caráter periódico, como o ato da segurança social que reconheça a um particular o direito a uma pensão mensal – exemplo, aliás, para o qual a Lei de Bases da Segurança Social já previa, precisamente, a solução agora consagrada com âmbito geral. Esse regime caracteriza-se por permitir a anulação administrativa desse tipo de atos dentro do prazo limite de cinco anos, a contar da data da respetiva emissão, mas com efeitos apenas para o futuro, no pressuposto de que, por regra, as prestações já realizadas não poderão ser restituídas. Isto, naturalmente, no pressuposto de não se configurar, também em relação a atos que envolvam a realização de prestações pecuniárias com caráter periódico, a hipótese prevista na alínea a), hipótese na qual prevalecerá a aplicação do regime previsto nesta última alínea.

MAA

4.3 – A alínea c) do n.º 4 vem dar satisfação à jurisprudência do Tribunal de Justiça da União Europeia (TJUE ou TJ) sobre questões prejudiciais (também conhecidas por reenvio prejudicial), previstas no artigo 267.º do Tratado sobre o Funcionamento da União Europeia (TFUE), neste caso concreto, questões prejudiciais de interpretação. Recorda-se que esses acórdãos, na questão de direito sobre que versam, obrigam, "com autoridade de caso julgado", os Estados membros e todos os seus Poderes, incluindo a sua Administração Pública e os seus tribunais, e, quanto a estes, tanto o que suscita a respetiva questão prejudicial como todos os demais de todos os Estados membros (ver o Despacho do TJUE no caso *Wunsche*, Proc. n.º 69/85, e Acórdão do mesmo Tribunal no caso *Deutsche Telekom*, Proc. C-50/96, ponto 43). Esta jurisprudência parte da ideia de que os Estados membros (concretamente, os seus tribunais, a Administração Pública bem como os outros Poderes) têm o dever de aplicar o Direito da União Europeia e que esse dever engloba o dever de eliminar da respetiva Ordem Jurídica nacional todos os atos contrários ao Direito da União Europeia, incluindo o dever de revogar, se necessário *ex officio*, os atos administrativos que sejam inválidos ou ineficazes por violarem o Direito da União, mesmo os atos constitutivos de direitos (Acs. do TJ de 12-6-90, caso *Alemanha c. Comissão*, Proc. C-8/88, ponto 13, e de 13-1-2004, caso *Kühne*, Proc. C-453/00, pontos 20-21). Daqui se depreende que a jurisprudência prejudicial do TJ obriga os Estados membros por si própria, não sendo, portanto, necessário, para o efeito, que lei nacional, neste caso concreto, o CPA, o diga. Todavia, a Comissão de revisão entendeu que seria conveniente, por razões pedagógicas, incluir-se neste Código este preceito.

A matéria que se discutia nessas questões prejudiciais era a seguinte. No quadro das normas sobre concorrência, que, na sua essência, vêm da versão inicial dos Tratados, o atual artigo 107.º do TFUE consagra, como regra geral, a proibição dos auxílios do Estado aí referidos (também conhecidos por "ajudas do Estado"). Note-se que esses auxílios, como resulta da letra desse artigo, podem ter como fonte recursos financeiros tanto da União como dos próprios Estados, pelo que não é correta a sua designação como "ajudas comunitárias", que é utilizada pela nossa jurisprudência administrativa e tributária. É mais correto falar-se em "auxílios (ou ajudas) do Estado contrários ao Direito da União Europeia". Logo a seguir, o artigo 108.º confere à Comissão Europeia o poder de fiscalizar a concessão desses auxílios, podendo ela, no exercício desse poder, ordenar ao Estado respetivo que "suprima" ou "modifique" um auxílio concedido em violação do artigo 107.º. Ora, por força de questões prejudiciais colocadas sobretudo por tribunais alemães ao TJ, este tem vindo a entender que um auxílio concedido pelo Estado que caia na previsão do artigo 107.º, n.º 1, e que a Comissão considere ilegal, deve ser anulado por via administrativa (ou por sentença judicial, embora esta hipótese não nos interesse neste lugar).

O TJ entende que essa anulação tem de ser levada a cabo de harmonia com o Direito Processual do respetivo Estado mas sem que daí resulte a impossibilidade para o Estado de recuperar o auxílio, isto é, de anular a concessão do auxílio, porque, sendo esse auxílio contrário ao Direito da União, a sua recuperação é imposta por este. Dessa forma, o TJ quer dizer, nomeadamente, que o facto de ter expirado o prazo estabelecido pela lei nacional para a anulação de atos constitutivos de direitos (prazo de um ano, de harmonia com o artigo 48.º, n.ºs 1 e 4, da Lei alemã do Procedimento Administrativo

(*VwVfG*), que foi transcrito para o artigo 141.º, n.º 1, do CPA de 1991, e, mais tarde, para o artigo 58.º, n.º 2, al. *a*, do CPTA de 2004, que se mantém no CPTA de 2015) não fazia cessar o dever de o Estado anular esses auxílios para os recuperar. Colocado perante a hipótese de o beneficiário do auxílio se encontrar de boa-fé, o TJ exclui-a porque entende que, pelo critério do bom pai de família, o beneficiário conhecia, ou tinha a obrigação de conhecer, a ilegalidade do auxílio. Mesmo que assim não acontecesse, o beneficiário do auxílio não se encontraria de boa-fé pelo menos a partir do momento em que a Comissão declarou a desconformidade do auxílio com o Direito da União.

O Direito da União ainda não definiu o prazo máximo para essa anulação, sendo certo, porém, que o princípio da segurança jurídica impõe que haja um prazo. Por isso, este artigo, no seu n.º 4, al. *c*, dispõe que, enquanto o Direito da União não fixar esse prazo, o prazo máximo para a anulação desses atos é em Portugal de cinco anos. Dá-se desta forma satisfação às inquietações da mais recente jurisprudência dos nossos tribunais administrativos, que vinha entendendo que o prazo de um ano, fixado pelo artigo 141.º, n.º 1, do CPA de 1991, era curto para se poder respeitar a jurisprudência do TJ nesta matéria e, por isso, se socorria do prazo de prescrição de cinco anos, estabelecido no Decreto-Lei n.º 155/92, de 28 de Julho, para a restituição de dinheiros públicos (ver o Acórdão da Secção do Contencioso Administrativo do STA de 30-10-2014, Proc.º 092/14092/14).

Note-se que, se a ilegalidade da concessão do auxílio envolver crime, nesse caso o ato de concessão será nulo, por força do artigo 161.º, n.º 2, *c*, pelo que não haverá prazo para ser declarada a respetiva nulidade, nos termos do artigo 162.º, n.º 2.

Sobre a matéria deste preceito, inclusive sobre o modo como a nossa jurisprudência administrativa a tem tratado, *vide* Fausto de Quadros, *Direito da União Europeia*, 3.ª edição, Coimbra, 2013, págs. 668 e segs. e 675 e segs.

5.1 – Assim como mostrámos acontecer com a al. *c)* do n.º 4, também o n.º 7 pretende acolher jurisprudência prejudicial do Tribunal de Justiça da União Europeia. E, como foi recordado atrás, no nosso comentário a esse n.º 4, al. *c)*, essa jurisprudência, na questão de direito sobre que versa, obriga só por si, e "com autoridade de caso julgado", os Estados membros, incluindo a sua Administração Pública e os seus tribunais. Por isso, também este preceito não precisava de estar no CPA para se exigir que aquilo que nele se dispõe fosse respeitado pela Administração Pública do nosso País. Também ele, pois, foi incluído no Código apenas por razões pedagógicas (ver, nesse sentido, também o comentário ao artigo 19.º).

A jurisprudência do TJ a que aqui nos referimos encontra o seu expoente máximo no caso *Kühne* (Ac. de 13-1-2004, Proc. C-453/00). Essa jurisprudência parte do princípio da uniformidade na interpretação e na aplicação do Direito da União Europeia, que constitui uma característica essencial deste ramo do Direito e que constitui um dos seus traços distintivos em relação ao Direito Internacional Público. A aplicação uniforme do Direito da União Europeia estende-se, obviamente, ao Direito Administrativo Europeu. E é nesse âmbito que nos surge a jurisprudência *Kühne*. Examinemos este caso.

Depois de os tribunais administrativos da Holanda, julgando em última instância, terem negado provimento ao recurso interposto pela sociedade *Kühne* de um ato administrativo definitivo, por aplicação exclusiva do Direito holandês, o mesmo tribunal administrativo, ao julgar um outro recurso, interposto pela sociedade *Voogd*, de um ato sobre a mesma questão de Direito, concedeu provimento a este recurso porque neste processo levou em consideração a interpretação que o TJ deu a um Regulamento da União Europeia (nessa altura, Comunidade Europeia) num Acórdão prejudicial de interpretação que pediu nesse processo ao TJ e em face da qual o tribunal holandês entendeu que a recorrente tinha razão no seu pedido. Perante esta situação a *Kühne* requereu ao órgão da Administração que lhe indeferira o seu pedido que anulasse o seu ato, porque, em seu entender, estava ferido de erro, e que decidisse no mesmo sentido em que o tribunal holandês em causa julgara o segundo recurso, interposto pela *Voogd*, por aplicação do Direito da União Europeia (à data, Direito Comunitário). A Administração indeferiu o pedido e confirmou esse ato. Em face disso a *Kühne* recorreu para o mesmo tribunal de última instância que lhe julgara o primeiro recurso, pedindo-lhe que decidisse o novo recurso como decidira o caso *Voogd*, isto é, levando em consideração a interpretação que neste processo o TJ dera ao citado Regulamento, e, dessa forma, revogasse o Acórdão anterior. Por isso, o tribunal de última instância submeteu a seguinte questão prejudicial ao TJ: "O Direito Comunitário, e nomeadamente o princípio da lealdade comunitária consagrado no artigo 10.° CE (hoje, artigo 4.°, n.° 3, par. 1, UE), impõe a um órgão administrativo, nas circunstâncias mencionadas nos considerandos da presente decisão, que reconsidere uma decisão que se tornou definitiva de modo a garantir ao Direito Comunitário, tal como este deve ser interpretado à luz de uma decisão prejudicial posterior, a sua plena eficácia? " Ou, no modo como o Advogado-Geral junto do TJ interpretou nas suas Conclusões essa questão prejudicial, "com esta questão, o órgão jurisdicional de reenvio pretende saber se o Direito Comunitário impõe o reexame e, eventualmente, a revogação pelo seu autor, de uma decisão administrativa nacional que, tornada definitiva após terem sido esgotadas as vias de recurso internas, se verifica ser contrária ao Direito Comunitário, interpretado pelo Tribunal de Justiça em acórdão prejudicial proferido posteriormente" (ponto 22 dessas Conclusões).

O TJ respondeu ao Tribunal holandês do seguinte modo: "O princípio da cooperação que decorre do artigo 10.° CE impõe que um órgão administrativo, ao qual foi apresentado um pedido nesse sentido, reexamine uma decisão administrativa definitiva para ter em conta a interpretação da disposição pertinente entretanto feita pelo Tribunal de Justiça quando: dispõe, segundo o direito nacional, do poder de revogação desta decisão; a revogação não lese direitos de terceiros (ponto 27 do Acórdão); a decisão em causa se tornou definitiva em consequência de um acórdão de um órgão jurisdicional nacional que decidiu em última instância; o referido acórdão, face à jurisprudência do Tribunal de Justiça posterior a esse acórdão, se fundamenta numa interpretação errada do Direito Comunitário aplicada sem que ao Tribunal de Justiça tivesse sido submetida uma questão prejudicial nas condições previstas no artigo 234.°, par. 3, CE (hoje, artigo 267.°, par. 3, TFUE); e o interessado se dirigiu ao órgão administrativo imediatamente depois de ter tido conhecimento da referida jurisprudência". Verificadas estas condições a anulação do ato pelo Estado é *obrigatória*. É o que resulta do facto de o TJ afirmar que o artigo 4.º, n.º 3, par. 1, UE, *"impõe"* essa anulação. Essa obrigação está acolhida neste preceito do CPA: "... a Administração tem o *dever* de anular...". Note-se que a primeira dessas condições consiste em o ato ainda ser anulável, designadamente, em termos de prazo, à face do respetivo Direito nacional – é o que se pretende significar com o inciso inicial deste preceito do CPA: "Desde que ainda o possa fazer...". Por outro lado, a condição de a anulação não lesar direitos de terceiros (entenda-se: terceiros que estejam de boa-fé) deve estender-se ao próprio destinatário do ato anulado, em nome do princípio da tutela da confiança, que é muito caro à jurisprudência do TJUE e que para este Código decorre do princípio da boa-fé, que consta do artigo 10.º. Ou seja, a anulação não deve ser desfavorável ao beneficiário de boa-fé do ato anulatório.

Sobre essa jurisprudência do TJ, *vide* Fausto de Quadros, *Direito da União Europeia*, 3.ª ed., Coimbra, 2013, págs. 680 e segs..

5.2 – Não existe inconstitucionalidade da previsão do n.º 7 do artigo 168.º, pelo facto de se ter formado já caso julgado sobre a primeira sentença do tribunal nacional. A nossa Constituição resolveu, com a revisão constitucional de 2004, todas as dúvidas que até aí pudessem subsistir no seu texto sobre as relações entre o Direito da União Europeia e o Direito português. Com efeito, o novo artigo 8.º, n.º 4, da CRP estabelece que o Direito da União Europeia prevalece sobre o Direito português nos termos definidos pelo Direito da União. Ora, os termos definidos pelo Direito da União sobre a matéria são hoje os constantes da Declaração n.º 17 sobre o primado, anexa ao Tratado de Lisboa. E esta dispõe que o Direito da União prima sobre os Direitos dos Estados membros nos termos da jurisprudência do TJ. Portanto, em bom rigor, aquela Declaração não inova nada, porque se limita a remeter para a jurisprudência anterior do TJ. Ora, essa jurisprudência há muito que estabelece o primado supraconstitucional do Direito da União. Vejam-se nesse sentido, sobretudo, e de modo progressivo, os Acórdãos *Costa/ENEL* (Proc. n.º 6/64), *Simmenthal* (Proc. n.º 106/77), *Factortame* (Proc. n.º C-313/89) e *Kreil* (Proc. n.º C-285/98). E veja-se também, no mesmo sentido, o Acórdão do nosso Tribunal Constitucional de 1-2-89, no Proc. n.º 201/86. Sobre esta matéria, *vide* Fausto de Quadros, *op. cit.*, págs. 523 e segs., com outras referências bibliográficas.

Com a jurisprudência *Kühne,* e nas condições por ela definidas, o TJ pretende colocar a exigência da uniformidade e da igualdade na aplicação do Direito Administrativo da União Europeia e da interpretação conforme do Direito nacional com o Direito da União Europeia, que hoje são aceites de modo pacífico pela jurisprudência tanto da União como dos Estados membros, acima do respeito pelo caso julgado.

5.3 – No Direito alemão, entende-se que a jurisprudência *Kühne* encontra cobertura no artigo 51.º da Lei do Procedimento Administrativo. A doutrina de Direito Administrativo é da opinião de que, à sombra desse preceito, se pode firmar a preocupação de, na anulação, se encontrar um equilíbrio entre a certeza jurídica e a tutela da confiança, por um lado, e a interpretação conforme do Direito nacional com o Direito da União Europeia, por outro, e que, em face disso, é possível a anulação do ato anterior se essa anulação não for desfavorável para os direitos do particular, como, aliás, acabou por acontecer no caso *Kühne* e era exigido, como acima vimos, no Acórdão do TJ (ver, por último, Streinz, *Europarecht,* 10.ª edição, Haidelberga, 2016, pontos 617 e segs.).

5.4 – Convém respeitar a diferença entre o regime deste preceito do novo CPA e dois outros regimes que não podem ser com ele confundidos porque não têm nada a ver com o Direito do Procedimento Administrativo mas, sim, com o Direito Processual.

Desde logo, este artigo não se confunde com o disposto no artigo 696.º, alínea f), do novo CPC. Este último veio permitir a revisão de uma *sentença judicial* quando ela seja incompatível com uma sentença jurisdicional internacional que seja obrigatória para o Estado Português. Com este preceito, o Legislador português, à semelhança do que fez a lei em alguns outros Estados, veio dar adequada resposta às exigências de respeito da parte do sistema jurídico português pelas sentenças do TEDH.

Ele também não se confunde, pelas mesmas razões, com a doutrina do *caso julgado progressivo,* que o TJUE firmou no caso *Pizzarotti* (Acórdão de 10-6-2014, caso C-213/13). Segundo este Acórdão, uma vez verificadas as condições nele exigidas, um tribunal nacional *deve* adaptar uma sentença judicial já transitada em julgado (o TJUE fala em "completar" o caso julgado anterior) a uma interpretação que, posteriormente, o TJ, num acórdão prejudicial, faça do Direito da União Europeia aplicável. Vejamos o que decidiu o TJ: "Na medida em que as regras processuais internas aplicáveis permitam, um órgão jurisdicional nacional, como o órgão jurisdicional de reenvio, que decidiu em última instância sem que tivesse submetido ao Tribunal de Justiça um pedido de decisão prejudicial, nos termos do artigo 267.° TFUE, *deve* completar o caso julgado com a sua decisão que levou a uma situação incompatível com a legislação da União relativa aos contratos de empreitada de obras públicas, ou *deve* revogar essa decisão, para ter em conta a interpretação dessa legislação feita posteriormente pelo Tribunal de Justiça" (itálicos nossos).

FQ

Artigo 169.º

Iniciativa e competência

1 – Os atos administrativos podem ser objeto de revogação ou anulação administrativas por iniciativa dos órgãos competentes, ou a pedido dos interessados, mediante reclamação ou recurso administrativo.

2 – Salvo disposição especial e sem prejuízo do disposto nos números seguintes, são competentes para a revogação dos atos administrativos os seus autores e os respetivos superiores hierárquicos, desde que não se trate de ato da competência exclusiva do subalterno.

3 – Os atos administrativos podem ser objeto de anulação administrativa pelo órgão que os praticou e pelo respetivo superior hierárquico.

4 – Enquanto vigorar a delegação ou subdelegação, os atos administrativos praticados por delegação ou subdelegação de poderes podem ser objeto de revogação ou de anulação administrativa pelo órgão delegante ou subdelegante, bem como pelo delegado ou subdelegado.

5 – Nos casos expressamente permitidos por lei, os atos administrativos praticados por órgãos sujeitos a superintendência ou tutela administrativa podem ser objeto de revogação ou de anulação administrativa pelos órgãos com poderes de superintendência ou tutela.

6 – Os atos administrativos praticados por órgão incompetente podem ser objeto de revogação ou de anulação administrativa pelo órgão competente para a sua prática.

ORIGEM DO TEXTO:

Corresponde aos anteriores artigos 138.º e 142.º.
Reproduz sem alterações o projeto final da comissão de revisão.

COMENTÁRIO:

1 – O n.º 1 corresponde ao anterior artigo 138.º, sobre a *iniciativa,* sem outra alteração que não seja o desdobramento da anterior referência à revogação, por referência aos novos conceitos de revogação e anulação administrativa. Já os restantes números correspondem ao anterior artigo 142.º, sobre a *competência,* com alterações mais significativas.

O n.º 2 corresponde ao n.º 1 do anterior artigo 142.º, mas o âmbito de aplicação do preceito circunscreve-se agora à *revogação*, no sentido estrito adotado no n.º 1 do artigo 165.º, já que a competência para a anulação administrativa, prevista no n.º 2 do mesmo artigo, é definida no n.º 3, que tem conteúdo inovador.

Dos preceitos dos n.ºs 2 e 3 resulta um relevante aspeto diferenciador dos regimes da revogação e da anulação administrativa, que anteriormente não resultava do regime que o CPA estabelecia para a revogação de atos válidos e de atos inválidos e que assenta no reconhecimento de uma natureza substancialmente distinta às figuras da revogação e da anulação administrativa.

Com efeito, no pressuposto de que a *revogação,* no novo sentido estrito adotado no n.º 1 do artigo 165.º, é uma manifestação de administração ativa, que exprime o *reexercício da competência que tinha sido exercida através da emissão do ato a revogar*, fundada numa reapreciação de mérito, conveniência ou oportunidade que é própria do exercício dessa competência, o n.º 2 deste artigo 169.º só reconhece o poder de revogar um ato administrativo ao respetivo autor e ao superior hierárquico deste, desde que o ato não tenha sido praticado no exercício de competência exclusiva do subordinado.

Diferentemente, no pressuposto de que a *anulação administrativa* é uma manifestação de administração de controlo, que não envolve uma reapreciação de mérito, conveniência ou oportunidade do ato a anular, mas apenas assenta na verificação da desconformidade desse ato com as exigências que o ordenamento jurídico lhe impunha, o n.º 3 deste artigo 169.º já reconhece o poder de proceder à anulação administrativa, tanto ao autor do ato a anular, como ao seu superior hierárquico, sem restrições e, portanto, ainda que o ato tenha sido praticado no exercício de competência exclusiva do subordinado. Subjacente ao preceito está, pois, o entendimento de que o poder de supervisão que integra a hierarquia administrativa envolve o poder de anular atos praticados pelo subordinado no exercício de competência exclusiva porque este poder não se confunde com aqueles cuja titularidade é conferida em exclusivo ao subordinado.

No regime anterior, o CPA distinguia consoante a revogação ou a anulação administrativa eram decretadas oficiosamente pelo superior hierárquico ou eram proferidas em decisão de recurso hierárquico: no primeiro caso, o superior hierárquico só as podia decretar se a competência do subordinado não fosse exclusiva (artigo 142.º, n.º 1), mas já no segundo caso podia fazê-lo independentemente de a competência do subordinado ser exclusiva ou não (artigo 174.º, n.º 1). Pese embora os seus defensores, a solução não parecia coerente, porque não parece lógico que a extensão e natureza dos poderes do superior hierárquico varie consoante eles sejam objeto de exercício oficioso ou mediante recurso de interessados. Mais sentido parece ter, na verdade, distinguir em função da natureza diferenciada da revogação e da anulação administrativa.

2 – Os n.os 4 e 5 correspondem aos n.os 2 e 3 do anterior artigo 142.º, com meras alterações de estilo. Cumpre, no entanto, notar que, sem que tal tivesse sido proposto pela comissão de revisão, o legislador entendeu consagrar no n.º 2 do artigo 199.º uma solução, inédita na tradição portuguesa e, tanto quanto sabemos, no direito comparado, segundo a qual só mediante «expressa disposição legal» pode haver recurso para o delegante ou subdelegante dos atos praticados pelo delegado ou subdelegado. Ora, esta disposição limita o alcance, tanto do n.º 1, como do n.º 4 deste artigo 169.º, na medida em que, se é certo que os delegantes ou subdelegantes conservam, nos termos do n.º 4, o poder de revogar ou anular os atos dos seus delegados ou subdelegados e que, como refere o n.º 1, a iniciativa em geral da revogação ou anulação administrativa pode ser dos interessados, mediante reclamação ou recurso administrativo, a verdade é que o n.º 2 do artigo 199.º limita muito fortemente a possibilidade de os interessados pedirem aos delegantes ou subdelegantes, mediante recurso, que exerçam esse seu poder.

3 – O n.º 6 tem conteúdo inovador, invertendo a regra anterior, segundo a qual os atos administrativos praticados por órgão incompetente não podiam ser revogados ou anulados pelo órgão competente para a sua prática. A questão é complexa e muito controvertida, mas a solução agora consagrada parece ser, na verdade, a mais razoável. Com efeito, não é razoável admitir-se que um órgão incompetente possa condicionar o exercício dos poderes do órgão competente ao ponto de só se permitir a este a ratificação (cfr. artigo 164.º, n.º 3) do ato praticado com incompetência. Para além de que, uma vez tendo ratificado o ato, ao abrigo do n.º 3 do artigo 164.º, nada pareceria impedir o órgão competente de, em seguida, o revogar ou anular. Afigura-se, por isso, razoável que a lei o habilite, desde logo, a anular o ato praticado com incompetência, assim como a proceder à sua revogação, que envolverá a ratificação, ainda que implícita, dos efeitos produzidos até aí.

Em sentido contrário, poderá argumentar-se que a solução do novo n.º 6 potencia o risco de um exercício indevido de poderes dos órgãos administrativos sobre os atos dos outros órgãos, sobre cuja atuação eles não dispõem de um poder geral de supervisão. Mas esse é um argumento que apenas vale para situações de uso patológico da solução consagrada no n.º 6, na medida em que o preceito não tem, naturalmente, o propósito de conferir a todos os órgãos administrativos um tal poder de supervisão, mas apenas de os habilitar a dar resposta a situações patológicas de caráter pontual. Será, na verdade, tão excecional a prática de um ato administrativo por um órgão incompetente, como a consequente necessidade, sendo esse o caso, de o órgão competente tomar posição em relação a esse ato, seja para o efeito de o ratificar, seja para o efeito de o revogar ou anular, incluindo por substituição. Tanto mais que, em muitas situações de incompetência relativa, sucederá que o órgão competente é superior hierárquico do órgão incompetente que praticou o ato, pelo que já disporia do poder de o revogar ou anular de acordo com as regras gerais dos n.os 2 e 3.

MAA

Artigo 170.º

Forma e formalidades

1 – Salvo disposição especial, o ato de revogação ou anulação administrativa deve revestir a forma legalmente prescrita para o ato revogado ou anulado.

2 – Sem prejuízo do disposto no n.º 6 do artigo anterior, quando a lei não estabelecer forma alguma para o ato revogado ou anulado, ou este tiver revestido forma mais solene do que a legalmente prevista, o ato de revogação ou anulação administrativa deve revestir a mesma forma utilizada na prática do ato revogado ou anulado.

3 – Salvo disposição especial, são de observar na revogação ou anulação administrativa as formalidades exigidas para a

prática do ato revogado ou anulado que se mostrem indispensáveis à garantia do interesse público ou dos direitos e interesses legalmente protegidos dos interessados.

ORIGEM DO TEXTO:

Corresponde aos anteriores artigos 143.º e 144.º.
Reproduz sem alterações o projeto final da comissão de revisão.

COMENTÁRIO:

Os n.os 1 e 2 correspondem ao anterior artigo 143.º, sobre a *forma,* apenas com alterações de estilo e o desdobramento da anterior referência à revogação, por referência aos novos conceitos de revogação e anulação administrativa. No caso do n.º 2, é, entretanto, ressalvado o disposto no n.º 6 do artigo anterior, para o caso de, por razões orgânicas, a forma a observar pelo órgão competente para revogar ou anular o ato praticado pelo órgão incompetente ter de ser diferente daquela que tinha sido observada pelo ato viciado de incompetência.

O n.º 3 corresponde ao anterior artigo 144.º, sobre as *formalidades,* mas com alterações mais significativas, na medida em que o novo preceito veio introduzir um regime mais flexível do que o anterior, apenas exigindo que, na revogação ou anulação administrativa, sejam observadas as formalidades exigidas para a prática do ato revogado ou anulado *"que se mostrem indispensáveis à garantia do interesse público ou dos direitos ou interesses legalmente protegidos dos interessados"*. Deste modo se dispensam expressamente, como parece razoável, as formalidades cuja observância não se justifique num procedimento de segundo grau.

MAA

Artigo 171.º
Efeitos

1 – Por regra, a revogação apenas produz efeitos para o futuro, mas o autor da revogação pode, no próprio ato, atribuir-lhe eficácia retroativa quando esta seja favorável aos interessados ou quando estes concordem expressamente com a retroatividade e não estejam em causa direitos ou interesses indisponíveis.

2 – A revogação de um ato revogatório só produz efeitos repristinatórios se a lei ou o ato de revogação assim expressamente o determinarem.

3 – Salvo disposição especial, a anulação administrativa produz efeitos retroativos, mas o autor da anulação pode, na própria decisão, atribuir-lhe eficácia para o futuro, quando o ato se tenha tornado inimpugnável por via jurisdicional.

4 – A anulação administrativa produz efeitos repristinatórios e, quando tenha por objeto a anulação de um ato revogatório, só não determina a repristinação do ato revogado se a lei ou o ato de anulação assim expressamente dispuserem.

ORIGEM DO TEXTO:

Corresponde aos anteriores artigos 145.º e 146.º.
Reproduz sem alterações o projeto final da comissão de revisão.

COMENTÁRIO:

1 – Os n.os 1 e 3 correspondem ao anterior artigo 145.º, sobre a *eficácia,* e os n.os 2 e 4 correspondem ao anterior artigo 146.º, sobre os *efeitos repristinatórios*.

A existência de dois números sobre a *eficácia* em geral e dois números sobre os *efeitos repristinatórios* em particular resulta da autonomização a que o Código procedeu das figuras da revogação e da anulação administrativa. Este é, com efeito, um dos pontos mais marcantes de diferenciação dos regimes a que são submetidas as duas figuras. Os n.os 1 e 2 definem, assim, o regime da eficácia da *revo-*

gação, no sentido estrito ora consagrado no n.º 1 do artigo 165.º, enquanto os n.os 3 e 4 definem o regime da *anulação administrativa,* tal como definida no n.º 2 do mesmo artigo 165.º.

2 – A regra já vinha de trás, da distinção que no anterior artigo 145.º se estabelecia entre a revogação de atos válidos e de atos inválidos: de acordo com o n.º 1 desse artigo, a revogação de atos válidos *(revogação abrogatória* ou *extintiva),* por regra, apenas produzia efeitos para o futuro, enquanto, nos termos do n.º 2 do mesmo artigo, a revogação de atos inválidos *(revogação anulatória)* tinha efeito retroativo.

É assim que, também hoje, o n.º 1 deste artigo 171.º estabelece a regra de que a revogação, no sentido estrito ora consagrado, apenas produz efeitos para o futuro, determinando a *cessação* da produção de efeitos que o ato vinha operando até ao momento em que é revogado (cfr. artigo 165.º, n.º 1), e o n.º 3 a regra de que a anulação administrativa produz efeitos retroativos, *destruindo, ab initio,* os efeitos ilegalmente produzidos pelo ato sobre o qual se projeta (cfr. artigo 165.º, n.º 2). Por outro lado, os casos em que o n.º 1 admite a possibilidade da atribuição de eficácia retroativa ao ato de revogação correspondem precisamente àqueles que já se encontravam previstos no n.º 3 do anterior artigo 145.º. no que não passa de uma concretização do regime do artigo 156.º, que no mesmo sentido estabelece, em termos gerais, os condicionalismos de que depende a possibilidade da prática de atos administrativos com eficácia retroativa.

3 – Pode dizer-se que este artigo não inova em relação ao regime da *revogação,* no sentido estrito em que o conceito é agora utilizado, retomando, no que diz respeito a essa figura, nos n.os 1 e 2, as soluções que já anteriormente resultavam dos n.os 1 e 3 do artigo 145.º e do artigo 146.º: é assim quanto à regra da não retroatividade da revogação e suas exceções, consagrada no n.º 1; e também quanto à regra da não produção de efeitos repristinatórios da revogação, salvo se a lei ou o ato de revogação assim expressamente o determinarem, consagrada no n.º 2, que corresponde *expressis verbis* ao que anteriormente dispunha o artigo 146.º.

As inovações introduzidas dizem respeito ao regime da anulação administrativa, cuja autonomização permitiu submetê-la a um regime próprio, mais adequado à natureza específica que a separa da revogação, no sentido estrito que agora lhe corresponde.

E a primeira inovação consta do n.º 3, que, salvo disposição especial, veio admitir que a anulação administrativa possa ser praticada apenas com eficácia para o futuro, quando o ato se tenha tornado inimpugnável por via jurisdicional. Tradicionalmente, a lei portuguesa não admitia, ao contrário do que sucede no direito alemão, que à anulação administrativa pudessem não ser imputados efeitos retroativos. A nova previsão do n.º 3 representa, assim, um importante passo no sentido da introdução de maior flexibilidade neste domínio, num contexto em que importa ter presente que o artigo 168.º veio prever, nos seus n.ºs 1 e 4, a possibilidade de, em certos casos, a Administração anular os seus atos ilegais dentro do prazo limite de cinco anos, contado desde a data da respetiva emissão, e, portanto, muito para além dos prazos de impugnação jurisdicional.

Como, com efeito, nele é expressamente referido, o n.º 3 deste artigo 171.º tem exclusivamente em vista a anulação administrativa de atos inimpugnáveis, no propósito de admitir que possam existir situações em que, tendo o ato a anular produzido efeitos durante um prolongado período de tempo, a aplicação dos princípios da proporcionalidade e da boa fé pode justificar que não se extraiam (todas as) consequências do alcance retroativo da remoção do ato ilegal, conservando-se os efeitos produzidos pelo ato ilegal durante o período de tempo que precedeu a sua anulação.

4 – O n.º 4 introduz uma importante inovação em relação ao anterior artigo 146.º, que resulta do reconhecimento, assumido no novo regime do CPA, de que a *anulação administrativa* é um ato de natureza distinta da *revoga*ção, que, por isso, deve ser submetido a um regime de eficácia claramente diferenciado.

Na verdade, é porque a anulação administrativa é um *ato de anulação,* que produz um efeito constitutivo da mesma natureza daquele que resulta de uma sentença de anulação, que o novo artigo 172.º lhe associa as mesmas consequências que o artigo 173.º do

CPTA faz corresponder à anulação contenciosa de atos administrativos; e é, pois, por essa razão que este artigo 171.º desde logo, assume que, tal como sucede com a anulação jurisdicional, também a anulação administrativa produz, por regra, efeitos retroativos e repristinatórios. Estes são, na verdade, os efeitos normais de um ato de anulação.

MAA

Artigo 172.º

Consequências da anulação administrativa

1 – Sem prejuízo do eventual poder de praticar novo ato administrativo, a anulação administrativa constitui a Administração no dever de reconstituir a situação que existiria se o ato anulado não tivesse sido praticado, bem como de dar cumprimento aos deveres que não tenha cumprido com fundamento naquele ato, por referência à situação jurídica e de facto existente no momento em que deveria ter atuado.

2 – Para efeitos do disposto no número anterior, a Administração pode ficar constituída no dever de praticar atos dotados de eficácia retroativa, desde que não envolvam a imposição de deveres, encargos, ónus ou sujeições, a aplicação de sanções ou a restrição de direitos ou interesses legalmente protegidos, assim como no dever de anular, reformar ou substituir os atos consequentes sem dependência de prazo, e alterar as situações de facto entretanto constituídas, cuja manutenção seja incompatível com a necessidade de reconstituir a situação que existiria se o ato anulado não tivesse sido praticado.

3 – Os beneficiários de boa-fé de atos consequentes praticados há mais de um ano têm direito a ser indemnizados pelos danos que sofram em consequência da anulação, mas a sua situação jurídica não pode ser posta em causa se esses danos forem de difícil ou impossível reparação e for manifesta a desproporção existente entre o seu interesse na manutenção da situação e o dos interessados na concretização dos efeitos da anulação.

4 – Quando à reintegração ou recolocação de um trabalhador que tenha obtido a anulação de um ato administrativo se oponha a existência de terceiros com interesse legítimo na manutenção de situações incompatíveis, constituídas em seu favor por ato administrativo praticado há mais de um ano, o trabalhador que obteve a anulação tem direito a ser provido em lugar ou posto de trabalho vago e na categoria igual ou equivalente àquele em que deveria ter sido colocado, ou, não sendo isso imediatamente possível, em lugar ou posto de trabalho a criar no quadro ou mapa de pessoal da entidade onde exercerá funções.

ORIGEM DO TEXTO:

Não tem correspondência na versão anterior do Código. Reproduz sem alterações o projeto final da comissão de revisão.

COMENTÁRIO:

1 – Este artigo é inteiramente novo no CPA. Tem por objeto identificar as consequências que decorrem da anulação administrativa. Como já foi dito a propósito dos artigos 165.º e 171.º, o CPA assume que a anulação administrativa é um *ato de anulação,* que produz um efeito constitutivo da mesma natureza daquele que resulta de uma sentença de anulação. Por esse motivo, é assumido no artigo 171.º que, tal como sucede com a anulação jurisdicional, também a anulação administrativa produz, por regra, efeitos retroativos e repristinatórios. E, de igual modo, é assumido, neste novo artigo 172.º, que da anulação administrativa resultam as mesmas consequências que o artigo 173.º do CPTA associa à anulação contenciosa de atos administrativos. O conteúdo do presente artigo coincide, assim, por inteiro, com o daquele artigo da lei processual.

2 – Os n.os 1 e 2 procuram sintetizar as diferentes dimensões em que se concretiza o dever de *reconstituição da situação atual hipotética* em que a Administração fica constituída na sequência da anulação, assumindo que, dependendo da concreta configuração de cada caso, esse dever pode assumir formas diferenciadas.

Assim, pode suceder, como é desde logo ressalvado no início do n.º 1, que o tipo de ilegalidade que determinou a anulação permita a substituição do ato anulado por outro, no reexercício da mesma competência. Ora, se esse reexercício conduzir à *renovação* do ato anulado, isto é, à substituição desse ato por outro com o mesmo conteúdo, não haverá que reconstituir a situação que existia antes do ato anulado.

Por outro lado, pode não haver propriamente que reconstituir a situação que existia antes do ato anulado, mas aquela que hoje deveria existir se tudo se tivesse passado em conformidade com a legalidade. E, mesmo que haja que reconstituir a situação que existia antes do ato anulado, isso pode não ser suficiente para reintegrar a legalidade ofendida, pois pode haver também que cumprir deveres não cumpridos no momento próprio em razão da situação que tinha sido constituída pelo ato entretanto anulado.

Neste último caso, a Administração pode ter, na sequência de anulação, que atuar por referência ao passado, dando aplicação a quadros normativos existentes no passado, ainda que, hoje, eles já não existam, e por referência a situações de facto localizadas no passado, ainda que hoje elas também já não se apresentem nos mesmos termos. E, quando daí resulte um efeito útil, ela poderá ter, nesse contexto, que atribuir eficácia retroativa aos atos que pratique, de modo que os efeitos desses atos se contem desde a data, localizada no passado, a que reporte esses efeitos. O n.º 2 exclui, no entanto, que a Administração possa atribuir eficácia retroativa a atos que pratique, na sequência de uma anulação administrativa, que envolvam a imposição de deveres, encargos, ónus ou sujeições, a aplicação de sanções ou a restrição de direitos ou interesses legalmente protegidos.

3 – O n.º 2 faz uma importante referência, neste contexto, que justifica atenção mais circunstanciada: diz respeito ao destino que, na sequência da anulação de um ato administrativo, deve corresponder aos *atos consequentes* desse ato, cuja validade pressupunha a existência dele e, por isso, é comprometida pela respetiva anulação.

O anterior artigo 133.º consagrava, na alínea i) do seu n.º 2, a regra da nulidade dos atos consequentes de atos anulados pelos tribunais ou pela própria Administração. A solução, sem paralelo no direito comparado, era, no entanto, altamente questionável, pelo que foi abandonada no novo artigo 161.º, que lhe corresponde. Com efeito, determinada pelo propósito de evitar que a consolidação pelo decurso do tempo dos atos consequentes entretanto praticados pudesse representar um obstáculo à reconstituição da situação que deveria existir se os atos anulados não tivessem sido praticados, a solução assentava no pressuposto de que, a não ser aplicado o regime de nulidade aos atos consequentes, esses atos se consolidariam pelo decurso dos prazos da respetiva impugnação, o que impediria que pudessem vir, mais tarde, a ser postos em causa e removidos, na sequência da anulação do ato que lhes deu causa. Ora, o novo regime do CPA assumiu o abandono desse pressuposto, que não tinha (por) que ser assumido.

Com efeito, foi assumido no artigo 168.º que a possibilidade de a Administração proceder à anulação dos seus atos ilegais não tem (por) que estar submetida aos prazos de impugnação desses atos: a Administração pode, pois, proceder à anulação administrativa de atos que já se tornaram inimpugnáveis. Por conseguinte, nada impede que se reconheça à Administração, como hoje o faz o n.º 2 deste artigo 172.º, o poder – *rectius,* que se lhe imponha o dever – de, quando proceda à anulação de um ato administrativo, também proceder à anulação, reforma ou substituição dos atos consequentes desse ato "cuja manutenção seja incompatível com a necessidade de reconstituir a situação que existiria se o ato anulado não tivesse sido praticado".

Resulta, pois, deste preceito que a eliminação do regime da nulidade dos atos consequentes não implica que estes se consolidem pelo decurso do tempo, em termos de não poderem ser postos em causa após a anulação do ato antecedente, se não tiverem sido em devido tempo impugnados. Pelo contrário: uma vez anulado um ato administrativo, o preceito impõe à Administração o dever de praticar os atos jurídicos e realizar as operações materiais que se mostrem necessários para reconstituir a situação que existiria se o ato anulado não tivesse sido praticado, o que, dependendo do caso concreto, pode, designadamente, incluir o dever de atuar sobre os atos consequentes do ato anulado, para o efeito de os anular, modificar ou substituir. Este é um dever em que a Administração fica constituída por efeito da anulação e, portanto, a cujo exercício não obsta a circunstância de já se encontrarem ultrapassados os prazos dentro dos quais os atos consequentes eram passíveis de impugnação. Com efeito, é só a partir do momento em que seja determinada a anulação que a Administração fica constituída nos poderes-deveres que os artigos 173.º do CPTA e 172.º do CPA lhe impõem, incluindo no que respeita ao dever de reexaminar e, sendo caso disso, de atuar sobre os atos consequentes do ato anulado.

4 – Os n.os 3 e 4 consagram, entretanto, nos mesmos termos que o artigo 173.º do CPTA já estabelecia para as consequências da anulação contenciosa de atos administrativos, o regime de proteção dos beneficiários dos atos consequentes.

Resulta, assim, deste regime que, por regra, os beneficiários de atos consequentes apenas têm direito a ser indemnizados pelos danos que sofram em consequência da anulação. A situação jurídica constituída em seu benefício só não pode ser posta em causa se isso lhes causar «danos de difícil ou impossível reparação e for manifesta a desproporção existente entre o seu interesse na manutenção da sua situação e o dos interessados na concretização dos efeitos da anulação». A solução parte do pressuposto, comum no direito comparado, de que, por regra, deve prevalecer neste domínio a reintegração da legalidade, pelo que o interesse dos beneficiários na manutenção das situações de vantagem constituídas em seu benefício só deve constituir *causa legítima de inexecução* das consequências da anulação em situações excecionais, em que seria intolerável, por aplicação do princípio da proporcionalidade, que esse interesse não prevalecesse sobre o da própria reintegração da legalidade.

Por outro lado, só são objeto de proteção os beneficiários de atos consequentes praticados há mais de um ano, de harmonia com o regime de proteção dos atos constitutivos de direitos, que faz apelo ao prazo geral de um ano, contado desde a data da prática do ato, no n.º 2 do artigo 168.º; e os beneficiários de boa fé, parecendo de entender que o preceito faz, neste contexto, apelo ao conceito de *boa fé objetiva*, a exemplo do que sucede no n.º 6 do artigo 167.º, nos termos do qual se consideram de boa fé "os beneficiários que, à data da prática do ato revogado, desconheciam sem culpa a existência de fundamentos passíveis de determinar a revogação do ato". A proteção da confiança pressupõe, com efeito, que o beneficiário tenha usufruído da situação que em seu benefício foi constituída sem razoavelmente poder contar que ela pudesse vir a ser posta em causa (para a circunstanciada exposição dos pressupostos subjacentes aos regimes do artigo 173.º do CPTA e, hoje, do artigo 172.º do CPA, cfr. Mário Aroso de Almeida, *Anulação de atos administrativos e relações jurídicas emergentes*, Coimbra, 2002, págs. 402 segs., 682 segs. e 720 segs.).

MAA

Artigo 173.º

Alteração e substituição dos atos administrativos

1 – Salvo disposição especial, são aplicáveis à alteração e substituição dos atos administrativos as normas reguladoras da revogação.

2 – A substituição de um ato administrativo anulável, ainda que na pendência de processo jurisdicional, por um ato válido com o mesmo conteúdo sana os efeitos por ele produzidos, assim como os respetivos atos consequentes.

3 – No caso previsto no número anterior, se o ato substituído tiver tido por objeto a imposição de deveres, encargos, ónus ou sujeições, a aplicação de sanções ou a restrição de direitos ou interesses legalmente protegidos, a renovação não prejudica a possibilidade da anulação dos efeitos lesivos produzidos durante o período de tempo que precedeu a substituição do ato.

ORIGEM DO TEXTO:

Corresponde ao anterior artigo 147.º.
Reproduz sem alterações o projeto final da comissão de revisão.

COMENTÁRIO:

Este artigo corresponde ao anterior artigo 147.º. No entanto, só o n.º 1 corresponde ao teor do artigo que o precedeu, apenas com uma alteração de estilo, pois os n.ºs 2 e 3 são novos.

O novo n.º 2 veio consagrar uma nova figura de *renovação sanatória* de atos administrativos anuláveis, estabelecendo que a substituição de um ato administrativo anulável por um ato válido com o mesmo conteúdo reporta os seus efeitos ao momento em que o ato renovado tinha sido praticado, sanando os efeitos por este produzidos, assim como os respetivos atos consequentes.

Na verdade, uma vez que se reconhece à Administração o poder de ratificar, reformar ou converter os seus atos ilegais, convalidando os respetivos efeitos (cfr. artigo 164.º), também parece justificado admitir-se que, quando a convalidação não seja possível, ela possa *regularizar* as situações constituídas através da substituição dos atos em causa por outros, que, se vierem a ter o mesmo conteúdo do ato impugnado, os virão renovar, fornecendo a essas situações o título válido de legitimação que lhes faltava. Ora, em tal contexto, as razões que justificam a retroatividade dos atos de convalidação também parecem dever valer para o ato de renovação, que, revogando por substituição um anterior ato ilegal, o vem renovar no propósito de conferir fundamento válido às situações que, ao seu abrigo, se constituiram por forma inválida. O n.º 2 deste artigo 173.º imputa, assim, um efeito *convalidatório* à renovação do ato administrativo anulável, determinando que ela funcione como uma *renovação sanatória* – no sentido em que, na senda da doutrina italiana, a figura se encontra, entre nós, consagrada, no âmbito do regime das deliberações sociais, no artigo 62.º, n.º 2, do Código das Sociedades Comerciais.

A exemplo do que sucede na hipótese prevista no artigo 164.º, de convalidação dos atos administrativos ilegais, o n.º 3 deste artigo 173.º também afasta, entretanto, por maioria de razão, a possibilidade de se imputar alcance sanatório à renovação quando o interessado seja titular de um interesse específico na anulação de efeitos produzidos que tenham envolvido a imposição de deveres, encargos, ónus ou sujeições, a aplicação de sanções ou a restrição dos seus direitos ou interesses legalmente protegidos. E, nesse sentido, o n.º 6 do artigo

64.º do CPTA salvaguarda a possibilidade de, nesse caso, o interessado requerer a anulação dos efeitos produzidos pelo ato durante o período de tempo que precedeu a respetiva sanação (para mais desenvolvimentos, cfr. Mário Aroso de Almeida, *Anulação de atos administrativos e relações jurídicas emergentes,* Coimbra, 2002, págs. 281 segs.).

MAA

Artigo 174.º

Retificação dos atos administrativos

1 – Os erros de cálculo e os erros materiais na expressão da vontade do órgão administrativo, quando manifestos, podem ser retificados, a todo o tempo, pelos órgãos competentes para a revogação do ato.

2 – A retificação pode ter lugar oficiosamente ou a pedido dos interessados, produz efeitos retroativos e deve ser feita sob a forma e com a publicidade usadas para a prática do ato retificado.

ORIGEM DO TEXTO:

Corresponde sem alterações ao anterior artigo 148.º.

Secção V

DA EXECUÇÃO DO ATO ADMINISTRATIVO

Artigo 175.º

Objeto

1 – A presente secção estabelece o regime comum aplicável aos procedimentos administrativos dirigidos à obtenção, através de meios coercivos, da satisfação de obrigações pecuniárias, da entrega de coisa certa, da prestação de factos ou ainda do respeito por ações ou omissões em cumprimento de limitações impostas por atos administrativos.

2 – A adoção de medidas policiais de coação direta, dirigidas à execução de obrigações diretamente decorrentes do quadro normativo aplicável, é objeto de legislação própria.

ORIGEM DO TEXTO:

Não tem correspondência na versão anterior do Código. Reproduz sem alterações o projeto final da comissão de revisão.

COMENTÁRIO:

Este artigo é novo e visa deixar claro que o regime da presente secção só é aplicável aos procedimentos dirigidos à execução coerciva de obrigações decorrentes de atos administrativos. Essas obrigações podem ser diretamente impostas pelos atos administrativos, ou resultar de condutas adotadas em cumprimento de limitações decorrentes de tais atos.

Como assinala o n.º 2, o regime da presente secção não se aplica, pois, à adoção de medidas policiais de coação direta, dirigidas à execução de obrigações diretamente decorrentes das leis e regulamentos de polícia, que é objeto de regulação própria.

MAA

Artigo 176.º

Legalidade da execução

1 – Sem prejuízo do disposto no n.º 2 do artigo anterior, a satisfação de obrigações e o respeito por limitações decorrentes de atos administrativos só podem ser impostos coercivamente pela Administração nos casos e segundo as formas e termos expressamente previstos na lei, ou em situações de urgente necessidade pública, devidamente fundamentada.

2 – A execução coerciva de obrigações pecuniárias é sempre possível, nos termos do artigo 179.º.

ORIGEM DO TEXTO:

Corresponde ao anterior artigo 149.º.
Reproduz sem alterações o projeto final da comissão de revisão.

COMENTÁRIO:

1 – Apesar da epígrafe, o conteúdo deste artigo corresponde ao do anterior artigo 149.º: o n.º 1 corresponde ao anterior n.º 2 e o n.º 2 ao anterior n.º 3.

A grande novidade que resulta deste artigo é a consagração, no n.º 1, da regra de que a execução coerciva dos atos administrativos só pode ser realizada pela própria Administração *nos casos* expressamente previstos na lei. Esta regra é, entretanto, excecionada no n.º 2, no que diz respeito à execução de obrigações pecuniárias.

O n.º 2 do anterior artigo 149.º fazia depender a possibilidade da imposição coerciva de obrigações e limitações derivadas de ato administrativo da utilização das formas e da observância dos termos previstos no CPA ou admitidos por lei. Significava isto que, quando um ato administrativo impusesse uma obrigação a alguém e essa obrigação não fosse cumprida, a Administração dispunha, por via de regra, de poderes de autotutela executiva, na medida em que o CPA lhe conferia, à partida, a possibilidade genérica de reagir a essa situação através de um procedimento de execução, desde que observados as formas e termos previstos na lei. A *autotutela executiva* era, assim, entendida como algo de inerente à *autotutela declarativa*, uma decorrência natural do poder de definição unilateral concretizado na prática do ato administrativo.

Diferentemente, o novo regime, autonomizando o poder de praticar atos administrativos relativamente ao poder de os executar coercivamente, assume um entendimento mais exigente do princípio da legalidade, que se afigura adequado, pelas razões pelas quais ele foi sendo sustentado ao longo dos últimos trinta anos por uma parte significativa da doutrina (Rogério Soares, Sérvulo Correia, Rui Machete, Maria da Glória Garcia, Paulo Otero, Marcelo Rebelo de Sousa) e que, bem vistas as coisas, vigora na generalidade dos países europeus.

Aliás, o n.º 1 deste artigo 176.º, na sua parte final, conjuga, de modo equilibrado, as exigências decorrentes do princípio da legalidade com a necessidade de dar resposta a eventuais situações de urgente necessidade pública, devidamente fundamentada, que, no caso concreto, possam com elas não se compadecer. Com o que consagra um regime que, no essencial, corresponde àquele que desde há muito vigora no Direito francês, onde, salvo situações de urgente necessidade pública a que lei específica ainda não tenha dado resposta, a Administração só procede à execução direta das suas decisões ao abrigo de previsão normativa específica que a habilite a fazê-lo – sendo, por isso, numerosas as disposições que, assumindo a necessidade de avançar com urgência para a execução, com vista a assegurar a efetiva prossecução dos interesses públicos em causa, lhe conferem esse poder, prevendo os pressupostos de cujo preenchimento depende a possibilidade do seu exercício.

2 – Resulta do inovatório regime introduzido pelo n.º 1 deste artigo a necessidade de, também entre nós, o legislador prever, tal como sucede no direito comparado, os casos em que considere justificado conferir à Administração a habilitação necessária para que ela possa proceder à execução coerciva dos seus atos administrativos.

Na aparente consciência dessa necessidade, o legislador do Decreto-Lei n.º 4/2015, de 7 de janeiro, entendeu condicionar, no n.º 2 do artigo 8.º, a entrada em vigor do referido regime à aprovação de um diploma que defina os casos, as formas e os termos em que os atos administrativos podem ser impostos coercivamente pela Administração. O preceito fixava o prazo de 60 dias a contar da data da entrada em vigor do decreto-lei para a aprovação deste diploma, mas o prazo não foi cumprido, pelo que o novo regime introduzido pelo presente artigo não está em vigor – nem é possível prever quando poderá vir a estar, dado que não se perspetiva fácil a tarefa da elaboração de um único diploma para regular o que, noutros países, é objeto de múltiplas previsões normativas avulsas, dispersas pela mais variada legislação sectorial.

3 – O n.º 2 estabelece que a execução coerciva de obrigações pecuniárias é sempre possível, remetendo, para a definição dos termos em que essa execução se deve processar, para o disposto no artigo 179.º. O alcance desta previsão não é inovador em relação ao que já anteriormente resultava do n.º 3 do artigo 149.º. Tal como sucedia com este último preceito, assenta, assim, no pressuposto de que a Administração não dispõe de autotutela executiva no domínio das execuções para pagamento de quantias em dinheiro, na medida em que, nos termos do artigo 179.º, quando alguém tinha o dever de pagar uma quantia em dinheiro e não pagou, o órgão competente da entidade legitimada a exigir o pagamento só pode emitir uma certidão comprovativa da situação de incumprimento do dever de pagar e remetê-la à repartição de finanças do domicílio ou sede do devedor, que, a partir daí, se encarregará do correspondente processo de execução fiscal, como se estivesse em causa o incumprimento de uma obrigação fiscal.

MAA

Artigo 177.º

Ato exequendo e decisão de proceder à execução

1 – Os órgãos da Administração Pública não podem praticar qualquer ato jurídico ou operação material de execução sem terem praticado previamente o ato administrativo exequendo.

2 – Salvo em estado de necessidade, os procedimentos de execução têm sempre início com a emissão de uma decisão autónoma e devidamente fundamentada de proceder à execução administrativa, na qual o órgão competente determina o conteúdo e os termos da execução.

3 – A decisão de proceder à execução é notificada ao destinatário, com a cominação de um prazo razoável para o cumprimento da obrigação exequenda.

4 – A notificação da decisão de proceder à execução pode ser feita conjuntamente com a notificação do ato administrativo exequendo.

ORIGEM DO TEXTO:

Corresponde aos anteriores artigos 151.º e 152.º.
Reproduz sem alterações o projeto final da comissão de revisão.

COMENTÁRIO:

1 – Reúnem-se neste artigo vários preceitos relevantes para a determinação, nos seus aspetos essenciais, do regime aplicável ao procedimento de execução.

O n.º 1 corresponde ao n.º 1 do anterior artigo 151.º, estabelecendo que a prévia emissão do ato administrativo exequendo é pressuposto essencial da validade do procedimento de execução. A execução tem, na verdade, de basear-se no título que a legitima, o *ato impositivo exequendo*, que é o título executivo, que serve de base à execução, e, nesse sentido, resulta da alínea a) do n.º 3 do artigo 179.º que é nula a decisão de proceder à execução administrativa que seja tomada, ao abrigo do n.º 2 deste artigo 177.º, sem que se preencha o pressuposto do n.º 1.

2 – No n.º 2, procede-se à explicitação de algo que, até aqui, apenas resultava implícito da previsão do n.º 1 do anterior artigo 152.º (que corresponde ao n.º 3 do presente artigo): que, salvo em estado de necessidade, os procedimentos de execução têm início com uma decisão autónoma e devidamente fundamentada de proceder à execução administrativa, na qual o órgão competente determina o conteúdo e os termos da execução.

Será importante notar que não compromete a natureza de título executivo do *ato exequendo,* a que se refere o n.º 1, a exigência da necessária emissão da decisão de proceder à execução, que é o *ato de iniciativa* do procedimento de execução forçada, cuja prática o Código institui como um requisito formal, do qual depende a possibilidade de um procedimento desse tipo ser desencadeado. A decisão de proceder à execução administrativa é, na verdade, *um ato jurídico de execução* do ato impositivo, mediante o qual a Administração decide desencadear o procedimento executivo, para o que, na generalidade das situações, tem de determinar o conteúdo das providências a adotar e dos termos em que tais providências serão adotadas para obter o resultado pretendido – basta pensar nas hipóteses de execução para prestação de facto, em que seja necessário ordenar a realização da prestação por outrem, e, em especial, de prestação de facto negativo, em que seja necessário ordenar a destruição do que foi indevidamente feito pelo obrigado.

O n.º 3 corresponde ao n.º 1 do anterior artigo 152.º. Para além da mera previsão da notificação ao destinatário da decisão de proceder à execução, o novo preceito também procede, no entanto, à explicitação da função de última interpelação ao cumprimento que está associada a essa notificação, incorporando também, desse modo, o regime do n.º 1 do anterior artigo 157.º.

A existência da decisão de proceder à execução administrativa, como determinação do conteúdo da execução e dos termos em que ela irá processar-se, e a sua notificação ao destinatário, para o efeito de lhe dar uma última oportunidade de ainda cumprir, são garantias essenciais, cuja preterição é ilegítima, podendo ser objecto de embargos por todos os meios admitidos perante os tribunais administrativos o procedimento de execução que não tenha início com a emissão e notificação ao executado da decisão de proceder à execução (cfr. artigo 182.º, n.º 3, alínea b)).

3 – Tal como já sucedia com o n.º 2 do anterior artigo 152.º, também o n.º 4 deste artigo 177.º permite que a notificação da decisão de proceder à execução seja feita, desde logo, conjuntamente com a notificação do próprio ato administrativo exequendo. Essa notificação só será, no entanto, válida, naturalmente, se a decisão de proceder à execução observar as exigências que o n.º 2 lhe impõe, de determinar o conteúdo e os termos a que obedecerá a execução, e se for feita com a cominação prevista no n.º 3.

MAA

Artigo 178.º

Princípios aplicáveis

1 – Na execução dos atos administrativos, deve ser respeitado o princípio da proporcionalidade, designadamente utilizando os meios que, garantindo a realização integral dos seus objetivos, envolvam menor prejuízo para os direitos e interesses dos particulares.

2 – A coação direta sobre indivíduos, quando permitida por lei, só pode ser exercida com observância dos direitos fundamentais e no respeito pela dignidade da pessoa humana.

ORIGEM DO TEXTO:

Corresponde parcialmente aos anteriores artigos 151.º e 157.º. Reproduz sem alterações o projeto final da comissão de revisão.

COMENTÁRIO:

Optou-se por coligir neste artigo os dois princípios que, anteriormente, se encontravam consagrados no n.º 2 do artigo 151.º e no n.º 3 do artigo 157.º.

No primeiro caso, a redação do n.º 1 é mais ampla do que aquela que correspondia ao n.º 2 do anterior artigo 151.º, referindo-se globalmente ao *princípio da proporcionalidade*, nas várias dimensões que ele comporta. Realça-se, desse modo, a importância da observância deste princípio no quadro da adoção das medidas de execução coerciva de atos administrativos, sem prejuízo do destaque que, tal como sucedia antes, é reconhecido, na parte final do preceito, à dimensão da *necessidade* da restrição dos direitos e interesses dos particulares.

No segundo caso, continua a consagrar-se, apenas com ligeiras alterações formais de redação, o princípio segundo o qual a coação direta sobre indivíduos só pode ter lugar nos casos expressamente previstos na lei e sempre com observância dos direitos fundamentais e do respeito pela dignidade da pessoa humana.

MAA

Artigo 179.º

Execução de obrigações pecuniárias

1 – Quando, por força de um ato administrativo, devam ser pagas prestações pecuniárias a uma pessoa coletiva pública, ou por ordem desta, segue-se, na falta de pagamento voluntário no prazo fixado, o processo de execução fiscal, tal como regulado na legislação do processo tributário.

2 – Para efeitos do disposto no número anterior, o órgão competente emite, nos termos legais, uma certidão com valor de título executivo, que remete ao competente serviço da Administração tributária, juntamente com o processo administrativo.

3 – Nos casos em que, nos termos da lei, a Administração proceda, diretamente ou por intermédio de terceiro, à execução coerciva de prestações de facto fungível, o procedimento previsto no presente artigo pode ser sempre utilizado para obter o ressarcimento das despesas efetuadas.

ORIGEM DO TEXTO:

Corresponde ao anterior artigo 155.º.
Reproduz sem alterações o projeto final da comissão de revisão.

COMENTÁRIO:

Este artigo corresponde ao anterior artigo 155.º, sem que no respetivo texto tenham sido introduzidas alterações significativas.

No n.º 1, para além de alterações de estilo, foi substituída a remissão que era feita para o Código de Processo Tributário, que se encontrava desatualizada desde que este Código foi substituído pelo Código de Procedimento e Processo Tributário, por uma remissão mais neutra, e que, por isso, não se desatualizará no futuro, para a "legislação do processo tributário".

No n.º 2, optou-se por retirar, na parte final, qualquer referência dirigida a determinar o critério de competência territorial a observar para o efeito da remessa do título executivo e do processo administrativo à competente repartição de finanças. A resposta a essa questão é, desse modo, remetida para a lei processual tributária, à qual caberá determinar qual é o "competente serviço da Administração tributária" para o qual tais documentos deverão ser remetidos.

O n.º 3 resulta da fusão dos anteriores n.ºs 3 e 4 do artigo 155.º, com alterações de estilo, tendo sido, entretanto, eliminada a referência final que anteriormente constava do n.º 4, segundo a qual, na execução para prestação de facto, todas as despesas, incluindo indemnizações e sanções pecuniárias, ficam por conta do obrigado. Esta é uma determinação que, por dizer especificamente respeito às execuções para prestação de facto, deve constar do artigo que define o respetivo regime. Por esse motivo, ela, anteriormente, não só constava da parte final do n.º 4 do artigo 155.º, como era depois replicada no n.º 2 do artigo 157.º. A duplicação não parecia, no entanto, justificada, pelo que se optou por regular este aspeto de regime exclusivamente no artigo 181.º, que estabelece o regime das execuções para prestação de facto.

MAA

ARTIGO 180.º

Execução para entrega de coisa certa

Se o obrigado não fizer a entrega da coisa devida, o órgão competente procede às diligências que forem necessárias para tomar posse administrativa da mesma.

ORIGEM DO TEXTO:

Corresponde ao anterior artigo 156.º.
Reproduz sem alterações o projeto final da comissão de revisão.

COMENTÁRIO:

Este artigo corresponde ao anterior artigo 156.º, apenas com pequenas alterações de estilo.

MAA

Artigo 181.º

Execução para prestação de facto

Se o obrigado não cumprir prestação de facto fungível dentro do prazo fixado, o órgão competente pode determinar que a execução seja realizada diretamente ou por intermédio de terceiro, ficando, neste caso, todas as despesas, incluindo indemnizações e sanções pecuniárias, por conta do obrigado.

ORIGEM DO TEXTO:

Corresponde ao anterior artigo 157.º.
Reproduz sem alterações o projeto final da comissão de revisão.

COMENTÁRIO:

Este artigo corresponde ao anterior artigo 157.º, embora contendo apenas o preceito correspondente ao n.º 2 desse artigo, na medida em que o anterior n.º 1 corresponde, hoje, ao n.º 3 do artigo 177.º e o anterior n.º 3 corresponde, hoje, ao n.º 2 do artigo 178.º.

Na verdade, entendeu-se que não são só os procedimentos de execução para prestação de facto que devem começar pela notificação ao obrigado para que cumpra a obrigação exequenda, com fixação de prazo razoável para o cumprimento, segundo dispunha o n.º 1 do anterior artigo 157.º. Como hoje estabelece o n.º 3 do artigo 177.º, todos os procedimentos de execução coerciva de atos administrativos devem ter início com a notificação ao destinatário da decisão de proceder à execução, com a cominação de prazo razoável para que ainda tenham uma última oportunidade de cumprir a obrigação exequenda. Foi, por isso, eliminada a disposição que constava do n.º 1 do anterior artigo 157.º.

Por outro lado, optou-se por consagrar como princípio de âmbito geral, no n.º 2 do artigo 178.º, a determinação que anteriormente constava do n.º 3 do artigo 157.º por específica referência à execução de obrigações positivas de prestação de facto fungível e que, por isso, foi eliminada do regime da execução para prestação de facto.

MAA

Artigo 182.º

Garantias dos executados

1 – Os executados podem impugnar administrativa e contenciosamente o ato exequendo e, por vícios próprios, a decisão de proceder à execução administrativa ou outros atos administrativos praticados no âmbito do procedimento de execução, assim como requerer a suspensão contenciosa dos respetivos efeitos.

2 – Sem prejuízo da aplicabilidade das garantias previstas na lei processual tributária, durante a tramitação dos procedimentos de execução de obrigações pecuniárias não são admitidos embargos, administrativos ou judiciais, em relação à execução coerciva de atos administrativos.

3 – Os executados podem propor ações administrativas comuns e requerer providências cautelares para prevenir a adoção de operações materiais de execução ou promover a remoção das respetivas consequências, quando tais operações sejam ilegais, por serem adotadas:

- *a)* **Em cumprimento de decisão nula de proceder à execução, por violação do disposto no n.º 1 do artigo 177.º;**
- *b)* **Sem que tenha sido emitida e ou notificada ao executado a decisão de proceder à execução;**
- *c)* **Em desconformidade com o conteúdo e termos determinados na decisão de proceder à execução ou com os princípios consagrados no artigo 178.º.**

ORIGEM DO TEXTO:

Corresponde ao anterior artigo 157.º.
Reproduz sem alterações o projeto final da comissão de revisão.

COMENTÁRIO:

1 – Optou-se por autonomizar neste artigo, com vários aspetos inovatórios de regime, a disciplina respeitante ao importante tema das *garantias dos executados.*

Com efeito, a matéria, anteriormente, era apenas objeto dos n.º 3 e 4 do artigo 151.º, cujo regime era manifestamente insuficiente. A esse regime, corresponde, hoje, o n.º 1 do presente artigo, que, no entanto, vai mais longe, referindo-se, quer à possibilidade, desde logo, da impugnação do ato exequendo – isto é, do ato administrativo impositivo que constitui o título executivo que serve de base à execução (cfr. artigo 177.º, n.º 1) –, quer à possibilidade da impugnação da decisão de proceder à execução administrativa, a que se refere o n.º 2 do artigo 177.º, e dos demais atos administrativos que sejam praticados no âmbito do procedimento de execução, assim como à possibilidade do recurso à tutela cautelar para obter a suspensão contenciosa dos respetivos efeitos.

No que diz respeito à impugnação da decisão de proceder à execução administrativa e dos demais atos administrativos que sejam praticados no âmbito do procedimento de execução, ela, por regra, só pode ter lugar, como refere o preceito, por vícios próprios, que, como anteriormente especificavam os n.os 3 e 4 do artigo 151.º, tanto podem resultar de os atos em causa excederem os limites do ato exequendo, como do facto de enfermarem de outros tipos de ilegalidades. Com efeito, por regra, não podem ser invocados contra atos de execução os vícios que havia o ónus de invocação contra o ato exequendo. Deve, no entanto, entender-se que também aos atos de execução é aplicável o disposto no n.º 2 do artigo 53.º do CPTA, de acordo com o qual, quando não tenha tido o ónus de impugnar o ato exequendo, por este não lhe ter sido notificado, o interessado pode invocar contra os atos de execução os vícios que não teve o ónus de invocar contra o ato exequendo.

2 – Os n.os 2 e 3 dão resposta a questões em relação às quais o CPA era omisso.

O n.º 2 refere-se aos meios de tutela provisória utilizáveis no âmbito dos procedimentos de execução para pagamento de quantia certa, e como esses processos seguem os termos do processo de execução fiscal, estabelece que neles apenas é possível a prestação das garantias previstas na lei processual tributária.

Já no que diz respeito ao n.º 3, importa notar que, enquanto o n.º 1 se refere aos meios de tutela impugnatórios (e cautelares) que podem ser utilizados contra o ato exequendo e os atos administrativos que sejam praticados no âmbito do procedimento de execução, o n.º 3 refere-se aos meios de tutela não impugnatórios (e cautelares) que podem ser utilizados contra operações materiais de execução que sejam adotadas *sine titulo,* isto é, sem fundamento em ato administrativo bastante que as sustente.

Na verdade, como não têm o "conteúdo decisório de caráter inovador" a que se refere o n.º 3 do artigo 53.º do CPTA, as operações materiais de execução não são atos administrativos, passíveis de impugnação. Como refere o corpo do n.º 3 deste artigo 182.º, contra tais operações não serão, por isso, movidas ações de impugnação – dirigidas a obter anulações ou declarações de nulidade, que só fazem sentido para atos administrativos, mas não para operações materiais –, mas ações inibitórias, de condenação preventiva à abstenção de condutas, e ações de remoção, condenatórias ao restabelecimento do estado anterior à execução, assim como providências cautelares não especificadas que se mostrem adequadas a obstar à execução.

De acordo com o n.º 3 deste artigo 182.º, uma operação material de execução não tem título que a sustente e, por isso, pode ser objeto da utilização dos meios de tutela jurisdicional enunciados, quando:

a) a decisão de proceder à execução que desencadeou o procedimento de execução, nos termos do n.º 2 do artigo 177.º, é nula por não ter sido tomada ao abrigo do prévio ato administrativo impositivo da obrigação a executar, tal como previsto no n.º 1 do mesmo artigo (cfr. artigo 182.º, n.º 3, alínea a)): falta, nesta hipótese, o título executivo em que deveriam sustentar-se o procedimento e, portanto, as operações de execução nele adotadas;
b) seja adotada no âmbito de um procedimento de execução que não foi formalmente desencadeado com a tomada da decisão de proceder à execução, prevista no n.º 2 do artigo 177.º, ou que foi empreendido sem que esta decisão tenha sido notificada ao destinatário, como exige o n.º 3 do artigo 177.º (cfr. artigo 182.º, n.º 3, alínea b));

c) seja adotada em desconformidade com o conteúdo e termos da execução que foram estabelecidos pela decisão de proceder à execução, como dispõe a parte final do n.º 2 do artigo 177.º, ou em violação dos princípios da proporcionalidade e/ou do respeito pelos direitos fundamentais e pela dignidade da pessoa humana, reafirmados no artigo 178.º (cfr. artigo 182.º, n.º 3, alínea c)).

MAA

Artigo 183.º

Execução pela via jurisdicional

Sempre que, nos termos do presente Código e demais legislação aplicável, a satisfação de obrigações ou o respeito por limitações decorrentes de atos administrativos não possa ser imposto coercivamente pela Administração, esta pode solicitar a respetiva execução ao tribunal administrativo competente, nos termos do disposto na lei processual administrativa.

ORIGEM DO TEXTO:

Não tem correspondência na anterior versão do Código.
Reproduz sem alterações o projeto final da comissão de revisão.

COMENTÁRIO:

A nova solução do n.º 1 do artigo 176.º, ao preconizar a exigência de previsão legal dos casos em que é possível a execução coerciva dos atos administrativos pela própria Administração, abre espaço para o alargamento das situações em que, por não ser possível tal execução, se torna necessário à Administração recorrer à execução pela via jurisdicional. Daí a maior importância deste artigo, que, embora não determine o modo pelo qual, quando não seja admitida a execução coerciva pela via administrativa, se deve processar a execução dos atos administrativos por via jurisdicional, pelo simples facto de se referir ao tema, remetendo, quanto à respetiva disciplina, para a lei processual administrativa, já veio preencher uma lacuna que era, desde há muito, identificada no regime do CPA.

A previsão deste artigo é, por sua vez, complementada pela nova previsão que, entretanto, foi introduzida no n.º 5 do artigo 157.º do CPTA, nos termos da qual as execuções contra particulares dos títulos executivos produzidos no âmbito de relações jurídico-administrativas que careçam de execução jurisdicional correm termos nos tribunais administrativos, mas, na ausência de legislação especial, regem-se pelo disposto na lei processual civil.

MAA

Secção VI
DA RECLAMAÇÃO E DOS RECURSOS ADMINISTRATIVOS

A presente secção, sobre a matéria das impugnações administrativas, sofreu uma alteração da respectiva sistematização, passando a ser regulada em quatro subsecções, que tratam, respectivamente: o regime geral aplicável às reclamações e recursos, que compreendem os artigos 184.º a 190.º (I), os preceitos especificamente aplicáveis à reclamação, nos artigos 191.º e 192.º (II) e ao recurso hierárquico, nos artigos 193.º a 198.º (III), o regime específico dos restantes recursos, não hierárquicos, agora designados por recursos especiais, que respeitam a diversas situações orgânico-funcionais, no artigo 199.º (IV).

VA

SUBSECÇÃO I

REGIME GERAL

ARTIGO 184.º

Princípio geral

1 – Os interessados têm o direito de:

a) Impugnar os atos administrativos perante a Administração Pública, solicitando a sua revogação, anulação, modificação ou substituição;
b) Reagir contra a omissão ilegal de atos administrativos, em incumprimento do dever de decisão solicitando a emissão do ato pretendido.

2 – Os direitos reconhecidos no número anterior podem ser exercidos, consoante os casos, mediante reclamação ou recurso, nos termos da presente secção.

3 – As reclamações e os recursos são deduzidos por meio de requerimento, no qual o recorrente deve expor os fundamentos que invoca, podendo juntar os elementos probatórios que considere convenientes.

ORIGEM DO TEXTO:

Corresponde ao anterior artigo 158.º.

Reproduz o projeto final da comissão de revisão, apenas com a substituição, na alínea a) do n.º 1, da palavra "suspensão" por "substituição".

COMENTÁRIO:

1 – A maior novidade introduzida por este preceito é a do alargamento das reclamações e recursos, até agora exclusivamente impugnatórios, às situações de omissão ilegal da prática de acto administrativo, em incumprimento do dever de decisão, solicitando-se a emissão do acto pretendido (n.º 1, alínea *b)*), alargamento que também se verifica quanto àos regulamentos (artigo 147.º).

É uma alteração que se justifica inteiramente no quadro de uma promoção dos meios administrativos de tutela dos particulares, a par com a ampliação do contencioso de condenação, evitando os custos e as demoras dos processos judiciais e aliviando os tribunais de questões que possam obter uma resolução eficaz no seio de uma Administração aberta e próxima dos cidadãos.

2 – Nos n.os 2 e 3, explicita-se a existência dos procedimentos de reclamação e de recurso, conforme o requerimento, devidamente fundamentado e com eventual junção de elementos probatórios, seja dirigido ao autor do acto ou a outro órgão com poderes de revisão.

Estes são os procedimentos tradicionais, esperando-se que a reclamação, com a sua simplicidade formal e procedimental, possa dispensar a consagração, no processo administrativo, do mecanismo simplificado de correcção de erros previsto no procedimento tributário, para correcção de erros materiais manifestos, designadamente por funcionamento anómalo de sistemas informáticos (cfr. artigos 95.º-A, 95.º-B e 95.º-C do CPPT).

VA

Artigo 185.º

Natureza e fundamentos

1 – As reclamações e os recursos são necessários ou facultativos, conforme dependa, ou não, da sua prévia utilização a possibilidade de acesso aos meios contenciosos de impugnação ou condenação à prática de ato devido.

2 – As reclamações e os recursos têm caráter facultativo, salvo se a lei os denominar como necessários.

3 – Sempre que a lei não determine o contrário, as reclamações e os recursos de atos administrativos podem ter por fundamento a ilegalidade ou inconveniência do ato praticado.

ORIGEM DO TEXTO:

Corresponde aos anteriores artigos 159.º e 167.º.
Reproduz sem alterações o projeto final da comissão de revisão.

COMENTÁRIO:

1 – Neste artigo, o legislador adopta (ampliando e clarificando o disposto no antigo artigo 167.º, n.º 1) a distinção tradicional entre reclamações e recursos *necessários* e *facultativos*, conforme da sua prévia utilização dependa, ou não, o acesso directo aos meios contenciosos de impugnação de actos e de condenação à prática de actos devidos (n.º 1).

A opção legislativa é completada no n.º 2, ao estabelecer a *regra* do carácter *facultativo* das reclamações e recursos, salvo se a lei os "denominar" como necessários – uma formulação estrita que exigirá que a lei utilize expressamente a palavra "necessário".

Trata-se de uma opção discutida na doutrina, havendo quem sustente a abolição da figura das impugnações necessárias e até a sua inconstitucionalidade, por alegada violação do direito fundamental de acesso à justiça administrativa. No entanto, não era essa a opinião de boa parte da doutrina, e não foi nesse sentido a jurisprudência, quer do Supremo Tribunal Administrativo, quer do Tribunal Constitucional, argumentando que o condicionamento do acesso imediato aos tribunais se pode justificar por razões de interesse público e não prejudica de forma desproporcionada ou arbitrária a protecção judicial efectiva dos cidadãos – conclusão que é hoje reforçada pelo CPA, seja pela fixação da excepcionalidade do carácter necessário das reclamações e recursos, seja pela garantia peremptória da suspensão dos efeitos do acto pelas impugnações necessárias, eliminando a possibilidade anteriormente existente de a lei ou o órgão administrativo competente determinarem a não suspensão da eficácia (artigo 189.º, n.º 1).

De resto, o Decreto-Lei n.º 4/2015 regulou, no artigo 3.º, as impugnações administrativas necessárias existentes à data da sua entrada em vigor num sentido fortemente restritivo, quer clarificando as expressões legais que podem ser interpretadas como determinadoras do carácter necessário das impugnações (n.º 1), quer estabelecendo o prazo mínimo de dez dias para a sua utilização (n.º 2), quer assegurando o efeito suspensivo da eficácia do acto impugnado (n.º 3) – revogando todas as disposições incompatíveis com estas últimas disposições (n.º 4).

2 – No n.º 3, mantém-se a norma (antes incluída nos artigos 159.º e 167.º, n.º 2) que prevê que os fundamentos das reclamações e recursos de actos administrativos podem ser a ilegalidade ou a inconveniência do acto praticado, salvo disposição legal em contrário (cfr., desde logo, a regra contrária estabelecida no artigo 199.º, n.º 3, para os recursos tutelares).

Esta disposição vale apenas para as impugnações administrativas de actos, não se aplicando às reclamações e recursos contra a omissão, que pressupõem a ilegalidade (v. artigo 184.º, n.º 1, alínea *b)*).

VA

Artigo 186.º

Legitimidade

1 – Têm legitimidade para reclamar ou recorrer:

a) **Os titulares de direitos subjetivos ou interesses legalmente protegidos que se considerem lesados pela prática ou omissão do ato administrativo;**
b) **As pessoas e entidades mencionadas nos n.ºs 2 a 4 do artigo 68.º**

2 – Não pode reclamar nem recorrer quem, sem reserva, tenha aceitado, expressa ou tacitamente, um ato administrativo depois de praticado.

ORIGEM DO TEXTO:

Corresponde ao anterior artigo 160.º.
Reproduz sem alterações o projeto final da comissão de revisão.

COMENTÁRIO:

O n.º 1 corresponde, no essencial, ao antigo artigo 160.º, delimitando a legitimidade para reclamar ou recorrer.

Para além da referência à omissão de actos, em consequência do alargamento do âmbito objectivo das reclamações e recursos, as novidades decorrem das alterações que o artigo 68.º, para o qual se remete, introduziu ao anterior artigo 53.º, designadamente na medida em que prevê a legitimidade procedimental (agora também para impugnação administrativa) de órgãos que exerçam funções administrativas, quando as pessoas coletivas de que fazem parte sejam titulares de posições ou situações jurídicas subjectivas susceptíveis de serem afectados por decisões administrativas, ou quando lhes caiba a defesa de interesses difusos que sejam afectados por essas decisões (artigo 68.º, n.º 3).

O n.º 2 refere-se à aceitação do acto como pressuposto negativo do direito a reclamar ou recorrer e limita-se a transpor preceito idêntico (antes contido no artigo 53.º) para esta secção – transposição que se justifica na medida em que não se trata de um pressuposto geral, mas de um pressuposto específico do procedimento das impugnações administrativas.

VA

Artigo 187.º

Prazo em caso de omissão

As reclamações e recursos contra a omissão ilegal de atos administrativos podem ser apresentados no prazo de um ano.

ORIGEM DO TEXTO:

Não tem correspondência na versão anterior do Código.

Reproduz sem alterações o projeto final da comissão de revisão.

COMENTÁRIO:

Este artigo é novo e visa fixar o prazo para reclamar ou recorrer de omissão de acto legalmente devido.

O prazo de um ano estabelecido é um prazo adequado para a reacção do interessado e é igual ao estabelecido no artigo 69.º, n.º 1, do CPTA para propor a acção de condenação à prática de acto devido nas situações de inércia da Administração (o mesmo que tradicionalmente determinava a formação do indeferimento tácito).

VA

Artigo 188.º

Início dos prazos de impugnação

1 – O prazo da reclamação e dos recursos pelos interessados a quem o ato administrativo deva ser notificado só corre a partir da data da notificação, ainda que o ato tenha sido objeto de publicação obrigatória.

2 – O prazo da reclamação e dos recursos por quaisquer outros interessados dos atos que não tenham de ser obrigatoriamente publicados começa a correr do seguinte facto que primeiro se verifique:

a) **Notificação;**
b) **Publicação;**
c) **Conhecimento do ato ou da sua execução.**

3 – O prazo da reclamação e dos recursos contra a omissão ilegal de ato administrativo conta-se da data do incumprimento do dever de decisão.

ORIGEM DO TEXTO:

Corresponde parcialmente ao anterior artigo 162.º.
Reproduz sem alterações o projeto final da comissão de revisão.

COMENTÁRIO:

1 – Este artigo fixa o momento a partir do qual se começam a contar os prazos de reclamação e de recurso, não apenas nos casos de impugnação, como consta da epígrafe, mas também nos casos de pedidos de emissão de acto.

O n.º 1 refere-se aos destinatários de actos administrativos e estabelece a regra geral de que o prazo de impugnação só se inicia após a notificação do acto, ainda que este tenha sido objecto de publicação obrigatória – uma regra que visa assegurar o conhecimento pelos interessados do conteúdo da decisão e que vai de par com o disposto no artigo 160.º, relativamente à eficácia dos actos constitutivos de deveres ou encargos.

O n.º 2 refere-se aos outros interessados (que não tenham de ser notificados) e estabelece que o início do prazo se conta da publicação do acto, se esta for obrigatória, ou, caso o não seja, do evento revelador que primeiro se verifique: notificação, publicação, ou conhecimento do acto ou da sua execução.

Estes preceitos, para além de passarem a constar do regime geral comum a reclamações e recursos, reconhecem a importância decisiva da notificação para efeitos de impugnação pelos destinatários, em confronto com a publicação, mesmo que obrigatória – uma importância que o antigo artigo 132.º não acautelava.

Além disso, procede a uma diferenciação entre os interessados e a uma articulação adequada entre os diversos momentos reveladores do conhecimento do acto, tendo em conta as exigências formais e a realidade fáctica.

2 – O n.º 3 estabelece como início da contagem do prazo a data do incumprimento do dever de decisão – preceito que deve ser lido em conjunção com o artigo 128.º, que regula os prazos para a decisão, quer dos procedimentos de iniciativa particular, quer dos procedimentos de iniciativa oficiosa, e com o artigo 129.º, que versa sobre o incumprimento do dever de decisão por falta de emissão desta no prazo legal, estabelecendo justamente como efeito a possibilidade de utilização dos meios de tutela administrativa (e jurisdicional) adequados.

VA

Artigo 189.º

Efeitos das impugnações de actos administrativos

1 – As impugnações administrativas necessárias de atos administrativos suspendem os respetivos efeitos.

2 – As impugnações facultativas não têm efeito suspensivo, salvo nos casos em que a lei disponha o contrário ou quando o autor do ato, ou o órgão competente para conhecer do recurso, oficiosamente ou a pedido do interessado, considere que a sua execução imediata causa prejuízos irreparáveis ou de difícil reparação ao destinatário e a suspensão não caprejuízo de maior gravidade para o interesse público.

3 – A suspensão da execução pode ser pedida pelos interessados a qualquer momento, devendo a decisão ser tomada no prazo de cinco dias.

4 – Na apreciação do pedido, deve verificar-se se as provas revelam uma probabilidade séria de veracidade dos factos alegados pelos interessados, devendo ser decretada, em caso afirmativo, a suspensão da execução.

5 – O disposto nos n.ºs 2 a 4 não prejudica o pedido de suspensão de eficácia perante os tribunais administrativos, nos termos da legislação aplicável.

ORIGEM DO TEXTO:

Corresponde aos anteriores artigos 163.º e 170.º.
Reproduz sem alterações o projeto final da comissão de revisão.

COMENTÁRIO:

Este artigo reúne, no quadro do regime geral das impugnações administrativas, as disposições anteriores relativas à reclamação (artigo 163.º) e ao recurso hierárquico (170.º).

O n.º 1 contém a principal alteração, que consiste na consagração, sem excepções, do efeito suspensivo das impugnações necessárias, eliminando a possibilidade anteriormente admitida de a lei dispor o contrário, ou de o autor do acto (na reclamação) ou o órgão competente para conhecer do recurso (no recurso hierárquico) determinarem a não suspensão da eficácia, por considerarem que a não execução imediata do acto causaria grave prejuízo para o interesse público.

No n.º 2, mantém-se a regra de que as impugnações facultativas não têm efeito suspensivo dos efeitos do acto impugnado, mas estende-se a todas elas a ressalva, antes prevista apenas para a reclamação, de a lei dispor o contrário, ou de o autor do acto ou o órgão competente para conhecer o recurso, oficiosamente ou a pedido dos interessados, suspender os efeitos da decisão, quando a execução imediata desta cause prejuízos irreparáveis ou de difícil reparação e a suspensão não cause prejuízo de maior gravidade para o interesse público.

Clarifica-se, no n.º 3, que o pedido de suspensão da execução (que, em rigor, deve ser entendida como suspensão da eficácia) pode ser apresentado a todo o tempo e que o prazo de cinco dias, já antes previsto, é o prazo para a decisão do pedido.

Mantém-se, no n.º 4, o dever de decretar a suspensão da execução (suspensão da eficácia) em caso de verificação da probabilidade séria da veracidade dos factos alegados pelos interessados, não se exigindo uma prova plena – assim se favorecendo a tutela do particular, agora também no âmbito dos recursos administrativos.

Por fim, no n.º 5, esclarece-se que o pedido de suspensão apresentado perante os órgãos administrativos não prejudica (é cumulável) com o pedido de suspensão judicial da eficácia – compatibilidade que favorece igualmente a tutela do particular e que passa a valer em todas as impugnações administrativas.

VA

Artigo 190.º

Efeitos sobre prazos

1 – A reclamação de atos ou omissões sujeitos a recurso administrativo necessário suspende o prazo da respetiva interposição.

2 – Nos demais casos, a reclamação não suspende o prazo de interposição dos recursos administrativos que no caso couberem.

3 – A utilização de meios de impugnação administrativa facultativos contra atos administrativos suspende o prazo de propositura de ações nos tribunais administrativos, que só retoma o seu curso com a notificação da decisão proferida sobre a impugnação administrativa ou com o decurso do respetivo prazo legal.

4 – A suspensão do prazo prevista no número anterior não impede o interessado de propor ações nos tribunais administrativos na pendência da impugnação administrativa, bem como de requerer a adoção de providências cautelares.

ORIGEM DO TEXTO:

Corresponde ao anterior artigo 164.º e aos n.os 4 e 5 do artigo 59.º do CPTA.

Corresponde sem alterações ao projeto final da comissão de revisão.

COMENTÁRIO:

1 – Este artigo não traz novidades substanciais na matéria de efeitos de reclamações e de recursos.

A reclamação suspende o prazo para a interposição de recursos administrativos apenas quando se trate de recursos administrativos necessários (n.os 1 e 2) – como já se determinava no anterior artigo 164.º.

Quer a reclamação, quer o recurso, suspendem os prazos de impugnação judicial, que só se retomam quando houver decisão notificada ou se esgote o respectivo prazo legal (n.º 3) – suspensão que só está prevista para as impugnações facultativas, dado que, quando as impugnações sejam necessárias, o acto não é eficaz e o prazo judicial só começa a correr com a decisão da impugnação ou o decurso do respectivo prazo legal.

A suspensão do prazo não impede, porém, o interessado de propor acções judiciais ou requerer providências cautelares na pendência da impugnação (n.º 4).

As disposições relativas à suspensão de prazos de impugnação judicial reproduzem o disposto na lei processual (artigo 59.º, n.os 4 e 5, do CPTA).

VA

2 – A redacção do n.º 3 é uma consequência do que já se encontra consagrado no n.º 4 do artigo 59.º do CPTA como solução para valorizar as garantias administrativas impugnatórias ao estabelecer que, mesmo sendo facultativas, as mesmas podem ser úteis para os particulares (e até para a própria Administração), já que da sua utilização resulta a suspensão do prazo para a propositura de acções nos tribunais administrativos e com a possibilidade de, no decurso de tal suspensão, por exemplo, um superior hierárquico em sede de recurso hierárquico facultativo vir a deferir a pretensão do recorrente, revogando, modificando, substituindo ou anulando o acto impugnado, possibilidade esta que é reforçada pelo disposto no n.º 2 do artigo 197.º.

Trata-se pois de prevenir a eclosão de litígios judiciais, o que é sempre de saudar.

Porém, a propósito da suspensão do prazo aqui prevista, é importante reter, conforme o decidido pelo Acórdão do STA de 19/6/14, Processo n.º 01954, que " para o termo de suspensão do prazo de impugnação o legislador elegeu dois factos: (i) a notificação da decisão de impugnação administrativa e (ii) o decurso do prazo do respectivo prazo legal, estando estas duas causas de cessação da suspensão do prazo de impugnação contenciosa em *situação de paridade*." (sublinhado nosso).

JMS

SUBSECÇÃO II

DA RECLAMAÇÃO

ARTIGO 191.º

Regime geral

1 – Salvo disposição legal em contrário, pode reclamar-se, para o autor, da prática ou omissão de qualquer ato administrativo.

2 – Não é possível reclamar-se de ato que decida anterior reclamação ou recurso administrativo, salvo com fundamento em omissão de pronúncia.

3 – Quando a lei não estabeleça prazo diferente, a reclamação deve ser apresentada no prazo de 15 dias.

ORIGEM DO TEXTO:

Corresponde aos anteriores artigo 161.º e 162.º.
Reproduz sem alterações o projeto final da comissão de revisão.

COMENTÁRIO:

Como já resultava da norma anterior (artigo 161.º), admite-se a reclamação contra qualquer acto administrativo, acrescentando-se agora a possibilidade de reclamar contra a omissão (n.º 1).

Também se continua a prever que não há reclamação de acto que decida anterior reclamação ou recurso administrativo, salvo por omissão de pronúncia (n.º 2).

O prazo para apresentar a reclamação continua a ser de 15 dias (n.º 3), e inicia-se nos termos estabelecidos no regime geral previsto no artigo 188.º.

VA

Artigo 192.º

Notificação dos contrainteressados e prazo para a decisão

1 – Apresentada a reclamação, o órgão competente para a decisão deve notificar aqueles que possam ser prejudicados pela sua procedência para alegarem, no prazo de 15 dias, o que tiverem por conveniente sobre o pedido e os seus fundamentos.

2 – O prazo para o órgão competente apreciar e decidir a reclamação é de 30 dias, podendo confirmar, revogar, anular, modificar ou substituir o ato reclamado, ou praticar o ato ilegalmente omitido.

3 – Quando a reclamação for necessária, o decurso do prazo referido no número anterior, sem que haja sido tomada uma decisão, confere ao interessado a possibilidade de utilizar o meio de tutela, administrativo ou contencioso, adequado para satisfação da sua pretensão.

ORIGEM DO TEXTO:

Corresponde ao anterior artigo 165.º.

Reproduz o projeto final da comissão de revisão, apenas com a substituição, no n.º 2, da palavra "suspender" por "substituir".

COMENTÁRIO:

O procedimento da reclamação está agora, inovadoramente, sujeito a uma regulamentação mais intensa.

Desde logo, prevê-se a notificação de eventuais contrainteressados (aqueles que possam ser prejudicados pela sua procedência), para alegarem, no prazo de 15 dias, o que tiverem por conveniente (n.º 1).

Determina-se, depois, no n.º 2, um prazo de 30 dias para a decisão da reclamação – a qual, porque cabe ao autor do acto, pode consistir na confirmação, revogação, anulação, modificação ou substituição do acto reclamado, ou então, em caso de omissão, na prática do acto omitido (mesmo que não reconheça a existência da ilegalidade alegada).

Quando se trate de uma reclamação necessária e não haja decisão da reclamação dentro do prazo estabelecido, o interessado fica em condições de utilizar o meio de tutela, adequado à satisfação da sua pretensão, que pode ser administrativo ou judicial, impugnatório ou condenatório – iniciando-se o respectivo prazo, se prazo houver (n.º 3).

O mesmo acontece se houver mera confirmação da decisão tomada ou indeferimento da reclamação.

Em caso de revogação, o autor do acto pode atribuir à decisão revogatória eficácia retroactiva, nos termos do artigo 156.º, n.º 2, alínea *b)*.

VA

Subsecção III

DO RECURSO HIERÁRQUICO

Artigo 193.º

Regime geral

1 – Sempre que a lei não exclua tal possibilidade, o recurso hierárquico pode ser utilizado para:

- *a)* **Impugnar atos administrativos praticados por órgãos sujeitos aos poderes hierárquicos de outros órgãos;**
- *b)* **Reagir contra a omissão ilegal de atos administrativos, por parte de órgãos sujeitos aos poderes hierárquicos de outros órgãos.**

2 – Quando a lei não estabeleça prazo diferente, o recurso hierárquico necessário dos atos administrativos deve ser interposto no prazo de 30 dias e o recurso hierárquico facultativo, no prazo de impugnação contenciosa do ato em causa.

ORIGEM DO TEXTO:

Corresponde aos anteriores artigos 166.º e 168.º.
Reproduz sem alterações o projeto final da comissão de revisão.

COMENTÁRIO:

Este artigo aglutina o que antes se regulava nos artigos 166.º e 168.º, sob as epígrafes "objeto" e "prazo de interposição", mantendo inteiramente os respetivos conteúdos normativos.

A novidade introduzida é a possibilidade adicional, prevista na alínea b) do n.º 1, em concretização do direito consagrado no artigo 184.º, n.º 1, alínea b), de, nos casos de incumprimento do dever de decisão, se utilizar o recurso hierárquico como meio administrativo de reação contra o omissão ilegal de atos administrativos.

PH

Artigo 194.º

Interposição

1 – O recurso é dirigido ao mais elevado superior hierárquico do autor do ato ou da omissão, salvo se a competência para a decisão se encontrar delegada ou subdelegada.

2 – O requerimento de interposição do recurso é apresentado ao autor do ato ou da omissão ou à autoridade a quem seja dirigido, que, neste caso, o remete ao primeiro, no prazo de três dias.

ORIGEM DO TEXTO:

Corresponde ao anterior artigo 169.º.

O teor do n.º 2 do artigo é diferente do que constava do projeto final da comissão de revisão, que era o seguinte:

Artigo 194.º

1 – (...)

2 – O requerimento de interposição do recurso é apresentado ao autor do ato ou da omissão.

COMENTÁRIO:

O regime de interposição do recurso hierárquico é, no essencial, idêntico ao que estava estabelecido no precedente artigo 169.º.

Na redação atual, embora com diversa localização sistemática – n.º 3 do artigo 184.º – mantêm-se as exigências formais anteriormente previstas no artigo 169.º, n.º 1, devendo o recurso ser deduzido *por meio de requerimento no qual o recorrente deve expor os fundamentos que invoca, podendo juntar os elementos probatórios que considere convenientes.*

Mantêm-se, igualmente, nos n.os 1 e 2 deste artigo, respetivamente, os conteúdos normativos dos n.os 2 e 3 do anterior artigo 169.º, aditando-se-lhes a referência ao autor "da omissão", adequando a redação à nova possibilidade de reagir, por meio de recurso hierárquico, contra a omissão ilegal de atos administrativos.

A parte final do n.º 2 é novidade. Visando a celeridade dos recursos e de harmonia com as alterações introduzidas ao regime da respetiva tramitação (a que faremos referência no comentário ao artigo seguinte), o código vem determinar que os requerimentos de interposição que forem apresentados ao superior hierárquico ao qual se dirigem, devem ser por ele remetidos, no prazo de três dias, ao autor do ato ou omissão.

PH

Artigo 195.º

Tramitação

1 – Recebido o requerimento, o autor do ato ou da omissão deve notificar aqueles que possam ser prejudicados pela sua procedência para alegarem, no prazo de 15 dias, o que tiverem por conveniente sobre o pedido e os seus fundamentos.

2 – No mesmo prazo referido no número anterior, ou no prazo de 30 dias, quando houver contrainteressados, deve o autor do ato ou da omissão pronunciar-se sobre o recurso e remetê-lo

ao órgão competente para dele conhecer, notificando o recorrente da remessa do processo administrativo.

3 – Quando os contrainteressados não hajam deduzido oposição e os elementos constantes do processo demonstrem suficientemente a procedência do recurso, pode o autor do ato recorrido revogar, anular, modificar ou substituir o ato, informando da sua decisão o órgão competente para conhecer do recurso.

4 – Para efeitos do disposto no número anterior, o autor do ato recorrido não pode modificar ou substituir o ato recorrido em sentido menos favorável ao recorrente.

5 – O órgão responsável pelo incumprimento do dever de decisão pode praticar o ato ilegalmente omitido na pendência do recurso hierárquico, disso dando conhecimento ao órgão competente para conhecer do recurso e notificando o recorrente e os contrainteressados que hajam deduzido oposição.

6 – Na hipótese prevista no número anterior, o recorrente ou os contrainteressados podem requerer que o recurso prossiga contra o ato praticado, com a faculdade de alegação de novos fundamentos e da junção dos elementos probatórios que considerem pertinentes.

7 – O requerimento a que se refere o número anterior deve ser apresentado dentro do prazo previsto para a interposição de recurso hierárquico contra o ato praticado.

ORIGEM DO TEXTO:

Os n.os 1 a 4 correspondem aos anteriores artigos 171.º e 172.º; os n.os 5 a 7 não têm correspondência na anterior versão do Código.

O teor do n.º 1 é diferente daquele que constava do projeto final da comissão de revisão, que era o seguinte:

ARTIGO 195.º

Tramitação

1 – Recebido o requerimento, o autor do ato ou da omissão deve dar imediato conhecimento da sua apresentação ao órgão competente para apreciar o recurso e deve notificar aqueles que possam ser prejudicados pela sua procedência para alegarem, no prazo de 15 dias, o que tiverem por conveniente sobre o pedido e os seus fundamentos.

(–)

COMENTÁRIO:

1 – O n.º 1 corresponde ao anterior artigo 171.º, com a diferença de que a competência para notificar os contrainteressados deixa de ser do órgão competente para decidir o recurso e passa a estar atribuída ao autor do ato.

A alteração visou, a benefício da celeridade, evitar o sobe e desce do procedimento que a anterior formulação da lei determinava sempre que o requerimento de interposição do recurso era apresentado ao autor do ato.

2 – O n.º 2 corresponde ao n.º 1 do anterior artigo 172.º, mas introduz a previsão de prazos diferentes para o autor do ato se pronunciar sobre o recurso, consoante haja ou não haja contrainteressados.

O intuito da nova solução legislativa é o de assegurar sempre ao autor do ato um tempo próprio e suficiente para apreciação das alegações dos recorrentes e dos contrainteressados, quando os houver, que lhe permita emitir uma pronúncia informada e ponderada sobre o recurso.

3 – Os n.ºs 3 e 4 mantêm o conteúdo normativo do n.º 2 do anterior artigo 172.º, sendo que a nova redação (com eliminação da expressão “de acordo com o pedido do recorrente” e a introdução do n.º 4) deixa claro que o autor do ato pode retratar-se sem estar vinculado ao pedido do recorrente mas que lhe está vedada a *reformatio in pejus*, não podendo “modificar ou substituir o ato recorrido em sentido desfavorável ao recorrente”.

4 – Os n.ºs 5 a 7 não têm correspondência na redação anterior, uma vez que contêm uma disciplina jurídica nova, relativa aos casos de omissões de atos, que não estava prevista antes, mas que se ora se impõe, em face da introdução da possibilidade de utilizar o recurso hierárquico para reagir contra a omissão ilegal de atos administrativos, em incumprimento do dever de decisão.

PH

Artigo 196.º
Rejeição do recurso

1 – O recurso deve ser rejeitado nos casos seguintes:

a) Quando o ato impugnado não seja suscetível de recurso;
b) Quando o recorrente careça de legitimidade;
c) Quando o recurso haja sido interposto fora do prazo;
d) Quando ocorra qualquer outra causa que obste ao conhecimento do recurso.

2 – Quando o recurso haja sido interposto para órgão incompetente, é aplicável o disposto no artigo 41.º

ORIGEM DO TEXTO:

Corresponde ao anterior artigo 173.º.
Reproduz sem alterações o projeto final da comissão de revisão.

COMENTÁRIO:

Este artigo sucede ao anterior artigo 173.º, com a diferença que a interposição do recurso para órgão incompetente deixou de fazer parte do elenco dos casos enunciados como fundamentos de rejeição do recurso. Nesse caso, de acordo com o novo n.º 2, não há lugar a rejeição, mas ao cumprimento do disposto no artigo 41.º, isto é, à remessa oficiosa ao órgão titular da competência, valendo a data da apresentação inicial do requerimento para efeitos da sua tempestividade.

PH

ARTIGO 197.º

Decisão

1 – O órgão competente para conhecer do recurso pode, salvas as exceções previstas na lei, confirmar ou anular o ato recorrido e, se a competência do autor do ato recorrido não for exclusiva, pode também revogá-lo, modificá-lo ou substituí-lo, ainda que em sentido desfavorável ao recorrente.

2 – O órgão competente para conhecer do recurso não fica obrigado à proposta de pronúncia do autor do ato ou da omissão, e deve respeitar, na fundamentação da decisão que venha a tomar, quando não opte por aquela proposta, os requisitos previstos no artigo 153.º.

3 – O órgão competente para decidir o recurso pode, se for caso disso, anular, no todo ou em parte, o procedimento administrativo e determinar a realização de nova instrução ou de diligências complementares.

4 – No caso de ter havido incumprimento do dever de decisão, o órgão competente para decidir o recurso pode substituir-se ao órgão omisso na prática desse ato, se a competência não for exclusiva deste, ou ordenar a prática do ato ilegalmente omitido.

ORIGEM DO TEXTO:

Corresponde ao anterior artigo 174.º.

O teor do n.º 2 é diferente do que constava do projeto final da comissão de revisão, que era o seguinte:

ARTIGO 197.º

Decisão

1 – (…)

2 – O órgão competente para conhecer do recurso não pode tomar como proposta de decisão a pronúncia do autor do ato ou da omissão, nos termos do n.º 2 do artigo 195.º, nem fundamentar a decisão por remissão para esta.

3 – (…)
4 – (…)

COMENTÁRIO:

1 – O n.º 1 mantém o conteúdo normativo do precedente n.º 1 do artigo 174.º, sendo de salientar a adição, na parte final, da expressão "ainda que em sentido desfavorável ao recorrente", deixando claro que o órgão competente para conhecer do recurso não está vinculado ao pedido formulado pelo recorrente (vide, a respeito, os artigos 13.º, n.º 4, e 58.º) e que, se a competência do autor do ato recorrido não for exclusiva, pode haver lugar à *reformatio in pejus*.

2 – O n.º 2 é novo, admitindo a possibilidade de o recurso ser decidido com base na proposta de pronúncia do autor do ato ou omissão. Em sentido diferente se orientava a proposta da comissão de revisão, que, ao proibir que o órgão competente para conhecer do recurso pudesse tomar como proposta de decisão a pronúncia do autor do ato ou da omissão, ou fundamentar a sua decisão por remissão para esta, impedia que o recurso fosse decidido por mera adesão aos fundamentos da pronúncia do autor do acto ou da omissão.

Neste ponto, deve ter-se em consideração o artigo 69.º, n.º 2, alínea c), segundo o qual não é caso de impedimento "a pronúncia do autor do ato recorrido, nos termos do n.º 2 do artigo 195.º".

3 – O n.º 3 reproduz integralmente o n.º 2 do anterior artigo 174.º.

4 – O n.º 4 é novo e, em harmonia com a finalidade da utilização do recurso hierárquico nas situações do incumprimento do dever de decisão, que é a de obter da Administração uma decisão que, pela primeira vez, defina a situação do interessado, vem estabelecer que *o superior hierárquico pode substituir-se ao órgão omisso* na prática do ato devido, a não ser que a competência seja exclusiva do órgão subordinado, hipótese em que deve limitar-se a ordenar ao subalterno a prática do acto ilegalmente omitido.

PH

5 – O n.º 2 deve ser devidamente destacado pela enorme importância de que se reveste no sentido de dar um alcance verdadeiramente útil às garantias impugnatórias, mesmo passando elas agora a terem carácter meramente facultativo.

Com efeito, é importante que os particulares se sintam minimamente motivados quando decidem pedir a intervenção do superior hierárquico do autor do acto através da interposição do recurso.

Ora, tal motivação só pode ser dada se se contrariar a tendência criada por uma certa prática administrativa de confirmar, quase sempre, a decisão recorrida por parte de quem está no topo da hierarquia administrativa por simples adesão aos fundamentos da pronúncia do autor do acto.

O preceito do n.º 2 tem assim a virtualidade de clarificar que o superior hierárquico não está, nem deve estar vinculado à proposta de pronúncia do autor do acto, antes tendo a total liberdade para decidir de acordo com a lei e com os princípios gerais que norteiam toda a actividade administrativa, a fim de proferir a decisão que se lhe afigurar, em face do pedido formulado no recurso, como sendo a legal e justa.

Ao fixar a regra da liberdade em matéria de apreciação do recurso hierárquico – "quando não opte por aquela proposta)" – o preceito passa apenas a exigir que o superior hierárquico fundamente a decisão que o levou a não concordar com o proposto pelo autor do acto recorrido, com o que se alcança a compatibilização entre o direito de decidir livremente os procedimentos de 2.º grau e o dever de fundamentação dos respectivos actos administrativos.

JMS

Artigo 198.º

Prazo para a decisão

1 – Quando a lei não fixe prazo diferente, o recurso hierárquico deve ser decidido no prazo de 30 dias, a contar da data da remessa do processo ao órgão competente para dele conhecer.

2 – O prazo referido no número anterior é elevado até ao máximo de 90 dias, quando haja lugar à realização de nova instrução ou de diligências complementares.

3 – No âmbito do recurso hierárquico necessário, o superior hierárquico deve apreciar todas as questões suscitadas pelo recorrente, excetuadas aquelas cuja decisão esteja prejudicada pela solução dada a outras.

4 – O indeferimento do recurso hierárquico necessário ou o decurso dos prazos referidos nos n.ºs 1 e 2, sem que haja sido tomada uma decisão, conferem ao interessado a possibilidade de impugnar contenciosamente o ato do órgão subalterno ou de fazer valer o seu direito ao cumprimento, por aquele órgão, do dever de decisão.

ORIGEM DO TEXTO:

Corresponde ao anterior artigo 175.º.
Reproduz sem alterações o projeto final da comissão de revisão.

COMENTÁRIO:

1 – Os n.ºs 1 e 2 reproduzem integralmente, pela mesma ordem, os n.ºs 1 e 2 do anterior artigo 175.º.

2 – O n.º 3 é novo e vem deixar claro que, não obstante a desvinculação da decisão do recurso ao pedido e à causa de pedir, impende sobre o superior hierárquico o *dever de conhecer todas as questões suscitadas pelo recorrente*, com exceção daquelas cuja decisão esteja prejudicada pela solução dada a outras.

3 – Também é novo o conteúdo normativo do n.º 4, que substitui o do n.º 3 do anterior artigo 175.º.

A redação actual, ao contrário da antecedente, não faz qualquer alusão ao indeferimento tácito, deixando claro que, em linha com o que sucede no procedimento administrativo de primeiro grau (artigo 129.º), *a falta de decisão do recurso hierárquico necessário não dá origem à formação de um ato tácito impugnável*, conferindo apenas ao interessado a possibilidade de utilizar o meio de tutela adequado à satisfação da sua pretensão.

O preceito esclarece também que:

(i) quando ocorrer o indeferimento do recurso hierárquico, ficando o recorrente na mesma situação em que se encontrava antes da interposição do recurso, a tutela contenciosa não deve dirigir-se contra a decisão de indeferimento do recurso, mas contra a conduta do subordinado que lhe deu causa e que, portanto, *a via contenciosa a utilizar deve ser a impugnação do ato primário do órgão subalterno que originou o recurso;*

(ii) quando tiverem decorrido os prazos referidos nos n.ºs 1 e 2, sem que haja sido tomada decisão, a tutela judicial adequada não consiste em exigir ao superior hierárquico o cumprimento do seu dever de decidir o recurso, mas em reagir, de imediato, contra a conduta do subordinado que deu origem ao recurso hierárquico, sendo que, neste caso, *a via processual a utilizar deve ser a da condenação do órgão subalterno omisso à prática do ato devido.*

PH

Subsecção IV

DOS RECURSOS ADMINISTRATIVOS ESPECIAIS

Reúnem-se nesta subsecção todos os recursos administrativos que não são recursos hierárquicos, isto é, que não têm lugar no âmbito de uma relação orgânica ou funcional de hierarquia.

A designação de recursos administrativos especiais justifica-se por o recurso hierárquico constituir o recurso administrativo geral ou típico, cujo regime serve tradicionalmente de padrão dos recursos dentro da organização administrativa – designação que, até pela diversidade de situações abrangidas, parece preferível à habitual denominação de "recurso hierárquico impróprio".

VA

Artigo 199.º
Regime

1 – Nos casos expressamente previstos na lei, há lugar a recursos administrativos:

a) **Para órgão da mesma pessoa coletiva que exerça poderes de supervisão;**
b) **Para o órgão colegial, de atos ou omissões de qualquer dos seus membros, comissões ou secções;**
c) **Para órgão de outra pessoa coletiva que exerça poderes de tutela ou superintendência.**

2 – Sem prejuízo dos recursos previstos no número anterior, pode ainda haver lugar, por expressa disposição legal, a recurso para o delegante ou subdelegante dos atos praticados pelo delegado ou subdelegado.

3 – O recurso tutelar previsto na alínea c) do n.º 1 só pode ter por fundamento a inconveniência ou inoportunidade do ato ou da omissão nos casos em que a lei estabeleça uma tutela de mérito.

4 – No recurso tutelar, a modificação ou a substituição do ato recorrido ou omitido só é possível se a lei conferir poderes de tutela substitutiva e no âmbito destes.

5 – Aos recursos previstos no presente artigo são aplicáveis as disposições reguladoras do recurso hierárquico, mas, quanto ao recurso tutelar, apenas na parte em que não contrariem a natureza própria deste e o respeito devido à autonomia da entidade tutelada.

ORIGEM DO TEXTO:

Corresponde aos anteriores artigos 176.º e 177.º.

O teor do artigo é diferente do que constava do projeto final da comissão de revisão, que era o seguinte:

Artigo 199.º

Regime

1 – Nos casos expressamente previstos na lei, há lugar a recursos administrativos:

- *a) Para órgão da mesma pessoa coletiva que exerça poderes de supervisão;*
- *b) Para o órgão colegial, de atos ou omissões de qualquer dos seus membros, comissões ou secções;*
- *c) Para órgão de outra pessoa coletiva que exerça poderes de tutela ou superintendência.*

2 – Há sempre recurso para o delegante ou subdelegante dos atos praticados pelo delegado ou subdelegado.

3 – O recurso tutelar previsto na alínea c) do n.º 1 só pode ter por fundamento a inconveniência ou inoportunidade do ato ou da omissão nos casos em que a lei estabeleça uma tutela de mérito.

4 – No recurso tutelar, a modificação ou a substituição do ato recorrido ou omitido só é possível se a lei conferir poderes de tutela substitutiva e no âmbito destes.

5 – Aos recursos previstos no presente artigo são aplicáveis as disposições reguladoras do recurso hierárquico, mas, quanto ao recurso tutelar, apenas na parte em que não contrariem a natureza própria deste e o respeito devido à autonomia da entidade tutelada.

COMENTÁRIO:

1 – No n.º 1, agrupam-se por alíneas as situações, antes previstas em preceitos diferentes: recurso para órgão da mesma pessoa colectiva que exerça um poder de supervisão (não o poder hierárquico de direcção); recurso para o órgão colegial de actos ou omissões de membros, comissões ou secções; recurso para órgão de outra pessoa colectiva que exerça poderes de tutela ou de superintendência (o recurso tutelar). O agrupamento permite salientar a característica comum, que é a da *necessidade da previsão legal expressa* do recurso, ao contrário do que acontece na relação hierárquica, em que o recurso (pelo menos o recurso facultativo) tem sempre lugar, dado que o superior hierárquico dispõe, no mínimo, do poder de anulação dos actos ilegais do subalterno (ainda que a sua competência não abranja a competência decisória deste).

2 – O n.º 2 refere-se ao recurso dos actos do delegado (ou subdelegado) para o delegante (ou subdelegante), mas, ao contrário do que tinha sido proposto pela comissão de revisão e em contradição frontal com o disposto, em geral, sobre a delegação de poderes (artigos 44.º e ss.) e, em especial, com os poderes reconhecidos ao delegante ou subdelegante no artigo 49.º, n.º 2, exige que haja, também aqui, expressa disposição legal.

Na realidade, não se percebe que o delegante tenha o poder de, oficiosamente, anular, revogar, modificar ou substituir os actos praticados pelo delegado, mas o interessado só possa recorrer destes actos para o delegante quando a lei expressamente o determine – é, seguramente, uma criticável incoerência legislativa, ou mesmo uma verdadeira contradição normativa, em que o preceito em causa configura uma restrição injustificada dos direitos dos particulares, que devem ter, sempre ou em regra, a faculdade de recurso.

De resto, a ser assim, esta referência ao recurso dos actos no âmbito da delegação deveria constar de uma alínea do n.º 1, não havendo razão para a sua autonomização formal, dado que a característica comum dos recursos especiais aí referidos é justamente a necessidade de previsão legal expressa.

É ainda incompreensível ou, no mínimo, normativamente inconsistente, a referência inicial a que a previsão deste recurso dos actos do delegado para o delegante tem lugar "sem prejuízo" dos outros recursos – afinal, todos os recursos têm lugar sem prejuízo dos restantes.

3 – Apesar de terem em comum com os outros recursos a característica da "excepcionalidade" (na medida da referida necessidade de previsão legal expressa), os recursos tutelares previstos na alínea c) do n.º 1 estão sujeitos a um regime particular, precisamente por estarem em relação órgãos de pessoas colectivas distintas, com diferentes atribuições, sobretudo nos casos em que o órgão recorrido integra uma administração autónoma.

Por isso, a aplicação das regras do recurso hierárquico, enquanto regime-regra, aos recursos tutelares está sujeita a condicionamentos e a uma reserva.

Desde logo, como decorre do n.º 3, o recurso só pode ter por fundamento a inconveniência ou inoportunidade do acto ou da omissão quando a lei estabeleça (validamente) uma tutela de mérito (em regra, no âmbito de administrações indirectas).

Depois, a modificação ou substituição do acto recorrido ou a prática do acto omitido só é possível no quadro de poderes especiais de tutela substitutiva expressamente conferidos por lei (n.º 4).

Em geral, a aplicabilidade do regime do regime do recurso hierárquico está sujeita a uma reserva: não pode contrariar a natureza própria do recurso tutelar e o respeito devido à entidade tutelada (n.º 5).

As disposições relativas ao recurso tutelar são idênticas às que constavam do anterior artigo 177.º, apenas com o acrescento da referencia às hipóteses de recurso contra omissão. Não se reproduz a regra do carácter facultativo dos recursos tutelares, porque essa passou a ser a regra geral para todos os recursos e reclamações (artigo 185.º, n.º 2).

VA

Capítulo III
DOS CONTRATOS DA ADMINISTRAÇÃO PÚBLICA

Artigo 200.º
Espécies de contratos

1 – Os órgãos da Administração Pública podem celebrar contratos administrativos, sujeitos a um regime substantivo de direito administrativo, ou contratos submetidos a um regime de direito privado.

2 – São contratos administrativos os que como tal são classificados no Código dos Contratos Públicos ou em legislação especial.

3 – Na prossecução das suas atribuições ou dos seus fins, os órgãos da Administração Pública podem celebrar quaisquer contratos administrativos, salvo se outra coisa resultar da lei ou da natureza das relações a estabelecer.

ORIGEM DO TEXTO:

Não tem correspondência na versão anterior do Código. O n.º 3 corresponde maioritariamente ao n.º 1 do anterior artigo 179.º, que foi revogado pelo CCP em 2008.

Reproduz sem alterações o projeto final da comissão de revisão.

COMENTÁRIO:

1 – Desde 1991, que o Código do Procedimento Administrativo se distinguiu de outras leis congéneres no Direito Comparado pelo tratamento dado em paralelo às três formas jurídicas principais (e não apenas a algumas delas) da atividade administrativa: o regulamento, o ato administrativo e o contrato administrativo. Não poderia, pois, evitar-se um sentimento de mutilação e retrocesso se, por motivo da superveniência do CCP, se desequilibrasse agora a clássica harmonia estrutural, eliminando do CPA qualquer tratamento da atividade contratual da Administração Pública.

O preenchimento do capítulo dedicado à forma contratual da atividade administrativa defrontava-se, porém, com o duplo desafio de encontrar um conteúdo próprio, adequado à função e ao sistema do CPA, e de evitar tanto quanto possível as repetições e, absolutamente, as contradições com o CCP.

Esta orientação explica desde logo a dimensão substancialmente reduzida do capítulo em relação à versão anterior. Mas a diretriz do evitamento de repetições com o CCP teve de ceder perante a cláusula geral da admissibilidade do recurso à forma contratual na atividade administrativa. Ela figura agora no n.º 3 do artigo 200.º, que corresponde ao anterior artigo 179.º, n.º 1, com pequenas alterações destinadas a firmar o paralelismo com o artigo 278.º do CCP. Dado o papel de vértice do sistema do modo contratual de agir da Administração Pública, a presença deste preceito nos dois códigos impunha-se. Desempenha com efeito um papel nuclear a estatuição da admissibilidade genérica do emprego da forma contratual na atividade administrativa. Contra ela, valem apenas os limites postos por regras excecionais ou pela inadequação do instrumento bilateral como meio de conformação de certos tipos de relações jurídicas administrativas (sobre esses limites, ver Sérvulo Correia, *Legalidade e Autonomia Contratual nos Contratos Administrativos*, Coimbra, 1987, págs. 676 ss.).

Sem prejuízo de tais limites, decorre desta ampla admissibilidade a fungibilidade entre ato e contrato administrativo, ou seja, a possibilidade de celebração de contratos substitutivos de atos administrativos (cfr. Marcelo Rebelo de Sousa/André Salgado de Matos, *Contratos Públicos – Direito Administrativo Geral*, Tomo III, Lisboa, 2008, pág. 42).

2 – Também próprio da natureza do Capítulo III da Parte IV do CPA é o lançamento de eixos de ligação com o CCP. São fundamentalmente de três ordens. A propósito do artigo 201.º, n.º 1, e do artigo 202.º, n.º 1, referem-se um segundo e um terceiro eixos. Neste momento, interessa o n.º 2 deste artigo 200.º, que remete para o CCP (ou, em alternativa, para legislação especial) a classificação de contratos como administrativos.

Revela este preceito que o legislador continua a perfilhar o postulado de que a natureza administrativa de certos contratos, desse modo destacados da ampla categoria jurídica do contrato tal como configurada no Código Civil, depende da incidência de critérios de administratividade, de preferência normativamente explicitados. Se quisermos, porém, falar sinteticamente em "critério", esse é, naturalmente, o da pertença da figura ao Direito Administrativo. Os índices dessa pertença, ou seja, índices de administratividade, são, logicamente, aqueles que se mostrem idóneos para refletir a essência de Direito Administrativo como ramo de Direito e Direito comum da organização, da atividade e das relações jurídicas administrativas. Sendo certo que se apresenta mais fácil descrever, em cada momento histórico, estes fenómenos do que sintetizar a sua essência, a verdade é que a Ciência Jurídica não pode prescindir dessa análise sob pena da indefinição dos campos em que se move e de inextricável confusão na determinação das normas aplicáveis às situações não claramente localizáveis no seio de institutos consolidados.

Essa questão não está, nem nunca poderá vir a estar, morta enquanto não acabarem com o Direito Administrativo. Veja-se, por exemplo, o Acórdão de 28/01/2016 da Secção do Contencioso Administrativo do STA (Proc. N.º 510/15), proferido em ação de impugnação de resolução do Conselho de Ministros que exonerou dois gestores de uma entidade pública empresarial ao abrigo de uma norma do Estatuto do Gestor Público que sujeita estes gestores a serem livremente demitidos a qualquer tempo. Segundo a Secção, aquela decisão não é um ato administrativo, mas sim o exercício de um direito potestativo extintivo de uma relação jurídica privada e isto tanto mais que o contrato de gestão dos gestores públicos é de direito privado. Pode – pergunta-se – concordar ou discordar daquele aresto sem o emprego dogmático de critérios de administratividade perante a relação jurídica controvertida e acerca daquele tipo de contrato? Aquilo que parece certo é que não há, aqui, espaço para estados de alma, mas, antes, para o metodológico e afincado emprego do instrumentário do raciocínio jurídico.

O n.º 2 do presente artigo 200.º remete a questão da classificação para o CCP e não cabe entrar a comentar aquele diploma. Dir-se-á simplesmente que o n.º 6 do respetivo artigo 1.º conjuga um critério subjetivo (complementado pelo artigo 3.º) com uma relação diversificada de índices que visivelmente contempla uma gama tipologicamente diferenciada de contratos. O preceito será aperfeiçoável à luz da evolução da área própria do Direito Administrativo, da reflexão doutrinária e dos contributos trazidos pela jurisprudência. Mas a sua aplicação está já hoje longe de suscitar as dificuldades noutros tempos conhecidas em face de critérios mais abstratizantes.

3 – A principal inovação trazida pelo Capítulo III da Parte IV reside na expressa referência, no n.º 1 deste artigo 200.º, à dicotomia, no âmbito dos contratos da Administração Pública, entre *contratos administrativos, sujeitos a um regime substantivo de direito administrativo*, e *contratos submetidos a um regime de direito privado*. Esta expressa referência justifica a substituição da anterior epígrafe (Do contrato administrativo) pela atual (Dos contratos da administração pública). O reconhecimento da existência de dois modos jurídicos da atividade contratual dos órgãos da Administração Pública serve de premissa ao n.º 2 do artigo 202.º, que explicita a aplicação aos órgãos da Administração Pública, no âmbito dos contratos sujeitos a um regime de direito privado, das disposições do Código que concretizam preceitos constitucionais e dos princípios gerais da atividade administrativa.

4 – Qualquer estranheza perante o expresso reconhecimento, no n.º 1 deste artigo e no artigo 202.º, n.º 2, de uma dicotomia entre *contratos administrativos, sujeitos a um regime substantivo de direito administrativo*, e *contratos dos órgãos da Administração Pública submetidos a um regime de direito privado* só poderia justificar-se logicamente com apoio numa de três asserções: (i) uma primeira, segundo a qual, hoje em dia, todos os contratos dos órgãos da Administração Pública teriam a natureza de contrato administrativo; (ii) uma segunda, sustentando que nenhuns contratos dos órgãos da Administração Pública se distinguiriam dos restantes contratos do tráfego jurídico em geral, pelo que todos eles, enquanto negócios jurídicos bilaterais, estariam sujeitos a um regime de direito privado;

(iii) uma terceira, pretendendo que caberia aos contratos dos órgãos da Administração Pública uma outra qualificação – a de contratos públicos – inconfundível com as de contrato administrativo e de contrato de direito privado da Administração.

Não se crê que qualquer das três asserções se manifeste compatível com o modo como o Direito Administrativo português equaciona a atividade contratual da Administração Pública.

4.1. – Não é, em primeiro lugar, exato que todas as relações contratuais da Administração Pública se enquadrem, hoje em dia, na categoria dos contratos administrativos.

Se bem que o legislador os tenha tratado pelo *nomen iuris* só a partir de 1930 (Decreto com força de lei n.º 18017, de 27 de fevereiro), o nosso Direito Administrativo conheceu-os desde os seus alvores. E não corresponde à verdade que a sua génese apenas tenha decorrido do propósito de retirar competências aos tribunais judiciais sem atender à substância dos contratos. Se assim tivesse sido, a transferência de jurisdição haveria compreendido todos os contratos da Administração. Mas o Decreto n.º 23, de 16 de Maio de 1832 (Reforma de Mouzinho da Silveira) apenas deferiu à competência dos Conselhos da Prefeitura as dificuldades e questões que se suscitassem entre os empreendedores e arrematantes de quaisquer *rendas, trabalhos e fornecimentos públicos* e a Administração, relativas ao sentido e execução das cláusulas dos seus contratos. Os três tipos selecionados manifestam o inequívoco propósito de destacar contratos substantivamente associados às particularidades da atividade administrativa (cfr. Sérvulo Correia, "Contrato Administrativo", in: José Pedro Fernandes (dir.), *Dicionário Jurídico da Administração Pública*, III, reed., Lisboa, 1990, pág. 64, e bibliografia aí citada).

Apesar de um percurso acidentado, o instituto nunca mais desapareceu da Ordem Jurídica portuguesa. E, sobretudo a partir do momento em que a solução da enumeração legal taxativa, acolhida no Código Administrativo de 1940, deu lugar à do contrato administrativo por natureza (artigo 9.º do ETAF aprovado pelo Decreto-Lei n.º 129/84, de 27 de abril), o instituto conheceu um extraordinário florescimento, nomeadamente evidenciado pela multiplicação e diversificação dos tipos legais e pelo acolhimento em alguns destes de contratos da Administração Pública que até então eram tratados como contratos submetidos a um regime de direito privado.

Esta evolução significou um crescente inclinar, na balança dos dois modos de configurar as relações jurídicas contratuais, a favor do peso relativo dos contratos administrativos em detrimento do dos contratos da Administração submetidos a um regime de direito privado. Não equivale, porém, isso a concluir que os contratos administrativos tenham absorvido toda a atividade contratualizada da Administração Pública.

Em 1987, escrevia sobre o assunto o autor do comentário ao presente artigo, depois de se referir à tendência para rodear todos os contratos da Administração de um mesmo quadro procedimental obedecendo ao duplo objetivo de salvaguardar princípios de gestão e a imparcialidade administrativa: "E, ainda que se possa pensar que o sentido histórico dessa evolução é o acabar por submeter à mesma jurisdição e a um mesmo núcleo de princípios toda a contratação administrativa, convém deixar que seja a lenta sedimentação da experiência a demonstrar se assim deve ser e em que medida" (cfr. Sérvulo Correia, *Legalidade e Autonomia Contratual* ..., cit., pp. 392 e 393).

Tal evolução aproximou-se entretanto do seu término no tocante à unificação da competência jurisdicional. Todavia, não se trata ainda de unificação plena, porquanto a alínea e) do n.º 1 do artigo 4.º do ETAF (alterado e republicado pelo Decreto-Lei n.º 214-G/2015, de 2 de outubro) continua a deixar de fora da competência dos tribunais da jurisdição administrativa a apreciação de litígios que tenham por objeto questões relativas a contratos celebrados por órgãos da Administração Pública e submetidos a um regime de direito privado que não hajam de ser celebrados nos termos da legislação sobre contratação pública.

Também, de 1987 para cá, se verificou o alargamento da área dos contratos da Administração sujeitos a um regime substantivo de direito administrativo em detrimento da dos contratos submetidos a um regime de direito privado. Exemplos marcantes são a substituição do tipo "contrato de fornecimento contínuo" (artigo 178.º, n.º 2, alínea g), da versão anterior do CPA) pelo da "aquisição de bens móveis" (artigo 437.º do CCP) e do tipo "prestação de serviços para fins de imediata utilidade pública" (artigo 178.º, n.º 2, alínea h), da versão anterior do CPA) pelo de "aquisição de serviços" (artigo 450.º do CCP). O contrato de compra de bens móveis desprovido de execução continuada, bem como o contrato de prestação (aquisição) de serviços não articuláveis com fins de imediata utilidade pública transitaram do campo dos contratos da Administração submetidos a um regime de direito privado para o dos contratos administrativos.

Mas o progressivo alargamento da área dos contratos sujeitos a um regime substantivo de direito administrativo não significa a eliminação – por imperativo normativo ou no campo da prática contratual – da figura dos contratos da Administração Pública submetidos a um regime de direito privado.

Em primeiro lugar, o regime de competência jurisdicional não exerce um efeito determinante sobre a natureza pública administrativa ou privada do contrato celebrado por um órgão da Administração Pública. É certo que, ao longo do tempo, o juiz administrativo tende a administrativizar o regime dos objetos da sua jurisdição e foi assim que, sobretudo em França, nasceram e se consolidaram alguns institutos do Direito Administrativo. Mas, para concluir que isso se passa entre nós (e, ainda assim, por tipos de contratos), será preciso demonstrar que a jurisprudência carreou princípios e regras de Direito Administrativo para a conformação do objeto e do conteúdo de certos contratos inicialmente submetidos a um regime de direito privado.

Quanto à incidência, por determinação legal, da jurisdição administrativa sobre contratos submetidos a um regime substantivo de direito privado (artigo 4.º, n.º 1, alínea e), do ETAF), ela não basta por si só para modificar a respetiva pertença a uma das áreas da *summa divisio*. Desde que Freitas do Amaral e, depois, também Sérvulo Correia demonstraram a improcedência da tese (ligada à solução então configurada no artigo 815.º do Código Administrativo) que restringia a natureza administrativa aos contratos submetidos à jurisdição do Contencioso Administrativo, ficou claro entre nós que o foro competente não constitui um elemento do contrato (Cfr. Freitas do Amaral, *A Utilização do Domínio Público pelos Particulares*,

Lisboa, 1965, pág. 188; Sérvulo Correia, «Contrato Administrativo», *cit.*, pág. 20).

Uma segunda questão consiste em saber se o procedimento administrativo pré-contratual releva para a determinação do regime substantivo do contrato e, logo, para a respetiva qualificação como contrato administrativo.

A transformação de uma mera hipótese em postulado, algo repetido mas, por agora, carecido de demonstração dogmática, surge normalmente ligada ao regime de contratação pública instituído por força da transposição das diretivas comunitárias.

A esse propósito, já foi observado que o procedimento exerce, através das peças procedimentais, um papel importante na determinação do tipo do contrato e, consequentemente, no regime legal que lhe compete (cfr. Licínio Lopes Martins, *Empreitada de Obras Públicas*, Coimbra, 2014, págs. 66 e 67). Assim é, sem dúvida, mas isso apenas ajuda a entender que é no âmbito do procedimento que se fixa a natureza do contrato. Tal não significa, porém, nem o A. citado o afirmou, que a anteposição de um procedimento administrativo induza por si só a natureza pública do contrato.

Alguns argumentos invocados para sustentar a incompatibilidade entre o procedimento de contratação pública de origem comunitária e a natureza privada de alguns dos contratos dele emergentes, carecem, salvo o devido respeito, do suporte dogmático minimamente desejável. Não basta afirmar que a incidência do mesmo procedimento arrasta consigo o termo da dicotomia substantiva: é preciso recorrer à dogmática do Direito Administrativo para demonstrar que isso sucede. E a aplicabilidade da *Diretiva setores excluídos* a contratos de entidades privadas nada tem a ver com a questão, não sendo a anteposição do procedimento que impõe ou impede a qualificação desses contratos como administrativos. Por seu turno, o acórdão *Telaustria* nada tem a ver com a questão. Também não é a circunstância de princípios de concorrência e transparência se estenderem à preparação de outros contratos para além dos tipificados nas Diretivas que releva para o regime substantivo. O mesmo se diga da aplicabilidade dos remédios da *Diretiva-recursos*, que estão concebidos para ser aplicados em função de incidentes da contratação com independência da natureza administrativa ou privada dos contratos, que não interessa ao "legislador" comunitário. Quanto ao argumento de que a *Zweistufentheorie* foi posta de lado na Alemanha, corresponde à verdade mas é irrelevante. Essa teoria só foi usada em tempos em relação à atribuição de subvenções. Mas, em vez da sucessão procedimento administrativo – contrato de direito privado, acabou por preferir-se um regime integralmente administrativo, atribuindo-se a subvenção ou através de ato administrativo ou de contrato administrativo. A preocupação que ditou tal desfecho não se prendeu com a impossibilidade dogmática de formar um contrato de direito privado da Administração através de um procedimento administrativo, mas sim com a inconveniência de repartir a apreciação de uma mesma relação jurídica controvertida por tribunais de duas ordens jurisdicionais. Mas, entre nós, aquela dificuldade foi afastada com sabedoria pelo legislador, ao submeter ao juiz administrativo, pelo artigo 4.º, n.º 1, alínea e), do ETAF, os litígios respeitantes "a quaisquer outros contratos [isto é, contratos não administrativos] celebrados nos termos da legislação sobre contratação pública". Acrescenta-se já agora que, na Alemanha, não se encontra posto de parte o interesse das combinações de instrumentos jurídicos de direito administrativo e direito privado (*Instrumentenmix*), nomeadamente envolvendo a sequência entre ato administrativo e contrato administrativo ou privado (cfr. Lothar Michael, *Formen- und Instrumentenmix*, in: Hoffmann-Riem/ Schmidt Assmann/Vosskuhle (org.), *Grundlagen des Verwaltungsrechts*, II, Munique, 2008, págs.1545 a 1549).

Não se exclui com isto, à partida, que o procedimento de contratação possa contribuir para a atribuição ao contrato de natureza jurídica administrativa substantiva. Reside tal questão em saber se, e em que medida no caso afirmativo, o forte enquadramento procedimental, sob crescente impulso comunitário, da formação de contratos celebrados pela Administração subverte a natureza privada daqueles que inicialmente a possuíam. A verdade é que, na alínea d) do n.º 6 do artigo 1.º do CCP, o legislador admite que assim possa suceder, mas na condição de que, sob essa formação procedimentalizada, se prepare a conformação contratual da realização de fins de interesse público. Atenta-se desse modo ao relevo acrescido do modo procedimental de formação para o efeito da configuração racional e transparente do cumprimento do dever de prossecução do interesse público pela Administração.

Administrativistas de pendor mais analítico têm assinalado que as Diretivas de 2014 ultrapassaram a matéria da formação dos contratos públicos, passando a abranger a respetiva modificação e extinção, impondo limites decorrentes da observância dos parâmetros em que a concorrência se desenvolveu ao longo do procedimento de contratação. Tais limites encontram-se já instaurados no artigo 313.º, n.os 1 e 2, do CCP e, como Assis Raimundo inteligentemente observa, ao limitar o âmbito das alterações que podem ser introduzidas no conteúdo do contrato durante a sua execução, introduzem um conflito entre a tradição do contrato administrativo (assente no poder unilateral de modificação do contraente administrativo por razões de interesse público) e o conceito emergente do contrato público por força da tutela do valor da concorrência no Direito Comunitário e, em geral, da internacionalização do Direito dos contratos públicos. Suscita-se assim a necessidade de uma nova síntese entre (acrescenta-se) a necessária margem de livre decisão administrativa para a eficiente prossecução do interesse público e o peso limitativo das condições de concorrência (Cfr. Assis Raimundo, *A Formação Dos Contratos Públicos – Uma Concorrência Ajustada ao Interesse Público*, Lisboa, 2013, págs. 117 segs.; no mesmo sentido: Pedro Gonçalves, «Acórdão Pressetext: modificação de contrato existente vs. adjudicação de novo contrato», in *Cadernos de Justiça Administrativa*, n.º 73, págs. 16 segs.; em termos mais gerais, inclinando-se a favor de um efeito de substantivação administrativa dos contratos, exercido pela incidência de limites à modificação ou extinção provenientes de normas sobre o procedimento de contratação: Alexandra Leitão, *Lições de Direito dos Contratos Públicos – Parte Geral*, 2.ª ed., Lisboa, 2015, págs. 20 e 21).

Estes dados evolutivos merecem toda a atenção. Se não prejudicasse a métrica, Camões poderia ter versejado que "todo o Direito é composto de mudança". Mas as conclusões não poderão ser simplistas: impõe-se um aturado esforço dogmático que permita concluir com alguma objetividade, perante a interpenetração de

Direito Público e Direito Privado nos contratos da Administração Pública, qual a fronteira da qual depende a qualificação de um contrato como administrativo por se encontrar "submetido a um regime substantivo de direito público" (CCP, art. 1.º, n.º 6, alínea a)).

De qualquer modo, e ainda que a resposta venha a ser a da suficiência do impacto de tais regras para estender a um contrato o regime geral dos contratos administrativos, não poderia extrair-se daí que devessem ser considerados como administrativos todos os contratos celebrados por entidades públicas. Embora possam ser os mais pactuados na prática, os contratos visados pelas Diretivas correspondem a um número restrito de tipos. Assim, por exemplo, a nova *Diretiva 2014/24/EU do Parlamento Europeu e do Conselho, de 26 de fevereiro de 2014, relativa aos contratos públicos e que revoga a Diretiva 2004/18/CE,* define, no artigo 2.º, n.º 1, 5), *contratos públicos* como "contratos, a título oneroso, celebrados por escrito entre um ou mais operadores económicos e uma ou mais autoridades adjudicantes, que tenham por objeto a execução de obras, o fornecimento de produtos ou a prestação de serviços". A estes somam-se as concessões de obras e de serviços, se bem que a *Diretiva 2014/23/EU do Parlamento Europeu e do Conselho, de 26 de fevereiro de 2014, relativa à adjudicação de contratos de concessão*, em parte alguma qualifique tais concessões como contratos públicos. E se bem que o legislador português haja, no artigo 16.º do CCP, especificado que os contratos celebrados por entidades adjudicantes submetidos ao regime da contratação pública são aqueles cujo objeto abranja prestações que estão ou sejam suscetíveis de estar submetidas à concorrência de mercado, desde logo juntando o contrato de sociedade a uma enumeração exemplificativa, a verdade é que sobram todos os contratos da Administração Pública cujas prestações são alheias à concorrência de mercado (Cfr. Rui Medeiros, "Âmbito do novo regime da contratação pública à luz do princípio da concorrência", in: *Cadernos de Justiça Administrativa*, n.º 69, Maio/Junho 2008, pág. 7).

Em suma, o efeito do Direito Comunitário da contratação pública será, quando muito, o de alargar o espetro dos contratos administrativos, mas sem por isso eliminar os contratos dos órgãos da Administração Pública submetidos a um regime de direito privado, pois sempre sobrarão aqueles cujas prestações não estejam nem possam estar submetidas à concorrência de mercado. Será, em princípio, o caso de contratos como a doação, o comodato, o mandato, o depósito, a renda perpétua e a renda vitalícia, para só referir tipos de contratos disciplinados pelo Código Civil.

Quanto à sujeição dos contratos dos órgãos da Administração Pública submetidos a um regime de direito privado à aplicação dos princípios gerais da atividade administrativa e, em particular, aos princípios constitucionais, ela também não é de molde a administrativizar tais contratos. Sem prejuízo do comentário ao artigo 202.º, n.º 2, observa-se desde já que, se assim fosse, teria desaparecido toda a *gestão privada*, dado o disposto no *artigo 2.º, n.º 3*. Ora, o simples sentido das realidades da Ordem Jurídica portuguesa nos diz que são múltiplos os campos em que o Direito Privado se aplica à Administração Pública, muitas vezes até por remissão expressa a partir de normas de direito administrativo. Os mesmos princípios – aos quais é preciso juntar as normas de atribuições e competência e, eventualmente, as de ordem procedimental – circundam também a titularidade e o exercício de discricionariedade administrativa, sem por isso alterar a natureza do poder. Assim é porquanto, de um modo geral, tais princípios apontam fins e padrões de racionalidade, que permitem um controlo de inobservância mas não heterodeterminam o conteúdo das disposições ou estipulações. Não se poderá, pois, em regra, dizer que da sua observância decorrerão estruturalmente situações jurídicas substantivamente administrativas.

Em conclusão quanto a este ponto, embora o alargamento do campo dos contratos administrativos, isto é, contratos sujeitos a um regime substantivo de direito administrativo, corresponda a uma tendência evolutiva que, aliás, não terá atingido o seu termo, não é legítima a conclusão de que se tenham extinguido os contratos dos órgãos da Administração Pública sujeitos a um regime de direito privado. Para efeito da clareza e funcionalidade do sistema, impõe-se ao legislador que estabeleça os nexos de conexão entre tais contratos e uma auréola de direito público que a atividade da Administração Pública sempre reclama.

4.2. – Cabe no entanto perguntar se, em vez de um incremento do peso relativo dos contratos administrativos relativamente aos contratos dos órgãos da Administração Pública submetidos a um regime de direito privado, não teríamos assistido antes, nas últimas décadas, à extinção pura e simples da categoria dos contratos administrativos. Se fosse essa a realidade, perderia, naturalmente, sentido aquela dicotomia. Segundo esta tese, nenhuns contratos dos órgãos da Administração Pública se distinguiriam dos restantes contratos do tráfego jurídico em geral. Estariam ou deveriam pois todos eles ficar submetidos ao Direito Privado. A criação da categoria do contrato administrativo não passaria de um acidente histórico, aliás marcado pelo equívoco, explicável por um programa político novecentista (em países como a França, Espanha e Portugal) de redução da competência dos tribunais judiciais em favor dos novos órgãos da jurisdição administrativa. Segundo esta linha de pensamento, seria um "esforço inglório" aquele que visasse "salvar a diferença entre os contratos administrativos e os contratos privados" (Maria João Estorninho, *Requiem*, pág. 109). Os poderes exercidos pela Administração na execução dos ditos contratos administrativos não seriam poderes públicos, mas antes poderes (direitos potestativos?) exercitáveis em contratos submetidos ao Direito privado (*Requiem*, pág. 142). Seriam paralelos, no contrato de empreitada de obras públicas e no contrato civil de empreitada, os poderes do contraente público e do dono da obra, encontrando-se a especificidade da empreitada de obras públicas "irremediavelmente ultrapassada" (*Requiem*, págs. 142 e 143). Mas, se algo continuaria a tornar diferentes em relação ao regime jurídicoprivado os poderes que a Administração exerce durante a execução do contrato, isso se deveria ao regime geral do privilégio de execução prévia, não se tratando de uma situação jurídica contratual administrativa (*Requiem*, págs. 142 a 145).

Teve repercussão, nos anos 80 do século passado, uma tese de François Llorens (*Contrat D'Entreprise Et Marché De Travaux Publics*, Paris), na qual este Autor concluía serem o contrato de empreitada civil e o de empreitada de obras públicas "infinitamente mais semelhantes do que diferentes". O Autor advertia que "a semelhança não é perfeita" e prevenia contra o risco "de trocar um maniqueísmo dualista pela ilusão unicista" (*Idem*, pág. 651) mas a linha de fundo do seu pensamento residia na "identidade da ideia contratual" entre os campos do Direito Administrativo e do Direito Civil. Não deveria esta visão ser acriticamente transposta para Portugal sem tomar em consideração a visão francesa da posição do Direito Administrativo na Ordem Jurídica. Em França, sem prejuízo da reivindicação de uma sua "autonomia", o Direito Administrativo tem sido visto (em consequência da sua génese jurisprudencial e de um grande défice de constitucionalização material) como um direito excecional ou derrogatório em relação ao Direito Civil, considerado como Direito comum (cfr. Hauriou, *Précis de droit administratif et de droit public*, reed. da 12.ª ed. de 1933, Paris, 2002, págs. 21 e 22; Rivero/Waline, *Droit administratif*, 15.ª ed., Paris, 1994, pág. 15). Mas, em Portugal como na Alemanha, o Direito comum para as situações jurídicas administrativas, entre as quais as de natureza contratual, é o Direito Administrativo (cfr. Marcelo Rebelo de Sousa/André Salgado de Matos, *Direito Administrativo Geral*, I, Lisboa, 2004, pág. 49; Schmidt Assmann, *Das Allgemeine Verwaltungsrecht Als Ordnungsidee*, Berlim, 1998, pág. 240).

Como figura do Direito comum da função administrativa, o contrato administrativo constitui uma realidade autónoma, marcada por um regime próprio de execução e cessação, apresentando, num plano de sistema, características diferenciadas (cfr. Menezes Cordeiro, *Contratos Públicos*, Cadernos O Direito, n.º 2, 2007, Coimbra, págs. 28-50). A asserção da identidade no essencial entre empreitada pública e empreitada privada desconsideraria, a propósito de um seu instituto, a posição do Direito Administrativo como Direito Comum. E revelaria, além disso, insensibilidade à realidade institucional portuguesa: em Portugal, como consequência da falta, até ao CCP, de uma lei sobre o regime substantivo geral dos contratos administrativos, foi o regime legal da empreitada de obras públicas que assumiu "um papel normativamente modelar do regime geral do contrato administrativo", por a sua mais extensa e densa regulamentação constituir base e modelo normativo dos contratos administrativos (cfr. Licínio Lopes Martins, *Empreitada de obras públicas*, *cit.*, págs. 272, 323 a 326).

A negação da especificidade dos contratos administrativos no seio do universo contratual, a recusa das situações jurídicas contratuais próprias do Direito Administrativo correspondem – consciente ou inconscientemente – a um movimento de opinião, que ainda não perdera toda a força nos anos 80 do Século XX e contestava o Direito Administrativo no campo intelectual e no político. À oposição à dualidade de jurisdições, somava-se a detração da margem de livre decisão administrativa nas suas diversas modalidades e defendia-se a igualização da posição das partes nas relações entre particulares e Administração. O próprio Direito Administrativo passava a ser apresentado como "um local de resistência à mudança" e, na visão neo-liberal, deveria dar lugar ao regresso ao "Direito sem Estado". Ao passo que, em Inglaterra, a progressiva criação jurisprudencial de um Direito Administrativo demonstrava a inanidade do negacionismo diceyano, vinham alguns, na Europa Continental e com audiência em círculos da burocracia comunitária, procurar, sob a influência do pensamento de *Hayek* (um austríaco americanizado) acentuar a natureza do Direito Civil como o (único) Direito comum e único Direito da liberdade, cujos cultores seriam os únicos homens e mulheres de leis (*lawyers*), ao passo que os administrativistas não passariam de "juristas de Estado" (cfr. Friedrich Hayek, *Law, Legislation and Liberty*, I, *Rules and Orders*, The University of Chicago Press, 1983, págs. 67 e 137 a 139); Dubois/Enguélé-guélé/Lefrève/Loiselle, "La Contestation Du Droit Administratif Dans Le Champ Intellectuel Et Politique", in C.U.R.A.P.P., *Le Droit Administratif En Mutation*, 1993, págs. 151-167).

Objetivamente, recusar aos contratos administrativos uma identidade jurídica que os diferencia dos contratos submetidos a um regime de direito privado significaria, em última análise, enfileirar numa injusta e irrealista contestação do próprio Direito Administrativo. Mas uma tal opção de fundo nunca foi sustentada credivelmente em Portugal e, pelo menos desde 1976, seria inconstitucional.

No puro plano da dualidade ou unicidade do regime básico dos contratos, reduzir a questão aos contratos administrativos com objeto passível de contrato de direito privado significaria desde logo ignorar o problema da qualificação das categorias de contratos da Administração centrados no exercício de poderes públicos. Mas também não pode olvidar-se que a proximidade estrutural entre os primeiros e contratos de direito privado como a compra e venda, a prestação de serviços ou a locação não apaga os vetores próprios de identidade pública decorrentes da dialética entre prossecução do interesse público e respeito dos direitos e interesses legalmente protegidos dos particulares, dialética essa que marca a essência do Direito Administrativo. E tais vetores não têm a ver apenas com a titularidade de poderes de autoridade do contraente público na execução e cessação do contrato, mas também com sujeições específicas, como a que resulta do princípio de equilíbrio financeiro (cfr. Menezes Cordeiro, *Contratos Públicos*, cit., pág. 103).

O regresso dos contratos administrativos a um Direito comum dos contratos de todo o tráfego jurídico equivaleria a amputar o Direito Público de um dos seus mais importantes institutos substantivos, formado ao longo de uma evolução mais do que secular que dele fez um elemento essencial da matriz identitária do nosso Direito Administrativo e do património cultural imaterial português. Além de fonte de caos nos equilíbrios do sistema, uma tal solução, quando materializada na lei, mostrar-se-ia ferida de inconstitucionalidade (cfr. Paulo Otero, *Manual de Direito Administrativo*, I, Coimbra, 2013, págs. 34 e 35).

Note-se – a findar este ponto – que, como é óbvio, a afirmação da subsistência do contrato administrativo como forma jurídica típica da atividade administrativa tolhe a contestação da dicotomia entre contratos da Administração com o fundamento no esbatimento entre os regimes contratuais substantivos de direito administrativo e de direito privado. E, se subsiste, na atividade administrativa, o emprego ora da categoria jurídica do contrato administrativo, ora de contratos submetidos a um regime de direito privado, importa dispor de critérios para os distinguir. Porque nem a Administração pode, num contrato administrativo, prescindir dos poderes que, no quadro do respetivo regime, a lei lhe confere, nem, ao invés, poderia pretender exercê-los no âmbito de um contrato de direito privado, auto-atribuindo-se competências que o legislador lhe não concedeu (Cfr. Mark Bobela-Mota Kirkby, *Contratos Sobre O Exercício De Poderes Públicos*, Coimbra, 2011, págs. 227 e 231; Sérvulo Correia, *Legalidade E Autonomia Contratual*..., *cit.*, pág. 559)

4.2.3 – Resta, por fim, a asserção de que a emergência, de origem comunitária, da categoria dos *contratos públicos* significaria a caducidade da clássica categoria dos *contratos administrativos*. Ao verberar, no n.º 101 dos *Cadernos de Justiça Administrativa*, o reconhecimento, nos artigos 200.º a 202.º do CPA, da dicotomia entre *contratos administrativos, sujeitos a um regime substantivo de direito administrativo*, e *contratos* (dos órgãos da Administração Pública) *submetidos a um regime de direito privado*, Maria João Estorninho critica a manutenção "da expressão tradicional contrato administrativo" com o argumento pouco convincente de que ela poderia induzir em erro, levando a pensar que o seu universo continuaria a ser o anterior ao alargamento pelo CCP do seu âmbito de incidência a contratos como os da locação de bens móveis e de aquisição de serviços. De algumas passagens oblíquas, percebe-se que a Autora pretende a substituição de *contrato administrativo* por *contrato público* no cerne, não apenas do regime da formação, mas também do da execução dos contratos da Administração Pública (cfr. *Cadernos de Justiça Administrativa*, n.º 101, págs. 47 e 49, entre outras).

Não se pode dizer que, ao longo dos anos, tenha sido invulgar em Portugal o emprego de *contratos públicos* como puro sinónimo de *contratos administrativos*. Na Alemanha, o §54 da *VwVfG* usa a expressão contrato de direito público (öffentlich- rechtlicher Vertrag), que é unanimemente entendida como contrato que constitui, modifica ou extingue relações jurídicas administrativas. E a doutrina emprega indiferenciadamente aquela locução e a de *Verwaltungsvertrag* (contrato administrativo), tanto mais que o preceito prevê a utilização do contrato para produzir efeitos que também poderiam ser constituídos através de ato administrativo.

A opção terminológica complicou-se, porém, a partir do momento em que as Diretivas comunitárias sobre regras aplicáveis aos procedimentos de contratação adotados por autoridades adjudicantes vieram utilizar o conceito de *contratos públicos* para individuar o seu objeto. Se, para simplificar, atentarmos apenas à recente *Diretiva 2014/24/EU, de 26 de fevereiro de 2014*, ainda carecida de transposição para a Ordem Jurídica portuguesa, encontramos a seguinte definição de *contratos públicos*: "... contratos a título oneroso, celebrados por escrito entre um ou mais operadores económicos e uma ou mais autoridades adjudicantes, que tenham por objeto a execução de obras, o fornecimento de produtos ou a prestação de serviços" (artigo 2.º, n.º 1, 5)). A estes, podem hoje juntar-se os contratos de concessão de obras ou serviços a operadores económicos por autoridades adjudicantes, ou, desde que as obras ou serviços se destinem a certas atividades, por entidades adjudicantes (*Diretiva 2014/23/EU, de 26 de fevereiro de 2014*, artigo 1.º, n.º 2).

Tendo operado, na Parte I e (em especial) na Parte II, a transposição das Diretivas de 2004 (que se referem aos mesmos tipos contratuais menos o das concessões), o CCP alargou o conceito de *contrato público* por forma a abranger, em princípio, todos os contratos celebrados por entidades adjudicantes desde que o respetivo objeto abranja prestações que estão ou sejam suscetíveis de estar submetidas a concorrência de mercado.

Assim, um contrato terá a dupla natureza de contrato público e contrato administrativo quando couber no âmbito de ambos os conceitos. Isso sucederá, em princípio, quanto aos contratos celebrados por entidades adjudicantes listadas no n.º 1 do artigo 2.º do CCP, tendo por objeto prestações passíveis de concorrência no mercado e que correspondam a tipos visados pelas Diretivas, que são todos eles regulados na Parte III do CCP e assim legalmente qualificados como administrativos.

Mas não haverá sobreposição, pelo menos, quando as prestações estipuladas em contratos de entidades adjudicantes sejam alheias à concorrência de mercado ou, mesmo que se trate de prestações submetidas à concorrência de mercado ou suscetíveis de o ser, os contratos hajam sido celebrados por entidades referidas no n.º 2 do artigo 2.º do CCP e as partes não tenham submetido o contrato a um regime substantivo de direito público, a menos que tais contratos hajam sido celebrados no exercício de funções materialmente administrativas (CCP, artigo 3.º).

As situações de não sobreposição das duas naturezas contratuais significam que existem contratos submetidos a um regime substantivo de direito administrativo mas não assim ao regime de contratação pública. Isto compreende-se muito bem porque muitos contratos administrativos sem objeto económico passível de concorrência de mercado não são suscetíveis de ser submetidos aos procedimentos de contratação de origem comunitária. Pense-se na maior parte dos contratos sobre o exercício de poderes públicos e nos contratos intradministrativos, para além, provavelmente, de outros.

Mas também contratos submetidos aos procedimentos de contratação serão celebrados entre entidades privadas e alheios ao exercício de funções materialmente administrativas (muitos do que tenham por parte alguma das entidades qualificadas no n.º 2 do artigo 2.º do CCP como entidades adjudicantes).

Esta panorâmica de sobreposição e não-sobreposição não se resolve em termos dogmaticamente aceitáveis decretando de uma penada que a qualificação, por influência comunitária, aliás bastante ampliada a nível nacional, de *contratos públicos* passa a abranger todos os contratos celebrados por entidades públicas e que essa qualificação provoca a caducidade, por inutilidade, dos *contratos administrativos* e, naturalmente, o fim da dicotomia entre estes e os contratos da Administração submetidos a um regime de direito privado. Nem, como atrás se viu, se pode afirmar sem mais que a formação de um contrato substantivamente de direito privado através de um procedimento pré-contratual de origem comunitária automaticamente publiciza a substância desse contrato.

Como opina Licínio Lopes Martins, sem ignorar que o CCP não deixa de refletir uma "incidência procedimental", "a figura do contrato público tem uma génese marcadamente *procedimental/funcional*; pelo contrário, a administratividade de um contrato (administrativo) tem uma *génese substantiva/material*. Um contrato público pode ser um contrato de direito privado; um contrato administrativo é administrativo pela sua substância, a sua natureza, o seu objeto ou pelo seu regime substantivo" (cfr. *Empreitada de obras públicas*, cit., p. 311). É que, como por seu lado lembra Nuno Cunha Rodrigues, o Direito da contratação pública (de origem internacional e comunitária) não tem na sua essência uma raiz administrativista. Esse Direito tem por objetivo assegurar e defender a liberalização do comércio internacional e cruza-se com áreas de direito público e áreas de direito privado que devem ser assumidas e que não põem em perigo a sua unidade sistemática" (cfr. *A Contratação Pública como Instrumento de Política Económica*, Coimbra, 2013, págs. 24 e 25).

Mostrando por seu turno, que (pelo menos no presente momento histórico) a publicização da formação de contratos da Administração não põe termo nem dispensa a divisão, no plano substantivo, entre contratos de direito privado da Administração e contratos administrativos, concorda Assis Raimundo com Pedro Gonçalves quando este afirma que o verdadeiro ponto central da autonomia do contrato administrativo é a instituição de uma disciplina especial que regule a execução de "pelo menos" certos contratos da Administração. E, embora não exista uma razão para manter uma distinção forte, de *natureza*, entre contrato administrativo e demais contratos de Administração, continua a ser justificado que uns sejam sujeitos a um regime jurídico "substantivo" de direito público (no sentido do regime contido na Parte III do CCP) e outros não. O Direito positivo selecionou uma certa categoria de contratos, a que chamou "administrativos" e deu-lhes um regime, que nem sempre se aplica a todos os contratos públicos suscetíveis de concorrência (cfr. *A Formação Dos Contratos Públicos*, cit., págs. 137 e 138).

São numerosos os Estados-Membros da União Europeia em cujas ordens jurídicas se continua a diferenciar o contrato administrativo do contrato da Administração submetido a um regime de direito privado. Para não sobrecarregar ainda mais o presente comentário, remete-se apenas para uma fonte relativamente a cada um deles. Veja-se assim, quanto à Áustria, Raschauer, *Allgemeines Verwaltungsrecht*, Viena, 1998, págs. 592-593. No tocante à Alemanha: Koch/Rubel/Heselhaus, *Allgemeines Verwaltungsrecht*, 3.ª ed., Munique, 2003, págs. 145-146. No que toca à Espanha, cita-se Ramón Parada, *Derecho Administrativo*, II, 21.ª ed., Madrid, 2014, págs. 222-223. Para a França, ver Guettier, *Droit des contrats administratifs*, 3.ª ed., Paris, 2011, págs. 75 a 77. Finalmente, no que respeita à Grécia, Spyridon Flogaïtis, *Les Contrats Administratifs*, Londres, 1998, págs. 220-221.

É curioso observar que também a Administração da União Europeia celebra contratos de direito público claramente dotados de materialidade administrativa e contratos de direito privado (cfr. Vilhena de Freitas, *Os Contratos De Direito Público Da União Europeia No Quadro Do Direito Administrativo Europeu*, II, Coimbra, 2012, págs. 16 e segs. e 380 e segs.).

Não se desconhecem recentes progressos na teorização do fenómeno contratual no universo de entidades públicas, quer estas intervenham diretamente, quer indiretamente, graças a nexos de influência dominante. Com base em esforço dogmático merecedor de respeito, sustenta-se a esse propósito que o impacto do regime comunitário de contratação pública veio conferir centralidade ao conceito de *contrato público*, o qual proporciona, pela vertente procedimental, uma base de construção teórica comum, que a diversidade dos tipos de contratos de que a Administração lança mão hoje em dia torna de outro modo muito difícil. Reconhecendo que a ascensão da ideia de *contrato público* no horizonte da teoria geral do direito administrativo vem relativizar a de *contrato administrativo*, que perde centralidade, esta tese de forma alguma aponta para a extinção da categoria tradicional ou para o fim da dicotomia entre ela e a dos *contratos da Administração submetidos a um regime de direito privado*. Trata-se apenas da integração de ambas num contexto concetual mais vasto (cfr. Laure Marcus, *L'unité des contrats publics*, Paris, 2010, prefácio de Delvolvé e págs. 116-117, nomeadamente).

Sem deixar de olhar com atenção para as ilações colhidas a partir de tal postulado, há que reconhecer que o caminho apontado para o efeito de encontrar uma base de unificação da teoria e do regime da contratualização da função administrativa se defronta com dificuldades de difícil superação. Com efeito, quer entre os contratos administrativos, quer entre os submetidos a um regime de direito privado, encontramos os que estão e os que não estão abrangidos pelo regime geral de contratação pública de origem comunitária. E, por outro lado, existem contratos submetidos a este regime e em que nenhuma entidade pública intervém como contraente.

É bem de ver que esta dificuldade de arrumação sistemática unitária decorre de uma causa de fundo: a da diferente lógica do conceito comunitário de *contrato público* e do conceito de *contrato administrativo*. O primeiro é orientado pela garantia da concorrência e de uma transparência a ela funcionalizada. Ora, o *contrato administrativo* obedece a uma finalidade muito mais vasta de equilíbrio entre interesse público e interesse privado e de participação no exercício da função administrativa que nem sempre se coloca em áreas de atividade nas quais se desenvolve ou possa desenvolver a concorrência de mercado. E nem todas as prestações estipuláveis em contratos submetidos a um regime de direito privado serão próprias de um ambiente concorrencial.

A dualidade dos contratos da Administração Pública sobre a qual se estrutura o presente capítulo corresponde pois ao modo atual de utilização dessas formas de atividade. Nem este quadro sistemático, nem a própria figura do contrato administrativo, se encontram, ou alguma vez se se encontrariam, imobilizados no tempo. Por ora, não coincidem plenamente as funções (e, logo, os campos de aplicação) entre *contrato público* e *contrato administrativo*. A ambição de os integrar num sistema coerente requer e vai continuar a requerer um esforço aprofundado da dogmática administrativa. A ele se assiste em Portugal por parte de uma coorte de jovens administrativistas, de cujos trabalhos resultam contributos aqui justamente assinalados. Mas a resposta passa por aí e não por pretensas soluções de teor puramente nominalista.

SC

Artigo 201.º

Procedimentos pré-contratuais

1 – A formação dos contratos cujo objeto abranja prestações que estejam, ou sejam suscetíveis de estar, submetidas à concorrência de mercado, encontra-se sujeita ao regime estabelecido no Código dos Contratos Públicos ou em lei especial.

2 – À formação dos contratos a que se refere o número anterior são especialmente aplicáveis os princípios da transparência, da igualdade e da concorrência.

3 – Na ausência de lei própria, aplica-se à formação dos contratos administrativos o regime geral do procedimento administrativo estatuído pelo presente Código, com as necessárias adaptações.

ORIGEM DO TEXTO:

Não tem correspondência na versão anterior do Código. Reproduz sem alterações o projeto final da comissão de revisão.

COMENTÁRIO:

1 – Através da dualidade de regimes pré-contratuais estabelecida nos n.º 1 e 3, este artigo ajusta a contratação pública à nova *summa divisio* entre contratos dos órgãos da Administração Pública cujas prestações, pela sua natureza, se encontram, ou poderão vir a encontrar, submetidas à concorrência de mercado e os restantes contratos daqueles órgãos.

Os primeiros são os contratos administrativos e os contratos submetidos a um regime substantivo de direito privado que, pelo seu objeto, caiam sob a incidência do regime geral da contratação pública estatuído pelo CCP em transposição das Diretivas comunitárias. A eles se refere o n.º 1. Em contrapartida, a formação dos contratos administrativos que não tenham por objeto prestações submetidas, ou suscetíveis de estar submetidas, à concorrência de mercado e a dos contratos sujeitos a um regime substantivo de direito privado cujas prestações sejam também elas alheias à concorrência de mercado rege-se pelo n.º 3.

O n.º 1 deste artigo 201.º constitui, após o n.º 2 do artigo 200.º, um segundo elo de ligação entre o CPA e o CCP. Este n.º 1 do artigo 201.º seria em rigor inútil, visto que o CCP dispõe autonomamente sobre os contratos que ficam submetidos ao regime de contratação pública estatuído na sua Parte II. Mas, através da estrutura deste artigo, o CPA projeta luz sobre a dualidade de regimes de procedimento pré-contratual, do mesmo passo que inova com a estatuição formulada no n.º 3.

2 – O n.º 2 é em boa medida adjacente ao n.º 1, mas, além disso, assinala uma diferença de regime principiológico entre os procedimentos pré-contratuais a que se referem os n.os 1 e 3.

No tocante à formação de contratos sujeitos ao procedimento de contratação pública regido pelo CCP, o n.º 2 limita-se a ecoar o preceituado no n.º 4 do artigo 1.º do CCP, segundo o qual "À contratação pública são especialmente aplicáveis os princípios da transparência, da igualdade e da concorrência". Mas o preceito inova ao referir-se à formação dos contratos a que respeita o n.º 1, mas não também à contratação regida pelo n.º 3, sobre a qual, portanto, se não faz incidir o princípio da *concorrência*. Assim sucede porquanto o envolvimento do contrato por um ambiente concorrencial é próprio dos contratos sujeitos ao regime de formação do CCP, mas não se verifica quanto aos restantes contratos dos órgãos da Administração Pública. É precisamente por essa razão que esses outros contratos não são abrangidos pelo regime procedimental do CCP.

O n.º 2 tem no entanto de ser interpretado *cum grano salis*, visto se não poder extraír dele que os princípios da transparência e da igualdade se não aplicam aos procedimentos a que se refere o n.º 3.

Quanto à *transparência*, é preciso distinguir entre aquelas exigências de publicidade e prestação de informação concebidas como instrumentais da concorrência. Essas não teriam função própria em procedimentos nos quais se preparam contratos alheios a um atividade desenvolvida em clima concorrencial. Mas o imperativo de transparência não se esgota aí. Pelo contrário, ele continua a vigorar sempre que corresponda à sujeição da atividade administrativa à responsabilidade democrática ou *accountability*, por exemplo no tocante ao acesso à informação procedimental e à fundamentação dos atos administrativos. O mesmo se diga naturalmente quanto ao princípio da *igualdade*, que é um princípio constitucional da função administrativa (CRP, artigo 266.º, n.º 2).

A invocação expressa da aplicabilidade destes princípios aos procedimentos a que se refere o n.º 3 seria desnecessária, visto ela resultar da sujeição dos mesmos ao regime geral do procedimento administrativo.

3 – Ao centrar a sua incidência na formação dos contratos para a qual não exista lei própria, o n.º 3 afasta a formação sujeita ao regime de contratação pública do CCP no quadro do n.º 1. Ao fazê-lo, densifica a aplicação do artigo 2.º, n.º 1, em cujos termos os preceitos do Código respeitantes ao procedimento são aplicáveis à conduta de quaisquer entidades, independentemente da sua natureza, adotada no exercício de poderes públicos. É esse o caso da formação dos contratos administrativos, mesmo quando não esteja abrangida pelo regime de origem comunitária.

Dada a enorme variedade de contratos administrativos típicos e atípicos que não correspondem aos visados pelo regime de origem comunitária, é prudente a ressalva das "necessárias adaptações", que permitirá ajustar o procedimento do CPA à particularidade das situações a que alguns desses contratos correspondam.

O n.º 3 não abrange a formação de contratos da Administração submetidos a um regime de direito privado. A formação dos que não caibam na previsão do n.º 1 (e deverá tratar-se apenas de casos residuais) ficará apenas sujeita ao disposto no artigo 2.º, n.º 1, quando aplicável nos termos da sua parte final.

SC

Artigo 202.º

Regime substantivo

1 – As relações contratuais administrativas são regidas pelo Código dos Contratos Públicos ou por lei especial, sem prejuízo da aplicação subsidiária daquele quando os tipos dos contratos não afastem as razões justificativas da disciplina em causa.

2 – No âmbito dos contratos sujeitos a um regime de direito privado são aplicáveis aos órgãos da Administração Pública as disposições do presente Código que concretizam preceitos constitucionais e os princípios gerais da atividade administrativa.

ORIGEM DO TEXTO:

Não tem correspondência na versão anterior do Código. Reproduz sem alterações o projeto final da comissão de revisão.

COMENTÁRIO:

1 – Nos seus dois números, este artigo dedica-se sucessivamente ao regime substantivo dos contratos administrativos e dos contratos submetidos a um regime de direito privado.

As *relações contratuais administrativas*, às quais se refere o n.º 1, são as constituídas, modificadas ou extintas por um contrato administrativo. Era esse, aliás, o cerne da definição de contrato administrativo no anterior artigo 178.º, n.º 1, à imagem e semelhança do que se faz no § 54 da *VwVfG*. O CCP substituiu, no n.º 6 do seu artigo 1.º, essa cláusula geral por uma enumeração de situações contratuais administrativas típicas com o fito de aligeirar a tarefa de identificação desses contratos, para a qual pelo menos uma ilustre administrativista declara recusar-se a despender tempo e energia (cfr. Maria João Estorninho, "O projeto de revisão do CPA e os contratos da Administração Pública", in *Cadernos de Justiça Administrativa*, n.º 101, pág. 46). A verdade, porém, é que se trata de uma tarefa à qual, sob pena de renunciar à sua missão, não podem fugir os tribunais e a doutrina sempre que as situações surgem em zonas de fronteira ou de interpenetração entre Direito Público e Direito Privado. Se essa tarefa não for levada a cabo, não se disporá de discursos argumentativos que permitam qualificar com algum rigor as situações e determinar em função disso o regime aplicável. Aquilo que o legislador poderá ir fazendo, no sentido de reforçar na medida do possível a segurança jurídica, será desenvolver o elenco do n.º 6 do artigo 1.º do CCP e ponderar se não será de o encabeçar de novo por uma cláusula geral que abra o caminho em relação a novas situações não previstas por enumeração.

2 – À semelhança do que sucede com o n.º 2 do artigo 200.º e com o n.º 1 do artigo 201.º, o n.º 1 deste artigo 202.º estabelece uma ponte entre o CPA e o CCP a propósito da sede da regulação substantiva dos contratos administrativos.

A declaração de aplicação subsidiária do regime do CCP aos contratos administrativos regidos por lei especial, na medida em que os tipos dos contratos não afastem as razões justificativas da disciplina em causa coincide com aquilo que se dispõe no artigo 280.º, n.º 2, do CCP.

3 – No n.º 2, a determinação da aplicação, aos contratos dos órgãos da Administração sujeitos a um regime de direito privado, das disposições do CPA que concretizam preceitos constitucionais e os princípios gerais da atividade administrativa faz incidir especificamente sobre aquela modalidade contratual de *gestão privada* aquilo que se dispõe no n.º 3 do artigo 2.º, à semelhança, aliás, do que já anteriormente se dispunha no n.º 5 do artigo 2.º.

O imperativo de rodear a atividade de direito privado da Administração (tradicionalmente designada por *gestão privada*) por uma auréola de Direito Público destinada a assegurar a respetiva conformidade com a lógica constitucional da função administrativa foi em primeiro lugar estudada pela doutrina alemã. A doutrina portuguesa fez-lhe inicialmente algumas referências de âmbito genérico e, mais tarde, versou os seus desenvolvimentos próprios da atividade contratual de direito privado da Administração.

Referência genérica encontra-se, por exemplo, em Rogério Soares, que desenvolveu a ideia de que a obrigação de realização de necessidades públicas de antemão fixadas pelo legislador explica que os atos de direito privado da Administração não se subordinem exclusivamente às regras que se impõem aos particulares (cfr. *Direito Administrativo, Lições ao Curso Complementar de Ciências Jurídico-Políticas da Faculdade de Direito de Coimbra no ano letivo de 1977/78*, págs. 18-21).

Na sua *Legalidade e Autonomia Contratual Nos Contratos Administrativos*, Sérvulo Correia sumariou a doutrina alemã do "Direito Privado da Administração" (*Verwaltungsprivatrecht*), tendo por objeto o uso de meios de direito privado para a prossecução direta de fins de interesse público. Expôs como, no respetivo âmbito, a Administração se sujeita aos direitos fundamentais, aos princípios constitucionais da atividade administrativa e a outras vinculações de direito público, como aquelas que resultam das regras de competência (págs. 388-390 e 503-506). Versando, no quadro do Direito português, os limites da autonomia exercida pela Administração nos negócios jurídicos de direito privado, desenvolveu o tema da tripla função do procedimento que, em princípio, deveria preceder a celebração de contratos de direito privado no sentido de assegurar a funcionalidade do contrato privado perante o interesse público, garantir a publicidade dos motivos da Administração e possibilitar um controlo prévio de conveniência e legalidade. Sustentou ainda que a localização de um ato administrativo antes da celebração de um contrato privado pela Administração seria importante, "senão imprescindível", para garantir a observância administrativa de princípios constitucionais, como o da imparcialidade e da proteção da confiança dos particulares nos poderes públicos (*idem*, págs. 550-552).

Em *Requiem Pelo Contrato Administrativo,* Maria João Estorninho versaria também a figura do "Direito Privado Administrativo" na Ordem Jurídica alemã, para concluir que "toda e qualquer atividade de direito privado, levada a cabo pela Administração Pública, está necessariamente sujeita, em alguma medida, a vinculações jurídicopúblicas" (págs. 174-179).

A expressa sujeição da atividade contratual privada da Administração a uma auréola de princípios constitucionais e de outros princípios gerais da atividade administrativa não acrescenta, e antes apenas concretiza, quanto ao âmbito de aplicação, o regime da gestão privada, tal como resulta já do artigo 2.º do CPA.

SC

ÍNDICE